O Poder de

Sexo

A Força Irresistível

O Manual de Sexo e Casamento

Waltere Asili Koti

Direitos autorais

ISBN: 978-1-959251-26-2

Número de controle da Biblioteca do Congresso: 2023904852

Quaisquer referências a eventos históricos, pessoas reais ou lugares reais são usadas de forma fictícia. Nomes, personagens e lugares são produtos da imaginação do autor.

Imagem da capa pela Expert Book Publishing
Design da capa do livro por Expert Book Publishing
Revisão, edição e formatação pela Expert Book Publishing
Impresso nos Estados Unidos da América
Primeira edição impressa 2023.
Autor: Waltere Asili Koti

Editor:LIVROS KOTIBOOKS

Visite-nos online: www.walterekoti.com

Outros livros deste autor: Fending Off Suicidal Thoughts; Você foi eleito; El Poder de Sexo, Compreendendo suas emoções; Lidando com mudanças de emoções

Índice

Dedicação

Os lucros deste livro e de outros livros que escrevi serão usados para avançar na construção do reino de Deus na Terra. Para esse fim, dedicamos as páginas deste livro às viúvas e aos órfãos de todo o mundo, mas particularmente aos Camarões. Atualmente, estamos patrocinando vários órfãos nos Camarões, fornecendo comida, abrigo, mensalidades e acomodação. Estamos em fase de planejamento para aumentar nosso apoio e cuidado a mais órfãos. A situação dos órfãos é desesperadora. Crianças a partir dos seis anos de idade são abandonadas à própria sorte.

Não há comida para comer, nenhum lugar para dormir e ninguém para orientar. Pelo menos no mundo ocidental existe uma rede de apoio para prestar cuidados, mas na maioria dos outros países esse apoio recai sobre os ombros da família. Prestamos apoio a várias famílias, mas esta destaca-se: uma jovem mãe solteira morreu subitamente e deixou três filhos e nenhum pai ou família alargada para prestar cuidados e apoio. Outra mãe morreu e deixou quatro filhos, e arranjamos uma família para acolher um dos filhos enquanto os outros três ficavam com o pai biológico. Este era um verdadeiro órfão, sem mãe nem pai. Junte-se à luta, pois a tarefa é enorme. Como disse certa vez Edmund Burke: "A única coisa necessária para o triunfo do mal é que os homens bons não façam nada".

Se você se comove com esta citação, então faça alguma coisa – qualquer coisa. De acordo com um relatório da ONU, por volta de 2019, os Camarões tinham cerca de 900 mil pessoas deslocadas, das quais 51 por cento são crianças. Sem família, crianças de até seis anos ficam sozinhas. Os rendimentos deste trabalho serão usados para apoiar essas crianças órfãs. A questão dos órfãos não é exclusiva dos Camarões, é uma questão global. O exemplo mais terrível é a situação atual na Ucrânia, que deixou crianças sem abrigo e abandonadas. Outras situações semelhantes a esta, de partir o coração, é o que está acontecendo no Haiti e em muitos outros países ao redor do mundo.

Introdução

O sexo é uma força irresistível e muito poucos possuem a capacidade de resistir à sua ira. Seu poder é prazeroso, mas também pode destruir tudo e cada um em seu caminho quando mal utilizado. O sexo é agradável e destrutivo. Sexo traz satisfação e desprazer. Este é o ato mais alegre do mundo, mas também pode ser o mais destrutivo. Reis, presidentes e rainhas desfrutaram do sexo ou foram humilhados e humilhados pelo poder do sexo. O sexo pode ser usado para o bem ou para o mal. Os homens mais poderosos, e às vezes as mulheres, do mundo são facilmente humilhados e humilhados por uma jovem ou homem muito bonito através do poder do sexo. O pensamento racional dos poderosos e bem relacionados é facilmente desativado pelo poder do sexo.

Esta é uma força inata e imparável que incapacita os homens mais corajosos e, às vezes, as mulheres. O sexo está na mente de quase todos os seres humanos, mas poucos se atrevem a falar abertamente sobre isso. O sexo permeia toda a nossa existência, de modo que tudo o que fazemos gira em torno do sexo. Ninguém quer admitir, mas pensamos constantemente em sexo e é por isso que, embora o nosso vestuário e a nossa roupa se destinem principalmente a cobrir o nosso corpo, têm-se tornado cada vez mais um meio de impressionar e atrair o sexo oposto, tendo o sexo em mente.

O sexo é o ápice do prazer e para a maioria das pessoas no planeta não há nada que se compare ao sexo. A força que atrai ou atrai duas pessoas de sexos opostos para serem atraídas uma pela outra é uma força imparável. Esta força de atração está além da explicação e da razão. As pessoas que são atraídas por estas forças perdem qualquer aparência de pensamento racional; toda a razão lógica é superada por esta força irresistível. As pessoas fazem coisas realmente selvagens e malucas em nome do sexo. As pessoas viajam pelo mundo em busca de sexo e amor. As pessoas fogem para um destino desconhecido com alguém que acabaram de conhecer e sabem muito pouco ou nada sobre ele, tudo em nome do sexo e do amor. Qualquer sentido, lógica ou razão é completamente erradicado através do poder de atração da atração sexual.

O sexo tem a capacidade de ser construtivo ou destrutivo, e é por isso que existe hoje muita confusão na sociedade sobre o papel do sexo. Esta é a atividade mais importante na vida de qualquer pessoa; e ainda assim, muito pouco se sabe sobre isso. Os pais raramente conversam com seus filhos adolescentes, que estão prestes a entrar no mundo e ir para a faculdade, sobre a atividade mais importante de suas vidas. Verdade seja dita, os pais só podem transmitir o que eles próprios sabem e, por isso, não é surpresa que as crianças não saibam absolutamente nada sobre sexo, porque os próprios pais, muito provavelmente, sabem nada ou muito pouco sobre sexo. Como se costuma dizer: "Uma maçã não cai longe da árvore". As crianças são repentinamente lançadas ao mundo para descobrirem as coisas por si mesmas. E os resultados da sociedade em geral são muito evidentes. A sociedade está lidando com o caos e a confusão sexual. Todo mundo está fazendo o que é certo aos seus próprios olhos.

O advento dos avanços tecnológicos, como a internet e os telefones celulares, expôs exponencialmente os problemas da promiscuidade sexual. Estes avanços não causaram estas atividades promíscuas, mas apenas ampliaram ou expuseram o que já existia. E aqui está uma citação sobre isso:*Uma das principais razões para o aumento da incidência do vício em sexo é a ascensão da Internet e, portanto, do cibersexo. Hoje, qualquer pessoa pode acessar material sexualmente gráfico com apenas alguns cliques. Salas de bate-papo sobre sexo e aplicativos de namoro e conexão permitem que as pessoas localizem de forma rápida e fácil outras pessoas em busca de encontros sexuais. Essa gratificação instantânea pode alimentar hábitos viciantes.*[1]

O desejo humano de promiscuidade no sexo é um problema social maior do que a maioria está disposta a admitir. Aqueles que recebem um parceiro promíscuo ficam feridos emocionalmente e de outras formas; às vezes, eles ficam feridos permanentemente. E aqui está uma citação sobre isso:*O vício em sexo pode causar muitos problemas nos relacionamentos, especialmente para casais casados ou monogâmicos de longa data. Freqüentemente, alguém viciado em sexo buscará vários parceiros fora do relacionamento. Eles também podem frequentemente acabar com problemas financeiros devido à gratificação sexual, o que pode causar tensão significativa com o cônjuge.*[2]

Esses desejos por mais e mais sexo causam estragos na vida daqueles que recebem tais comportamentos. E os efeitos vão muito além dos problemas físicos, como financeiros e afins; eles também levam a graves perturbações emocionais:*Parceiros românticos, especialmente mulheres, muitas vezes sofrem emocionalmente quando descobrem*

---

[1]

https://www.therecoveryvillage.com/process-addiction/sex-addiction/sexual-addiction-statistics/

[2]

https://www.therecoveryvillage.com/process-addiction/sex-addiction/sexual-addiction-statistics/

*que seu parceiro é viciado em sexo ou cometeu
infidelidade. Cerca de 80% desenvolve depressão,
enquanto 60% desenvolve distúrbios alimentares. Parceiros
ou pessoas com dependência sexual também têm maior
probabilidade de contrair DSTs, como HIV ou HPV.[3]*

A natureza destrutiva da promiscuidade sexual é mais
desenfreada do que este relatório sugere. Aqui está mais
uma ficha informativa: O número de pessoas nos Estados
Unidos que vivem com dependência sexual é atualmente
estimado em 12 a 30 milhões. Tanto homens como mulheres
podem ser afetados, embora existam poucas pesquisas
sobre o vício em sexo feminino. Os homens com
dependência sexual têm em média 32 parceiros sexuais,
enquanto as mulheres têm em média 22 parceiros sexuais. O
vício em sexo e pornografia muitas vezes andam de mãos
dadas. Muitas pessoas viciadas em sexo recorrem à
pornografia para satisfazer seus desejos. Muitas pessoas
viciadas em sexo dizem que são dependentes de
pornografia e ficam angustiadas quando passam longos
períodos sem vê-la.[4]

Estas estatísticas são, na melhor das hipóteses, modestas e
pode não ser um exagero concluir que a falta de controle
sobre os nossos desejos e pensamentos sexuais é um
problema inatamente humano.

Uma nova lei acaba de entrar em vigor no estado da
Louisiana, exigindo que seu residente verifique sua idade
antes de usar um aplicativo ou visitar qualquer site

3

https://www.therecoveryvillage.com/process-addiction/sex-addi
ction/sexual-addiction-statistics/

4

https://www.therecoveryvillage.com/process-addiction/sex-addi
ction/sexual-addiction-statistics/

pornográfico, e aqui está a citação: Anova lei estadual(PDF, cortesia de Placa-mãe) entrou em vigor em 1º de janeiro, exigindo que sites que contenham "uma porção substancial" de "material prejudicial a menores" solicitem aos usuários que provem que têm 18 anos ou mais. "Parcela substancial", de acordo com a nova lei, representa mais de 33,3% do conteúdo de um site. Como os principais sites pornográficos já começaram a pedir aos visitantes que verifiquem a sua idade.[5] Estamos numa situação triste, pois o mundo está afundando e afundando rapidamente.

O caso do vício sexual ocorre quando a pessoa simplesmente não possui quaisquer restrições ou controles sobre seus pensamentos e impulsos sexuais. Alguém que tenha 32 parceiros sexuais para homens e 22 parceiros sexuais para mulheres são claramente casos de desejos sexuais descontrolados. A questão desconcertante é descobrir a força motriz por trás desses desejos sexuais descontrolados. Estas forças são tão poderosas que superam qualquer capacidade humana de contenção, e mesmo os homens ou mulheres mais corajosos ficam impotentes diante de um poder tão avassalador do sexo. Reis, rainhas e presidentes ficam simplesmente impotentes perante o ataque de impulsos e desejos sexuais.

Este não é apenas um problema americano, mas um problema global. Este é claramente um problema da raça humana. Este problema é tão grande que, falando sério, todos os nascidos de uma mulher lutam para se controlar sexualmente. Qualquer pessoa que seja sincera e honesta consigo mesma pode admitir que luta contra pensamentos

---

5

https://www.aol.com/news/louisiana-government-id-to-access-porn-online-015313277.html

impuros em relação ao sexo. A grande diferença é agir de acordo com esses pensamentos.

 Mesmo aqueles que não são viciados admitiriam que seus pensamentos sobre sexo não estão onde gostariam que estivessem. Sim, alguns podem nunca agir de acordo com esses pensamentos, mas os pensamentos estão sempre presentes para aquela pessoa no escritório, na igreja, online, em um vizinho, na fila do supermercado e assim por diante. Com o tempo, esses pensamentos foram normalizados pela sociedade em geral. Este livro procura desvendar o mistério do poder por trás desta força irresistível e como isso moldou a humanidade desde tempos imemoriais. A pergunta de um milhão de dólares é: como tudo aconteceu?

Capítulo 1

A origem do sexo

A origem do sexo é um assunto intrigante e um tanto desconcertante. Estamos falando da origem do sexo no sentido específico que se refere aos seres humanos, em oposição ao sentido geral que se refere a todos os seres. A verdade simples e clara da questão é que o sexo, no que se refere aos humanos, existe desde que os humanos existem. E por "sexo" não estou falando de questões de gênero masculino ou feminino, o que obviamente faz parte da discussão; Estou falando principalmente sobre relações sexuais no contexto dos seres humanos.

Aqui está o que Holly Dunsworth, professora associada de Antropologia da Universidade de Rhode Island, disse sobre a origem e evolução do sexo:*Mas depois das origens do sexo, foram necessários mais 1,5 mil milhões de anos para que a relação sexual - tal como nós, vertebrados, a conhecemos - surgisse. Estou falando sobre o tipo de sexo reprodutivo que os humanos e outros mamíferos, bem como algumas aves, répteis, anfíbios e peixes, têm - com um órgão externo de penetração masculino e uma área interna de recepção feminina.*[6]

Este professor desta prestigiada universidade concluiu duas coisas: (1) o sexo ocorreu e depois (2) a relação sexual ocorreu 1,5 mil milhões de anos após a ocorrência do sexo. Mas aqui está a resposta dela à origem do sexo:*Existem múltiplas respostas para a questão de*

---

[6]
https://www.sapiens.org/column/origins/sexual-evolution-pleasure/

onde viemos: os primeiros hominídeos, os macacos, a gosma primordial ou o Big Bang, para citar alguns. Como no mundo evolutivo o sexo começou? As algas, a gosma verde que corre solta nos nossos aquários, bem como as algas marinhas que cheiram mal nas nossas praias de verão, incluem alguns dos organismos de reprodução sexual mais simples do planeta. Essas linhagens remontam a quase 2 bilhões de anos. As algas fazem isso. As plantas fazem isso. Os insetos fazem isso. Até os fungos fazem isso. Grande parte desse sexo envolve a liberação de espermatozoides no vento ou na água para que possam ser transportados para os ovos próximos (como nos musgos), contando com uma espécie diferente para transportar os gametas masculinos para os femininos (muitas flores ou manobrando dois corpos para que as aberturas aos órgãos reprodutivos internos estão próximos o suficiente para a troca de fluidos (a maioria dos insetos e a maioria dos pássaros)).[7]

E no contexto deste livro, por relação sexual, estou falando de humanos, homens e mulheres. Para que exista relação sexual, deve haver, necessariamente, componentes masculinos e femininos como partes do ato sexual. O professor acima não respondeu à questão da origem da relação sexual, mas explicou o sexo no contexto da evolução. Ela está explicando que sexo significa o processo pelo qual bactérias e outros organismos sofrem mutação. O professor não explicou realmente a origem da relação sexual, mas apenas foi citado como tendo dito que a relação sexual ocorreu 1,5 mil milhões de anos após o sexo.

---

[7]

https://www.sapiens.org/column/origins/sexual-evolution-pleasure/

Esta compreensão sobre sexo e relação sexual é influenciada por pensadores evolucionistas. De acordo com o seu entendimento, as bactérias existiam na Terra antes mesmo de qualquer mamífero estar presente. Acreditar na evolução deixa o leitor com muitas perguntas sem resposta:(1) De onde se originaram as bactérias? (2) Como e onde surgiram repentinamente os mamíferos, incluindo o homem (ou seja, a humanidade)? A origem da relação sexual não pode ser totalmente compreendida no vácuo; tem que ser entendida no contexto da origem do homem. A questão de onde o homem veio é central para o sexo e as relações sexuais.

A Origem do Homem

De onde viemos e como chegamos aqui? Esta é a questão fundamental sobre a qual todas as outras se baseiam. A origem do sexo e da relação sexual em particular não pode ser adequadamente compreendida sem uma compreensão sólida da origem do homem. A resposta a esta pergunta depende de muitas outras respostas à busca humana. Sem compreender verdadeiramente a origem do homem, podemos acabar com uma compreensão errada da razão pela qual estamos aqui, na Terra, e para onde iremos a partir daqui, depois do nosso tempo ter expirado. Muitos pontos de vista foram apresentados sobre a origem do homem, mas devido ao espaço limitado que nos foi concedido, colocaremos a nossa atenção em dois pontos de vista, nomeadamente: pontos de vista evolucionistas e criacionistas.

A Visão Evolucionista da Origem do Homem

A visão de que o homem evoluiu de alguma outra criatura para um ser humano é bastante desconcertante.

Esta ideia, supostamente chamada de "teoria da evolução", levanta um número infinito de questões em vez de fornecer respostas reais. Se o homem evoluiu de alguma outra criatura, então de onde veio a criatura original que iniciou o processo de evolução? A criatura original não apareceu do nada! Como evoluíram os sexos, masculino e feminino? Como é que a estrutura óssea masculina e feminina é singularmente diferente? Como homens e mulheres procriam com base na teoria evolucionista? Você pode imaginar que seu veículo novo que está estacionado em frente à sua casa simplesmente estava lá? Ninguém realmente conseguiu, mas ele simplesmente evoluiu com o tempo e apareceu na sua garagem! Realmente? E se os humanos evoluíram, então, segundo os evolucionistas, o sexo também deve ter evoluído?

Aqui está uma citação dos evolucionistas sobre a evolução humana: O processo pelo qual os seres humanos se desenvolveram na Terra a partir de primatas agora extintos. Do ponto de vista zoológico, nós, humanos, somos o Homo sapiens, uma espécie de cultura e de marcha vertical que vive no solo e que muito provavelmente evoluiu pela primeira vez em África há cerca de 315 mil anos. Somos agora os únicos membros vivos do que muitos zoólogos chamam de tribo humana, Hominini, mas há evidências fósseis abundantes que indicam que fomos precedidos durante milhões de anos por outros hominídeos, como Ardipithecus, Australopithecus e outras espécies de Homo, e que nossa espécie também viveu por um tempo contemporaneamente com pelo menos um outro membro do nosso gênero, H.[8]

8
https://www.britannica.com/science/human-evolution/Background-and-beginnings-in-the-Miocene

Esta entrada sobre a evolução humana começou a usar palavras cuidadosamente elaboradas para descrever o que chamam de "evolução humana", nomeadamente um processo pelo qual os seres humanos na Terra se desenvolveram a partir de primatas agora extintos. A palavra "processo" é usada aqui para lançar as bases para o argumento de que não foi instantâneo, mas aconteceu ao longo do tempo. E o tempo é um componente valioso e indispensável no argumento evolutivo para a origem do homem. Muito tempo deve ter evoluído para que as espécies sofreram mutação. Há pouco ou nenhum consenso sobre a quantidade de tempo necessária para que as espécies se transformem em outra forma de espécie. Alguns lançaram números como milhões de anos, e outros chegaram até a bilhões de anos. Não há nenhuma evidência de espécies que tenham sofrido mutação em espécies completamente não relacionadas e, no entanto, esta hipótese é amplamente acreditada, abraçada e até ensinada nas nossas escolas públicas como um facto. Outra palavra usada neste artigo é "desenvolvido". Esta palavra é usada no contexto de "seres humanos desenvolvidos na Terra a partir de primatas agora extintos". Esta palavra implica uma progressão, e combina bem com a narrativa evolutiva, de que os humanos alcançaram seu ser a partir de algum ser não humano.

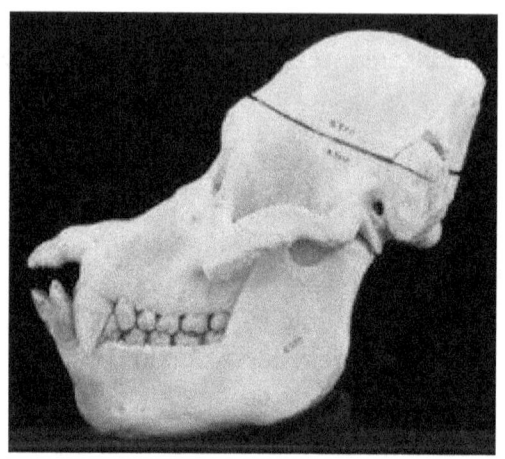

Crânio de orangotango[9]

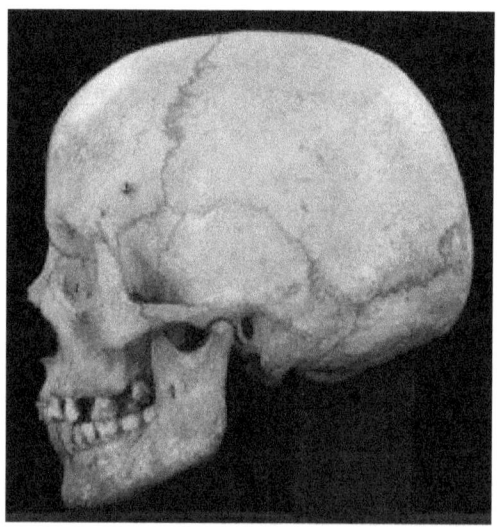

Crânio do cérebro humano

[9]

https://answersingenesis.org/human-evolution/ape-man/did-humans-really-evolve-from-apelike-creatures/

As imagens do crânio acima demonstram claramente uma diferenciação entre o crânio humano e o do macaco. A evidência é bastante clara de que há quase zero possibilidade de que um crânio de macaco possa se transformar em um crânio humano. Aqui estão alguns comentários sobre isso:*Talvez a melhor maneira de distinguir um crânio de macaco de um crânio humano seja examiná-lo de lado. Desta perspectiva, a face do ser humano é vertical, enquanto a do macaco se inclina para frente, da face superior até o queixo..*[10]

Não há evidências de mutação na estrutura e no design do osso do crânio. E aqui está o que o autor desta entrada disse: Além disso, nós e os nossos antecessores sempre partilhamos a Terra com outros primatas simiescos, desde o gorila moderno até ao extinto Dryopithecus. Que nós e os hominídeos extintos estamos de alguma forma relacionados e que nós e os macacos, tanto os vivos como os extintos, estamos de alguma forma relacionados é aceito por antropólogos e biólogos em todo o mundo. No entanto, a natureza exacta das nossas relações evolutivas têm sido objecto de debate e investigação desde que o grande naturalista britânico Charles Darwin publicou os seus livros monumentais, Sobre a Origem das Espécies (1859) e A Descendência do Homem (1871). Darwin nunca afirmou, como alguns dos seus contemporâneos insistiram que ele tinha dito, que "o homem descende dos macacos". Tal como rejeitaram qualquer noção popular de que uma determinada espécie extinta é o "elo perdido" entre humanos e macacos.[11]

10

https://answersingenesis.org/human-evolution/ape-man/did-humans-really-evolve-from-apelike-creatures/

[11] https://www.britannica.com/science/human-evolution

Esta entrada mostra que nós, humanos e nossos predecessores (não tenho certeza de quem eles são), sempre compartilhamos a Terra com outros primatas simiescos. A essência do argumento aqui é que os seres humanos evoluíram de algum ser simiesco para humanos durante um longo período de tempo, mas ninguém sabe ao certo quanto tempo. O autor desta entrada é citado acima como tendo vindo em defesa de Charles Darwin ao afirmar que Darwin nunca afirmou que o homem descende dos macacos.

Esta é uma tentativa débil dos defensores do darwinismo de retroceder nos temas e argumentos centrais avançados por Darwin e pelos seus simpatizantes. Este é o argumento central apresentado em seu livro "A Origem das Espécies". É por isso que o darwinismo é conhecido. Quando pressionados e encurralados para fornecer evidências de que o primata evoluiu para o ser humano, eis como eles responderam:*O antigo primata não foi identificado e poderá nunca ser conhecido com certeza, porque as relações fósseis não são claras mesmo dentro da linhagem humana, que é mais recente. Na verdade, a "árvore genealógica" humana pode ser melhor descrita como um "arbusto genealógico", dentro do qual é impossível conectar uma série cronológica completa de espécies, levando ao Homo sapiens, com a qual os especialistas possam concordar.*

Os adeptos do darwinismo lutam desesperadamente para defender o indefensável. Eles estão falando literal e figurativamente de ambos os lados da boca.

Criaturas simiescas das quais os humanos supostamente evoluíram[12]

Eles são citados acima dizendo que o antigo primata não foi identificado e talvez nunca seja conhecido com certeza. Esta afirmação por si só destrói os argumentos centrais do darwinismo. Os seres humanos evoluíram a partir de algum primata antigo, mas tal primata não foi – e talvez nunca – seja identificado. Esta é pura e simplesmente uma hipótese especulativa, sem qualquer respaldo probatório. Os macacos não apareceram de repente na Terra e se tornaram nossos ancestrais. Deve haver alguma causa ou origem para todas as coisas, incluindo os macacos.

O argumento da primeira causa

O argumento da primeira causa argumenta que alguém ou algum ser está por trás da ordem cosmológica criada. Os céus não apareceram de repente nos céus do nada. A lua, o sol, as estrelas, o mar e a terra não apareceram de repente. A distância do Sol à Terra é calculada e medida com precisão para que todos os seres

---

12

https://answersingenesis.org/human-evolution/ape-man/did-hu
mans-really-evolve-from-apelike-creatures/

criados na Terra ou no mar não congelem ou queimem até a extinção. Seu carro ou casa não apareceram repentinamente em sua localização.

As coisas não aparecem de repente do nada. Causa e efeito fazem parte do nosso dia a dia. Se há um efeito, então deve ter havido uma causa. Na mentalidade evolucionista, as formas de vida evoluem e sofrem mutações ao longo do tempo, mas como é que as formas de vida originais surgiram antes da génese do processo evolutivo? No contexto da origem do sexo, a humanidade não pode aparecer subitamente com as suas partes sexuais masculina e feminina no lugar, pois deve haver uma causa primeira. A resposta de Charles Darwin e dos seus proponentes a isto é a teoria do Big Bang, ou alguma derivada dela.

Aqui está um relatório que tenta explicar a evolução à luz dos argumentos da primeira causa: Um novo estudo liderado por pesquisadores de Adelaide estimou, pela primeira vez, as taxas de evolução durante a "explosão cambriana", quando a maioria dos grupos de animais modernos apareceu entre 540 e 520 milhões de anos atrás. As descobertas, publicadas hoje online na revista "Current Biology", resolvem o "dilema de Darwin", o súbito aparecimento de uma infinidade de grupos de animais modernos no registo fóssil durante o início do período Cambriano.[13]

Este relatório levanta mais questões do que respostas ao debate da primeira causa. O relatório afirmava que grupos de animais surgiram entre 540 e 520 milhões de anos atrás. A palavra-chave aqui é "apareceu" e a questão lógica é

---

[13]
https://www.sciencedaily.com/releases/2013/09/130912131753.htm

"apareceu de onde?" Houve uma explosão e da explosão apareceram grupos de animais. Se este foi um evento verdadeiro, então quem fez com que eles aparecessem e de onde se originaram? A explosão está de certa forma implícita aqui como a causa primeira, mas qualquer pessoa lógica não achará isso logicamente possível.

Aqui está o que Tomás de Aquino, que foi um dos mais respeitados teólogos e filósofos católicos, tinha a dizer sobre o argumento da primeira causa:*No mundo das coisas sensíveis descobrimos que existe uma ordem de causas eficientes. Não existe nenhum caso conhecido (nem, na verdade, é possível) em que uma coisa seja considerada a causa eficiente de si mesma; pois se assim fosse, seria anterior a si mesmo, o que é impossível. Ora, nas causas eficientes não é possível ir até o infinito, porque em todas as causas eficientes que seguem a ordem, a primeira é a causa da causa intermediária, e a intermediária é a causa da causa última. Agora, eliminar a causa é eliminar o efeito.*

Portanto, se não houver causa primeira entre as causas eficientes, não haverá causa final nem causa intermediária. Mas se nas causas eficientes é possível ir até ao infinito, não haverá causa eficiente primeira, nem efeito último, nem qualquer causa eficiente intermédia; tudo isso é claramente falso. Portanto é necessário admitir uma causa primeira, à qual todos dão o nome de Deus.[14]

Tomás de Aquino apresentou uma defesa filosófica habilmente elaborada para o argumento da causa primeira, afirmando que existe uma ordem de causas eficientes". A implicação aqui é provavelmente que existem causas

---

14

https://www3.nd.edu/~jspeaks/courses/2020-21/10106/PDFs/2-1st-cause.pdf

ordenadas, em oposição às teorias evolucionárias darwinianas da aleatoriedade. As causas são cuidadosamente orquestradas. Em seguida, ele prossegue explicando que não há nenhum caso conhecido de que algo seja a causa eficiente de si mesmo. Será como se uma coisa fosse causa e efeito de si mesma. Será como uma coisa criando a si mesma. Tomás de Aquino argumentou: "Pois assim seria anterior a si mesmo", ao que o próprio Tomás de Aquino respondeu: "o que é impossível". Ele concluiu: "Portanto, é necessário admitir uma causa primeira, à qual todos dão o nome de Deus". Tomás de Aquino fez uma notável analogia filosófica para o argumento da causa primeira que leva perfeitamente a uma defesa teológica da causa primeira e do criacionismo. visão sobre a origem do homem.

A Visão Criacionista sobre a Origem do Homem

Este capítulo é sobre a origem do sexo, ou seja, a relação sexual entre seres humanos, homem e mulher, para ser mais preciso. Este assunto não pode ser totalmente compreendido no vácuo, mas deve ser apreendido no contexto de uma compreensão adequada do homem e da sua origem. O argumento aqui é que algum ser está por trás da ordem criada, e foi demonstrado que a noção de seleção aleatória ou a teoria do Big Bang carece de apoio. Para que Deus seja o criador, Ele não pode ser criado, porque se Ele for criado, então Ele não pode ser Deus. Para que um ser seja a causa da ordem criada, tal ser deve estar fora da ordem criada.

Tal ser está fora do tempo e não está vinculado a ele. Tal ser não tem começo de dias nem fim de vida. Tal ser é mencionado como a causa de todas as coisas criadas, visíveis e invisíveis: *No princípio, Deus criou os céus e a* *terra,*Gênesis 1:1. Este versículo é uma declaração resumida da ordem da criação. Gênesis 1:1 declara o que Deus criou, e Gênesis 1:2-31 detalha como Ele fez isso. A frase "céu" e "terra" é uma forma hebraica de usar extremidades para expressar uma ideia todo-inclusiva. Não há nada além do céu e da terra. E nos versículos 1-31, ele detalhou o que está incluído na expressão céu e terra. Isto inclui a criação de todas as coisas, incluindo o homem. A ideia aqui é que o homem não é o resultado de uma seleção aleatória que ocorreu repentinamente, ou da evolução de algum primata simiesco ao longo de milhões ou bilhões de anos. Os seres humanos surgiram através do plano ordenado e orquestrado de um designer inteligente.

O cérebro humano, e todo o corpo, nesse caso, é tão complexo que não há nada igual no universo. Aqui está uma entrada no site da National Geographic: Aqui está algo para você entender: O cérebro humano é mais complexo do que qualquer outra estrutura conhecida no universo. Pesando em média um quilo e meio, essa massa esponjosa de gordura e proteína é composta por dois tipos abrangentes de células chamadas glia e neurônios – e contém muitos bilhões cada.

Os neurônios são notáveis por suas projeções semelhantes a ramos chamados axônios e dendritos, que coletam e transmitem sinais eletroquímicos. Diferentes tipos de células gliais fornecem proteção física aos neurônios e ajudam a eles e ao cérebro a se manterem saudáveis. Toda a ideia de que o homem evoluiu de um primata semelhante ao macaco simplesmente não é apoiada pela biologia e pelas escrituras. Este relatório biológico identifica a complexidade do cérebro humano como "não há nada igual no universo". Não há semelhança entre os cérebros dos macacos e os dos humanos. Na verdade, Deus disse:*Façamos o homem à nossa imagem e semelhança, e que ele tenha domínio sobre os peixes do mar, e sobre as aves dos céus, e sobre o gado, e sobre toda a terra, e sobre todo réptil que rasteja sobre a terra. Gênesis 1:27.*

Esta é a primeira vez que a origem e a criação do homem são mencionadas, e Deus se identificou como o criador do homem. Isto é extremamente importante porque todas as tentativas de identificar a origem do homem foram expedições de caça. O texto acima diz: "Façamos o homem à nossa imagem, conforme a nossa semelhança". A palavra aqui traduzida como "homem" vem da palavra hebraica "Adão", que significa humanidade no sentido geral, ou seres humanos em geral, e não significa "homem" como em "masculino" neste contexto. Esta é a palavra geral para a humanidade.

Depois passa a "fazer a humanidade à imagem e semelhança de Deus". É muito profundo que a humanidade seja feita à imagem e semelhança de Deus. O homem foi a última criação de Deus, e nenhuma outra criatura foi feita à imagem e semelhança de Deus. O homem é distinto dos animais porque alguns atributos de Deus foram concedidos ao homem. Deus graciosamente transferiu ao homem alguns de Seus atributos, como: amor, bondade, compaixão, bondade, autocontrole, paciência e outros; estes são encontrados no homem, mas não em nenhum outro ser criado. O homem é a coroa da ordem criada por Deus.

Então o texto diz:*Então Deus criou o homem à sua imagem, à imagem de Deus o criou; homem e mulher os criou, Gênesis 1:27*. A palavra "criou" foi usada neste mesmo versículo três vezes, e isso deveria nos dizer algo quando Deus usa a mesma palavra três vezes em um versículo tão curto. Esta é a mesma palavra usada em Gênesis 1:1, quando Deus criou os céus e a terra. Quando esta palavra é usada e

Deus é o sujeito, então esta palavra, neste contexto, significa criar do nada.

Criação Ex Nihilo

Criação ex nihilo é uma frase latina que significa que Deus criou o homem e o resto da criação do nada. Esta é uma informação muito importante na origem do debate entre homem e sexo. A resposta evolucionista à origem do homem e dos sexos é a teoria do Big Bang; mesmo que exista algo como o Big Bang, a origem do Big Bang dificilmente foi abordada por Darwin ou pelos seus proponentes. De onde veio o Big Bang? Quem causou o Big Bang (se ele realmente existiu)? Mas os criacionistas afirmam firme e inequivocamente que Deus criou todas as coisas do nada.

Os evolucionistas dificilmente conseguiriam entender uma ideia tão nova de algo sendo criado do nada. Mas Gênesis 1:1 diz: "No princípio Deus criou os céus e a terra". Esta afirmação é suficiente para responder à questão da "gênese, começo, origem" de todas as coisas. Esta afirmação não deixa espaço para especulações, porque se alguém questionar esta afirmação, então a grande questão não é apenas esta afirmação, mas que há questões maiores com a inerrância e infalibilidade das Escrituras.

Não existia nada antes de Deus criar os céus e a terra, e assim a questão lógica que normalmente surgiria seria algo como: De onde veio a matéria-prima? Quando pensamos em criar qualquer coisa, normalmente pensamos em reunir matéria-prima, mas este versículo simplesmente diz que na origem do tempo, Deus, do nada, criou tudo. Se esta afirmação não comove você, então não sei o que aconteceria! Esta afirmação está fora do domínio de qualquer raciocínio, compreensão e compreensão humana.

Seria necessária uma capacitação divina para acreditar nesta afirmação. Esta afirmação transforma vidas se for verdadeiramente acreditada.

A palavra "criado" que é usada em Gênesis 1:1 em nossas traduções da Bíblia para o inglês é traduzida da palavra hebraica "bara" e esta palavra é quase sempre usada para atividade divina. Deus é sempre o sujeito quando esta palavra é usada. Muitas vezes é usado no contexto de criação de algo novo, surpreendente.[15] É usado em Salmos 51:10 para criar um coração limpo, para significar um coração transformado que não é como o coração anterior. Esta palavra quase nunca é usada quando o homem é o sujeito da ação, e assim quando o versículo diz que no princípio Deus criou os céus e a terra, então deve ser alguma ação milagrosa realizada por Deus. E assim a pessoa brilhante e lógica pode levantar algumas objeções e dizer: "Mas como Deus fez isso e de onde Ele tirou a matéria-prima?" Essa é realmente uma pergunta justa e lógica, mas a resposta simples é que Deus criou os céus e a terra. Deus decretou a existência dos céus e da terra.

Criacionismo Fiat

Fiat é uma ordem, decreto, édito ou comando oficial. Esta palavra é definida pelo dicionário Merriam-Webster como: *um comando ou ato de vontade que cria algo sem ou como se não houvesse esforço adicional.*[16] Portanto, um governo por decreto seria um governo que governa por decreto. Tudo o que decreta torna-se lei, e esses decretos ou decretos são transformados em ações pelo seu povo. Ninguém se atreve a objetar ou se opor a um decreto do

---

[15]   https://biblehub.com/bdb/1254.htm
[16]   https://www.merriam-webster.com/dictionary/fiat

governo.*A origem da palavra "fiat" em inglês está ligada à origem do próprio mundo. Extraída do significado latino do imperativo de terceira pessoa, "faça-se", esta palavra aparece na tradução latina do Gênesis, o primeiro livro da Bíblia, quando Deus proclamou: "faça-se a luz".*"[17] E assim a ideia de que os céus e a terra foram criados por decreto é muito pertinente para a origem do sexo e da humanidade.

O próprio Deus é a primeira causa que fez com que tudo passasse a existir. Este também é outro conceito que confunde a mentalidade evolucionista. Como as palavras faladas podem fazer com que as coisas venham a existir? Esta é uma criação instantânea da Terra que aconteceu sem qualquer lapso de tempo.*Deus disse: Haja luz: e houve luz,*Gênesis 1:3. Os evolucionistas argumentam que a criação do céu e da terra foi um processo lento e gradual, mas o relato em Gênesis é uma ação imediata e instantânea de Deus.

O imediatismo do argumento criacionista é fundamental para o argumento da criação progressiva defendido pelos evolucionistas. O argumento central do darwinismo é que devem ter decorrido milhões ou milhares de milhões de anos para que o homem evoluísse de macaco para ser humano. E assim, quando apresentados à evidência de Gênesis 1, eles são forçados a redefinir algumas coisas no relato bíblico para se adequarem à sua narrativa evolutiva. E para fazer com que isso funcione em suas mentes, eles tentam negar a interpretação literal de Gênesis 1. Por exemplo, a palavra "dia" usada em Gênesis 1:5 e em todo Gênesis 1 não poderia realmente significar um dia literal de 24 horas, pois nós sabemos.

---

[17]

https://www.dictionary.com/e/fiat/#:-:text=The%20origin%20of%20the%20word,light%E2%80%9D%20(fiat%20luxo).

Eles teriam que redefinir a palavra para significar um longo período de tempo. Porque admitir que a criação aconteceu literalmente em 6 dias corridos destruiria o argumento evolucionista, uma vez que o homem não poderia ter evoluído em tão pouco tempo. Lembre-se de que o tempo é um conceito chave é vital na teoria da evolução. A palavra traduzida como dia em nossas traduções da Bíblia para o inglês é traduzida da palavra hebraica "yom". Podemos saber com um alto grau de certeza, a partir do contexto imediato e de seu uso em todo o Antigo Testamento, que "yom" significa um dia literal de 24 horas.

O que mais poderia significar quando Ele disse:*E Deus chamou à luz Dia, e às trevas chamou Noite. E a tarde e a manhã foram o primeiro dia*, Gênesis 1:5. O próprio Deus definiu o significado de "yom" como "manhã" e "tarde". E manhã e noite são duas divisões do dia, o que o torna um dia de 24 horas.*A palavra "yom" é usada mais de 2.000 vezes no Antigo Testamento hebraico. Em mais de 95% dessas ocorrências, a palavra significa dia de 24 horas. (A maioria dos 5% são expressões como "dia do Senhor". Portanto, chegamos a cada ocorrência da palavra "yom", com a expectativa de que provavelmente significará um dia de 24 horas.*[18] E os evolucionistas e outros que não defendem uma interpretação literal de Gênesis estão em uma busca desesperada para encontrar alguma maneira de fazer com que o relato da criação se ajuste à sua narrativa.

Alguns interpretam Gênesis como poesia ou alegoria, em oposição a uma narrativa histórica, que é o que realmente é. Outros chegam ao ponto de fazer de Gênesis 1:1 um relato da criação, e de Gênesis 1:2-31 outro relato da

---

[18]

http://www.interactingwithjesus.org/resources/genesis1.pdf

criação. Eles inventaram a chamada "teoria da lacuna" para implicar que Deus criou os céus e a terra em Gênesis 1:1 e, depois de milhões ou bilhões de anos depois, Ele começou a criação novamente em Gênesis 1:2. São feitos todos os esforços para impor a ideia de que o homem evoluiu ao longo de milhões ou milhares de milhões de anos, e a teoria da Velha Terra ajudaria a avançar a posição evolutiva de que o homem evoluiu ao longo de milhões ou milhares de milhões de anos. A teoria da Velha Terra é a visão de que a Terra tem milhões ou bilhões de anos de idade, enquanto a visão da Terra Jovem defende que a Terra tem cerca de 11.000 a cerca de 13.000 anos de idade com base nas datas registradas em Gênesis e em registros extra-bíblicos.

A Criação do Homem

O homem é a coroa da criação de Deus. Suponho que você provavelmente já ouviu a frase: "Deixe o melhor para o final". O homem foi o último item em seu calendário, e o homem foi e é o melhor em comparação com o resto da criação. Não há absolutamente nenhuma comparação entre o homem e qualquer outro ser criado. Você pode amar seu gato ou cachorro, mas eles ainda são e sempre serão um animal. Você pode dormir com seu gato ou cachorro, mas eles sempre serão um gato ou um cachorro. Depois de ter feito todo o resto, Ele criou o homem. Ele fez o homem no 6° dia da criação. O homem não poderia ter sido criado no primeiro dia da criação porque não existia terra nem água.

O homem é composto principalmente de terra (solo) e água, e esses materiais ainda não existiam. Mas, novamente, Deus é Deus, e Ele poderia simplesmente ter trazido o homem à existência no primeiro dia; mas de Suas prerrogativas divinas, Ele escolheu criar primeiro os céus e a terra. Ele sabe exatamente o que está fazendo. O homem é o único ser criado que tem alguma semelhança com Deus em qualquer forma ou formato. O homem é o único ser criado à imagem e semelhança de Deus. Aqui está o que é dito:*Então Deus criou o homem à sua imagem, à imagem de Deus o criou; homem e mulher os criou*, Gênesis 1:27. Pela primeira vez os sexos, masculino e feminino, são introduzidos na narrativa. Do homem surgiu uma nova subdivisão; Masculino e feminino.

A idade do homem quando ele foi criado não é explicitamente mencionada no texto das escrituras, mas pode-se inferir que o homem provavelmente tinha entre vinte e poucos anos e trinta e poucos anos. Diz no final de Gênesis 2:5 que "não havia homem que cultivasse a terra". Deus não fez chover sobre a terra porque não haveria ninguém para cortar a grama. Assim que Deus enviou chuva para regar a terra (Gênesis 2:6), Deus formou o homem.*E o Senhor Deus formou o homem do pó da terra, e soprou em suas narinas o fôlego de vida, e o homem tornou-se alma vivente*, Gênesis 2:7. A fonte do homem é o pó da terra. O homem não evoluiu de um macaco, mas veio do pó da terra. E uma vez que choveu, Deus começou a formar o homem.

O homem não precisou crescer, mas foi criado instantaneamente na idade produtiva adulta, pronto para a produtividade. Deus já havia criado do pó da terra a matéria-prima necessária para formar o homem, a saber: a terra e a água. Deus cria Sua própria matéria-prima, mas os evolucionistas nos dizem que o material evoluiu ao longo do tempo para outra coisa. A lei da conservação da massa afirma que "a matéria não é criada nem destruída". O Deus de toda a criação desafia a lei da conservação, pois Ele cria a matéria e pode destruir a matéria ao pronunciar a Sua palavra. Todos os seres criados, incluindo o Homem, procriam segundo a sua espécie; um macaco dá à luz um macaco. Um macaco nunca evoluiu para um humano com o tempo. São espécies inatamente distintas com DNA distinto e a possibilidade de mutação não existe.

Criação dos Sexos

Portanto, este versículo diz que Deus criou o homem à Sua própria imagem e a palavra hebraica que é traduzida aqui como homem vem da palavra "Adão", para significar a humanidade em geral; mas na próxima linha do versículo, diz que Deus o criou; masculino e feminino, e a palavra inglesa "masculino" neste versículo vem da palavra hebraica "Zakar". Esta palavra é uma ruptura com Adão, que representa a humanidade em geral ou o sexo masculino em alguns casos, dependendo do contexto. Neste contexto, a palavra significa um descendente humano masculino de Adão. Esta palavra também pode se referir à descendência masculina de animais, Êxodo 13:12, em oposição aos gêneros humanos masculino e feminino, como em Deuteronômio 4:16. A tradução NVI da Bíblia traduziu a palavra hebraica "zakar" como homem e "naqebah"como mulher. Essas palavras hebraicas para gênero deveriam ser traduzidas corretamente como masculino e feminino, e não homem e mulher. Elas foram traduzidas corretamente em outras traduções da Bíblia em inglês.

Então, os gêneros foram criados por Deus para que as espécies se multiplicassem e não entrassem em extinção. Vemos que o género não se limita à humanidade, mas todos os outros seres vivos criados têm o género masculino e feminino para o propósito principal de procriação. Se Deus criou os gêneros de acordo com Gênesis 1:27, então existe alguma possibilidade de que os gêneros possam ser encarnados por algum outro ser criado? Como poderia um ser criado descrever o que não criou? Os gêneros masculino e feminino são inatamente distintos, com códigos de DNA muito complexos que estão incorporados em cada um e mantidos pelo criador. Estou falando aqui de gênero no sentido geral; sejam humanos ou animais, eles são singularmente distintos.

A palavra traduzida como feminino em Gênesis 1:27, na maioria de nossas traduções para o inglês, vem da palavra hebraica: "naqebah", e esta palavra carrega consigo o significado genérico para mulher da humanidade ou animal. É usada para uma criança do sexo feminino, Jeremias 31:22 e Levítico 15:33. Também é usada em referência a uma fêmea animal em Gênesis 6 :19, Gênesis 7:3; e em Levítico 4:28, em referência a uma cabra sem defeito. A palavra é usada para distinguir os gêneros. Os gêneros são distintamente diferentes em aparência física, estrutura biológica e estrutura emocional. O criador propositalmente projetou os gêneros para serem distintos e diferentes para cumprir Seus propósitos divinos. Portanto, uma mulher é uma mulher, mas uma mulher pode não ser necessariamente uma mulher; ela poderia ser uma mulher de algum outro ser criado, como bestas e outros.

A Criação da Mulher

A criação de mulheres não surgiu do vácuo, mas surgiu de uma necessidade. A criação do homem foi boa, mas também levantou outros problemas para o homem recém-criado. Se o homem fosse deixado sozinho na terra, o que teria acontecido? Depois que Deus criou os sexos em Gênesis 1:27, Ele deu a ordem:*E Deus os abençoou, e Deus lhes disse: Frutificai, e multiplicai-vos, e enchei a terra, e sujeitai-a; e dominai sobre os peixes do mar, e sobre as aves dos céus, e sobre todo ser vivente que se move. sobre a terra,*Gênesis 1:28. Este versículo ordena que eles sejam frutíferos, se multipliquem e encham a terra. Está implícito aqui que esta ordem é para que os sexos sejam frutíferos e se multipliquem, e foi imediatamente após a criação dos sexos, mas antes da criação do homem em Gênesis 2:7.

Assim, surgiu a necessidade de a mulher ser criada para cumprir o mandamento de ser fecunda, multiplicar-se e encher a terra. Como o homem seria fecundo e se multiplicaria se estivesse sozinho? O homem foi incapaz de cumprir os mandamentos de Deus sem a ajuda de uma mulher, o que representa outro problema. O texto diz:*E o Senhor Deus disse: "Não é bom que o homem esteja só; Farei dele uma "ajuda idônea" para ele." Gênesis 2: 18.* Tudo até este ponto foi declarado por Deus como muito bom, mas quando se tratou de o homem estar sozinho, Deus declarou que não era bom. Portanto, a segunda razão pela qual uma mulher precisou ser criada foi como companheira do homem.

Então, procriação e companheirismo são as duas principais razões que Deus deu para criar uma mulher. Mas o texto diz que o homem precisava de uma "ajuda idônea" para ele, mas o que é isso? A NVI e a NASB traduziram isso como "uma ajudadora adequada para ele", mas há outras traduções que diferem. A ideia básica aqui é de alguém que acompanha o homem, complementando-o e completando-o. Onde quer que o homem fosse deficiente, a mulher preencheria a lacuna. Deus poderia simplesmente ter fornecido um gato, um cachorro, uma cobra ou algum outro ser criado para ser o ajudante do homem, mas isso simplesmente não funcionaria porque eles não eram como o homem e não poderiam ser companheiros do homem.

O homem precisava de alguém que fosse como o homem e que também fosse criado à imagem de Deus. Os animais simplesmente não se enquadram nessa descrição. E

35

o texto diz:*E Adão deu nomes a todo o gado, e às aves do céu, e a todos os animais do campo; mas porque não foi encontrada uma "ajuda idônea" para ele,*Gênesis 2:20. O homem (Adão) já estava ocupado nomeando os outros seres criados conforme lhe foi ordenado por Deus, mas outros seres não poderiam ser seus companheiros. Ame seu cão e gato tanto quanto você gostaria, mas lembre-se desta verdade profunda e simples! Eles não podem e nunca irão ocupar o lugar de companheiros humanos.

Então Deus começou a trabalhar para encontrar uma solução para o homem:*E o SENHOR Deus fez cair um sono profundo sobre Adão, e ele dormiu e tomou uma de suas costelas, e fechou a carne em seu lugar; E da costela que o Senhor Deus tirou do homem, ele fez uma mulher, e a trouxe ao homem,*Gênesis 2:21-22. Este é o primeiro caso registrado de cirurgia na Bíblia. Quem diz que a medicina não está na Bíblia está se enganando. Esta é uma operação cirúrgica completa com anestesia total. Deus faz com que um sono profundo caia sobre Adão (anestesia) e Deus realizou uma cirurgia bem-sucedida, retirando uma das costelas de Adão e fechando o corte. Esta costela foi transformada em mulher e o texto no final do versículo 22 diz: "ele se tornou mulher", e quando Adão saiu da sala de cirurgia e foi levado para a sala de espera, Deus apareceu com alguém parecido com Adão. , e o texto no final do versículo 22 diz: "e trouxe-a ao homem".

E quando ele a viu, seu semblante se iluminou e foi assim que ele respondeu ao vê-la; Esta agora é os ossos dos ossos e carne da minha carne: ela será chamada Mulher, porque foi tirada do Homem, Gênesis 2:23. Adam gritou que finalmente alguém parecido com ele havia sido encontrado. Sua "ajuda idônea" finalmente chegou e sua solidão acabou. Ele finalmente teve um companheiro e colaborador. Deus acabou de introduzir o conceito de mulher na narrativa da criação, mas quem é o que é realmente uma Mulher? Em Gênesis 2:22, a frase "o fez mulher" é usada quando uma mulher é apresentada pela primeira vez. A palavra mulher em nossas traduções para o inglês é traduzida da palavra hebraica "ishshah", que carrega a idéia da forma feminina do homem e é distinta da forma feminina dos animais ou de outros seres criados, a saber: "naqebah."

Também é interessante que a palavra "ishshah" seja a forma feminina da palavra hebraica "ish", que carrega a ideia de uma forma masculina de Adão. Adão significa principalmente homem ou humanidade, mas "ish" refere-se ao homem e "ishah" ou "ishshah" refere-se à mulher, que é mulher. E a palavra "Isá",significa de "ish", já que "isha" é a forma feminina de "ish". A razão dada por Deus para chamá-la de mulher é "porque ela foi tirada do homem". E esta mulher, criada por Deus, não era uma criança que precisava de tempo para crescer. Ela foi criada como uma adulta totalmente crescida no final da adolescência ou início dos vinte anos. Adam não tinha tempo para amamentar um bebê. Assim como o Homem foi criado do pó da terra como adulto, a mulher também foi criada como adulta, pronta para o casamento e a relação sexual.

A origem da relação sexual

Agora que trabalhamos para estabelecer a criação do Homem e da Mulher, podemos mergulhar no tão aguardado e esperado assunto da relação sexual. Este é o assunto que está na mente de todos desde que Adão foi criado. Quem diz que o romance não está na Bíblia também está se enganando. Adão referiu-se a esta mulher que lhe foi apresentada como "agora os ossos dos ossos e carne da minha carne". Esta é sem dúvida uma declaração teológica profunda, mas direi também que é também uma declaração romântica de Adão.

A afirmação, osso dos meus ossos, carrega a ideia de que mal posso esperar para estar com você, te admiro muito, quero estar com você, e você pode fazer parte da minha vida para sempre? Ou, ainda mais profundo, cair de joelhos e fazer a pergunta final! Você quer se casar comigo? Esta é uma declaração de intimidade e proximidade. Adam e as mulheres foram confrontados com uma situação irresistível. O poder do sexo é irresistível quando duas pessoas com a química certa são colocadas nuas uma na frente da outra; depois disso, o resto é história. Não há autocontrole no Homem ou na Mulher para resistir a tal força. De repente, você fica cara a cara com a esposa ou marido dos seus sonhos e a química é intensa, e quero dizer, muito intensa.

A relação sexual é uma força poderosa à qual até o mais corajoso homem ou mulher sucumbe. E o texto diz,,*Portanto deixará o homem a seu pai e a sua mãe; e se apegou à sua mulher*, Gênesis 2:24. A palavra hebraica "ish" é um gênero masculino em quase todo o seu uso no Antigo Testamento, e é homem no sentido de gênero masculino em oposição a feminino. Este é um substantivo masculino que sempre se refere ao gênero masculino. E esta é uma identidade de gênero dada por Deus. Esta palavra hebraica traduzida como homem aparece centenas de vezes no Antigo Testamento e é sempre traduzida como um homem com identidade masculina dada por Deus. E a palavra hebraica usada no versículo acima para mulher é "isha" ou "ishshah", que é traduzida como mulher, para significar uma identidade feminina dada por Deus. Esta palavra carrega especificamente uma identidade de gênero feminina humana dada por Deus. Interessante notar que

hebraico A palavra "Adão", que significa homem, é frequentemente usada para significar a humanidade em geral, e também é frequentemente usada para significar homem no sentido masculino. Assim, em Gênesis 2:25, a palavra "Adão" é usada para se referir ao homem. Portanto, Adam e "ish" podem ser usados indistintamente dependendo do contexto. Mas no versículo 25, "isha" é usado ao lado de Adão para se referir ao relacionamento entre homem e mulher. A questão aqui é que essa relação aconteceu entre pessoas de sexo e gênero opostos. O versículo 24 diz que o homem se apegou à sua esposa, e o resultado foi que eles deveriam ser uma só carne. Essa relação sexual aconteceu no contexto de uma união conjugal entre um homem e uma mulher. Mas qual é realmente o propósito do sexo?

Capítulo 2

O propósito do sexo

Esta é a questão mais desconcertante e intrigante que persegue a raça humana. Tentar entender todas as nuances sobre o sexo e o propósito para o qual ele foi criado é, no mínimo, assustador. Esta é a atividade mais importante na vida de qualquer ser humano e ainda assim há um caos na compreensão do seu verdadeiro propósito. Esta é também a atividade humana menos compreendida e mais abusada. Milhões, se não milhares de milhões, de vidas foram destruídas, interrompidas e até destruídas devido ao abuso e abuso do sexo.

Qualquer coisa pode ser usada para o bem ou para o mal. A faca é um bom utensílio de cozinha que pode ser usado para ajudar no preparo de alimentos na cozinha, mas também pode ser usada para machucar alguém; sexo é o mesmo. Tem uma finalidade pretendida, estabelecida pelo seu criador, e qualquer uso indevido resultará em consequências terríveis. E antes de nos aprofundarmos no propósito do sexo, passaremos algum tempo examinando o significado do sexo.

No sentido mais geral, sexo é relação sexual. Então a pergunta lógica a fazer é a relação sexual entre quem é quem? Essa é uma pergunta interessante e justa! Várias palavras hebraicas foram traduzidas em nossas Bíblias em inglês como sexo. Entre eles está a palavra hebraica "yada", que significa literalmente "conhecer". O conhecimento que está em vista no significado desta palavra é ao mesmo tempo relacional e cognitivo. Diz em Gênesis 4:1 que Adão conheceu Eva, sua esposa. Adão já estava casado há algum

41

tempo e, portanto, o texto não está dizendo que Adão tinha um conhecimento cognitivo de Eva.

E aqui está o texto:

E Adão conheceu Eva, sua esposa; e ela concebeu e deu à luz Caim, e disse: Adquiri do Senhor um homem, Gênesis 4:1.

Algumas traduções inglesas traduziram este versículo como "Adão fez sexo com Eva", mas a palavra hebraica significa literalmente "conhecer". Neste contexto, um conhecimento relacional, que significa relação sexual, é claramente pretendido. Porque o resultado desse conhecimento foi a concepção e nasceu uma criança. A palavra conhecer também é usada num aspecto relacional em referência ao relacionamento que Deus tem com Seus eleitos, em termos de os eleitos serem salvos. *A vida eterna é esta: que te conheçam, único Deus verdadeiro, e a Jesus Cristo, a quem enviaste,* João 17:3. A palavra usada aqui para 'conhecer' é a palavra grega, "ginosko", que é a mesma palavra hebraica para "conhecer" no Antigo Testamento.

E esta palavra descreve um aspecto relacional do conhecimento entre Deus e os eleitos. Mas esta palavra hebraica, "yada", para 'conhecer' também carrega um aspecto cognitivo, como saber o nome de alguém. Conheço Joe Biden cognitivamente, mas não o conheço pessoalmente ou relacionalmente. Portanto, a palavra "conhecer" em Gênesis 4:1 significa relação sexual. Existem várias palavras hebraicas que são traduzidas como sexo ou sexual, para significar relação sexual no Antigo Testamento. Aqui estão alguns: 'nagash' é traduzido em Êxodo 19:15 como 'chegue perto', e alguns outros tradutores traduzem esta palavra como relação sexual. 'Shakab' é usado com muita frequência em Levítico 15:18,24,33 e em todo Levítico 18, para significar 'deitar ou dormir com'.

Outra palavra hebraica que é usada mais de 13 vezes em Levítico 18 é 'galah', e é traduzida para o inglês como 'relações sexuais', mas esta palavra também carrega a ideia de 'descobrir a própria nudez'. usando várias metáforas para descrever a ação que está ocorrendo. Quer se trate de descobrir a nudez de um parente próximo, de seres humanos tendo relações sexuais com animais, de seres humanos do mesmo sexo tendo relações sexuais com outro ser humano do mesmo sexo, tudo isto são perversões sexuais e não o desígnio de Deus para a intimidade sexual. A relação sexual nunca deve ocorrer entre parentes consanguíneos e parentes não consangüíneos. A relação sexual só deve ocorrer em relações heterossexuais e não em uma união ou relacionamento homossexual.

Todas essas perversões sexuais levariam um homem a enfiar seu pênis em qualquer lugar onde encontrasse um buraco, seja mulher, outro homem ou animal. Também levaria uma mulher a deitar-se com outra mulher, homem, ou abrir as pernas para que algum animal, cachorro ou fera enfiasse seu pênis em sua vagina. Isto é uma perversão das relações sexuais fora do propósito para o qual foram destinadas. A raça humana está em busca desesperada de satisfação sexual, mas sem o uso adequado do sexo, milhões de pessoas estão fadadas a mergulhar na sua destruição. Vejamos os propósitos pretendidos da relação sexual, começando pela procriação.

Em um artigo publicado em Psychology Today.com, intitulado "The *Propósito do Sexo*", o autor disse, "*Sexo é uma daquelas palavras que todos usam e surpreendentemente poucos entendem. Sexo é muito mais do que físico e diz respeito à procriação. É importante reconhecer e identificar a amplitude da sexualidade. O sexo serve vários propósitos básicos da vida: desde prazer, redução de estresse , e formação de nossa identidade, até nossa conexão íntima e (é claro) procriação. O objetivo do sexo pode ser definido em uma palavra: realização! (Finalmente, você pode estar pensando, uma palavra e não uma lista!).*

A verdadeira realização sexual ocorre quando o prazer físico ocorre no contexto de um relacionamento íntimo e amoroso. Dessa forma, a realização do sexo transforma o que poderia ser um evento prazeroso e meramente mecânico em uma expressão de intimidade e amor. Portanto, distinguimos que o sexo nos envolve de diferentes maneiras emocional, relacional, social, espiritual e também fisicamente.[19] O autor deste artigo, John Chirban, PhD, ThD, é instrutor de psicologia clínica na Harvard Medical School. Ele afirma que o propósito do sexo é o prazer, a redução do estresse e a formação da nossa identidade.

---

[19]
https://www.psychologytoday.com/us/blog/age-un-innocence/201307/purposes-sex

O prazer, segundo ele, é uma das finalidades do sexo. O prazer no sentido geral, sendo o propósito do sexo, é discutível. O prazer é um subproduto do sexo quando experimentado numa união conjugal heterossexual ordenada por Deus. Não há prazer em um relacionamento sexual adultério. Não há prazer na prostituição e no sexo dela resultante. Não há prazer no sexo com um parente próximo e na resultante ira do julgamento de Deus. Não há prazer em fazer sexo com um animal. Não há prazer em um relacionamento sexual fornicador. Sim, pode haver uma experiência momentânea de orgasmo e ejaculação, mas nada digno de nota. O orgasmo é definido como:*excitação intensa ou paroxística, especialmente: a liberação rápida e prazerosa de tensões neuromusculares no auge da excitação sexual que geralmente é acompanhada pela ejaculação de sêmen no homem e contrações vaginais na mulher.*[20]

Este é mais provavelmente o significado de prazer no sexo pretendido por John Chirban. Este é provavelmente o significado do prazer no sexo conforme entendido pela grande maioria dos americanos e pela população global. Homens e mulheres estão em busca desesperada de excitação e prazer momentâneos. Esta é a força motriz por trás da necessidade de mais, e mais, e mais sexo. O sexo é um produto com uma procura muito elevada e parece que há uma perturbação na cadeia de abastecimento. A demanda está ultrapassando a oferta. Os homens estão em busca desesperada de maneiras de liberar o sêmen e as mulheres estão procurando maneiras de obter estimulação e excitação vaginal. Por que um homem pagaria uma prostituta?

---

[20] https://www.merriam-webster.com/dictionary/orgasm

Por que um homem ou uma mulher acasalaria ou teria relações sexuais com um animal? Por que uma mulher buscaria estimulação vaginal de outra mulher? Por que um homem enfia o pênis no ânus de outro homem? Reflita e pondere sobre essas questões! Mas o verdadeiro prazer é duradouro numa união conjugal monogâmica e heterossexual ordenada por Deus. É aqui que existe verdadeira intimidade e prazer. As coisas funcionam muito bem quando usadas como pretendido, incluindo a utilização de relações sexuais como foi pretendido pelo seu criador. Então John Chirban passou do prazer como propósito do sexo para a redução do estresse. Se o objetivo do sexo é a redução do estresse, não é surpresa que o sexo esteja sendo usado como uma espécie de medicamento para trazer relaxamento ao corpo. O sexo usado dessa forma será como um medicamento que altera o humor ou a mente para alterar e controlar os sentimentos.

Aqui estão alguns comentários sobre sexo como analgésico postados em um site proeminente verywellmind.com/sex:*A atividade sexual e o orgasmo podem relaxar o corpo e liberar muitos hormônios que apoiam a saúde e o bem-estar geral. Da mesma forma, o sexo pode aumentar a dopamina, um neurotransmissor às vezes chamado de "substância química do bem-estar" porque reforça a sensação de prazer.Oxitocina é conhecido como o "hormônio do amor" porque é liberado durante o toque físico, comoem toques afetuosos e sexo entre parceiros adultos, bem como durante a gravidez, parto e amamentação. A atividade sexual parece ser uma forma de liberar o estresse, reduzindo o cortisol. Um estudo analisou a frequência cardíaca e os níveis de cortisol das mulheres como medida após "contato físico positivo" com um parceiro. Essas descobertas sugerem que fazer sexo pode levar a menos respostas ao estresse durante situações desafiadoras, o que é bom.*[21]

O alívio do estresse pode ocorrer, e certamente ocorre, durante a relação sexual, mas esse não pode ser o propósito do sexo. O alívio do estresse pode atuar como um subproduto do sexo, mas não pode atuar como seu propósito subjacente. Seria como dizer que beber cerveja ou fumar alivia o estresse e, portanto, uma atividade tão importante na vida do ser humano é incluída na categoria de analgésico. Realmente? Buscar prazer e aliviar o estresse tem sido amplamente entendido como o objetivo principal da relação sexual. E por fim, o autor deste artigo também identificou a "formação da nossa identidade", como finalidade do sexo, ou seja, da relação sexual.

O autor não detalhou o que quis dizer com a formação da nossa identidade sendo um dos propósitos do sexo e eu não especularia. E a procriação é mencionada como um propósito do sexo, mas o autor parece sugerir que não é um propósito tão importante. Ele afirmou: "O objetivo do sexo pode ser definido em uma palavra: realização!"[22] Se o sexo tem tudo a ver com realização, então isso pode implicar que quanto mais sexo alguém consegue, mais satisfeito ele ficará. Isso implicaria que os viciados em sexo e as prostitutas são as pessoas mais realizadas na face da terra, simplesmente porque fazem mais sexo. Esse é realmente o caso? Qual é o propósito pretendido da relação sexual?

---

[21]

https://www.verywellmind.com/sex-as-a-stress-management-technique-3144601

[22]

https://www.psychologytoday.com/us/blog/age-un-innocence/201307/purposes-sex

A procriação como finalidade da relação sexual

Alguns argumentaram que a procriação era e não é mais o objetivo principal do sexo. Qualquer espécie que não procrie logo entrará em extinção. Uma das razões pelas quais o homem ainda existe é porque a taxa de natalidade excede a taxa de mortalidade, e isso resulta num ganho líquido na população humana. Se a população global sofresse uma perda líquida prolongada, não demoraria muito até que os humanos se extinguissem. E como evitaria a extinção da população global se a procriação não fosse o objectivo principal das relações sexuais? Muitas vezes você pode ouvir coisas como se a economia estivesse passando por escassez de mão de obra.

Se não houvesse relações sexuais, a economia global tal como a conhecemos acabaria por parar repentinamente e todas as cidades movimentadas ficariam subitamente vazias. Então, como alguém poderia propor algum outro propósito para o sexo além da procriação? Alguns identificaram o prazer como o propósito do sexo, mas como é que alguém consegue prazer se não existem pessoas na terra? E como as pessoas chegaram aqui? As pessoas não aparecem de repente na terra, não é? A relação sexual deve ocorrer primeiro para que as pessoas estejam na terra e depois o prazer surge como um subproduto do sexo.

A palavra "procriar" pressupõe que estamos falando de "seres" em geral, ou de qualquer ser, mas particularmente, de humanos. Procriar significa gerar ou gerar (descendência).[23] A ideia aqui é propagar uma espécie fora da extinção. Propagar significa "fazer com que um organismo se multiplique por qualquer processo de

---

[23]   https://www.merriam-webster.com/dictionary/procreate

reprodução natural a partir da linhagem parental, reproduza a si mesmo, sua espécie, etc., como um organismo faz."[24] A palavra "ser" significa existir, ou existência. Esta palavra tem a ideia de vibração e vida, e para qualquer ser se propagar, deve originar-se um estoque desse tipo. Os humanos vieram dos humanos e os macacos vieram dos macacos e não há saídas de cruzamentos. Então, em Gênesis 1:27, Deus criou o homem e da criação do homem, Ele criou os sexos, masculino e feminino.

Depois que Deus os criou, Ele não disse: "Divirtam-se e divirtam-se" como propósito para criar os sexos, disse? Isto é o que ele disse:*E Deus os abençoou, e Deus lhes disse: Frutificai, e multiplicai-vos, e enchei a terra, e sujeitai-a; e dominai sobre os peixes do mar, e sobre as aves dos céus, e sobre todo ser vivente que move-se sobre a terra,* Gênesis 1:28. Deus deu aos gêneros recém-criados três mandamentos básicos que têm tudo a ver com a propagação da espécie humana. Ele lhes disse: "Sejam fecundos, multipliquem-se e encham a terra".

Os seres humanos recém-criados também foram instruídos neste versículo a ter domínio sobre todos os outros seres não-humanos criados. Mas havia um problema! Como eles poderiam ter domínio se fossem as únicas duas pessoas na terra? Eles precisavam de uma força de trabalho para ter domínio. A palavra hebraica usada neste versículo é traduzida na maioria de nossas traduções para o inglês como "frutífero" é a palavra "Pará", que carrega a ideia de dar fruto ou aumentar. Esta palavra é usada para homens e animais como em Êxodo 23:30 e Gênesis 26:22, e a ideia por trás de seu uso é aumentar a população da espécie, seja homem ou animal.

---

[24] https://www.dictionary.com/browse/propagate

Esta palavra é usada para vinhas com a ideia de dar frutos como em Isaías 32:12, e produzir novos frutos e aumentar a quantidade de vinhas. E esta palavra é usada para designar seres vivos, mas também para plantas e agricultura. E não é surpresa que o texto tenha passado de fecundo para "multiplicar" as espécies. A palavra hebraica que é traduzida em Gênesis 1:28 para o inglês como "multiplicar" é a palavra "rabá", e esta palavra carrega a ideia de "tornar-se muito, muitos, grande".[25]

Esta palavra é usada para pessoas, em Êxodo 1:10, 1:20, e para animais em Deuteronômio 7:22, 8:13. Percebi que a palavra "multiplicar" é usada no texto e não "adicionar", significando rapidez ou rapidez na propagação da espécie, seja homem ou animal. Assim, mostramos claramente que para preservar as espécies é necessário que haja um processo de propagação ou elas serão extintas. Então, Deus criou este ato pelo qual um homem e uma mulher terão relações sexuais e este ato pode resultar na concepção e nascimento de um novo ser, seja humano ou algum outro ser.

Então, em Gênesis 1:27, Deus criou o homem e o gênero masculino e feminino, mas no capítulo 2 de Gênesis, começando no versículo 7, Deus detalhou como Ele criou o homem e no versículo 21, Ele criou a mulher do homem e trouxe o mulher para o homem no versículo 22. O homem ficou exultante ao ver a mulher no versículo 23; e o que acontece naturalmente quando uma mulher muito bonita é apresentada a um homem e há amor, química e atração recíprocos? Este é o poder do sexo e a força irresistível do sexo.

---

25   https://biblehub.com/bdb/7235.htm

O homem e a mulher recém-criada eram a única família na terra e não tinham pai nem mãe, nem mesmo para falar de famílias extensas que eram inexistentes. Gênesis 2:24 fala sobre um homem deixando ou abandonando sua família natural, pai e mãe, e se apegando a um completo estranho e estranho que era um estranho à sua família natural, e o propósito desse apego era formar uma nova família que seria ser separado e distinto da antiga família. Este é o método que Deus pretende usar para cumprir a ordem de Gênesis 1:28. Uma família de cada vez. Este primeiro homem e mulher não tinham pai nem mãe e por isso não podiam saber o que tudo isso significava. Eles estavam olhando para frente e não para trás em busca de orientação.

O homem teve que sair e partir. Alguns homens deixaram o pai e a mãe e nunca se apegaram à esposa. Outros se separaram, mas nunca abandonaram o pai e a mãe. Mas o texto dizia claramente que deve haver uma saída e uma divisão para que a espécie se propague. A frase "deixar pai e mãe" pode não ser claramente aparente para o leitor médio, mas o que realmente significa? A frase seguinte, "e apegar-se-á à sua mulher", deixa muitos leitores perplexos quanto ao seu significado. A palavra hebraica que foi traduzida aqui para o inglês como "cativar" é "chão" e a palavra também significa"agarrar-se" como em Rute 1:14. Esta palavra também pode significar agarrar-se, manter-se próximo. Esta palavra foi traduzida na NVI como "unido", NLT como "está unido", NKJV como "ser unido", NASB como "ser unido", KJV como "se unirá", CEV como "casar", e eu tenho revisou mais de 15 outras traduções da Bíblia e todos eles, em sua maioria, traduziram esta palavra hebraica usando uma dessas palavras em inglês.

Descobri que apenas a NKJV e a NASB traduziram esta palavra como "ser unido". Esta é uma diferença muito significativa em relação às outras traduções e por que essas duas traduções escolheriam colocar a pequena palavra "ser" antes da palavra "unir-se"? ? Esta diferença tem profundas implicações teológicas para a compreensão do sexo e do casamento no futuro. A palavra "ser" colocada antes da palavra "unir" significa que o verbo "unir" está na voz passiva, significando que alguém que não seja "homem" está fazendo a união de homem e mulher.

As outras traduções omitiram a palavra "ser", tornando "unido", estar na voz ativa, o que significa que o homem se torna o sujeito do verbo, mas o homem não pode ser o sujeito porque nenhum sujeito está listado no contexto imediato que precede o verbo. verbo. Na gramática hebraica bíblica, quando um verbo está na voz passiva e falta um sujeito a esse verbo, presume-se que o próprio Deus é o sujeito desse verbo, daí o termo "passivo divino". Mas como essas duas traduções determinaram que esta era uma passiva divina e todas as outras traduções não perceberam? Esta é uma pergunta justa!

A palavra hebraica "chão", foi traduzido na Septuaginta como "proskollethesetai." A Septuaginta é a tradução grega das escrituras hebraicas do Antigo Testamento que foi traduzida para o grego por volta de 3 a.C. Esta tradução grega do hebraico lançou mais luz na compreensão e análise desta palavra hebraica. A palavra "proskollethesetai," está gramaticalmente na voz passiva grega e esta classificação gramatical torna a NKJV e a NASB como a tradução mais precisa do hebraico, "chão", em Gênesis 2:24. A grande questão a ser respondida é: como o significado desta palavra se relaciona com a relação sexual?

A ideia de um homemjuntando-se à sua esposa tem que significar relação sexual porque o resultado dessa união é que eles se tornam uma só carne. Aqui está uma exposição de Gênesis 2:24 do apóstolo Paulo:*Vocês não sabem que seus corpos são membros de Cristo? Devo então tomar os membros de Cristo e torná-los membros de uma prostituta?*Certamente *não? Ou você não sabe que quem se une a uma prostituta é um só corpo com ela? Pois Ele diz isso; os dois se tornarão uma só carne,* Coríntios 6:15-16. Paulo usou a frase "aquele que se une a uma prostituta", e ela não pode significar outra coisa senão estar colado ou cimentado com uma prostituta e formar uma união sexual com ela.

Curiosamente, a palavra grega traduzida aqui como "unido" é "Kollomenos", e esta palavra grega traduzida como "unida" em Gênesis 2:24, é "proskollethesetai," e ambos têm sua origem na palavra raiz, "olá", que significa colar ou cimentar. Paulo está explicando o significado da palavra "unido", conforme usada em Gênesis 2:24. Esta palavra significa relação sexual em ambos os textos. Você pode estar dizendo a si mesmo que ela não se aplica a você, porque você não se junta a uma prostituta. As pessoas muitas vezes pensam em uma prostituta como alguém que é pago para fornecer sexo como um serviço.

A definição bíblica é muito mais ampla do que isso. A palavra grega "pornô", foi traduzida aqui como prostituta ou prostituta. Esta palavra é definida como "uma mulher que vende seu corpo para uso sexual. Qualquer mulher que tenha relações sexuais ilegais, seja por ganho ou por luxúria."[26]Qualquer relação sexual fora do que Deus uniu é uma relação sexual ilegal e não importa se é para ganho ou

---

[26]   https://biblehub.com/thayers/4204.htm

para luxúria. A relação sexual é prazerosa e prazerosa em uma união conjugal heterossexual, monogâmica e ordenada por Deus.

União conjugal como propósito para o sexo

Ainda há um debate em curso sobre a questão do casamento como um propósito para o sexo. A união conjugal é um propósito para a criação do sexo? Antes de aprofundar esta questão, o que realmente é um casamento? Assinar um pedaço de papel no tribunal casa duas pessoas? Aqui está uma definição:*A união legal ou formalmente reconhecida de duas pessoas como parceiras numa relação pessoal (historicamente e em algumas jurisdições, especificamente, uma união entre um homem e uma mulher).*[27] De acordo com esta definição, alguém ou algum ser decide e determina o que constitui um casamento. A definição diz: "A união legal e formalmente reconhecida de duas pessoas como parceiras em um relacionamento pessoal". E quem determina a sua legalidade e formalidade? Os EUA têm 50 estados e suponho que possa haver 50 definições do que constitui um casamento.

A menos que o Congresso intervenha e estabeleça um padrão federal sobre o que constitui um casamento, a definição estará disponível. Existem cerca de 190 países no mundo e cada um pode ter a sua definição do que constitui um casamento. Se você tiver um pedaço de papel que o declare legal e formalmente casado com outra pessoa, então essa legalidade e formalidade podem se tornar nulas e sem efeito se você pegar um voo e se encontrar em outro país.

---

[27]

https://www.google.com/search?q=define+marriage&oq=define+marriage&aqs=chrome..69i57j0i512l3j0i457i512j0i512l5.7170j1j4&sourceid=chrome&ie=UTF-8

Como pode um pedaço de papel declarar que você é casado em uma jurisdição e, de repente, anular seu casamento em outra jurisdição?

As leis são promulgadas com base nos valores e crenças dos legisladores em uma determinada jurisdição. Quer sejam o congresso dos Estados Unidos da América, os parlamentos de outros países e os reis ou presidentes de outros; as leis são promulgadas com base nos valores prevalecentes dos governantes e dos governados. Não é, portanto, nenhuma surpresa que diferentes jurisdições cheguem a definições diabolicamente opostas sobre o que constitui um casamento.

Uma questão muito maior é quem define um casamento? Homem ou Deus? Um ser criado pode narrar sua própria criação? E se tal ser pudesse narrar a sua própria criação, então esse ser não foi criado e deve existir antes da sua criação. O homem pode dizer alguma coisa sobre sua criação e origem? E se ele pudesse, então ele não estava

criada. Por que algo tão intrinsecamente ligado à criação do homem, como o casamento e o sexo, seria definido pelo homem? Quando ele não existia quando tudo aconteceu?

A palavra casamento, casar ou outros derivados tem algumas nuances para se entender completamente. Esta palavra é expressamente referenciada na Bíblia. A palavra hebraica "baal" é traduzida como "casar", como seu primeiro significado na maioria de nossas traduções para o inglês.[28] Esta palavra significa "possuir, possuir, especialmente uma esposa", e em aramaico, "tomar posse de uma esposa ou concubina".[29] Esta palavra é traduzida como casar em várias passagens do Antigo Testamento, incluindo: Gênesis 20:3, Deuteronômio 21:13, 22:22, 24:1, Isaías 54:5, 62:4-5, Malaquias 2:11 e Jeremias 31. :32. Esta palavra também tem um segundo significado. Também pode significar "governar", como em 1 Crônicas 4:22, Isaías 26:13, Provérbios 30:23, Isaías 62:4.[30] Portanto, o significado básico desta palavra que é traduzida como casar na maioria de nossas traduções para o inglês é possuir, tomar posse de uma esposa ou governar.

No Novo Testamento, existem cerca de 28 ocorrências da palavra casar, casamento ou algum derivado dela. A palavra grega "gameo" foi traduzida para o inglês como "casar" diversas vezes nas cartas de Paulo, especialmente em 1 Coríntios 7:9,11,28,32,33,38 e 39. Também é usada em Mateus 5. :32, Lucas 17:27 e em vários outros casos. Esta palavra grega carrega um significado semelhante a "baal" no Antigo Testamento, ou seja, tomar posse e propriedade de uma mulher como esposa; realizar

---

28   https://biblehub.com/bdb/1166.htm
29   https://biblehub.com/bdb/1166.htm
30   https://biblehub.com/bdb/1166.htm

todos os ritos consuetudinários, culturais, legais e formais exigidos para que uma menina ou mulher transfira sua lealdade de sua família natural para uma nova família sob a égide de seu marido.

Esta definição pode implicar e incluir relações sexuais posteriormente, mas a ideia de transferência de lealdade é fundamental para o significado desta palavra. José estava noivo de Maria e o noivado é uma promessa e um acordo para se casar e este acordo é tão bom quanto casar, porque só o divórcio pode anular o acordo. E aqui é onde José se casou com Maria:*Ora, o nascimento de Jesus, o Messias, foi o seguinte: quando Maria, sua mãe, estava desposada com José, antes de se unirem, ela foi encontrada grávida do Espírito Santo. E seu marido José, por ser um homem justo e não querer desonrá-la, planejou mandá-la embora secretamente.*Mateus 1:18-19.

Algumas observações para ponderar: José é identificado como seu "marido", mas eles não tiveram relações sexuais e a frase "mande-a embora secretamente" significa divorciar-se dela. Eles eram considerados formal e legalmente casados, embora não tivessem ocorrido relações sexuais. Aqui está um pouco da história sobre o período de noivado no Antigo Testamento:*Várias passagens bíblicas referem-se às negociações necessárias para o arranjo de um casamento (Gen. xxiv.Cântico dos cânticos viii. 8; Juízes xiv. 2-7), que foram conduzidas por membros das duas famílias envolvidas, ou seus representantes, e geralmente exigia o consentimento da futura noiva (se maior de idade); mas quando o acordo foi celebrado, é definitivo e vinculativo tanto para o noivo como para a noiva, que eram considerados marido e mulher em todos os aspectos legais e religiosos, excepto o da coabitação efectiva.*

A raiz da palavra ("noivado"), da qual deriva o abstrato talmúdico ("noivado"), deve ser tomada neste sentido; isto é, contrair um casamento real, embora incompleto. Em duas das passagens em que isso ocorre, a mulher prometida é diretamente designada como "esposa" (II Sam. iii. 14, "minha esposa com quem me casei" ("erasti"), e Deut. xxii. 24, onde a noiva é designada como "a esposa do vizinho"). Em estrita conformidade com este sentido, a lei rabínica declara que o noivado é equivalente ao casamento real e só pode ser dissolvido por um divórcio formal.[31] É bem dito que casar pode implicar relações sexuais, mas não significa imediatamente relações sexuais.

A famosa passagem sobre casamento em todas as Escrituras nem sequer tem a palavra "casamento" mencionada no texto. Esta passagem fala tanto sobre casamento quanto sobre relações sexuais, mas a palavra casamento nem sequer é mencionada. Pensamos que pensamos que o casamento, tal como o conhecemos, significa relações sexuais, mas sim e não. A passagem em questão é referida pelo próprio Senhor Jesus e pelo apóstolo Paulo em diversas ocasiões:*Portanto deixará o homem, o seu pai e a sua mãe e apegar-se-á à sua mulher e serão ambos uma carne*, Gênesis 2:24.

Relações sexuais é casamento

E por relação sexual, estou falando principalmente de uma relação sexual heterossexual. Qual é o propósito de duas pessoas de sexos opostos se despirem uma na frente da outra e tenham relações sexuais? Por que Deus planejou esta atividade? Sexo é prazeroso, mas foi por isso que foi criado? O sexo alivia o estresse, mas foi por isso que foi

---

[31]
https://www.jewishencyclopedia.com/articles/3229-betrothal

criado? O sexo pode ser usado para ganho ou luxúria, mas foi por isso que foi criado? O sexo pode ser comercializado, mas foi por isso que foi criado?

A atividade mais sagrada na vida de qualquer ser humano, despir-se na frente de outro ser humano de sexo diferente com o propósito de ter relações sexuais. Este ato sexual une permanentemente essas duas pessoas. Os terapeutas sexuais cunharam o termo "ligação fluida" e com isso querem dizer:*Diz-se que os casais que optam por parar de praticar sexo seguro entre si têm uma ligação fluida. Isso ocorre porque eles compartilham fluidos corporais entre si.*[32] Estou pensando: por que os terapeutas sexuais usariam o termo "vínculo" para descrever a troca de fluidos corporais por meio da relação sexual?

A maioria das pessoas acredita que o homem emite esperma ou sêmen na vagina feminina durante a relação sexual e é apenas uma transação unilateral. A mulher é considerada apenas a receptora e nada poderia estar mais longe da verdade. Esses fluidos se misturam e unem esses parceiros sexuais. Se não houvesse mistura, o homem nunca poderia contrair uma doença sexualmente transmissível da mulher. Quando os fluidos masculinos entram em contato com os fluidos vaginais da mulher, ocorre uma mistura de ligação, e os fluidos misturados permanecem no corpo feminino e alguns retornam ou são conectados através do esperma e de volta através do pênis para o masculino corpo.

Um homem não poderia contrair nenhuma doença sexualmente transmissível de uma mulher se não houvesse linhas de transmissão entre o ponto de infecção da mulher até o corpo e o sangue do homem e vice-versa. Há

---

[32]   https://www.verywellhealth.com/fluid-bonding-3132610

evidências claras de que esses fluidos unem o homem e a mulher através do ato sexual. Isto não é um jogo, pois vidas estão em jogo. A relação sexual é uma ação que não deve ser praticada levianamente, sem ponderar cuidadosa e cuidadosamente todas as suas ramificações. A relação sexual liga você a essa pessoa para sempre. Aqui está uma citação sobre a transmissibilidade bidirecional:*A troca de fluidos corporais e a infecção atuam nos dois sentidos na relação sexual vaginal.*

As infecções sexualmente transmissíveis são transmitidas pela ejaculação, pré-ejaculação e secreções vaginais. Portanto, qualquer tato entre o pênis e a vagina é um risco de transmissão para ambos os parceiros.[33]Além disso, em um artigo publicado no site do Center for Disease Control intitulado "Quais fluidos corporais transmitem o HIV?" O artigo diz:*Apenas certos fluidos corporais de uma pessoa que tem HIV podem transmitir o VIH. Estes incluem: sangue, sêmen (sêmen), fluído pré-sêmen (pré-sêmen), fluidos retais, fluidos vaginais e leite materno.*[34]Este artigo é sobre a transmissão do HIV, mas o denominador comum aqui é que todos os fluidos do corpo estão ligados ao sangue. Somente quando uma infecção de um fluido atinge o sangue e o sangue infecciona e destrói outros órgãos vitais é que ocorre a morte.

O artigo continua dizendo que:*Esses fluidos entram em contato com uma membrana mucosa ou tecido*

---

[33]

https://www.plannedparenthood.org/learn/ask-experts/during-vaginal-intercourse-how-long-does-it-take-to-exchange-bodily-fluids#:-:text=Troca%20de%20corporal%20fluidos%20e,de%20infecção%20%E2%80%94%20para%20ambos%20parceiros.

[34]

https://www.cdc.gov/hiv/basics/hiv-transmission/body-fluids.html

danificado ou são injetados diretamente na corrente sanguínea (a partir de uma agulha ou seringa) para que ocorra a transmissão. As membranas mucosas são encontradas dentro do reto, vagina, pênis e boca.[35]A questão aqui é que mesmo que a relação sexual não conduza ao VIH ou a outras doenças sexualmente transmissíveis, deixa os parceiros sexuais com as suas almas amarradas. Seus fluidos foram misturados reciprocamente em seu sangue e não podem ser separados.

E Gênesis 2:24 diz: "Portanto deixará o homem o seu pai e a sua mãe, e apegar-se-á à sua mulher, e serão ambos uma carne. E ambos estavam nus, o homem e a sua mulher, e não se envergonhavam". A palavra "casamento e relações sexuais" não é expressamente mencionada nesta passagem, mas está implícita e claramente escrita em todo o texto. A palavra "clivado" foi traduzida em outras traduções como "unido", e esta palavra carrega a ideia de cimentar, soldar duas peças de metal com metal sem qualquer possibilidade de separação. O texto diz que o homem abandona a família natural e se apega à esposa.

Esta palavra fala claramente de relação sexual porque o resultado dessa união foi quando eles se tornaram uma só carne. Essa relação sexual resultou em alguma unidade interna. As suas identidades individuais não foram completamente demolidas, mas uma nova identidade foi formada como resultado da relação sexual. Mas o que realmente significa que eles se tornaram uma só carne? Existem duas palavras hebraicas que poderiam ser traduzidas como "um" no Antigo Testamento.

35

https://www.cdc.gov/hiv/basics/hiv-transmission/body-fluids.html

61

Um é "elenco", e o outro é"Yachid," e "Yachid", é frequentemente usado para "uns" numéricos, com a ideia de singularidade em vista. Por outro lado, a palavra "Echad" é frequentemente usada para aqueles unificados ou plurais. "Yachid" raramente é usado para referir-se a Deus como um , mas "elenco", é quase frequentemente usado para Deus como um, significando uma pluralidade de uns. Uma das maiores questões teológicas para judeus e muçulmanos é a ideia de que Deus é Um. E ambos usariam Deuteronômio 6:4, que diz: "Ouça , Ó Israel, O SENHOR nosso Deus, O SENHOR é Um." O significado da palavra "um" neste versículo tem sido usado por judeus e muçulmanos para refutar a doutrina cristã fundamental da trindade.

Eles argumentam que Deus não pode ser manifestado em três pessoas quando este versículo (de acordo com eles) diz claramente: "Deus é um". O problema é entender o significado da palavra "um" neste versículo. Quando Deus é mencionado como um, a palavra hebraica "elenco", é sempre usado com frequência, para significar um "um" unificado ou plural. Portanto, a palavra que é usada exclusivamente para Deus como um também é usada em Gênesis 2:24 para descrever marido e mulher como um. entre marido e mulher é descrito como "echad" Este é um mistério além da nossa compreensão.

Este versículo é usado em diversas ocasiões no Novo Testamento para definir o casamento como uma união sexual entre um homem e uma mulher. Paulo disse: "Ou não sabeis que aquele que se une a uma prostituta ou a uma prostituta (estas palavras significam desvios sexuais da união conjugal) é um corpo com ela? Pois Ele diz: 'Os dois se tornarão uma só carne. Paulo está defendendo que a relação sexual, que consiste em unir-se, juntar-se ou unir-se, liga você permanentemente para sempre a essa pessoa.

Portanto, relação sexual é casamento. Paulo está fazendo uma exposição de Gênesis 2:24. Portanto, relação sexual é casamento. a relação sexual não é algo a ser praticado levianamente, mas devemos ponderar as ramificações a longo prazo porque essas ações nunca podem ser revertidas.Você está para sempre unido a essa pessoa e múltiplos parceiros sexuais significam múltiplas uniões.

Aqui está uma interação muito interessante entre Jesus e a mulher junto ao poço: Jesus disse-lhe: "Vá, chame o seu marido e venha aqui". A mulher respondeu-lhe: "Não tenho marido". Jesus disse-lhe: "Você tem razão em dizer: "Não tenho marido", pois você teve cinco maridos, e o que você tem agora não é seu marido. O que você disse é verdade", João 4:16- 18. O Senhor Jesus diz claramente que a mulher tinha o que Ele chamou de "cinco maridos", mas Ele anula todos os cinco dizendo que aquele que você tem agora não é seu marido. Ela não pode ser considerada unida a todos os cinco homens, então ela seria uma só carne com todos os cinco. Talvez ela precisasse de companhia!

Companheirismo como propósito para o sexo

A procriação foi identificada como o objectivo principal do sexo e com razão, uma vez que a nossa própria existência depende dela. Mas a procriação seria inexistente sem alguém com quem compartilhar a vida. Viver sozinho é uma experiência terrível e, no entanto, é exatamente onde se encontram milhares de milhões de pessoas. De acordo com o Census Bureau,*havia 37 milhões de domicílios unipessoais em 2021, ou 28% de todos os domicílios nos EUA. Em 1960, os agregados familiares unipessoais representavam apenas 13% de todos os agregados familiares.*[36] Estas estatísticas revelam que uma população do tamanho da Califórnia vive sozinha. Milhares de pessoas morrem todos os anos em suas casas e leva semanas para alguém descobrir que elas morreram porque moravam sozinhas e nem mesmo têm alguém, como um amigo ou membro da família, que ligaria e veria como estavam regularmente.

E quando as autoridades foram chamadas, o corpo já estava em decomposição. O problema de estar sozinho é enorme e muito mais amplo do que as estatísticas parecem sugerir. Eu li sobre milhares de casos em que alguém morava com outras pessoas e a pessoa morreu, e demorou cerca de 7 a 10 dias para alguém descobrir que ela havia falecido. Assim, milhões de pessoas vivem em famílias com duas ou mais pessoas e, ainda assim, tecnicamente vivem sozinhas. Milhões de pessoas não têm ninguém que ligue para elas e verifique como elas estão se não tiverem notícias ou as virem por mais de 48 horas.

Pessoas passaram por emergências médicas durante a noite ou durante o dia e não conseguiam usar o telefone para pedir ajuda, simplesmente porque moravam sozinhas. Viver sozinho não representa apenas desafios físicos, mas também uma série de problemas psicológicos. De acordo com um artigo publicado no site da American Psychological Association (APA), a escritora Amy Novotney diz: "*Na falta de incentivo da família ou dos amigos, aqueles que se sentem solitários podem cair em hábitos pouco saudáveis. Além disso, descobriu-se que a solidão aumenta os níveis de estresse, impede o sono e, por sua vez, prejudica o*

36

https://www.census.gov/newsroom/press-releases/2021/families-and-living-arrangements.html#:~:text=At%20the%20same%20time%2C%20living,from%207%25%20a%208%25.

corpo. A solidão também pode aumentar a depressão e a ansiedade. No ano passado, pesquisadores da Faculdade de Medicina da Universidade Estadual da Flórida também descobriram que a solidão está associada a um aumento de 40% no risco de demência de uma pessoa. (The Journal of Gerontology: série B, online 2018)".[37] Portanto, o companheirismo é fundamental para uma melhor qualidade de vida. Deus criou o homem como um ser social com um desejo desesperado e necessidade de companhia. Não é nenhuma surpresa que sites de redes sociais, como o Facebook, tenham aumentado em popularidade à medida que intervieram para preencher a lacuna na criação de companheirismo e conectividade; no entanto, as pessoas estão mais desconectadas agora do que em qualquer momento da história.

Depois que Deus formou o homem do pó da terra, em Gênesis 2:7, surgiu imediatamente um novo problema: o homem estava sozinho. E aqui está o que Deus disse: E disse o Senhor Deus: Não é bom que o homem esteja só; Farei dele uma "ajudadora idônea" para ele, Gênesis 2:18. Até este ponto, tudo o que Deus fez foi declarado muito bom, mas quando se tratava de ficar sozinho, Deus disse que não era bom. Estar sozinho era e é uma coisa tão perigosa que Deus declarou que não era bom. Mas Deus já havia criado os animais, então por que não usar simplesmente um ou qualquer um dos animais como companheiro do homem? Essa pode ter sido a coisa mais lógica a fazer, pois teria poupado muito tempo a Deus.

37

https://www.apa.org/monitor/2019/05/ce-corner-isolation#:~:tex t=%22Falta%20de incentivo%20da%20família%20ou,também% 20aumento%20depressão%20ou%20ansiedade.%22

Afinal, criar um subconjunto de homem, chamado mulher, exigiria mais tempo, então por que não usar apenas um dos animais que já estavam disponíveis como companheiro do homem? Isso não era uma opção porque um animal não é um homem e não pode ser companheiro de um homem. Um cachorro foi apelidado de "melhor amigo do homem", mas será que um cachorro pode realmente ser o companheiro do homem? Um cachorro pode guiar um cego, resgatar uma criança em perigo, ajudar a encontrar uma pessoa perdida e proteger uma casa de intrusos, mas será que alguém pode envolver um cachorro em um diálogo inteligente ou esperar que um cachorro lhe dê uma palavra gentil quando você se sente mal? abaixo? Um verdadeiro companheiro é alguém da mesma essência que você. Um humano precisava de outro humano para ser seu companheiro. A lacuna da falta de companheirismo não pode ser preenchida com uma espécie não humana.

Então Deus Disse, "Eu farei dele uma "ajuda idônea" para ele." Mas o que é realmente uma "ajuda idônea?" A palavra hebraica "ezer" foi traduzida para o inglês como "ajuda a atender", e esta palavra carrega a ideia de "um ajudante que traz a ajuda certa no tempo, para atender a uma necessidade urgente". Esta palavra hebraica é traduzida na Septuaginta (a tradução grega do Antigo Testamento hebraico) como "boethos", e esta mesma palavra grega aparece no livro de Hebreus (Novo Testamento) e aqui está o que diz: Assim dizemos com confiança , "O Senhor é o meu ajudador; não terei medo. O que o homem pode fazer comigo?" A palavra grega traduzida aqui como "ajudante" para o inglês é a mesma palavra grega que é traduzida da palavra hebraica "mil", em Gênesis 2:18.

O homem, estando sozinho, fica incompleto, e a mulher vem ao lado do homem para ajudar a tornar o homem completo. Então, sexo também serve para companheirismo e para dar prazer à vida do homem. Os homens e mulheres mais felizes são aqueles que têm uma boa vida sexual e encontram no cônjuge o verdadeiro companheirismo e o prazer. Os homens ou mulheres mais miseráveis são aqueles com múltiplos parceiros sexuais e sexo fora do plano de Deus e do que Ele uniu. O verdadeiro prazer é encontrado numa união conjugal heterossexual, monogâmica e ordenada por Deus.

Prazer como propósito do sexo

Deus criou a relação sexual principalmente para a procriação e o companheirismo, mas o prazer é sem dúvida um componente integral do sexo no contexto certo. Quase não há prazer duradouro em qualquer atividade sexual ilícita. O prazer acontece durante a relação sexual, mas também há muito prazer antes mesmo da relação sexual ser concebida. Às vezes, o verdadeiro prazer é o que acontece antes da relação sexual realmente acontecer. Você deve sentir prazer e deleite com seu parceiro antes que a relação sexual possa ser prazerosa. E ter prazer no seu parceiro requer tempo para conhecê-lo e ter prazer nele.

Mas o que realmente significa prazer? Aqui está como o prazer sexual foi definido:*prazer é um sentimento de prazer ou satisfação, muitas vezes associado a uma experiência positiva e agradável. O prazer sexual tem sido descrito como uma satisfação e prazer físico e/ou psicológico que advém da experiência erótica. Coisas como consentimento, segurança, privacidade e capacidade de comunicação são fatores que permitem que o prazer contribua para a saúde sexual. O prazer, incluindo o prazer sexual, é diferente para cada pessoa e pode ser afetado por muitas coisas, como emoções, localização, clima e estado mental.*[38]Esta definição parece implicar que qualquer experiência sexual é prazerosa e agradável, independentemente dos parceiros envolvidos. Assim, de acordo com esta definição, o prazer deriva do ato sexual independentemente dos parceiros envolvidos.

Se for esse o caso, então todos os desvios sexuais seriam considerados prazerosos. Portanto, para que o prazer ocorra, deve haver excitação, ejaculação e orgasmos. Infelizmente, a grande maioria das pessoas que mantêm relações sexuais procura exatamente esse tipo de prazer. Eles estão em busca desesperada por uma experiência agradável.

Há casos relatados, na casa dos milhões, em que os parceiros mantêm relações sexuais e, imediatamente após o ato ser concluído, há arrependimento e animosidade entre eles pelo fato de o ato ter sido agradável, mas decepcionante. Agradável, mas não prazeroso. Não correspondeu às expectativas. Faltava alguma coisa, mas eles não conseguiam verbalizar o que era. Portanto, houve excitação, ejaculação e orgasmos, mas não houve prazer. Não há prazer real na relação sexual fora de uma união sexual conjugal heterossexual, monogâmica, ordenada por Deus.

Pode haver algum prazer de curto prazo, mas nada real e duradouro. Assim, o sexo, no contexto certo, é prazeroso, mas não é principalmente prazeroso. Aqui está o que o homem mais sábio que já existiu disse sobre o prazer no sexo:*Beba água da sua própria cisterna,E fresco água do seu próprio poço. Deveriam as tuas fontes transbordar para a rua, os riachos de água nas praças públicas? Deixe-os ser somente seus, e não para estranhos com você,*

---

[38]   https://shq.org.au/2020/07/pleasure/

Provérbios 5:15-17. Este texto foi escrito em poesia hebraica e o contexto esclarece claramente o significado da passagem. O versículo 15 fala sobre beber água da sua própria cisterna e o segundo verso poético reforça o primeiro verso dizendo: água doce do seu próprio poço. A água é aqui usada simbolicamente,desde que nós estamos lidando com linguagem poética. Salomão está enfatizando que você deve ter relações sexuais com a esposa dada por Deus e não apenasqualquer pessoa.

E os versículos 16 e 17 fazem alusão a evitar qualquer tipo de promiscuidade sexual, incluindo adultério, fornicação e coisas semelhantes, e aqui está um comentário sobre o versículo 15:*Neste versículo, Salomão compara a monogamia a um poço de água corrente. Ele aconselha seu filho, ou estudantes, para aproveitar a água que brota de seu próprio poço. Parte da alegria que vem de dentro do casamento é saber se o prazer é sancionado e celebrado por Deus. A confiança de saber que algo é moral, legítimo e sagrado só aumenta a felicidade que traz.*[39] Este comentário está claramente alinhado com o contexto e o significado da passagem. E fica claramente claro quando lemos os versículos 18 e 19. Esses versículos interpretam o que não estava tão claro nos versículos 15-17.

*Deixe sua fonte ser abençoada, e alegre-se com a esposa de sua juventude. Como uma corça amorosa e uma força graciosa, Deixe que seus seios te satisfaçam em todos os momentos; Seja sempre alegre com seu amor,*Provérbios 5:18-19. Salomão está pronunciando uma bênção sobre sua fonte. Esta é a fonte da vida. E a fonte da vida é o órgão reprodutor masculino, o pênis. Este é provavelmente o retrato mais claro do prazer nas relações sexuais na Bíblia.

39

https://www.bibleref.com/Proverbs/5/Proverbs-5-15.html#verse

Não há nada tão vívido quanto isso. Deixe seus seios (plural) satisfazerem o tempo todo. Este é um prazer sem fim e não um prazer momentâneo e temporário que é alcançado através de várias atividades sexuais ilícitas. Isto é um verdadeiro prazer.

Em seguida, continua dizendo: "seja sempre alegre com o amor dela". A palavra "exultante" significa estar muito feliz, animado ou exultante. E a ideia de estar sempre alegre e não apenas às vezes, mas sempre, sem fim de excitação e felicidade. As pessoas estão em busca desesperada por esse tipo de experiência sexual, mas isso tem escapado a bilhões de pessoas porque elas mantiveram Deus fora do sexo. A relação sexual é o ato mais prazeroso que Deus criou, mas bilhões de pessoas ficam de fora de todo o seu potencial e procuram outros desvios sexuais. Mas todo esse prazer começa com algo chamado romance, e sim, você ouviu direito, romance!

Romance que leva ao prazer e ao sexo

É quase impossível falar de prazer no sexo sem falar do romance, pois é o conjunto inicial de atividades que levará ao prazer. Até mesmo o romance por si só envolve mistério, excitação, antecipação e o desconhecido, mas também envolve níveis elevados de atividade emocional no cérebro e no coração. Os sentimentos de atração pela outra pessoa superam qualquer processo de pensamento racional e lógico de uma pessoa nos estágios iniciais e contínuos do romance. E durante este processo, as faculdades racionais e lógicas de tomada de decisão são substituídas. As pessoas agem de maneiras fora do seu caráter normal em nome do romance. Até os homens e mulheres mais corajosos sucumbem a esta força irresistível.

Este é o poder do sexo, a força irresistível. Mas o que realmente é romance? O significado do romance pode, no final das contas, ser totalmente subjetivo. Alguns podem dizer que o romance é o contato físico feito durante e antes da relação sexual, outros podem dizer que o romance é uma ação de carinho realizada por um parceiro que pode ou não levar à relação sexual. Alguns pensam que romance são palavras ditas por um parceiro que comunicam com cuidado e preocupação. Na realidade, o romance pode significar coisas diferentes para pessoas diferentes.

Mas é claro que estamos preocupados com o romance e o prazer no contexto de uma união sancionada por Deus. Aqui estão algumas definições de romance:*(1) Um romance é um relacionamento entre duas pessoas que estão apaixonadas uma pela outra, mas que não são casadas comuns aos outros. (2) Romance refere-se às ações e sentimentos de pessoas que estão apaixonadas, especialmente comportamentos que são muito atenciosos ou afetuosos. (3) Você pode consultar o prazer e excitação de fazer algo novo ou excitante como romance.*[40] É de interesse e preocupação para mim a primeira definição que define romance como "um relacionamento entre duas pessoas que estão apaixonadas, mas que não são casadas".

Essa compreensão do romance pressupõe que isso acontece fora do casamento. Nada poderia estar mais longe da verdade. O romance real e verdadeiro acontece principalmente dentro de uma união sancionada por Deus. Definirei romance como qualquer comunicação, falada ou não, verbal ou não verbal, ação realizada ou retida, com a intenção conhecida ou desconhecida de comunicar amor erótico. Esta é uma definição limítrofe entre flerte e

---

40

https://www.collinsdictionary.com/us/dictionary/english/romance

romance. Mas o romance é realmente encontrado no contexto do casamento. Agora, ouça como Adam adorava sua esposa:*Adão disse: Esta agora é os ossos dos ossos e carne da minha carne; ela será chamada mulher, porque foi tirada do homem,*Gênesis 2:23. A frase "osso dos meus ossos e carne da minha carne" pode não parecer muito romântica para os leitores de hoje, mas é uma declaração profunda de carinho e afeto. Durante o romance, as pessoas costumam deixar seus parceiros saberem o quanto significam para eles.

Não há romance mais profundo do que deixar aquele que você amor sabe que você e eles são um. Eles são seus desaparecidos costelas. Deus tirou a costela de Adão para criar a mulher e Adão tem procurado a costela que faltava desde então. E Adão encontrou a costela que faltava e gritou em exclamação: "Isto agora é osso dos meus ossos, carne da minha carne". Não é nenhuma surpresa que no versículo seguinte após o romance, o homem abandonou seus pais e se uniu à sua esposa (relação sexual) e então eles se tornaram uma só carne. Mas tudo começou com um romance e eles se tornaram inseparáveis. Caso você esteja procurando romance na Bíblia, leia os Cânticos de Salomão! Portanto, a ideia de que o romance é algo que acontece fora do contexto do casamento é simplesmente falsa. Esse tipo de pensamento levou a desvios sexuais destrutivos por muito tempo.

Capítulo 3

O poder destrutivo do desvio sexual

Neste ponto, quando falo sobre desvios sexuais, presume-se que a essa altura você já saberia que tenho argumentado que existe o padrão e a expectativa estabelecidos pelo Criador, e qualquer conduta sexual abaixo desse padrão é considerada um crime. Toda atividade sexual é medida de acordo com algum padrão e esse padrão determinará se há algum desvio. Sempre surge a questão de quem está qualificado para definir os padrões? Quem realmente define o que se qualifica como desvio sexual?

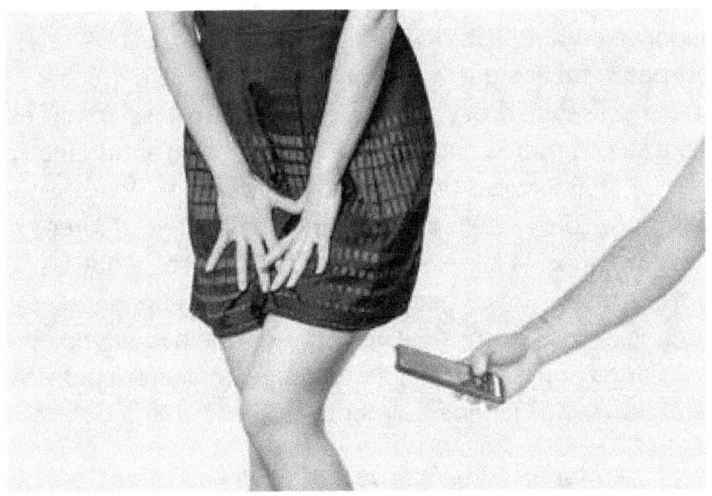

*Ter*ge de uma parafilia em ação

Aqui está uma definição de desvio sexual da American Psychological Association (APA): *Qualquer*

*comportamento sexual, como a parafilia, que seja
considerado significativamente diferente dos padrões
estabelecidos pela cultura ou subcultura. Formas
desviantes de comportamento sexual podem incluir
voyeurismo, fetichismo, bestialidade, necrofilia, travestismo,
sadismo e exibicionismo. Qualquer prática sexual
considerada por uma comunidade ou cultura como um
meio anormal de atingir o orgasmo ou a excitação sexual.
Perversão sexual é um termo mais antigo e pouco utilizado
hoje em dia, tendo sido em grande parte substituído por
desvio sexual ou, num contexto psiquiátrico, por
parafilia.*[41]A chave remota desta definição da APA é que ela
qualifica o desvio sexual como um comportamento sexual
considerado significativamente diferente dos padrões
estabelecidos pela cultura ou subcultura.

Portanto, isto implicaria que, no caso de uma cultura
em mudança, haveria um padrão fluido ou mutável. Uma
mudança cultural não deve exigir uma mudança nos
padrões, a menos que a mudança cultural seja o único
árbitro desses padrões. E quão precisos são esses padrões
se a trave da meta continua se movendo com a mudança da
cultura? Muitas vezes você ouvia frases como: "acompanhar
os tempos" ou "você é da velha escola", "você está preso em
seus caminhos", e a ideia por trás dessas frases é que os
padrões mudaram e você não. Você não acompanhou as
mudanças nos padrões. Se você disser que não faz sexo
com vários homens ou mulheres e alguns olharem para
você, tipo sério? Quem realmente faz isso?

Portanto, a implicação seria que você está perdendo
a diversão, e a exortação deles seria "seguir com o
programa!" E o resultado de mudanças padrões é que não

---

[41]   https://dictionary.apa.org/sexual-perversion

haveria absolutos e nem certo ou errado. Algo que estava errado e foi evitado há 50 anos é agora aceite e tornou-se corrente. O adultério, a fornicação e o sexo fora do casamento, que antes eram considerados um desvio, são agora aceites e tornaram-se comuns. A APA identificou vários desvios sexuais e estes são o que chamo de desvios hiper-sexuais, o que significa que estes são casos extremos de desvios e fora da corrente principal, e não com o que a pessoa média lida diariamente. Agora, posso estar completamente errado nisso! Aqui estão alguns deles:

Voyeurismo:

É definido enquanto *prática de obter gratificação sexual observando os outros.*[42]A ideia por trás disso é que duas pessoas estão fazendo sexo em sua casa e alguém que não participa da atividade sexual está passando por uma abertura, como um buraco, uma janela ou alguma outra abertura, e essa pessoa está vendo-as na cama através de alguma abertura e a pessoa que está assistindo fica excitada e recebe gratificação pela visualização ilícita da atividade sexual.

A ação do voyeurismo foi realmente codificada em lei em algumas jurisdições e aqui está como ela é definida:*O ato criminoso de visualizar sub-repticiamente uma pessoa sem o seu consentimento em um local onde a pessoa tenha uma expectativa razoável de privacidade (como uma casa ou banheiro público) ou usar um dispositivo (como uma câmera) para fins de tal visualização.*[43] Na verdade, pessoas foram acusadas criminalmente pelo crime de voyeurismo e aqui está um exemplo disso:

---

[42]

https://www.merriam-webster.com/dictionary/voyeurismo
[43]https://www.merriam-webster.com/dictionary/voyeurismo

Um homem de 21 anos foi acusado de voyeurismo por supostamente usar a câmera de seu telefone para ver a pessoa usando o banheiro na cabine ao lado dele em um dormitório no campus de Notre Dame..[44] Na verdade, este é um problema de desvio sexual maior do que a maioria das pessoas imagina. A maioria das pessoas não sabe que este é um comportamento sexualmente desviante.

Esse desvio sexual pode realmente acontecer na Bíblia? Eu deixarei você decidir! Aqui está um caso em questão:*Então aconteceu, certa noite, que Davi se levantou da cama e caminhou até o terraço da casa do rei. E do telhado ele viu uma mulher tomando banho e a mulher era muito bonita de se ver.* 2 Samuel 11:2. Isto deveria ser qualificado como um caso claro de voyeurismo. Não há evidências de que a mulher soubesse que alguém estava a observando, portanto não houve consentimento. Ela estava tomando banho, o que significa que ela tinha uma expectativa razoável de privacidade. David ficou claramente excitado e possivelmente recebeu alguma satisfação ao vê-la, porque no versículo seguinte, ele enviou alguém para verificá-la e trazer notícias para ele. Então Davi passou do voyeurismo para o adultério.

Fetichismo:

O termo fetichismo foi, na verdade, emprestado de escritos antropológicos nos quais "fetiche" (também escrito fetich) se referia a um amuleto que se pensava conter poderes mágicos ou espirituais. A sua influência no uso psiquiátrico é indicada pela referência de Sigmund Freud, nas suas Três Contribuições para a Teoria do Sexo, ao objecto sexual do fetichista como sendo comparável ao

---

[44]https://www.merriam-webster.com/dictionary/voyeurismo

"fetiche em que o selvagem vê a corporificação do seu deus.[45]Acredita-se que o fetichismo envolve poderes derivados de objetos feitos pelo homem, como objetos esculpidos. Às vezes, os atos sexuais são realizados invocando a presença imaginária de outro ser humano. Ou realizar atividade sexual com algum objeto material de alguém do sexo oposto. Isto parece envolver alguma atividade sexual espiritual mística. Isto parece ser claramente uma atividade sexual demoníaca limítrofe e algo para evitar e abster-se e claramente cheira a desastre para qualquer pessoa envolvida nela.

Isto é claramente usado como bruxaria para alcançar excitação e gratificação sexual. Aqui está o que o Senhor Deus disse:*Não se achará entre vós alguém que faça passar seu filho ou sua filha pelo fogo, ou que pratique adivinhação, ou observador dos tempos, ou encantador, ou feiticeiro. Ou um encantador, ou um consultor de espíritos familiares, ou um mago, ou um necromante. Porque todos os que fazem estas coisas são abomináveis ao Senhor,*Deuteronômio 18:10-12. Fetichismo é claramente um demoníaco atividade que usa charme para dominar a mente de outra pessoa para obter excitação e gratificação sexual e da qual deve ser obtida.

Bestialidade

É simplesmente definido como relações *sexuais entre um ser humano e um animal inferior.*[46] Não consigo entender a razão pela qual o dicionário Merriam-Webster

---

[45]https://www.britannica.com/science/fetishism-psychology
[46]https://www.merriam-webster.com/dictionary/bestiality

faria a diferença entre um ser humano e um animal inferior. A implicação pode ser que os seres humanos são um animal superior (definição estranha). Aqui está a revelação sobre a prevalência da bestialidade na América:*É nojento saber que os funcionários da ASPCA em Rhode Island estão rastreando alguém que supostamente agrediu sexualmente uma pobre mistura de Corgi e Labrador de quatro anos. O que é ainda mais repulsivo é o fato de que pessoas que fazem sexo com animais são muito mais comuns do que você pensa! Tem sido difundido desde a gravação da nossa história humana nas rochas. Alguns estados não acham que haja algo de errado com isso. Na verdade, é legal em lugares como Washington DC. Virgínia Ocidental, Kentucky, Novo México e Wyoming. O famoso pesquisador sexual Alfred Kinsey estimou que 8% dos homens e 3,6% das mulheres se envolvem em algum tipo de atividade sexual com um animal, e esse estudo foi realizado na década de 1940. ODiário de Medicina Sexual descobriu que cerca de 34% dos homens no Brasil, principalmente de lares rurais, fazem sexo com animais com bastante frequência. Você acha que é por isso que o câncer de pênis era tão alto lá?*[47]*
É incompreensível que os seres humanos se degradam para um lugar tão sombrio, em busca desesperada de excitação e gratificação sexual, independentemente de como isso seja alcançado.

Assim, como os governos são controlados pelas pessoas, os padrões são alterados para se adaptarem e se adequarem às crenças dos legisladores. Se a maioria dos legisladores acreditasse na bestialidade, então naturalmente aprovariam leis que estivessem alinhadas com as suas crenças. O desvio sexual é um problema muito maior do

---

[47]https://wbsm.com/bestiality-is-much-more-widespread-than-you-think-phil-osophy/

que eu jamais imaginei. Os seres humanos degradam-se num lugar tão escuro e, novamente, não é realmente surpreendente por causa da depravação humana. Por que um ser humano acasalar com um animal? O ser humano, criado à imagem de Deus, une-se a um animal e torna-se uma só carne com esse animal.

Imagem de um cachorro tendo relações sexuais com uma

mulher

Esta é uma conduta inacreditável. Isto não está acontecendo apenas em nossos dias porque a Bíblia alerta contra isso, o que significa que a conduta humana sexualmente desviante existe desde a queda do homem em Gênesis 3. Aqui está o que a Bíblia realmente diz sobre a bestialidade:*Também não terás relações sexuais com nenhum animal, para te contaminares com ele, nem nenhuma mulher se apresentará diante de um animal para acasalar-se com ele; é uma perversão,*Levítico 18:23. A relação sexual é a atividade mais sagrada da vida do ser humano e é algo a ser feito com muito cuidado e reflexão sobre todas as suas ramificações e consequências. Não é algo para ser assumido levianamente.

Necrofilia

Também conhecido como necrofilismo é a atração sexual ou um ato sexual envolvendo cadáveres. É classificada como parafilia pela Organização Mundial da Saúde (OMS) em seu manual de diagnóstico da Classificação Internacional de Doenças (CID), bem como pela Associação Americana de Psiquiatria.[48] A menos que eu tenha perdido alguma coisa, não vejo nenhuma menção explícita à necrofilia na Bíblia, mas a aplicação está claramente lá. Aqui está um versículo que chega perto: Ele não se aproximará de nenhum morto, nem se contaminará nem por causa de seu pai ou de sua mãe. Levítico 21:11. O contexto é claramente contra um sumo sacerdote entrar em contacto com uma pessoa morta, mas pode ser feita uma aplicação contra o contacto com os mortos para fins de relações sexuais. Ter relações sexuais com um cadáver é claramente um caso de grave distúrbio psicológico, psiquiátrico e espiritual.

Travestismo

É a prática de vestirde uma maneira tradicionalmente associado ao sexo oposto.[49] Este pode ser claramente um caso de confusão de identidade e de género. Isso também é diferente do transgênero, embora haja alguma associação limitada.*Transgênero é um termo geral*

---

[48]https://en.wikipedia.org/wiki/Necrofilia
[49]https://en.wikipedia.org/wiki/Travestismo

que descreve pessoas cuja identidade de gênero, ou seu sentimento interno de ser homem, mulher ou qualquer outra coisa, não corresponde ao sexo que lhes foi atribuído no nascimento. Por outro lado, o termo cisgênero descreve pessoas cuja identidade de gênero se alinha com o sexo que lhes foi atribuído no nascimento. Cerca de 1,4 milhão de pessoas trans vivem nos Estados Unidos.[50] Portanto, há uma distinção entre travestismo e transgenerismo. Aqui está o que Deus diz sobre o travestismo:*A mulher não usará roupa de homem, nem o homem vestirá roupa de mulher; pois quem faz estas coisas é abominável ao Senhor teu Deus,* Deuteronômio 22:5.

Esta é uma zona cinzenta e não Veja isso como uma proibição absoluta contra mulheres vestindo calça ou calças que são normalmente associadas a roupas masculinas. A principal coisa a considerar é a intenção e o engano. Qual é a intenção da pessoa e o que está em seu coração? Existe alguma intenção de enganar outras pessoas sobre sua identidade? Se você é uma mulher e acredita que sua identidade é uma mulher e não tem intenção de enganar ninguém fazendo-o pensar que você é um homem, então você pode ser livre para se vestir de acordo com sua consciência. Lembre-se, vista-se não para atrair ou atrair pessoas do sexo oposto para você, mas vista-se para a glória de Deus.

Deuteronômio 22:5 diz que quem se traveste é abominação ao Senhor. Este texto diz que o travesti é uma abominação e não o ato de travestir. A pessoa é uma abominação e não a roupa. Isto é sério e profundo. Quer você seja homem ou mulher, não se vista para seduzir ou atrair o sexo oposto, mas vista-se para a glória de Deus. E se

---

[50]https://www.webmd.com/sex-relationships/what-is-transgender

você estiver na palavra de Deus de maneira consistente, então sua consciência o guiará para um Deus que glorifica. Código de roupa. O principal é informar a sua consciência e banhá-la regularmente na palavra de Deus e, no momento apropriado, ela irá acusar ou desculpar você sobre o que vestir.

Exibicionismo

O transtorno exibicionista é uma condição marcada pelo desejo, fantasia ou ato de expor os órgãos genitais a pessoas sem consentimento, especialmente estranhos.[51] Isso também cheira e parece um transtorno mental grave, em oposição à necessidade de obter excitação e gratificação sexual, exceto em alguns casos raros. Não consegui encontrar nenhum caso encoberto ou aberto de exibicionismo no registro bíblico, mas isso não significa que ele possa não existir.

Estas são a maior parte do que foi identificado como parafilias pela American Psychological Association. Estas são o que é identificado e considerado atividades sexuais anormais ou fora das atividades sexuais convencionais. Faltam nesta lista atividades como adultério, fornicação, incesto, homossexualidade. Por inferência, estas podem ser consideradas atividades sexuais normais. Visto que a sociedade é a guardiã, o porta-estandarte e o árbitro do que é considerado uma conduta sexual normal, então estes foram determinados como normais. Mesmo coisas como sexo anal e oral também parecem ser consideradas atividades sexuais normais, ao que parece. A Bíblia tem um padrão diferente e identifica qualquer desvio desse padrão

---

[51]https://www.psychologytoday.com/us/conditions/exhibitionism

como imoralidade sexual. O padrão foi estabelecido por Deus em Gênesis 2:24 e no restante das Escrituras.

A relação sexual deve ocorrer apenas em uma união conjugal ordenada por Deus. Um homem, uma mulher para toda a vida. Você pode querer jogar este livro fora neste momento e eu entendo sua frustração, mas continue lendo! Este é o padrão e qualquer conduta sexual fora deste é considerada imoralidade sexual. Este é o padrão bíblico de comportamento sexual desviante. Muitas vezes você pode ouvir coisas como: "Aquele que controla a definição, controla o argumento!" A humanidade está empenhada em definir o que é considerado "conduta sexual imoral", mas o que é realmente imoralidade sexual?

Imoralidade Sexual

A palavra grega,pornografia, tem sido traduzido com mais frequência na maioria de nossas traduções para o inglês como "imoralidade sexual". Todos os desvios sexuais na Bíblia se enquadram no título principal de imoralidade sexual. Esta é a mesma palavra grega que foi transportada para o inglês como pornografia ou pornografia. A palavra hebraica é encontrada no Deuteronômio 22:22 e 24. Essa palavra hebraica é traduzida na Septuaginta (a tradução grega do Antigo Testamento hebraico) comopornografia. Esta palavra hebraica, "ra", significa mau, perverso, perverso, desagradável.

Os tradutores da Septuaginta entenderam que ra significapornografia, então a imoralidade sexual carrega a ideia de maldade e maldade. Aqui está o contexto em que foi traduzido:*Se um homem for encontrado dormindo com uma mulher casada, ambos morrerão, o homem que dormiu com a mulher, e a mulher; assim eliminar o mal de Israel. Se houver uma moça virgem desposada com um*

83

homem, e outro homem a encontrar na cidade e se deitar com ela, então os levarás até a porta daquela cidade e os apedrejadas até a morte: a moça , porque ela não gritou por socorro embora estivesse na cidade, e o homem, porque violou a mulher do vizinho. Então você eliminará o mal do meio de você, Deuteronômio 22:21-24.

A palavra "mal", nestes versículos, vem da palavra hebraica "ra", traduzida comopornografia na Septuaginta. Este é um caso claro de desvio sexual. Neste contexto, a palavra "pornografia," é mau. É tão ruim que a pena de morte é o único remédio apropriado. O objetivo da aplicação da pena de morte é declarado no finalde versos 22 e 24. Eliminar os perpetradores não pareceria razoável na mentalidade humana, mas na economia de Deus, o objectivo é a santidade e a erradicação do pecado.

É melhor que duas pessoas morram do que toda a cidade, país ou mundo morra se este pecado se normalizar e infectar muito mais pessoas. A pena de morte é uma solução adequada para talperfumado e infração flagrante. A mulher estava na cidade e poderia ter gritado por socorro, mas não o fez, dando a entender que consentiu com o ato. Ela não estava em algum lugar isolado onde ninguém pudesse ouvi-la se ela gritasse; antes, ela estava na cidade e permaneceu em silêncio. Para o homem, o texto não nos diz se o homem sabia que ela era casada.

O autor do texto chamava a mulher de "esposa do vizinho", e a palavra "vizinha" poderia significar vizinha ou esposa de qualquer pessoa na rua. Em ambos os casos, foi uma conduta sexual ilícita punível com pena de morte. A frase "eliminarás o mal de Israel" é mencionada duas vezes nos versículos acima e ajuda a explicar o propósito de Deus ao exigir a pena de morte para algo que podemos considerar como uma infração menor. Mas aos olhos de

Deus, qualquer forma de imoralidade sexual é um grande problema.

Se alguém tem câncer e ele está se espalhando, os médicos podem tomar medidas radicais para impedir a sua propagação. Isto pode incluir a amputação de uma parte ou órgão muito vital do corpo para impedir a sua propagação. A imoralidade sexual é como câncer e Deus deve tomar medidas muito radicais e pouco ortodoxas para detê-lo em seufaixas antes que se espalhe e leve consigo milhões de vidas. Esta palavra grega, "pornografia", é traduzido como "imoralidade sexual" em diversas passagens do Novo Testamento, incluindo Judas 1:7, Coríntios 6:18, 5:1, 4:3, 6:9, 10:6, 1 e Timóteo 1. :10.

A imoralidade sexual é na verdade uma subcategoria sob o título principal de pessoa injusta ou não piedosa. O ser sexualmente imoral não é pior nem melhor que mentiroso, ladrão, trapaceiro, idólatra, pois todos estão sob o julgamento de Deus. Aqui está como é definido: *Ou você não sabe que os injustos não herdarão o reino de Deus? Não se iluda; nem os sexualmente imorais, nem os idólatras, nem os adúlteros, nem os homossexuais, nem os ladrões, nem os gananciosos, nem os habitualmente bêbados, nem os abusadores verbais, nem os vigaristas, herdarão o reino de Deus,* 1 Coríntios 6:9-10. Pecado é pecado e dificilmente existe uma classificação de pecado maior ou menor. Adultério, homossexualidade e roubo são de igual categoria porque são todos atos igualmente ímpios e injustos diante de um Deus santo. Todos eles recebem punição e condenação iguais. É bastante interessante que o texto acima coloque o adultério e a homossexualidade em pé de igualdade.Sociedade tentou diferenciar sua severidade e gravidade, mas aos olhos de Deus, são igualmente atos de injustos. Vamos agora olhar em alguns atos de imoralidade sexual.

Atos de adultério

O adultério é um ato sexualmente imoral que viola o pacto de casamento entre marido e esposa. É definido por um dicionário secular como,*relação sexual voluntária entre uma pessoa casada e alguém que não seja seu cônjuge legítimo.*[52] Não sei por que o uso enfático da palavra "voluntário" para qualificar a atividade. O que realmente se qualifica como voluntário? Uma parte do adultério pode ser coagida a agir? Estas e muitas outras são questões a serem ponderadas ao refletir sobre os atos de adultério.

O ato de adultério foi normalizado a tal ponto que raramente é considerado um comportamento sexualmente desviante. Chegou-se ao ponto em que muitos pensam e acreditam que é impossível dedicar-se a uma relação conjugal heterossexual monogâmica nesta cultura contemporânea. Mas a questão do adultério é um assunto muito sério, e tão sério que Deus o incluiu na entrega da lei no Monte Sinai a Moisés, e aqui está o que Ele disse:*Não cometerás adultério*, Êxodo 20:14. Este comando carrega a ideia de uma negação absoluta e em oposição a uma negação temporária. Existem pelo menos duas palavras hebraicas usadas para negar uma palavra, frase ou sentença na Bíblia.

As palavras são "lo" e "al" e dependendo do contexto, "lo" muitas vezes carrega a ideia de uma negação absoluta, e "al" muitas vezes carrega a ideia de negação temporária. Portanto, Êxodo 20:14 deveria ser melhor lido: "Nunca cometerás adultério". Esta é uma negação absoluta,

---

[52]https://www.dictionary.com/browse/adultério

o que significa que nunca haverá um momento em que o adultério seja permitido, mesmo que momentaneamente. O adultério é principalmente considerado um ato voluntário da vontade humana de manter relações sexuais entre uma pessoa casada e alguém que não seja seu cônjuge legítimo.

Mas se a verdade for dita, ela é muito maior que isso! O ato de cometer o adultério não aconteceu do nada. Tudo começou com um pensamento que concebeu e deu à luz em adultério. Aqui está o que Jesus disse nessa ocasião:*Vocês ouviram que foi dito que não cometeram adultério, mas eu lhes digo que qualquer pessoa que olhar para uma mulher com desejo por ela já cometeu adultério com ela em seu coração,* Mateus 5:27-28. Se quisermos abraçar esta definição melhorada de Jesus, então todos os seres humanos desde Adão até ao regresso de Jesus são adúlteros – pelo menos, espiritualmente. Todos olharam para membros do sexo oposto com luxúria, sem exceção.

Isto é mais do que um ato, mas em última análise é um problema do coração. Os olhos vêem e os pensamentos são concebidos no coração e esses pensamentos são acreditados e a crença se transforma em ação nos membros do nosso corpo. Todos os pensamentos vêm do coração e, uma vez acreditados, eles se transformam em ações. Aqui está o que Jesus disse em outra ocasião:*Porque do coração vêm os maus pensamentos: assassinato, adultério, imoralidade sexual, roubo, falso testemunho, calúnia,* Mateus 15:19. Este versículo afirma que a fonte dos pensamentos sexualmente imorais e do adultério veio ou se originou do coração. Este versículo liga claramente a fonte dos pensamentos ao coração.

Se uma cidade tivesse uma má fonte de água potável, todo o abastecimento de água que chega a cada agregado familiar seria mau e contaminado. Corações maus são fontes de pensamentos sexualmente imorais que assolam o mundo. A condição do coração determinará que tipo e qualidade de pensamento se originam desse coração. Jesus disse novamente: Uma árvore boa não pode dar frutos ruins e uma árvore má não pode dar frutos bons. Em outras palavras, um coração bom não pode ter pensamentos maus e da mesma forma, um coração mau não pode ter pensamentos bons. Os pensamentos e ações de um homem ou mulher são uma função da condição do seu coração.

Então, por causa de corações maus, o adultério deixou um rastro de sangue em seu caminho. Qualquer um que sucumbir a isso pagará um preço alto. O rei Davi, rei de Israel, sabia muito bem disso com seu relacionamento adúltero com Bate-Seba, esposa de Urias, o hitita. Por que o rei arriscaria seu reino, o poder que lhe foi dado para governar, apenas por causa de um prazer sexual de curta duração, momentâneo e temporário? Esta é a força irresistível, e até os homens e mulheres mais corajosos sucumbiram à sua ira. O sexo é bom e prazeroso no seu contexto adequado, mas todas as formas de imoralidade sexual e as suas consequências arruinaram mais vidas do que qualquer outra coisa na história da humanidade. Os efeitos posteriores da imoralidade sexual mataram mais pessoas do que todas as outras doenças e enfermidades juntas. Você sabia que a maioria dos cânceres são ligados a DSTs? Pensem em todos os tipos de doenças sexualmente transmissíveis, nos milhões de bebês mortos através do aborto, na ruína financeira de uma família como resultado do adultério que, em última análise, conduz à ruína emocional da família, incluindo as crianças. Este é o poder destrutivo do desvio sexual.

Pense no presidente Bill Clinton e no seu relacionamento adúltero, todos listados no domínio público.

Tal como David, Rei de Israel, não tinha qualquer controlo sobre os desejos sexuais que o arrastaram para a sua destruição, Bill Clinton também não tinha o poder e a capacidade de se controlar. Sua presidência e seu legado foram marcados pelo adultério por toda a eternidade. As forças dos desejos sexuais eram tão pesadas e oprimiam-no que lhe faltava a capacidade de refletir e pensar nas ramificações das suas ações. Os desejos sexuais assumem o controle dos processos racionais de tomada de decisão de um ser humano racional, de modo que ele é incapaz e não quer controlar tais desejos. A verdade é que sem o Espírito de Deus, qualquer ser humano é capaz de cair em grave conduta sexualmente imoral. Outro ato de imoralidade sexual é a fornicação.

Atos de Fornicação

O que realmente é fornicação e em que difere do adultério? No sentido mais geral, é a relação sexual entre pessoas que não são casadas. Eis como um dicionário define a diferença: Adulterar (do latim), de onde vem a palavra inglesa "adultério", que significa *"poluir, contaminar, cometer adultério", uma palavra formada em última análise a partir dos elementos latinos ad- "para, próximo" e "alterar" "outro". No uso legal, há uma diferença entre adultério e fornicação. O adultério só é usado quando em pelo menos uma das partes envolvidas (homem ou mulher) é casada, enquanto fornicação pode ser usada para descrever duas pessoas solteiras (uma com a outra ou com qualquer outra pessoa) envolvidas em relações sexuais consensuais.[53]* Portanto, para que o adultério tenha ocorrido, pelo menos uma das partes deve ser o cônjuge legítimo de outra pessoa

---

[53]https://www.merriam-webster.com/dictionary/adultério

e para que a fornicação tenha ocorrido, nenhuma das partes no ato sexual é o cônjuge legítimo de outra pessoa.

A sociedade em geral hoje pode saber intuitivamente que o adultério é errado, mesmo embora muitos possam não ver isso como pecaminoso. Uma das razões para considerá-lo errado é a tomada de alguém marido ou esposa. Então, muitos podem simplesmente normalizá-la como qualquer outra atividade sexual, mas de acordo com eles, a única diferença é que a pessoa pertence a outra pessoa. Agora, por outro lado, a formação recebeu um nível muito elevado de aceitabilidade pela cultura. Dizer a um jovem ou a qualquer outra pessoa que a fornicação é errada seria como dizer a um ser humano que é errado beber água.

Este se tornou um comportamento normalmente aceito. Esta é a norma aceita na cultura de hoje e qualquer outra ideia é vista como estranha e estranha. Isto está profundamente enraizado em global pensamento e cultura. As pessoas vivem, pensam erespirar sexo. A indústria do sexo está crescendo e as receitas estão em alta. Recentemente, eu estava conversando com alguns alunos do ensino médio que estão indo para a faculdade e a questão do sexo surgiu e eu os aconselhei que deveriam preservar seus corpos para seus futuros maridos ou esposas e se abster de qualquer atividade sexual até que se casassem e desfrutassem do sexo perpetuamente. . Eles olharam para mim como: "Ele deve ser de outro planeta" e zombaram de mim enquanto eu observava a mudança de sua linguagem corporal.

A procura por mais sexo não está a diminuir. Aqui está uma notícia recente sobre a situação financeira da indústria pornográfica global:*Globalmente, a pornografia é uma indústria de 97 mil milhões de dólares, segundo Kassia Wosick, professora assistente de sociologia na*

Universidade Estatal do Novo México. Atualmente, entre US$10 e US$12 bilhões desse valor vem dos Estados Unidos.[54]A economia global da pornografia é maior do que as economias de muitos estados-nação menores. Mulheres e homens, parcialmente vestidos, são apresentados num muitos anúncios porque isso impulsiona as vendas.

Esta é a descrição bíblica e a injunção para a fornicação:*Fuja da fornicação: Todo pecado que o homem comete é fora do corpo, mas quem comete fornicação peca contra o seu próprio corpo. Ou você não sabe que o seu corpo é o templo do Espírito Santo que está em você, que você tem de Deus, e você não é seu? Pois você foi comprado por um preço glorificado, pois, a Deus no vosso corpo e no vosso espírito, que são de Deus,*1 Coríntios 6:18-20. O Apóstolo Paulo pretendia que este versículo se aplicasse a pessoas que já são seguidores de Jesus Cristo.

Isto é dirigido a pessoas cujo corpo é o templo do Espírito Santo e o Espírito de Deus vive nelas permanentemente, uma vez que são seladas com o Espírito, Efésios 4:30. O Espírito de Deus não pode viver em ninguém a menos que seja cristão, Romanos 8:9. Supõe-se também que o homem natural não pode ser mesmo sujeito a obedecer à ordem de "fugir da fornicação", porque a Lei de Deus é discernida espiritualmente, 1 Coríntios 2:14. Este comando para "fugir da fornicação" pressupõe que você já é um discípulo e seguidor de Jesus, como é evidente pelo Espírito Santo que vive em você quando você recebe seu testemunho interior da presença do Espírito Santo, Romanos 8:16.

É quase impossível fugir da fornicação sem a habilidade e a presença do Espírito Santo. A palavra grega

---

[54]https://www.nbcnews.com/business/business-news/things-are -looking-americas-porn-industry-n289431

91

"pornografia "que é traduzido nestes versículos acima como fornicação em algumas de nossas traduções para o inglês, também é traduzido em outras traduções como imoralidade sexual. Em Deuteronômio 22:21-24, a palavra hebraica, "ra", foi traduzida para a Septuaginta (grego tradução do Antigo Testamento hebraico) como "pornografia", e nesse contexto,"pornografia", é traduzido como "mal". O contexto ali é claramente o de adultério, já que um homem está tendo relações sexuais com a esposa do seu vizinho.

A questão é que "porneia" poderia significar adultério, fornicação, maldade e, portanto, qualquer desvio sexual do padrão estabelecido por Deus: um homem, uma mulher para o resto da vida. Com base nesta análise, não há distinção entre adultério, fornicação, homossexualidade, incesto e qualquer forma de conduta sexualmente imoral e má. A comunidade secular fez uma distinção entre fornicação e adultério, mas a Bíblia não faz tal distinção. O contexto será o determinante mais claro do significado pretendido da palavra. Embora exista outra palavra grega, "mocheuo"é frequentemente traduzido como adultério no Antigo e no Novo Testamento.

Há um uso muito interessante de "moichiea, "e" porneia "no Antigo Testamento. Essas palavras não são usadas em termos de relacionamentos antropomórficos, mas em referência ao relacionamento entre Deus e os seres humanos. A ideia básica por trás da imoralidade sexual é a infidelidade e a impureza. Essas palavras lançam uma nova luz no Antigo Testamento e aqui está como se lê:*Dispute com sua mãe, discuta. Pois ela não é minha esposa e eu não sou seu marido; E afaste ela da sua face a sua prostituição, e o seu adultério do meio do seu peito,*Oséias 2:2. No contexto do livro de Oséias, Deus é o marido fiel e Israel é a esposa infiel. Neste versículo acima, a palavra traduzida como "prostituição" vem da palavra grega "pornografia", e a palavra traduzida como "adultério" vem da palavra grega "moicheia", e ambas as palavras neste contexto são sobre infidelidade ao marido, ou em outras palavras, Israel sendo infiel a Deus.

Mas no contexto humano, é infiel para qualquer um dos parceiros. Em outro contexto, ambas as palavras são usadas em referência à impureza e aqui está o texto:"*Quanto aos teus adultérios e aos teus relinchos lascivos, à lascívia da tua prostituição nas colinas do campo. Eu vi suas abominações. Ai de você, ó Jerusalém! Até quando você permanecerá impuro?"*Jeremias 13:27. Novamente a palavra grega "moicheia" é traduzida aqui como adultério e "porneia" é traduzida aqui como "prostituição" e eles estão falando do relacionamento de Israel com o SENHOR Deus de Israel. E Israel é infiel e impuro para com Yahweh.

Qualquer infidelidade e impureza na união conjugal humana reflete o relacionamento que os casais têm com Yahweh. Isto nos leva a um conceito chamado adultério-fornicação espiritual e adultério-fornicação tangível. A infidelidade e a impureza para com Yahweh são adultério-fornicação espiritual e a infidelidade e impureza numa relação sexual física é adultério-fornicação tangível.

Você pode estar pensando: "De onde ele tirou essa ideia de adultério-fornicação espiritual?" e esta é uma objeção justa! Aqui está o que o Senhor Jesus disse sobre isso:*Uma geração má e adúltera busca um sinal, e nenhum sinal lhe será dado, exceto o sinal do profeta Jonas, e ele os deixou e partiu,*Mateus 16:4. A palavra "mal" foi traduzida da palavra grega "pornografia", e a palavra "adultério" foi traduzida da palavra grega "moicheia", e neste contexto, o Senhor está falando sobre a condição espiritual do povo e não sobre a relação sexual, mas Ele está usando a mesma linguagem para descrever ambos. O adultério e a fornicação também estão intimamente ligados à idolatria.

Atos de idolatria

Neste ponto você pode estar pensando: "Mas o que a idolatria tem a ver com comportamento sexualmente desviante?" Eu diria que tem tudo a ver com isso, mas o que realmente é idolatria? Que é muita pergunta justa!*É a adoração de uma imagem de culto ou ídolo como se fosse Deus. No Abraâmico Religião, idolatria conota a adoração de algo ou alguém que não seja o Deus abraâmico, como se fosse deus. Nestas religiões monoteístas, a idolatria tem sido considerada como a adoração de falsos deuses e é proibida por textos como os Dez Mandamentos.*[55]Como você pode ver nesta definição, a idolatria é uma violação grave da lei de Deus e traz consequências graves. A adoração de outros deuses é um assunto muito sério.

Não é por acaso que a idolatria é frequentemente colocada ao lado do adultério e de outros atos sexuais imorais em diversas passagens da Bíblia. Aqui está um caso em questão:*Você não sabe que os injustos não herdarão o reino de Deus? Não se deixem enganar, nem os devassos, nem os idólatras, nem os adúlteros, nem os homossexuais, nem os sodomitas,* nem ladrões,*nem os gananciosos, nem os habitualmente bêbados, nem os abusadores verbais, nem os vigaristas herdarão o reino de Deus,*1 Coríntios 6:9-10. Tomarei a lista do versículo 9 como pecados cometidos dentro do corpo e os do versículo 10 como pecados cometidos fora do corpo, de acordo com 1 Coríntios 6:18. A idolatria está imprensada entre os pecados sexuais e por boas razões.

---

[55]https://en.wikipedia.org/wiki/Idolatria

Como estabelecemos anteriormente, a infidelidade a Deus é considerada fornicação e adultério na natureza. Isto seria como uma esposa que é infiel ao marido, assim como Israel foi repetidamente infiel a Deus. Esta infidelidade assume uma conotação adúltera e fornecedora, pois Israel era infiel e adorava outros deuses e, portanto, um cônjuge adúltero e fornicador também é idólatra. Entre aqueles que não herdarão o reino de Deus estão aqueles que cometem vários pecados para dentro do corpo e pecados cometidos fora do corpo, e a idolatria está imprensada no meio de vários pecados sexuais. Nosso Deus é zeloso e não compartilhará Seu amor e devoção com ninguém ou nenhum ser. Qualquer partilha de devoção seria considerada idolatria. É necessária lealdade e devoção "tudo ou nada". Outro comportamento sexualmente desviante no texto acima é a homossexualidade.

Atos de homossexualidade

A homossexualidade não é diferente de qualquer outra conduta sexualmente imoral listada acima. Não está em uma classe própria e não é piorque adultério, fornicação, sodomia, roubo e outros. É simplesmente um comportamento sexualmente desviante como todos os outros. A bússola moral da sociedade não pode ser redirecionada ou recalibrada através da aprovação de leis. Entendo que os governos não podem ficar parados e permitir que a conduta imoral se torne desenfreada. Alguns governos aprovam leis para a homossexualidade e outros aprovam leis contra ela, mas é pecaminoso ou ilegal? Quem determina sua legalidade ou ilegalidade? Aqui está um comentário recente do Papa sobre isso:*CIDADE DO VATICANO (AP) – O Papa Francisco criticou as leis que criminalizam a homossexualidade como "injustas", dizendo que Deus ama todos os seus filhos tal como eles são e apelou aos bispos católicos que apoiam as leis para acolherem pessoas LGBTQ na Igreja.*

"Ser homossexual não é crime", disse Franciscodurante uma entrevista exclusiva na terça-feira com a Associated Press.

Francisco reconheceu que os bispos católicos em algumas partes do mundo apoiam leis que criminalizam a homossexualidade ou discriminam a comunidade LGBTQ, e ele próprio se referiu à questão em termos de "pecado". Mas atribuiu tais atitudes aos antecedentes culturais e disse que os bispos, em particular, precisam de passar por um processo de mudança para reconhecer a dignidade de todos.[56]Esses comentários do Papa Francisco aconteceram na terça-feira, 25 de janeiro de 2023.

O Papa diz que "Deus ama todos os Seus filhos como eles são", e creio que o uso que faz da palavra "crianças" se refere a todos os seres humanos alguma vez criados. Se essa afirmação for verdadeira, ninguém irá para o inferno, não acha? A ideia de que somos todos filhos de Deus pode ter-se enraizado naquilo que se acredita amplamente através do ditado popular: "Deus ama o pecador, mas odeia o pecado", mas será que esta afirmação amplamente aceita é apoiada por evidências bíblicas? Aqui estão algumas evidências:*Esta ideia de que Deus odeia o pecado, mas ama o pecador, é contrária a dois Salmos (Pss. 5:5; 11:5) e os versículos iniciais do livro de Malaquias: "Odiei Esaú, amei Jacó" (Apenas. 1:2-3). Temos que ter muito cuidado*

---

para não pensarmos que estamos de alguma forma ajudando a Deus a melhorar Suas relações públicas. Temos que ser regidos pelo texto.[57]

Sociedade não é o árbitro da conduta moral. O homem ou a humanidade não se criaram e não têm capacidade e/ou autoridade para determinar se qualquer conduta moral é certa ou errada. O criador do universo é o único árbitro da correção ou injustiça de qualquer conduta moral. Então, o que realmente significa homossexualidade? Alguns defensores da homossexualidade argumentaram que a palavra "homossexual", usada em 1 Coríntios 6:9, 1 Timóteo 1:10 e outras passagens do Novo Testamento, é uma invenção paulina.

Outros também argumentaram que Paulo pode ter aplicado erroneamente Levítico 18:22, que diz:*Não te deitarás com homem como se fosse mulher; é uma abominação.*O que está em questão aqui é o uso que Paulo faz do termo "homossexual" no Novo Testamento e isso significa "homem que se deita com homem como se fosse mulher?" A palavra "homossexual", conforme usada em 1 Coríntios 6:9 e outrasNovo Testamento passagens foram traduzidas da palavra grega, "arscnokoitai," e esta é uma palavra composta, o que significa que duas palavras foram unidas para formar esta nova palavra e nova entidade.

As duas palavras são"arsenos" e "koite." A palavra grega, "arsenos",*é literalmente "masculino", de arsênico, que significa "masculino, forte, viril" (compare arsenokoites "deitado com homens"no Novo Testamento).*[58]A palavra

[57]https://www.ligonier.org/learn/qas/is-it-true-that-god-loves-the-sinner-but-hates-the-sin

[58]https://www.etymonline.com/word/arsenic#:~:text=A forma%20%20de%20o%20Grego,Como%20an%20elemento%2C%20de%201812.

grega, "koite," foi traduzido para o inglês como "mentira", "mentira abaixo," "cama." A forma latina de "koite," é "coito" e é traduzido como União *física de homem e fêmea genitália acompanhada de movimentos rítmicos: relação sexual.*[59] Esta palavra grega "koite", é traduzido da palavra hebraica "Shakab", e esta palavra é sempre traduzida no contexto sexual como significando "mentir", "dormir", "cama", em pelo menos 36 passagens do Antigo Testamento e aqui estão algumas: Levítico 15:24, Gênesis 30:15,16 , Gênesis 39:7,12,14, Êxodo 22:13, Deuteronômio 22:22, só para citar alguns. Levítico 18:22 deveria literalmente ler:Não vá para a cama, minta (koite,shakab,coito)para um homem (aserno) como você faria com uma mulher. Fico perplexo com o fato de os defensores da homossexualidade argumentarem que as palavras "cama ou mentira, cara" não podem ser traduzidas como significando relacionamento sexual.

Qual é o propósito de um homem deitado na cama ou dormindo na cama com outro homem ou de uma mulher deitada na cama com outra mulher? O que eles estão fazendo juntos na cama? Assistindo TV? Jogando pôquer? Curiosamente, a palavra latina "coito" também significa*"um encontro; união sexual," particípio passado de "culpa"unir-se, encontrar-se", da forma assimilada de vir juntos'"*Os defensores da homossexualidade teriam que negar um princípio hermenêutico fundamental e redefinir o significado de "arsenos" e "koite", encontrado em Levítico 18:22. As palavras não significam absolutamente nada sem um contexto. As palavras derivam seu significado do contexto.

Não vou acolher outro debate de um defensor da homossexualidade até que ele responda a esta pergunta:

---

[59]https://www.merriam-webster.com/dictionary/coitus

Qual é o contexto de Levítico 18? Até que alguém responda corretamente a essa pergunta, não há debate. O argumento de que a palavra composta, "arsenokoitai", usado por Paulo em 1 Coríntios 6:9 e 1 Timóteo 1:10 não significa homossexualidade, é, na melhor das hipóteses, fraco, e a interpretação das palavras na passagem ignora o contexto e se recusa a seguir a hermenêutica normal (a ciência e os princípios de interpretação bíblica). Uma palavra composta não altera o significado das palavras individuais, mas explica ainda mais seu significado singular. O significado de "arseno" e "koite", conforme encontrado em Levítico 18:22, não veio de Paulo.

O contexto de todo o capítulo de Levítico 18 é sobre o desvio sexual em todos os sentidos possíveis e imagináveis e estas palavras devem ser entendidas nesse contexto. O contexto de 1 Coríntios 6 em que a palavra é encontrada é surpreendentemente sobre conduta sexualmente desviante e, entre os quais, está a homossexualidade. "Arsenos" e "koite" são exportados de Levítico 18:22 para 1 Coríntios 6:9 e 1 Timóteo 1:10 para formar uma nova palavra composta "arsenokoitai."A palavra "homossexual" também é uma palavra composta de "homo" e "sexual".

A palavra "homo" é frequentemente entendida na cultura de hoje como significando "um homem gay", mas essa palavra tem origem latina "homo", que significa "homem" ou "humano" e uma origem grega "homos", que significa "mesmo ." Por enquanto, estamos preocupados apenas com o seu significado grego. A ideia de pessoas do mesmo sexo e sexo tendo relações sexuais é o impulso básico da palavra homossexual. O apoio contra relações sexuais entre pessoas do mesmo sexo também é mencionado em Levítico 20:13 e Romanos 1:26-27. Paulo não inventou nada de novo, mas apenas expôs um ensinamento bem estabelecido do Antigo Testamento.

Mas no centro de tudo isso está o propósito da relação sexual. Qual foi o propósitocriando uma mulher se Adão pudesse ter relações sexuais com outro Adão? Deus realmente projetou o ânus para a relação sexual? O ânus foi projetado para descartar resíduos corporais, e não para relações sexuais. Como poderia um homem enfiar o pênis no ânus de outro homem e chamar isso de relação sexual? Como poderia uma mulher, usando um brinquedo sexual, inseri-lo na vagina de outra mulher, estimular outra mulher e chamar isso de relação sexual? O pênis masculino destina-se apenas a ser inserido na vagina de uma mulher e em nenhum outro local, e nem mesmo na boca para sexo oral. Não foi isso que o designer pretendia e é um desvio e uma abominação.

Uma mulher só pode obter prazer sexual recebendo um pênis masculino inserido em sua vagina e não tendo um brinquedo sexual inserido nela por outra pessoa do mesmo sexo. O prazer é um subproduto da relação sexual e não o seu propósito principal. Em Gênesis 1:27, diz que Deus criou os gêneros, masculino e feminino, e o propósito principal era que eles se multiplicassem e enchessem a terra. E em Gênesis 2:24, diz que o homem deixará seu pai e sua mãe e se unirá à sua mulher e eles se tornarão uma só carne.

E o propósito do homem se unir (relações sexuais) à sua esposa é para que a humanidade não seja extinta da terra. Um homem (homem) e outro homem (homem) que tenham relações sexuais através do ânus nunca procriarão ou produzirão um filho. Uma mulher e outra mulher que tenham relações sexuais usando um brinquedo sexual nunca terão filhos e procriarão. O objetivo da relação homossexual é o prazer e não a procriação, porque eles nunca poderão procriar. Sexo é principalmente sobre procriação. Um homem e outro homem buscam um relacionamento homossexual para obter penetração, ejaculação, excitação, orgasmo e prazer. Estes são todos subprodutos do uso natural do sexo, mas a humanidade depravada decidiu atingir estes fins utilizando meios não convencionais.

O pecado está na raiz de todos os comportamentos sexualmente desviantes, incluindo a homossexualidade. Romanos capítulo 1 a 3 é a exposição de Paulo sobre a condenação de Deus ao mundo inteiro por causa da depravação humana. Qualquer transgressão da lei de Deus é pecado e foi assim que Paulo concluiu a longa exposição do pecado da humanidade em Romanos 3:25, afirmando que todos pecaram e destituídos estão da glória de Deus. A homossexualidade está em pé de igualdade com todos os outros pecados porque pecado é pecado. As pessoas estão em busca desesperada do que chamam de liberdade.

E a liberdade para a humanidade é procurar libertar-se do controle de Deus. Na verdade, isso é escravidão, mas a humanidade foi enganada ao acreditar que isso é a verdade. Aqui está o que Deus disse:*Portanto, Deus os entregou às impurezas vis nas concupiscências de seus corações, para que seus corpos fossem desonrados entre eles. Pois trocaram a verdade de Deus pela falsidade, e adoraram e serviram a criatura em vez do criador, que é bendito para sempre. Amém,* Romanos 1:24-25. Este texto acima diz que Deus "os abandonou", e este é um lugar terrível para se estar quando a mão restritiva de Deus foi removida e a humanidade foi deixada entregue a si mesma.

A verdade de Deus foi agora felizmente trocada por falsidade e a criatura é servida e adorada em vez do criador. O homem agora tomou o lugar de Deus. Ele criou o homem, mas o homem agora controla a definição de sexo e casamento. Todos os tipos de desvios sexuais foram agora elevados como verdade, e a verdade é ridicularizada como falsidade. E é nesse contexto que Deus disse: "Você realmente quer se divertir? Então fique à vontade!" e o texto diz que:*Por esta razão Deus os entregou a paixões degradantes; pois as mulheres trocaram as relações naturais por aquilo que é contrário à natureza, e da mesma forma os homens também abandonaram as relações naturais com as mulheres e queimaram em seu desejo uns pelos outros, homens com homens cometendo atos vergonhosos e recebendo em suas próprias pessoas o a devida penalidade pelo seu erro,* Romanos 1: 26-27.

De acordo com os versículos acima, existe um uso natural para a relação sexual e o homem ou a humanidade não determina como o sexo deve ser realizado, mas Deus o faz. O sexo e as partes do corpo que o realizam são cuidadosa e habilmente projetadas pelo Criador. A vagina foi habilmente projetada para fornecer e liberar lubrificação no momento apropriado para reduzir o atrito durante a ejaculação e a relação sexual. O ânus não é assim desenhado e sua função é fornecer uma saída para resíduos e não permitir que nenhum objeto seja inserido nele e isso nos leva ao desvio sexual da sodomia.

Atos de Sodomia

Sodomia através das lentes das mentes legais: Sodomia refere-se a relações sexuais anais ou orais. Conforme explicado em Bass v. State, "a sodomia é definidacomo sexual ato envolvendo os órgãos sexuais de uma pessoa e a boca ou ânus de outra." Tradicionalmente, a sodomia tem sido referida como um "crime contra a natureza" por vários tribunais e estátuas. De acordo com a lei consuetudinária, a sodomia consistia principalmente em sexo anal. No entanto, nos EUA, o termo eventualmente incluía sexo oral e também sexo anal.

Ainda em 1960, a sodomia era considerada ilegal para todos nos EUA, mas a lei que proíbe a sodomia era frequentemente aplicada apenas contra homossexuais. No início do século 21, a maioria dos estados dos EUA revogou todas as leis sobre sodomia. Em 2003, a Suprema Corte dos EUA, no caso Lawrence v. Texas, derrubou uma lei de sodomia do Texas como inconstitucional e, portanto, invalidou quaisquer leis de sodomia remanescentes nos EUA.[60]

Assim, à medida que os valores sociais mudam, também mudam as leis, porque os legisladores são da sociedade e são um reflexo direto dos valores da sociedade. Na década de 60 e antes, uma grande maioria da sociedade nãoaprovação de sodomia, divórcio, homossexualidade, adultério e uma série de outros comportamentos sexualmente desviantes, em grande parte devido à influência da igreja na sociedade. Mas depois que a oração e a Bíblia foram retiradas das escolas e do sistema educacional, com o tempo, houve degradação gradual da bússola moral da sociedade. Agora estão a ser promulgadas leis para reflectir essa degradação moral. Como podemos ver pela definição acima, os actos de sodomia são cometidos tanto em relações heterossexuais como homossexuais.

Desvios sexuais como sexo anal e oralacontecer também em relacionamentos heterossexuais. Então, você terá homens que enfiarão o pênis na vagina, ânus e boca, ou homens enfiando a língua na vagina de uma mulher em

---

[60]   https://www.law.cornell.edu/wex/sodomy

nome do sexo, e mulheres chupando o pênis de um homem para obter prazer. Todos esses são comportamentos sexualmente desviantes e estão fora da finalidade pretendida pelo criador para essas partes e órgãos do corpo. O ânus e a boca nunca devem ser usados para realizar qualquer ato sexual. Beijar boca a boca e chupar a língua por parceiros de sexos opostos (no contexto do casamento) estão dentro dos limites do comportamento sexual aceitável. O prazer está no cerne de todas as relações sexuais desvios. Mas o que significam as palavras "sodomita ou homossexual" em 1 Coríntios 6:9 e em outros lugares onde são encontradas?

A palavra "sodomia", em algumas de nossas traduções para o inglês, conforme encontrada em 1 Coríntios 6:9, foi traduzida da palavra grega "malakos" e significa efeminado, suave, traduzido na KJV como afeminado e oNVI como sodomitas. As palavras "malakos" e "arsenokoítas", são as palavras gregas que descrevem o comportamento homossexual no Novo Testamento e ambas são encontradas em 1 Coríntios 6:9. A palavra "malakos" é usada para descrever um parceiro masculino passivo no ato homossexual. Esta palavra também carrega a ideia de fraco, suave, passivo e agindo como uma mulher em um relacionamento homossexual normal.

A palavra "malakos" é usada para descrever o parceiro masculino que age como mulher e abre o ânus para receber o pênis do "arsenokoítas, "que está assumindo o papel do homem para inserir seu pênis no ânus. Algumas traduções traduzem e confundem essas duas palavras em uma e, assim, traduzem "malakos" e "arsenokoites" como "homens que fazem sexo com homens", como o NVI, que basicamente interpreta o texto em oposição à tradução. O significado do texto se perde em uma tradução da NVI. A tradução King James usa a palavra "efeminado", que descreve um homem com qualidades de atuação feminina. Alguns proponentes da homossexualidade argumentaram que "malakos" significa simplesmente "suave" e não descreve um relacionamento homossexual.

Alguns chegaram ao ponto de dizer que traduzir "malakos" para significar homossexual é uma invenção paulina. Esta palavra aparece pelo menos três vezes na Septuaginta, Jó 41:3, Provérbios 25:15 e Provérbios 26:22. Também aparece no Novo Testamento em Mateus 11:8 e Lucas 7:25 e é traduzido principalmente como "suave", com base no contexto, mas em 1 Coríntios 6:9, o contexto é desvio sexual e, portanto, a palavra carrega um significado. significado diferente com base no contexto. O léxico de Thayer define "malakos", tão macio, suave ao toque como em Mateus 11:8 e Lucas 7:25, como efeminado, um homem que submete seu corpo à lascívia não natural como em 1 Coríntios 6:9.[61]Quase não há debate quanto ao significado de "malakos" no contexto. Portanto, é evidentemente claro que o sexo anal e oral são um desvio do plano e propósito pretendido por Deus para o sexo, mas será que o ânus e a boca são realmente concebidos para a actividade sexual?

Sexo Anal

Como já foi dito, o sexo anal não se limita apenas às atividades homossexuais. Sexo anal é a prática de inserir o pênis, os dedos ou um objeto estranho, como um vibrador, no ânus para obter prazer sexual.[62]Está bem documentado que os heterossexuais também praticam sexo anal, mas será

---

[61]   https://biblehub.com/thayers/3120.htm

[62]   https://www.medicalnewstoday.com/articles/324637#bacterial-in fection

que o ânus é realmente concebido para atividades sexuais? Aqui está uma descrição do ânus: O ânus é a última parte do aparelho digestivo trato. Está no final do reto. É de onde as fezes saem do corpo. Consiste em um anel muscular (chamado) de esfíncter, que se abre durante a evacuação para permitir a passagem das fezes, bem como células planas que revestem o interior do ânus. A maioria dos cânceres anais começa nessas células de revestimento plano. Estas também são chamadas de células escamosas. A parte inferior do ânus, onde encontra a pele, é chamada de margem anal.[63]

Fica bastante claro a partir desta anatomia do ânus que sua função é servir como porta de saída para fezes ou fezes. O ânus é um ponto de saída e não um ponto de entrada e torná-lo um ponto de entrada será contrário à sua função de projeto de engenharia e, como qualquer outro projeto de engenharia, se usado de forma contrária ao seu projeto, acabará por levar a um mau funcionamento, mais cedo ou mais tarde . O sexo anal é uma atividade bastante perigosa que vai contra a sua função projetada e perigosa para a saúde de qualquer pessoa envolvida em tal atividade.

As fezes são uma fábrica e uma incubadora de bactérias mortais e qualquer contato com elas pode ser mortal. Aqui está o que é dito sobre isso: Parasitas e vírus como a hepatite A e a hepatite E também são transmitidos através do cocô. Você pode ficar doente ao entrar em contato com eles por meio de outras medidas, como beijar uma mão suja. Portanto, se você comer uma quantidade maior de coco diretamente, corre maior risco de apresentar sintomas

---

63

https://www.saintlukeskc.org/health-library/anatomy-anus#:-:text=The%20anus%20is%20the%20last,the%20inside%20of%20the%20anus.

adversos. Exemplos de bactérias comumente presentes no coco incluem: Campylobacter, E. coli, Salmonella, Shigella.[64]

Portanto, a ideia de alguém enfiar o pênis no ânus de outro ser humano (homem ou mulher) ou de algum outro animal está além da minha compreensão. O pênis entra em contato direto com fezes, fezes ou cocô, uma fábrica e incubadora de bactérias mortais. E quanto ao projeto de engenharia do ânus! Foi concebido como um ponto de entrada? Aqui estão algunsriscos envolvidos no sexo anal: Existem diferentes riscos potenciais que podem não estar presentes no sexo vaginal ou oral. Por exemplo, o ânus não consegue lubrificar-se naturalmente para reduzir o desconforto e as preocupações relacionadas com a fricção, como lesões na pele.

O ânus não possui células que criam o lubrificante natural que a vagina possui. Também não possui saliva da boca. O revestimento do reto também é mais fino que o da vagina. A falta de lubrificação e tecidos mais finos aumentam o risco de rupturas relacionadas à fricção no ânus e no reto. Como as fezes que contêm bactérias naturalmente passam pelo reto e ânus ao deixar o corpo, as bactérias podem potencialmente invadir a pele através dessas lágrimas. Isto aumenta o risco de abscessos anais, uma infecção profunda da pele que geralmente requer tratamento com antibióticos.[65]

E aqui está uma descrição da vagina: A parede vaginal é feita de músculo coberto por uma membrana mucosa, semelhante ao tecido da boca. A parede contém

---

[64]https://www.healthline.com/health/what-happens-if-you-eat-poop#What-happens-to-a-person-when-they-eat-poop?
[65]https://www.medicalnewstoday.com/articles/324637#bacterial-infection

camadas de tecido com muitas fibras elásticas. A superfície da parede também contém rugas, que são pregas de tecido extra que permitem que a vagina se expanda durante o sexo ou o parto.[66] O projeto de engenharia da vagina é como um veículo projetado para terrenos acidentados quando comparado ao ânus. A vagina tem uma tripla função: sexo, parto e saída de fluidos corporais.

É bastante claro que o ânus não foi projetado para qualquer tipo de atividade sexual. Os componentes materiais e o projeto de engenharia das paredes do ânus não permitem a entrada de nenhum objeto nele e através dele. Nenhuma provisão é feita para reduzir o atrito porque não se esperava que houvesse atrito. O material da sua parede é fraco e frágil, pois nunca foi concebido para ser robusto e forte, mas era adequado para suportar a força de empurrão para libertar as fezes e nada mais. Por outro lado, a vagina é robusta e sua parede é desenhada com material robusto, dotada de um sistema de lubrificação natural e pronta para suportar qualquer força exercida através dela, como as batidas do pênis durante a relação sexual. O objectivo declarado do sexo anal por um homossexual ou heterossexual é o prazer, mas este prazer está a ser procurado fora do uso pretendido do ânus pelo Criador e isto é um desvio, e o sexo oral também é um desvio.

Sexo oral

O que é realmente sexo oral? Aqui está uma definição do Centro de Controle de Doenças (CDC): O sexo oral envolve o uso da boca para estimular os órgãos genitais ou a área genital de um parceiro sexual. Os tipos de sexo oral incluem o pênis (felação), a vagina (cunilíngua) e o ânus

---

[66]https://www.healthline.com/human-body-maps/vagina#anato my-and-function

(anilingus).[67]A quantidade de pessoas envolvidas em sexo oral é impressionante e está além da minha compreensão. Há mais pessoas fazendo sexo oral do que votando para Presidente dos Estados Unidos. O sexo oral do pênis (felação), é onde a mulher ou fêmea chupa e lambe o pênis do homem ou macho. O sexo oral vaginal (cunilíngua) é onde o homem ou outra mulher usa a boca e a língua para sugar e lamber o clitóris na vagina da mulher em busca de excitação e prazer.

Aqui estão as estatísticas sobre sexo oral na América: O sexo oral é comumente praticado por adultos sexualmente ativos. Mais de 85% dos adultos sexualmente activos com idades compreendidas entre os 18 e os 44 anos relataram ter praticado sexo oral pelo menos uma vez com um parceiro do sexo oposto. Uma pesquisa separada realizada entre 2011 e 2015 descobriu que 41% dos adolescentes de 15 a 19 anos relataram ter feito sexo oral com um parceiro do sexo oposto.[68] A boca não foi feita e projetada para qualquer forma de atividade sexual e nem a vagina foi projetada e feita para ser sugada com a língua.

E a última forma de sexo oral que conseguimos identificar é o ânus (anilingus) e este é definido como: o ato sexual oral e anal em que uma pessoa estimula o ânus de outra através da boca.[69]Isso está além de qualquer coisa que eu seja capaz de compreender. Um ser humano

---

[67]https://www.cdc.gov/std/healthcomm/stdfact-stdriskandoralsex
.htm#:~:texto=de%20oral%20sexo.-,O
que%20é%20Oral%20Sexo%3F,praticado%20por%20sexualment
e%20ativo%20adultos.
[68]https://www.cdc.gov/std/healthcomm/stdfact-stdriskandoralse
x.htm#:~:texto=de%20oral%20sexo.-,O
que%20é%20Oral%20Sexo%3F,praticado%20por%20sexualment
e%20ativo
[69]https://en.wikipedia.org/wiki/Anilingus

lambendo e chupando o ânus ou merda de outro ser humano em nome da excitação sexual; é alguma surpresa que as doenças sexualmente transmissíveis estejam em alta? As doenças sexualmente transmissíveis estão ceifando vidas aos milhões e sem sinais de diminuir.

Capítulo 4

O poder destrutivo das doenças sexualmente transmissíveis

O sexo é prazeroso, mas as atividades sexualmente desviantes não o são, e deixaram um rastro de sangue em seu caminho. Estas atividades parecem prazerosas no momento, mas o produto final é a destruição. Milhões de vidas foram interrompidas devido ao poder destrutivo das doenças sexualmente transmissíveis. As atividades sexualmente desviantes são um fator que contribui para o poder destrutivo das doenças sexualmente transmissíveis ou DST.

Aqui está a avaliação da situação pelo Centro de Controle de Doenças (CDC):*O CDC continua a trabalhar em múltiplas frentes para enfrentar a epidemia de DST no país. Por exemplo, o CDC fornece recursos para instituições de saúde estaduais e locais departamentos para prevenção e vigilância de DST. O atual programa de financiamento do CDC para departamentos de saúde, Fortalecimento dos*

Departamentos de Saúde para a Prevenção e Controle das DST, apoia diversas estratégias e atividades de alta prioridade, incluindo a eliminação da sífilis congênita.[70]

De acordo com a avaliação do próprio CDC, as DST foram identificadas como um problema de saúde pública.crise exigindo um governo coordenado resposta. O corpo humano tem três aberturas principais pelas quais as doenças passam principalmente para invadir e atacar os órgãos; a boca, a vagina e o ânus para a mulher e para o homem, existe o pênis, a boca e o ânus. Estes são os principais pontos de entrada para todos os tipos de doenças e bactérias. Podemos viver vidas mais longas e saudáveis se protegermos estes pontos de entrada e controlarmos cuidadosamente o que passa por eles, e apenas os utilizarmos como pretendido e, ao fazê-lo, podemos acrescentar anos à nossa existência na Terra e prazer às nossas vidas.

AIDS/HIV como DST

Mas estes pontos de entrada foram utilizados e foram mal utilizados e a sociedade está a pagar o preço caro. Uma das DST mais destrutivas é a SIDA, que causou e está a deixar uma destruição sem precedentes no seu caminho. Isso causou uma enorme ruína financeira e emocional para famílias em todo o mundo. Imagine que o ganha-pão de uma família morre de AIDS e deixa a esposa e os filhos sem apoio emocional e financeiro. Todo o futuro dos filhos pode ser prejudicado e, para piorar a situação, a esposa também pode morrer de SIDA, deixando os filhos órfãos à sua própria sorte. Este é o poder destrutivo do desvio sexual.

---

[70]https://www.cdc.gov/nchhstp/newsroom/2019/2018-STD-surveillance-report-press-release.html

Aqui está o relatório de situação e tendências da Organização Mundial da Saúde (OMS) sobre HIV/AIDS:*O VIH continua a ser um importante problema de saúde pública global, tendo ceifado 40,1 milhões [33,6-48,6 milhões] de vidas até agora. Em 2021, 650 000 [510 000-860 000] pessoas morreram de causas relacionadas com o VIH em todo o mundo. Havia aproximadamente 38,4 milhões [33,9-43,8] milhões de pessoas vivendo com HIV (PVHIV) no final de 2021, com 1,5 milhões [1,1-2,0 milhões] de pessoas sendo recentemente infectadas pelo HIV em 2021 em todo o mundo. A Região Africana da OMS é a região mais afectada, com 25,6 milhões [23,4-28,6 milhões] de pessoas a viver com o VIH em 2021. Além disso, a Região Africana da OMS é responsável por quase 60% das novas infecções globais pelo VIH..*[71]

Este relatório se baseia no fato de as pessoas interagirem com algum órgão governamental ou hospitais para que os dados sejam coletados. O fato é que a maioria das pessoas em desenvolvimento os países dificilmente interagem com os hospitais, a menos que estejam muito doentes e desesperados. Ir ao hospital apenas para fazer um exame físico quando não está doente é considerado um desperdício de recursos. Estes dados podem mostrar cerca de um terço da situação e a verdade é que ninguém sabe ao certo, mas o que sabemos é isso, isso é muito pior do que os dados parecem revelar. Existem muitos órfãos em todo o mundo porque ambos os pais morreram de SIDA.

Mas de onde se originou a AIDS e como ela chegou à população humana? Aqui está o que é relatado no site do

---

[71]https://www.who.int/data/gho/data/themes/topics/topic-details /GHO/data-on-the-size-of-the-hiv-aids-epidemic#:~:text=In %202021%2C%20650%20000%20%5B510,com%20HIV%20em %202021%20globalmente.

CDC sobre a origem do HIV:*A infecção pelo HIV em humanos veio de um tipo de chimpanzé na África Central. Estudos mostram que o HIV pode ter passado dos chimpanzés para os humanos já no século XIX.*[72] O estudo do CDC diz que "o VIH pode ter saltado dos chimpanzés para os humanos", e considero bastante fascinante que a palavra chave e operativa aqui seja "saltado", e isto requer uma investigação mais aprofundada. Esta é a teoria de como o vírus chegou aos humanos, de acordo com o CDC:*Provavelmente foi transmitido aos humanos quando os humanos caçavam esses chimpanzés em busca de carne e entravam em contato com sangue infectado.*[73] Notei algumas observações aqui sobre como o vírus HIV chegou aos humanos: Este relatório usa as frases "passou para humanos" e "entrou em contato com sangue infectado". E assim, ao comer carne infectada, os humanos entraram em contacto com o VIH. De acordo com o site do próprio governo totalmente dedicado ao HIV:*Você só pode contrair o HIV entrando em contato direto com certos fluidos corporais de uma pessoa com HIV que tenha carga viral detectável.*

Esses fluidos são: Sangue, Sêmen (sêmen) e líquido pré-seminal (pré-sêmen), Fluidos retais, Fluidos vaginais, Leite materno. Para que a transmissão ocorra, o VIH contido nestes fluidos deve entrar na corrente sanguínea de uma pessoa soronegativa através de uma membrana mucosa (encontrada no recto, vagina, boca ou ponta do

---

[72]https://www.cdc.gov/hiv/basics/whatishiv.html#:~:text=De onde%20%20HIV%20veio%20de,é%20chamado%20símio%20im unodeficiência%20vírus.
[73]https://www.cdc.gov/hiv/basics/whatishiv.html#:~:text=De onde%20%20HIV%20veio%20de,é%20chamado%20símio%20im unodeficiência%20vírus.

pénis), através de cortes abertos ou feridas, ou por injeção direta (de uma agulha ou seringa).[74]

Portanto, se o VIH fosse adquirido através de um chimpanzé que entrasse em contacto com seres humanos, então duas coisas teriam de acontecer para que os seres humanos fossem infectados: (1) O chimpanzé teria de ser portador do vírus VIH e (2) O sangue do chimpanzé teria de entrar directamente no sangue. contato com sangue humano. De acordo com o próprio relatório do CDC, não havia evidências de que os humanos que entraram em contato com os supostos chimpanzés tivessem cortes ou feridas abertas para que houvesse contato sangue com sangue com os humanos.

A hipótese de que o contacto físico entre chimpanzés e humanos é a origem do VIH é, na melhor das hipóteses, suspeita porque não existe quase nenhum consenso na comunidade científica sobre como a infecção ocorreu. Aqui está um artigo publicado diariamente na ciência:*Ninguém sabe exatamente como isso aconteceu. Pode ter entrado através de um corte ou mordida, o sangue de um chimpanzé vazando para a ponta de um dedo, antebraço ou pé exposto.*

Mas no início da década de 1900, provavelmente perto da floresta tropical da África Ocidental, pensa-se que um caçador ou vendedor de carne de caça, caça selvagem que pode incluir primatas, adquiriu a primeira estirpe de um vírus da imunodeficiência símia que os virologistas consideram o antepassado do VIH. Um novo estudo da Universidade de Nebraska-Lincoln apoiou esta hipótese ao

---

[74]https://www.hiv.gov/hiv-basics/overview/about-hiv-and-aids/how-is-hiv-transmitted#:~:text=Você%20pode%20apenas%20pegar%20HIV,seminal%20fluido%20(pré%2Dcum)

114

relatar a primeira evidência in vivo de que estirpes de SIV transportados por chimpanzés podem infectar células humanas. Incluem o antepassado SIV do VIH-1 M, a estirpe responsável pela pandemia global do VIH e outra estirpe ancestral do VIH encontrada apenas entre moradores dos Camarões.[75]

Até agora, nenhuma evidência clínica foi apresentada de que um ser humano real e um chimpanzé real tenham entrado em contato e que o sangue do chimpanzé tenha infectado o humano. Também não há provas claras de que os chimpanzés sejam naturalmente portadores do vírus VIH e, se o fizerem, então este poderá ter sido transmitido aos seres humanos através de outros meios. Existem até alguns níveis de ceticismo entre os pesquisadores se os chimpanzés tiverem o vírus.

Leia isso:*Embora os chimpanzés não sejam gravemente afetados pelo vírus da imunodeficiência símia (SIV), os investigadores dizem que as descobertas sugerem que algumas subespécies podem ter desenvolvido um certo grau de tolerância ao vírus. "Ao contrário dos humanos, que quando infectados pelo VIH sofrem consequências devastadoras para a saúde, os chimpanzés podem permanecer saudáveis quando infectados pelo vírus SIV", disse a autora sênior do estudo, Dra. Aida Andres (UCL Genetics Institute e Max Planck Institute for Evolutionary Anthropology).*[76]

Este estudo levanta mais questões do que respostas: mesmo que os chimpanzés tenham o vírus, o VIH faz parte

[75]https://www.sciencedaily.com/releases/2016/07/160722092947.htm
[76]https://www.ucl.ac.uk/news/2019/dec/chimpanzees-may-have-evolved-resistance-hiv-precursor

inata do ADN do chimpanzé ou é infectado por uma fonte externa? O estudo sugere que os chimpanzés podem ter desenvolvido um certo grau de tolerância, o que implica que o chimpanzé pode ter sido infectado por uma fonte estranha. Não é nenhuma surpresa que o sexo com animais ou a zoofilia tenham sido provados como a fonte de DST na população humana e aqui está uma citação:*"Sabemos, por exemplo, que a gonorreia veio do gado para os humanos. A sífilis também chegou aos humanos através do gado bovino ou ovino há muitos séculos, possivelmente por via sexual."*, *que os humanos contraíram da versão símia do vírus nos chimpanzés.*

A IST mais comum entre os animais atualmente é a Brucelose ou febre ondulante presente em rebanhos domésticos, cães, gatos, veados e ratos. É transmissível para humanos através da ingestão de leite contaminado ou do contato direto com animais infectados e pode ser muito perigoso para humanos, razão pela qual o leite é pasteurizado.[77]Este é o poder destrutivo da conduta sexualmente desviante. Então, vamos supor que o chimpanzé ou algum outro subespécies do chimpanzé é portador inato do HIV/AIDS, então como ele passou para os humanos? A relação sexual com qualquer animal é um ato extremamente perigoso, vergonhoso e abominável que coloca em risco o agressor e toda a população de saúde global.

Quase todos os outrosDSTs cruzaram da população animaldentro do humano população através de relações sexuais humanas com animais e então porque é que o VIH/SIDA deveria ser diferente? Foi documentado que gonorreia, sífilis e outras doenças entraram na população

---

[77]https://www.animalresearch.info/en/medical-advances/diseases-research/stis-sexually-transMITed-infections/

humana através de relações sexuais entre humanos e animais. E para que a SIDA/HIV seja transmitida é necessário que haja um contacto sanguíneo directo entre a pessoa infectada e a não infectada. Lembre-se de Gênesis 2:24, a relação sexual une um homem e uma mulher. O sêmen que é emitido pelo homem na vagina da mulher vai para a corrente sanguínea da mulher e é assim que ocorre a infecção porque há contato direto com o sangue. A injeção de sêmen cria uma ligação direta com corrente sanguínea entre o homem e a mulher e é assim que ocorrem as infecções, incluindo o VIH.

Até agora há pouca ou nenhuma evidência de que a SIDA possa ser transmitida através do sexo oral. A menos que haja um corte ou ferida na boca, a AIDS raramente é transmitida pela saliva ou pela boca. A razão é simplesmente porque não há contato com sangue, mas não com o sexo vaginal. O esperma ou sêmen é injetado na vagina e há contato sanguíneo direto entre o homem e a mulher e qualquer uma das partes pode ser infectada. Assim, o sexo com um animal coloca o sangue do animal em contato direto com o sangue do humano e eles agora estão unidos no sangue e no espírito com o animal. O humano e o animal são agora uma só carne, assim como o homem e a mulher são uma só carne. Os animais têm fluidos mortais que não são encontrados na população humana e qualquer ato sexual com animais importa todos esses fluidos mortais para as populações humanas. Este não é o desígnio do Criador para as relações sexuais. Aqui abaixo estão alguns fatores de risco associados à bestialidade:

Imagem de um chimpanzé retratado como fonte do HIV/AIDS

Fatores de Risco do Sexo com Animais

1.Raiva é uma doença viral de cães que é fatal em humanos. É transmitido pela saliva de cães, cavalos e gatos. Imediatamente após o aparecimento dos sintomas, o ser humano tem poucas chances de sobrevivência se não for tratado.

2.Equinococose é um parasita que foi encontrado nas fezes de cães, gatos e ovelhas. Esta doença é assintomática e só se manifesta depois de alguns anos. Esses vermes causam o desenvolvimento de cistos nos rins, coração e cérebro da pessoa afetada. Se não for tratada, pode levar à morte.

3.Ferida Os órgãos reprodutivos desses animais não foram feitos para caber nos de uma mulher ou de um homem e têm causado muitos ferimentos; alguns homens tiveram rupturacerto vítimas de sexo com porcos e outras sofreram lesões na cabeça devido a relações sexuais com cavalos. O órgão reprodutivo de um cão excitado é como uma lâmpada que machucaria a vagina. Não vamos nem imaginar o tamanho do órgão reprodutor de um cavalo. Pode causar rasgos e ferimentos graves.

4.Reação alérgica: Receber o sêmen de um cachorro ou cavalo pode desencadear reações alérgicas porque é uma substância estranha que o corpo tenta expelir. Imagine uma pessoa com alergia a amendoim comendo amendoim e não sendo tratada imediatamente. Uma mulher na Irlanda que fez sexo com um cachorro morreu de anafilaxia. De acordo com a Clínica Mayo, "a anafilaxia faz com que o sistema imunológico libera uma enxurrada de substâncias químicas que podem causar choque e a pressão arterial cai repentinamente e as vias aéreas se estreitam, bloqueando a respiração. erupção cutânea, náuseas e vômitos."

5. Essa doença é transmitida pela urina de animais como cães e gatos. Quando está no sistema imunológico, pode causar meningite e, em 10% das vezes, a meningite é mortal.[78]

Os comportamentos sexualmente desviantes têm um custo muito grave para a humanidade. O abuso do sexo é mortal para a humanidade e entristece o coração do Criador. Um simples ato sexual com um animal em alguma cidade ou vila obscura em qualquer lugar do mundo tem o potencial de destruir uma grande parte da população global, pois esse ato sexual contrai alguma DST e se espalha por

---

[78]https://www.pulse.ng/lifestyle/womens-health/5-health-risks-o f-sxual-intercourse-with-animals/2sdxc3r

toda a população global. O seu único ato sexual tem o potencial de afetar a população global se e quando uma DST for contraída e se espalhar através de múltiplos parceiros sexuais e, potencialmente, milhões de contatos sexuais. A gonorréia é outra DST muito comum que infecta a população humana há algum tempo e prejudicou milhões de vidas.

Gonorreia como DST

O que realmente é a gonorreia e como ela é transmitida? De acordo com o CDC, a gonorreia é uma doença sexualmente transmissível (DST) causada pela infecção pela bactéria Neisseria gonorrhoeae. N. gonorrhoeae infecta as membranas mucosas do trato reprodutivo, incluindo o colo do útero, o útero, as trompas de falópio nas mulheres e a uretra nas mulheres e nos homens. N. gonorrhoeae também pode infectar as membranas mucosas da boca, garganta, olhos e reto.[79]Segundo o CDC, a gonorreia é considerada a segunda principal DST, atrás apenas da infecção pelo Papilomavírus Humano (HPV). E então, como é difundido isso é vírus?

O CDC estima que a gonorreia é um muito doença infecciosa comum e estima que aproximadamente 1,6 milhão de novas infecções gonocócicas ocorreram nos Estados Unidos em 2018, e mais da metade ocorreu entre jovens de 15 a 24 anos. A gonorréia é a segunda infecção bacteriana sexualmente transmissível mais comumente relatada nos Estados Unidos. No entanto, muitas infecções são assintomáticas, pelo que os casos notificados

---

[79]https://www.cdc.gov/std/gonorrhea/stdfact-gonorrhea-detailed.htm

representam apenas uma fracção do verdadeiro fardo.[80] Este relatório não capta a verdadeira imagem da situação, uma vez que a maioria das pessoas infectadas podem não recorrer ao sistema de saúde e, como tal, nunca são contabilizadas. De acordo com um relatório da OMS, cerca de 78 milhões de pessoas são infectadas com gonorreia todos os anos.[81]

Recentemente consultei um médico para meu exame físico anual de rotina e ele ficou muito surpreso por eu não ter DST e me confidenciou que meu caso é raro. Ele me confidenciou que cerca de 98% de seus pacientes têm todos os tipos de DST, desde o HIV até todos os outros tipos de DST, e todos são homens e mulheres casados. O problema é muito maior do que qualquer relatório é capaz de capturar e porque a promiscuidade sexual se tornou a ordem do dia, o mesmo aconteceu com as DSTs. A gonorreia está a devastar a população global, mas como é adquirida?

De acordo com o CDC: A gonorreia é transmitida através do contato sexual com o pênis, vagina ou ânus de um parceiro infcctado. A ejaculação não precisa ocorrer para que a gonorreia seja transmitida ou adquirida. A gonorreia também pode ser transmitida de forma perinatal, da mãe para o bebê, durante o parto.[82] Ao contrário da SIDA/VIH, que requer contacto sanguíneo com a pessoa

---

[80]https://www.cdc.gov/std/gonorrhea/stdfact-gonorrhea-detailed.htm

[81]https://www.ncbi.nlm.nih.gov/pmc/articles/PMC6329377/

[82]https://www.cdc.gov/std/gonorrhea/stdfact-gonorrhea-detailed.htm

infectada para que a transmissão ocorra, a gonorreia simplesmente requer apenas contacto sexual com uma pessoa infectada e a pessoa não infectada fica infectada.

Como a gonorréia entrou na população humana?

Dizem-nos que a bactéria Neisseria gonorrhoeae ou gonococo é transmitida por contato sexual através do pênis, vagina, ânus ou boca, mas a primeira causa raramente é mencionada. Como ocorreu a primeira infecção humana por gonococo? Ou os humanos nascem naturalmente com gonococo ou a bactéria deve ser uma invasão estrangeira. Ambos os cenários não podem ser verdadeiros! Aqui está um artigo sobre esse mesmo assunto:*As DSTs em animais e humanos têm uma relação histórica. "Duas ou três das principais DSTs vieram de animais", diz Alonso Aguirre, veterinário e vice-presidente de medicina conservadora do Wildlife Trust.*

"Sabemos, por exemplo, que a gonorreia vem do gado para os humanos. A sífilis também chegou aos humanos, do gado bovino ou ovino, há muitos séculos, possivelmente por via sexual..[83] Como o gonococo é uma bactéria naturalmente estranha ao ecossistema humano e está presente no ecossistema animal, se os humanos mantiverem interações físicas e sexuais com esses mesmos animais, então o gonococo foi transmitido de animais para humanos.

Foi estabelecido que a gonorreia, a sífilis e a SIDA/VIH são adquiridas através da interação com animais, sexualmente ou de outra forma. Mas não é isso!*A doença sexualmente transmissível mais comum entre os animais*

---

[83]https://www.discovermagazine.com/planet-earth/how-often-d o-animals-get-stds

hoje é a brucelose, ou febre ondulante, que é comum entre os animais domésticos e ocorre em mamíferos, incluindo cães, cabras, veados e ratos.[84]Este relatório diz que a brucelose é sexualmente transmissível entre animais, mas a mundialmente famosa Clínica Mayo diz que também infecta humanos e aqui está o que é dito:*A brucelose é uma infecção bacteriana que se espalha dos animais para as pessoas. Mais comumente, as pessoas são infectadas pela ingestão de laticínios crus ou não pasteurizados. Às vezes, a bactéria que causa a brucelose pode se espalhar pelo ar ou pelo contato direto com animais infectados.*[85]A questão aqui é que estão claramente estabelecidos os factos de que esta é a doença sexualmente transmissível mais comum entre os animais. O fato de os humanos terem relações sexuais com animais também não está em discussão. O facto de a brucelose estar a ser transferida dos animais para os seres humanos não deve ser contestado. E quando um ser humano infectado mantém relações sexuais com outro ser humano, a brucelose se espalha pela população humana global.

Gonorréia ligada ao câncer de próstata

A gonorréia e outras DSTs não são apenas prejudiciais à saúde, mas também podem levar alguém a pagar o preço final com a vida. Acabei de encontrar algumas descobertas muito interessantes sobre gonorréia e câncer de próstata. Sempre há um preço a pagar por ir contra o plano de Deus. E aqui está a ligação entre gonorréia e câncer de próstata:*O câncer de próstata é a neoplasia mais comum em homens americanos e a segunda causa mais*

---

[84]https://www.discovermagazine.com/planet-earth/how-often-do-animals-get-stds
[85]https://www.mayoclinic.org/diseases-conditions/brucellosis/symptoms-causes/syc-20351738

comum de mortes relacionadas ao câncer. A pesquisa sugere que a infecção e a subsequente inflamação podem ser um importante fator de risco na patogênese do câncer de próstata. Nesta meta-análise, examinamos as evidências epidemiológicas atuais para a associação entre doenças sexualmente transmissíveis (DST) específicas e câncer de próstata. Esta meta-análise fornece evidências de uma taxa mais elevada de câncer de próstata em homens com histórico de exposição à gonorreia, HPV ou qualquer DST. Mais pesquisas, especialmente com estudos de coorte, são necessárias para confirmar este fator de risco potencialmente modificável.[86]

O risco de qualquer comportamento sexualmente desviante evidentemente não vale a recompensa de qualquer prazer momentâneo e temporário que possa ser alcançado. Tudo isto começou com a bestialidade e depois com a gonorreia, desde a gonorreia ou outras DST até ao cancro e depois à morte. Este é o poder do sexo, a força irresistível. Esta lista de DSTs é longa e este estudo muito curto não pode esgotar todas as DSTs disponíveis, mas só podemos aguçar o seu apetite quanto aos perigos e riscos associados a qualquer forma de comportamento sexualmente desviante e antes de encerrarmos este capítulo, analisaremos em mais algumas DSTs que são comuns e afetam mais pessoas.

Infecção por papilomavírus humano (HPV) como uma DST

Esta é a DST mais comum e afeta e infecta mais pessoas do que qualquer outra, mas é silenciosa e

---

[86]https://pubmed.ncbi.nlm.nih.gov/15988645/#:-:text=Conclusões %3A%20Este%20meta%2Danálise%20fornece,este%20potencial mente%20modificável%20risco%20fator.

raramente chega às manchetes. Raramente se fala sobre isso, mas é responsável pela morte de mais pessoas. Aqui está como é descrito:*A infecção por HPV é uma infecção viral que comumente causa crescimentos na pele ou nas membranas mucosas (verrugas). Existem mais de 100 variedades de papilomavírus humano (HPV). Alguns tipos de infecção por HPV causam verrugas e alguns podem causar diferentes tipos de câncer. A maioria das infecções por HPV não leva ao câncer. Mas alguns tipos de HPV genital podem causar câncer na parte inferior do útero que se conecta à vagina (colo do útero). Outros tipos de câncer, incluindo câncer de ânus, pênis, vagina, vulva e parte posterior da garganta (orofaringe), têm sido associados à infecção por HPV. Estas infecções são frequentemente transmitidas sexualmente ou através de outro contato pele a pele.*[87]

Os efeitos do HPV são surpreendentes e os seus efeitos posteriores são devastadores, uma vez que é relatado que é a fonte de vários tipos de cancro que estão a ceifar a vida de milhões de pessoas. Aqui estão algumas estatísticas sobre HPV:*É responsável por mais de 80% dos cânceres cervicais em mulheres e 70% dos cânceres de garganta em homens. Cerca de 79 milhões de americanos, a maioria no final da adolescência, estão infectados pelo vírus. O vírus insere seu próprio código genérico em uma célula infectada e a destrói para liberar partículas virais ou a transforma em células cancerígenas, conferindo-lhe propriedades vitais, como crescimento ilimitado. O câncer cervical mata mais mulheres em todo o mundo do que qualquer outro tipo de câncer, exceto o câncer de mama. Foi responsável por 270.000 mortes em 2012, 85% dos*

---

[87]https://www.mayoclinic.org/diseases-conditions/hpv-infection/symptoms-causes/syc-20351596

quais ocorreram em países em desenvolvimento e 530.000 novos casos foram declarados em 2008 pela Agência Internacional de Investigação sobre o Cancro.[88]

É relatado por este estudo que cerca de metade de todas as mulheres sexualmente ativas estão infectadas pelo HPV, mas apenas pequenas percentagens desenvolvem algum tipo de cancro. Este é um número impressionante de mortes causadas por uma doença sexualmente transmissível e, no entanto, dificilmente chega às manchetes e dificilmente faz parte das discussões diárias na mesa da cozinha. Uma doença que infecta 79 milhões de jovens e ainda nem aparece nas primeiras páginas dos noticiários é surpreendente. É mais provável que a situação pior do que o relatado atualmente, uma vez que apenas são contabilizados aqueles que recorrem ao sistema de saúde. Mas qual é a origem do HPV e como é que invadiu a população humana? Estudos demonstraram que esse mesmo vírus também é encontrado em animais. Normalmente é denominado papilomavírus (PV) e, quando encontrado em humanos, é denominado papilomavírus humano. Pelo próprio nome, sugere que este vírus está disponível tanto na população humana como na animal. Aqui está um artigo publicado em um site respeitado:*Os papilomavírus (PV) estão associados a malignidades epiteliais em animais, incluindo câncer em humanos. Existe conhecimento limitado sobre a história evolutiva da PV não humana. Avaliamos a filogeografia do PV com ênfase em hospedeiros silvestres.*[89]

Este artigo usa a frase "malignidade epitelial em animais", e a palavra "malignidade" tem a ver com um tumor

---

[88]https://www.animalresearch.info/en/medical-advances/disease s-research/human-papillomavirus-hpv/
[89]https://www.frontiersin.org/articles/10.3389/fevo.2019.00406/f ull

ou tumor, às vezes canceroso. Este artigo diz que a pesquisa mostrou a disponibilidade de câncer em humanos e de malignidade epitelial em animais. Então, não é mais uma questão de os animais terem PV, mas como ela passou para a população humana? Algumas pesquisas mostraram que o PV entrou na população humana através do sexo com Neandertais. Um Neandertal é descrito como um animal extinto que viveu na Europa e em partes da Ásia.

Agora, aqui está o que é dito: uma versão do papilomavírus humano, que causa a maioria dos casos de câncer cervical, evoluiu em humanos como resultado do sexo com Neandertais, mostra um novo estudo. O americano A Cancer Society estima que mais de 13.000 mulheres nos Estados Unidos serão diagnosticadas com cancro cervical invasivo este ano e 30 por cento morrerão da doença. O HPV é responsável por quase todos os casos de câncer cervical em todo o mundo. Embora existam mais de 200 tipos de vírus, o Instituto Nacional do Câncer indica que apenas dois – o HPV16 e o HPV 18 – são responsáveis por cerca de 70 por cento de todos os cancros do colo do útero. A infecção pelo HPV16 também pode causar câncer anal e câncer que se desenvolve na garganta, na base da língua e nas amígdalas. "Não existe agente cancerígeno que cause cancro em humanos mais do que o HPV, especialmente o HPV16", disse Robert Burk, que liderou a investigação.[90]

Esta investigação diz que o PV entrou na população humana através do sexo com um Neandertal, provavelmente há séculos e, assumindo que é preciso, como é que chegou aos animais que estão infectados hoje? É bem possível que a obsessão humana pela bestialidade

---

[90]https://www.discovermagazine.com/health/scientists-trace-evolution-of-hpv-to-sex-with-neanderthals

tenha importado um número desconhecido e sem precedentes de DST para a população humana, incluindo o HPV. Parece que de vez em quando surge uma nova DST que invade a população humana e, recentemente, a mais recente chegada é uma DST chamada varíola dos macacos.

Varíola de macaco como DST

Varíola dos Macacos O vírus tem sido notícia recentemente, mas não é realmente um vírus novo, como foi notado pela primeira vez na população humana há mais de 50 anos. De acordo com o CDC:*A varíola dos macacos foi descoberta em 1958, quando dois surtos de uma doença semelhante à varíola ocorreram em colônias de macacos mantidos para pesquisa. Apesar de ser chamada de "varíola de macaco", a origem da doença permanece desconhecida. No entanto, os roedores africanos e os primatas não humanos (como os macacos) podem albergar o vírus e infectar as pessoas.*[91] Assim, o CDC estabeleceu o fato de que alguns primatas não humanos, como os macacos, são portadores inatos do vírus que foi identificado como varíola dos macacos.

Mas o que é realmente a varíola dos macacos? Segundo a Organização Mundial da Saúde (OMS), a varíola dos macacos é uma zoonose viral (um vírus transmitido a humanos de animais) com sintomas semelhantes aos observados no passado em pacientes com varíola, embora seja clinicamente menos grave. Com a erradicação da varíola em 1980 e a subsequente cessação da vacinação contra a varíola, a varíola dos macacos emergiu como o orthopoxvírus mais importante para a saúde pública.[92]

---

[91]https://www.cdc.gov/poxvirus/monkeypox/about/index.html
[92]https://www.who.int/news-room/fact-sheets/detail/monkeypox

Assim, foi estabelecido o fato de que algum animal parecido com o macaco é portador do vírus da varíola dos macacos e também foi estabelecido que o vírus é transmitido de animal para humano, mas como é transmitido? Qual é o meio de sua transmissão? O CDC identificou o contacto físico como meio de transmissão, mas a relação sexual parece ter sido identificada como o seu principal meio de transmissão.

Aqui está um artigo do Washington Post sobre varíola de macacos: Mais de 6.600 casos de varíola de macacos foram detectados nos Estados Unidos, levando o governo Biden a declarar uma emergência de saúde pública na quinta-feira para galvanizar a conscientização.O vírus se espalha principalmente através da exposição a erupções cutâneas ou lesões de uma pessoa infectada, e este é o primeiro surto em que o contato durante o sexo parece ser o principal fator. Embora as infecções estejam fortemente concentradas entre homens que fazem sexo com homens, outros podem contrair o vírus através de contacto não sexual e da partilha de artigos contaminados.[93]

Este artigo relata o fato de que a varíola dos macacos é amplamente transmitida através de relações homossexuais (principalmente homens gays). Mas a verdadeira imagem da situação não é realmente capturada neste artigo!*Novos dados publicados no Relatório Semanal de Morbidade e Mortalidade e coletados pelos Centros de Controle e Prevenção de Doenças (CDC) mostram que 99% dos casos de varíola símia nos Estados Unidos ocorrem em homens, e 94% dos casos relatam transmissão recente de homem para homem. contato sexual ou íntimo*

---

[93]https://www.washingtonpost.com/health/2022/08/04/monkey pox-gay-safe-sex/

masculino.[94] Este relatório mostra claramente que a varíola dos macacos é transmitida principalmente através de relações sexuais e quase sempre através de relações sexuais entre homens.

Há evidências esmagadoras de que a varíola dos macacos é transmitida através de atos sexuais entre homens e não apenas de contatos físicos entre homens. Deve haver algo diferente no fato de um homem enfiar o pênis no ânus de outro homem e resultar na varíola dos macacos! É o contato entre o esperma e as fezes ou fezes no ânus ou o quê? Isto é bastante intrigante porque não há evidência de um caso relatado de varíola de macaco contraída através de sexo vaginal heterossexual. Nenhuma explicação probatória, que eu saiba, foi fornecida pelo CDC ou pela OMS sobre por que 99% dos casos de varíola dos macacos são adquiridos através de relações sexuais homossexuais entre homens!

Sem qualquer investigação e evidência científica, é bem possível, com base em inferências, que algumas espécies de animais tenham inatamente o vírus da varíola dos macacos nas suas fezes ou rostos e que tenha havido algum sexo anal entre um animal e um homem humano em tempos passados. Este vírus provavelmente foi contraído através de um ato sexual entre o animal e o homem. O homem humano agora pratica sexo com outro homem humano e o vírus invade a população humana. Rostos ou fezester bactérias que podem ser transmitidas através do contato físico e é por isso que há uma pequena quantidade de transmissão através do contato físico, mas a grande maioria é transmitida através da atividade sexual anal entre homens. Este é o poder destrutivo do comportamento sexualmente desviante.

---

[94]https://www.cidrap.umn.edu/news-perspective/2022/08/monkeypox-cases-reach-7500-us-99-cases-males

Hepatite como DST

A hepatite é outra DST que infecta centenas de milhares de pessoas anualmente. E é assim que o CDC define: Hepatite significa inflamação do fígado. O fígado é um órgão vital que processa nutrientes, filtra o sangue e combate infecções. Quando o fígado está inflamado ou danificado, sua função pode ser afetada.[95]O uso excessivo de álcool, toxinas, alguns medicamentos e certas condições médicas podem causar hepatite. No entanto, a hepatite é frequentemente causada por um vírus. Nos Estados Unidos, a maioria dos tipos de hepatite viral são hepatite A, hepatite B e hepatite C.[96]Para efeitos deste estudo, estamos apenaspreocupado sobre hepatite viral que é transmitida principalmente através de relações sexuais. Mas de onde vem a hepatite viral e como ela entrou na população humana?

Os cães são um dos poucos animais identificados como portadores de hepatite viral e aqui está como eles são infectados:*Os cães são mais frequentemente infectados com hepatite canina ao consumir fezes, saliva, secreção nasal ou urina de cães infectados. Em alguns casos, os cães podem desenvolver hepatite crônica grave como resultado de danos causados pela acumulação de cobre nas células do fígado.*[97]Não é nenhuma surpresa que a ingestão de fezes humanas ou de outros cães e outras secreções do animal ou do corpo humano leve a uma infecção viral tão mortal. Você consegue imaginar um homem humano

---

95

96   https://www.cdc.gov/hepatite/abc/index.htm

97

https://www.guilfordjamestownvet.com/site/blog-greensboro-vet/2021/03/31/types-hepatitis-in-dogs-symptoms-treatments

enfiando seu pênis no ânus de outro homem e entrando em contato direto com fezes? Não é de admirar que enfrentemos a varíola dos macacos e uma série de outras DSTs. Adivinhe o que pode acontecer quando um humano beija um cachorro na boca e entra em contato direto com a saliva do cachorro? Ou um homem humano faz sexo anal com um cachorro? Outra hepatite viral é importada para o ecossistema sexual humano.

Sífilis como DST

A sífilis é outra DST que está infectando muitas pessoas, mas do que se trata? Segundo o CDC, a sífilis é uma infecção sexualmente transmissível (IST) que pode causar sérios problemas de saúde sem tratamento. A infecção se desenvolve em estágios (primário, secundário, latente e terciário). Cada estágio pode apresentar sinais e sintomas diferentes.[98] Portanto, a sífilis tem potencial para causar problemas de saúde se não for rapidamente diagnosticada e tratada, mas como se espalha? O CDC diz que você pode pegar sífilis pelo contato direto com uma ferida de sífilis durante o sexo vaginal, anal ou oral. A sífilis pode ser transmitida de uma mãe com sífilis para o feto. Não se pode pegar sífilis pelo contato casual com objetos, como: assentos sanitários, maçanetas, piscinas, banheiras de hidromassagem, banheiras, compartilhamento de roupas ou utensílios para comer.[99]

O CDC conclui dizendo que as DST não podem ser completamente evitadas a menos que haja uma abstenção completa de sexo vaginal, anal ou oral. Esta é uma declaração bastante surpreendente e notável do CDC. O

---

[98]   https://www.cdc.gov/std/syphilis/stdfact-syphilis.htm
[99]   https://www.cdc.gov/std/syphilis/stdfact-syphilis.htm

CDC normalmente promoveria o sexo seguro em oposição à abstinência, mas este é um caso raro. Então, a sífilis foi estabelecida como uma doença infecciosa viral sexualmente transmissível, mas qual é a sua origem e como entrou na população humana? Não há evidências de que a sífilis habite inatamente a população humana e, portanto, como ela entrou na população humana?

Outra investigação revelou que a sífilis também tem origens e ligações animais: duas ou três das principais IST [em humanos] provêm de animais. Sabemos, por exemplo, que a gonorreia passou do gado para os humanos. A sífilis também chegou aos humanos através de bovinos ou ovinos há muitos séculos, possivelmente por via sexual.[100]Está provado que animais como bovinos, ovinos e provavelmente outros, de forma inata ou através de infecções, têm a sífilis viral. Também foi comprovado que os humanos mantêm relações sexuais com gado e outros animais. Também é verdade que o tipo de sífilis encontrado na população animal também é encontrado na população humana. Também é verdade que os seres humanos não têm sífilis de forma inata e daqui tirarei a conclusão lógica de que ela entrou na população humana através de relações sexuais.

Clamídia como DST

A clamídia é outra DST que está devastando a população humana, mas do que se trata? Veja como é definido pelo CDC:*A clamídia é uma DST comum que pode*

100

https://www.understandinganimalresearch.org.uk/news/sti-day#:
-:text=STIs%20in%20animals&text=%E2%80%9CTwo%20or%20tr
ês%20of%20the,centuries%20ago%2C%
20possivelmente%20sexualmente%E2%80%9D.

causar infecção em homens e mulheres. Pode causar danos permanentes ao sistema reprodutivo da mulher. Isso pode tornar difícil ou impossível engravidar mais tarde. A clamídia também pode causar uma gravidez ectópica potencialmente fatal (gravidez que ocorre fora do útero).[101]
É bastante evidente que esta infecção viral pode ter consequências terríveis se permanecer por aí sem procurar atendimento médico imediato.

Como todas as outras DSTs, a clamídia é transmitida através de relações sexuais e aqui está a opinião do CDC sobre isso: você pode pegar clamídia fazendo sexo vaginal, anal ou oral com alguém que tem clamídia. Além disso, você pode pegar clamídia mesmo que seu parceiro sexual não ejacule (goze). Uma pessoa grávida com clamídia pode transmitir a infecção ao bebê durante o parto.[102]Então, como todas as outras DST, como é que esta se infiltrou na população humana? Também tem uma conexão animal? A clamídia tem sido uma ameaça para as populações de coalas já há algum tempo e aqui está um relatório sobre isso: A clamídia é uma grande ameaça para a população de coalas - Mais da metade dos coalas internados no Australia Zoo Wildlife Hospital estão doentes com clamídia.

E durante o próximo ano, o hospital irá verificar se há microchips nos coalas internados, para que possam recolher dados sobre se os crescentes esforços de vacinação estão a prevenir ou a tratar eficazmente a clamídia.[103] Também está

101
https://www.cdc.gov/std/chlamydia/stdfact-chlamydia.htm
102
https://www.cdc.gov/std/chlamydia/stdfact-chlamydia.htm
103
https://www.smithsonianmag.com/smart-news/australia-begins-

claro que este vírus também está presente na população animal e humana. E é transmitido através de relações sexuais na população humana e deve ter entrado na população humana através da bestialidade.

Outros vírus que são DSTs

Existe potencialmente uma lista interminável de DSTs virais e não podemos discutir todas elas neste estudo limitado. A evidência mostrou que quase todas as DST virais foram introduzidas na população humana através da bestialidade. Herpes é outra DST que é facilmente comum em animais e humanos. Aqui está a evidência de sua presença em animais:*A infecção pelo vírus herpes é uma importante causa de doença em cães, gatos, humanos e muitas outras espécies animais. A infecção ocorre através das superfícies mucosas dos tratos respiratório e genital ou através de superfícies epiteliais, como a córnea do olho. A ceratite induzida pelo vírus herpes simplex (HSV) é a principal causa infecciosa de deficiência visual e cegueira em humanos.*[104]

A domesticação de animais representa um problema para os defensores dos direitos dos animais e para os amantes dos animais. Ter contato sexual com animais é uma coisa, mas viver próximo de animais é outra bem diferente. Apenas o contato diário do ser humano com urina e fezes de cães, gatos e outros animais domesticados representa um

---

vaccinating-hundreds-of-koalas-against-chlamydia-in-trial-180978900/
[104] https://www.vet.cornell.edu/departments-centers-and-institutes/baker-institute/our-research/animal-health-articles-and-helpful-links/ocular-herpesvirus-infection#:~:text=Herpesvírus%20infecção%20é%20an%20importante,a%20córnea%20de%20o%20olho.

verdadeiro desafio aos cuidados de saúde. Alguém tem que limpar esses animais e até mesmo beijar um cachorro ou gato na boca e entrar em contato com sua saliva e depois transferir esse beijo para outro ser humano representa um verdadeiro desafio de saúde. Alguns até vão para a cama com seus animais. Um número ilimitado de doenças pode ser facilmente importado para a população humana apenas pela camaradagem animal-humana. Existem outras DSTs que você pode estudar por si mesmo, como: Doença Inflamatória Pélvica (DIP)*é a doença uterina mais frequente após qualquer parto em vacas e éguas*[105]; bacteriana vaginose *é encontrada e transmitida por cães*[106]A tricomoníase é uma DST transmitida por touros e vacas.

Este capítulo procura mostrar que qualquer relação sexual que esteja fora do plano pretendido pelo criador é muito destrutiva e milhões de vidas foram interrompidas devido ao desvio humano do maravilhoso plano de Deus para o sexo. A humanidade decidiu usar o sexo principalmente para prazer e o resultado final é um mundo em chamas. Muitas outras doenças, incluindo a maioria dos cancros, estão ligadas às DST e este é o poder destrutivo das DST. O comportamento sexualmente desviante não aconteceu apenas no vácuo, mas nasceu da natureza do pecado humano e este pecado influencia o que vemos e percebemos, e o que pensamos e acreditamos.

---

[105]

https://vetsci.org/DOIx.php?id=10.4142/jvs.2016.17.3.413
[106]

https://vcahospitals.com/know-your-pet/vaginitis-in-dogs#:~:text
=What%20are%20the%20clinical%20signs,frequentemente%20a
parece%20vermelho%20e%20inchado.

capítulo 5

O poder da visão e do pensamento no sexo

A visão e o pensamento são forças extremamente poderosas que têm grande impacto nas decisões sexuais. Usamos a visão para admirar a beleza e a beleza de uma pessoa e isso nos atrairá ou afastará dessa pessoa. Os olhos são o órgão mais importante do corpo depois do coração e do cérebro, sem os quais a nossa qualidade de vida cairia tremendamente. Cada ação que realizamos com mais frequência começa com a visão. Ver, perceber, compreender e ouvir estão todos envolvidos na visão. A visão tem um efeito muito poderoso em nossas vidas porque nos aproxima muito do objeto que percebemos.

O primeiro método que usamos para avaliar qualquer objeto é a visão. Agora, a visão pode ser física, metafórica ou espiritual. Então, no contexto do sexo, tudo gira em torno da visão. Ver uma garota, uma mulher ou um jovem muito bonito desperta todos os tipos de pensamentos e emoções sobre o que pode acontecer se a mulher ou o homem disser sim para você. Observando a estrutura corporal, tamanho do corpo, altura, peso, penteado, vestimenta, estilo de andar e movimento, tamanho dos seios e das nádegas (calipígio, um termo para nádegas finamente desenvolvidas) para mulheres, ou o sorriso bonito do homem que atrai uma mulher .

É difícil ir às praias durante o verão, pois as praias estão cheias de rapazes e moças seminuas. Os olhos são bombardeados com tais imagens e quase todos os pensamentos e comportamentos sexualmente desviantes começam com a visão e são nutridos nos pensamentos e concebidos no coração. A maior parte da parafilia começa com imagens visuais de atos sexuais que se manifestam em atos sexuais desviantes depois que esses pensamentos se enraízam no coração.

Aqui está um relatório do WebMD: As parafilias são comportamentos ou impulsos sexuais anormais caracterizados por intensas fantasias e impulsos sexuais que continuam voltando. Os impulsos e comportamentos podem envolver objetos, atividades ou situações incomuns que geralmente não são consideradas sexualmente excitantes.[107]Ver e abrigar fantasias sexuais no coração leva a outros comportamentos sexualmente desviantes como: exibicionismo, fetichismo, frotteurismo, pedofilia e voyeurismo. O parafilia é incapaz e não quer se desligar das imagens sexuais que foram vistas e armazenadas em seu coração . A visão é boa, mas também pode levar à nossa destruição final. Tudo o que vemos e percebemos é filtrado através de nossos pensamentos e, mais cedo, torna-se nossas crenças e, uma vez acreditadas, mais cedo ou mais tarde fluirá através de nossas ações. Temos falado sobre a visão em termos gerais, mas analisar criticamente a visão física e espiritual.

O poder da visão física

A visão física é usar o órgão do corpo chamado "olhos" para ver outro objeto físico, como a beleza da criação de Deus. Aqui está uma definição de olho da Clínica Cleveland:*Seus olhos são órgãos que permitem que você veja. Muitas partes do olho trabalham juntas para focar os objetos e trazer informações visuais ao cérebro.*[108]Assim, a partir desta definição clínica de "olho", vemos uma ligação entre o que vemos e o que pensamos. Existem linhas de transmissão entre o olho e o cérebro. Muitas vezes pensamos no cérebro como o local de origem do pensamento, mas lemos uma citação do próprio Senhor Jesus:*Porque do coração procedem os maus pensamentos, os homicídios, os adultérios, outros atos sexuais imorais, os*

107

https://www.webmd.com/sexual-conditions/guide/paraphilias-overview
108

https://my.clevelandclinic.org/health/body/21823-eyes#:-:text=Your%20eyes%20are%20organs%20that,can%20cause%20changes%20in%20eyesight.

roubos, os falsos testemunhos e as declarações caluniosas, Mateus 15:19. Esta citação estabelece uma conexão entre nossos pensamentos e nossos corações.

A questão é que nossos pensamentos se originam de nossos corações, já que todos os pensamentos, bons ou maus, procedem do coração. Felizmente, os neurologistas identificaram um órgão humano chamado "cérebro intestinal", e aqui está o que é dito:*Os cientistas chamam esse pequeno cérebro de "sistema nervoso entérico" (ENS). E não é tão pequeno. O ENS são duas camadas finas de mais de 100 milhões de células nervosas que revestem o trato gastrointestinal, do esôfago ao reto.*[109] Os neurologistas também estabeleceram o fato de que existe uma comunicação constante entre o "cérebro intestinal ou cérebro da barriga" e o cérebro (cérebro da cabeça), e assim esses neurologistas apenas confirmam através de evidências físicas o que Jesus estava dizendo no versículo acima.

O coração (biblicamente falando) não é apenas um órgão do corpo que bombeia o sangue, mas é na verdade a origem dos pensamentos e o regulador das emoções. Então, por que isto é importante? Esta é uma informação extremamente crítica, pois os olhos transmitem informações visuais ao cérebro (cérebro da cabeça), que está em constante comunicação com o coração (cérebro do intestino ou cérebro da barriga) e essas imagens entram em contato com os pensamentos do coração (cérebro do intestino) e logo aparecerá em nossas ações. Este assunto é tão sério que Jó disse o seguinte:*Fiz uma aliança com os meus olhos; Por que então eu deveria olhar para uma jovem?* Jó 31:1.

---

[109]

https://www.hopkinsmedicine.org/health/wellness-and-preventio n/the-brain-gut-connection#:~:text=Scientists%20call%20this%2 0little%20brain,tract%20from%20esophagus%20to%20rectum .

Portanto, Jó entendeu esse princípio tão vivamente que tomou medidas drásticas para lidar com ele.

Ele até tratou seus olhos como uma entidade fora de seu corpo, que fará um juramento, assinará um contrato e fará um acordo entre o resto de seu corpo e seus olhos. O propósito do contrato, da aliança e do acordo nunca foi olhar para uma jovem com intenções lascivas. Por que Jó tomaria uma decisão tão drástica? Jó temia a Deus e entendeu que o uso impróprio de seus olhos pode levá-lo a muitos problemas físicos e espirituais. Se não tomarmos muito cuidado, a visão é exatamente o que faz a bola rolar, fazendo com que conduzimos nossas vidas contra a vontade e o desejo de Deus e aqui está um exemplo:*que os filhos de Deus viram que as filhas da humanidade eram lindas; e eles tomaram para si esposas, quem eles escolheram.*Gênesis 6:2.

Há um intenso debate teológico sobre a identidade dos "filhos de Deus e das filhas dos homens" nesta passagem, mas isso não é uma preocupação para nós hoje. Nossa preocupação é que eles "viram" e perceberam que eram lindos e que o uso indevido de sua visão os levou a casamentos ilícitos que Deus não aprovou. O contexto de Gênesis 6 é sobre a maldade e pecaminosidade da humanidade e, portanto, não há nada de bom nas intenções dos homens ao verem as filhas dos homens e perceberem sua beleza. Olhar está bem, mas a intenção de olhar às vezes é o problema.

O uso errado da visão levou à queda e à separação final entre Deus e a humanidade e a todos os desvios sexuais. Outras condutas pecaminosas são consequências diretas do uso errado da visão e aqui está como tudo aconteceu:*Quando a mulher viu que aquela árvore era boa para se comer, e que era uma delícia aos olhos, e que a* *árvore era desejável para dar entendimento, ela pegou alguns de seus frutos e comeu; e ela também deu um pouco com ela a seu marido, e ele comeu,*Gênesis 3:6. Todos esses eventos começaram pela "visão", a mulher "viu" que a árvore era boa e ela desobedeceu ao que Deus havia avisado Adão para não fazer em Gênesis 2:17. Toda a raça humana ainda sofre os efeitos daquela desobediência que foi posta em prática pela vista. Foi assim que o pecado entrou no mundo e todo pecado, incluindo todo pecado sexualmente desviante, começou bem aqui em Gênesis 3:6 e o resultado tem sido morte e destruição desde então.

Quase todo pecado sexual começa com a visão e aqui está outro exemplo:*Mas eu vos digo que todo aquele que olhar para uma mulher com desejo por ela já cometeu adultério com ela em seu coração*, Mateus 5:28. Este versículo eleva o nível de simplesmente olhar para olhar com intenção! Simplesmente olhar não é pecado, mas olhar com intenção lasciva é pecaminoso. A ideia de luxúria significa que o ato de adultério já foi nutrido e cometido no coração. Quando uma menina jovem e bonita passa na frente de um grupo de rapazes, seus olhos estarão fixos no tamanho dos seios, rosto e nádegas ou no traseiro da mulher. E farão comentários entre si sobre a menina.

Por que você acha que os implantes mamários e glúteos são uma indústria muito grande? As mulheres sabem que os homens passam muito tempo olhando para o peito quando se aproximam ou para o traseiro quando acabam de passar. Há uma demanda muito grande por parte dos homens e então as mulheres estão alimentando a oferta com vestidos que vão expor seus seios tanto quanto possível e também expor suas nádegas ou nádegas com vestidos extremamente justos que expõem o tamanho e formato de suas nádegas . O sexo está na mente dos sexos e tudo está centrado no sexo. As mulheres, por outro lado, são mais detalhadas e emocionais.

Podem discutir entre si e com outras raparigas ou mulheres sobre a parte emocional do sexo. Podem discutir o tamanho e a profundidade do pênis do homem e até ridicularizar a companheira ou, às vezes, até o marido, cujo pênis é considerado pequeno e sem profundidade. Algumas mulheres deixariam abertamente outras mulheres saberem que o pênis de um certo homem é muito pequeno e não dá prazer e que elas precisavam de um homem com um pênis grande, algo grande, forte, e que tivesse profundidade e penetração. Aonde mais alguém iria sem olhar para um membro bonito ou bonito do sexo oposto?

Contanto que nenhum ato sexual esteja sendo contemplado, não há problema em olhar, mas não ficar olhando para alguém por um período prolongado de tempo, porque quando você o faz, esses pensamentos sexuais começam a criar raízes. Então você passa do olhar para a luxúria, então nesse ponto o pecado já ocorreu, embora nenhum adultério físico tenha ocorrido, mas já aconteceu no coração. O olho costuma ser chamado de "a janela da alma" e é por isso que às vezes você pode olhar diretamente nos olhos de outra pessoa e isso pode revelar algo sobre seu estado emocional. O olho não revela o estado emocional de uma pessoa, mas o mais importante, revela a condição espiritual da pessoa.

Você verá o mundo ao seu redor com base na condição do seu coração. Seus olhos estão diretamente ligados ao seu coração e se o seu olho for bom então todo o seu corpo será bom e foi isso que o Senhor Jesus disse:*O olho é a lâmpada do corpo; então, se seus olhos estiverem claros, todo o seu corpo estará cheio de luz. Mas se o seu olho estiver ruim, todo o seu corpo ficará em trevas. Então,*

143

*se a luz que está em você são trevas, quão grandes são as trevas?*Mateus 6.22-23. Também diz que:*Escondi a tua palavra no meu coração para não pecar contra ti,* Salmos 119:11.

Já estabeleci anteriormente o fato de que as imagens que são vistas pelos olhos são transmitidas diretamente ao coração e somos instruídos a esconder a palavra de Deus em nossos corações com o propósito de nos impedir de pecar contra Deus. Então, tudo o que estiver em nossos corações será refletido através de nossos olhos. Nossos olhos verão o mundo com base na condição do nosso coração. Com a palavra de Deus escondida em nossos corações, temos a capacidade, dada por Deus, de ver coisas ruins e isso terá um efeito mínimo em nosso corpo porque nossos corações são bons, vemos claramente e nossos corpos estão cheios de luz.

Esta visão física é extremamente importante no contexto do sexo porque a visão é a primeira de uma série de ações que podem levar a um comportamento sexual prazeroso ou destrutivo. A pessoa com quem você está fazendo sexo agora ou com quem é casado começou pela visão enquanto você a via e admirava. Você o viu, você o desejou e o resto foi história. Mas a visão física foi a primeira de uma série de ações, mas a vida é mais do que ter uma visão 20/20.

O salmista fez este pedido profundo a Deus:*Abre os meus olhos, para que eu veja as maravilhas da tua lei,*Salmos 119:18. Não há nenhuma evidência de que o Rei David, o autor do Salmo 119, tivesse algum problema de visão e se esse não fosse o caso, e do qual não acredito que fosse, então do que ele estava falando? Davi não era cego, ele tinha visão física, mas precisava ver com mais clareza e profundidade as coisas de Deus. É bem possível ter visão

20/20 e ainda assim ser cego. Sim, você me ouviu direito! Portanto, a visão física é boa, mas você precisará de mais do que isso para enfrentar as armadilhas da vida. Você precisará de mais do que visão física para ver as coisas de Deus.

O poder da visão espiritual

A visão é física, que é o uso natural da visão para ver coisas físicas, mas também pode ser espiritual. A visão espiritual é uma habilidade e/ou discernimento dado por Deus para ver aquilo que não é fisicamente aparente. Esta habilidade é exclusivamente de Deus, mas Ele graciosamente concede tal habilidade a quem Ele deseja. Por natureza, os humanos são seres físicos e gostamos de sentir e tocar as coisas para que façam sentido no reino natural das coisas, mas o mundo invisível é estranho à compreensão humana natural. É uma tarefa bastante assustadora falar sobre visão espiritual fora do contexto de escuridão e cegueira espirituais.

É bem possível ter uma visão 20/20 no reino físico e ser cego. Qualquer pessoa que não conhece verdadeiramente a Cristo e é seu seguidor é uma pessoa cega, espiritualmente falando. A Bíblia fala frequentemente sobre pessoas que não são fisicamente cegas, que precisam de ter os olhos abertos e aqui está um caso: *Então Eliseu orou e disse: "Ó Senhor, por favor, abra os olhos dele para que ele possa ver". Então o Senhor abriu os olhos do jovem, e ele viu, e eis que o monte estava cheio de cavalos e carros de fogo ao redor de Eliseu, 2 Reis 6:17.*

O contexto aqui era que Eliseu, seu assistente e os israelitas estavam cercados pelo exército sírio e seus carros. O assistente de Eliseu olhou para fora e relatou a Eliseu que o exército sírio e suas carruagens estavam por toda parte e eles estavam com problemas. O assistente de Eliseu viu fisicamente que o exército adversário estava avançando em direção a eles e eles estavam em menor número. Ele ficou apavorado com a visão física do exército adversário, sabendo que eles não tinham mão de obra e equipamento para lutar. E aqui está como Eliseu respondeu:*E ele*(Eliseu), respondeu, *Não temas: porque mais são os que estão conosco do que os que estão com eles*, 2 Reis 6:16. São duas pessoas que olham para a mesma situação, mas uma vê fisicamente e a outra vê espiritualmente.

Seu assistente provavelmente disse para si mesmo algo como: "Do que você está falando? Estamos prestes a morrer!" e a distinção clara era que Eliseu via espiritualmente e seu assistente via fisicamente. O assistente não era cego fisicamente, mas não conseguia ver o que Eliseu estava vendo. Eliseu estava vendo fora do reino físico, mas seu assistente estava vendo no reino físico. Eliseu orou e intercedeu para que Deus concedesse ao seu assistente olhos para ver o que ele estava vendo.

E quando Deus atendeu ao pedido de Eliseu, a visão de seu assistente foi transportada do reino físico para o espiritual. Deus abriu os olhos do jovem, e ele viu o que Eliseu estava vendo: e eis que o monte estava cheio de cavalos e carros de fogo ao redor de Eliseu e seu ajudante. O jovem passou da cegueira espiritual (embora visse fisicamente) para a visão espiritual. Mas não foi assim para o exército sírio, os inimigos de Deus e aqueles que estavam acampados para matar Eliseu e os israelitas. Eles passaram da visão física para a cegueira física:*E quando eles desceram até ele, Eliseu orou ao Senhor e disse: Fere este povo, peço-te, de cegueira. E Ele os feriu de cegueira conforme a palavra de Eliseu*, 2 Reis 6:18.

Portanto, o sexo só pode ser visto da maneira que Deus o vê e se nos forem dados novos olhos e visão para vê-lo da maneira que Deus vê, então teremos uma vida sexual satisfatória. A oração de Eliseu a Deus resultou em cegueira física, de modo que eles não puderam mais ver e lutar contra Eliseu. Se alguém tem visão física, mas é cego espiritualmente, então não pode ver o sexo da maneira que Deus o vê. Eles terão uma visão desviante do sexo simplesmente porque são espiritualmente cegos. A cegueira (cegueira espiritual) é uma imagem de estar morto no pecado e separado de Deus. É um estado de depravação e estar sob o poder e controle de Satanás e aqui está uma descrição vívida disso:*Para abrir seus olhos, para que possam passar das trevas para a luz e do poder de Satanás para Deus, para que possam receber o perdão dos pecados e um lugar entre aqueles que são santificados pela fé em mim*, Atos 26:18.

As pessoas neste contexto tinham visão física, mas o texto diz que precisavam ter os olhos abertos porque estavam nas trevas e sob o poder e controle de Satanás. Assim como as trevas representam estar sob o controle de Satanás, a luz representa estar sob o controle de Deus e de Cristo. A luz representa alguém que recebeu o perdão dos pecados e agora é cristão e as trevas representam alguém que não o é, daí os dois reinos: luz e trevas; qualquer pessoa que veja o sexo de maneira pervertida, então, com toda a probabilidade, ainda está nas trevas e precisa ter seus olhos espirituais abertos para que possam ver e serem transportados do reino das trevas para o reino da luz. É impossível ter uma visão correta das relações sexuais, a menos que você também tenha olhos espirituais 20/20 para ver claramente, mas também maus olhos levam a maus pensamentos.

O poder dos pensamentos no sexo

Os pensamentos são uma força muito poderosa que pode melhorar ou destruir a nossa vida em geral e a nossa vida sexual em particular. O que vemos e percebemos estará incorporado em nossos pensamentos. Se alguém passa muito tempo assistindo pornografia, então pensará pornográficamente, pois as imagens que foram assistidas estão armazenadas no cérebro da cabeça e no cérebro da barriga (intestino). Somos a soma do que pensamos. Já estabelecemos o fato de que os pensamentos vêm do coração, mas esses pensamentos são fortemente influenciados por imagens que são vistas, registradas e armazenadas no coração (intestino-cérebro). O que você pensa pode, em grande parte, afetar sua visão da vida e é por isso que milhões de pessoas tomam algum tipo de prescrição ou medicamento sem receita para ansiedade ou depressão, com o propósito de entorpecer seus sentimentos e controlar seu pensamento. Todas as batalhas sexuais são travadas no cérebro e, portanto, o pensamento correto leva a uma vida correta.

Expectativas irrealistas podem prejudicar a vida mental de qualquer pessoa. Você pode acreditar que o sexo com uma determinada pessoa pode resultar em uma certa felicidade e você pode rapidamente perceber que não era o caso e ser abandonado e rejeitado. E, como resultado, a vergonha entra na equação. Há um sentimento de inutilidade que se insinua e antes que você perceba, a pessoa está deprimida e até suicida. As pessoas praticam sexo com todos os tipos de expectativas irrealistas que quase nunca se materializam. O pensamento racional foi substituído pelo emocionalismo. Os fatos não importam porque as emoções assumiram o controle.

As pessoas tomam decisões emocionais sobre sexo porque o prazer conduz o seu pensamento e a gratificação instantânea é o objetivo. As pessoas passam a vida inteira se arrependendo de decisões sexuais mal pensadas e as consequências não podem ser revertidas. O que eles esperavam ganhar com aquele encontro sexual mal pensado não valia o preço pago décadas depois. Milhões morreram de AIDS/HIV e outras DSTs devido a decisões sexuais mal pensadas. Milhões estão atualmente pagando o preço de graves problemas de saúde por causa de decisões sexuais mal pensadas.

Milhões de bebês indesejados foram abortados por causa de más decisões sexuais. As pessoas estão tomando decisões sexuais sem ponderar todas as possíveis ramificações. A culpa e a vergonha que acompanham o aborto de um bebê, e esse bebê não é apenas um monte de lenços de papel! Esse bebê é uma pessoa no momento da concepção e acabar com a vida do bebê é assassinato, puro e simples. O bebê não atinge a personalidade em algum momento posterior, mas a personalidade está inatamente no DNA da criança no momento da concepção e mesmo antes. Todos os atributos de uma pessoa estão nesse feto e tudo o que é necessário é desenvolvimento e crescimento.

Portanto, o aborto é matar uma pessoa e tirar a vida, feito à imagem de Deus. O bebê é um ser humano completo, com valor e potencial ilimitados, que é brutalmente assassinado no útero. Pensamentos errados sobre sexo levaram ao assassinato de milhões, senão de bilhões de bebês. Milhões de pessoas estão vivendo com uma quantidade inacreditável de traumas emocionais por causa de decisões sexuais mal pensadas. É muito importante pensar corretamente sobre a vida em geral e sobre sexo, em particular, para que você viva corretamente. E aqui está uma citação sobre o pensamento correto:*Finalmente, irmãos, tudo o que for verdadeiro, tudo o que for honroso, tudo o que for justo, tudo o que for puro, tudo o que for amável, tudo o que for louvável, se houver alguma excelência e se houver algo digno de louvor, pensem nessas coisas,* Filipenses 4:8.

O apóstolo Paulo estava admoestando o seu público a ter pensamentos verdadeiros e o que realmente significa ter pensamentos verdadeiros? Portanto, ter pensamentos verdadeiros significa que o nosso pensamento sobre qualquer assunto ou assunto deve estar alinhado com o pensamento de Deus. Estaremos errados se não tivermos os pensamentos de Deus. Temos que ver o pecado da maneira que Deus o vê e temos que ver o sexo da maneira que Deus vê o sexo. O texto acima também fala sobre ter pensamentos honrados.

A palavra grega traduzida aqui como honrosa, tem a ideia de pensamentos reverendos e veneráveis – pensamentos que se refletem no caráter e na reverência. Então o texto fala sobre ter os pensamentos certos. A palavra "certo" foi traduzida da palavra grega "dikaia" e tem a ideia de ter pensamentos retos, virtuosos e retos. Se alguém tiver pensamentos retos sobre sexo, então não poderá ter uma visão desviante sobre as relações sexuais. Eles agirão e farão o que é certo.

O texto acima também fala sobre ter pensamentos puros. A palavra que é traduzida aqui na maioria das nossas traduções em inglês como "puro", vem da palavra grega "hagnos", que significa "santo", "sagrado", "imaculado", e este é um atributo exclusivamente Divino. Somos chamados a pensar como Deus pensa. O apóstolo Paulo finalmente admoesta seus ouvintes a terem esse padrão de pensamento na vida. É impossível ter pensamentos sexualmente impuros e pensamentos puros simultaneamente. Como alguém consegue ter pensamentos puros? Os humanos naturalmente têm pensamentos impuros até que agrade a Deus conceder-lhes um novo coração e um transplante de coração. Já estabelecemos o fato de que geralmente o pensamento humano é corrupto e mau porque a fonte de nossos pensamentos é má e corrupta. Nossos pensamentos se originam de nossos corações (Mateus 15:19), que são maus e corruptos.

Um coração corrupto é incapaz de ter pensamentos puros e justos e isto é o que Deus disse ao profeta Ezequiel em relação a um novo coração:*Além disso, darei a vocês um coração novo e porei dentro de vocês um espírito novo; e tirarei da vossa carne o coração de pedra e vos darei um coração de carne. E porei dentro de vocês o meu Espírito e farei com que andem nos meus estatutos, sejam cuidadosos e sigam as minhas ordenanças,*Ezequiel 36:26-27. Deus é o primeiro cirurgião de transplante de coração que nunca perdeu um paciente durante e após a cirurgia.

Para termos pensamentos puros e retos, duas coisas devem acontecer primeiro: (1) um transplante de coração feito por Deus deve ter ocorrido e (2) o Espírito de Deus colocado ao lado do novo coração e além de um transplante de coração e do Espírito de Deus, novas habilidades também estão incluídas. A capacidade de andar nos estatutos de Deus e seguir Sua ordenança. Novas habilidades para ver o sexo da maneira que Deus o vê. Novas capacidades para se abster de todas as formas de conduta sexualmente desviante e imoral. Novas habilidades para fazer a vontade de Deus. Novas habilidades para ver e pensar claramente sobre sexo. Agora, os pensamentos às vezes podem não ser tão perigosos até que sejam acreditados.

Pensamentos levam a crenças

Às vezes, dificilmente podemos controlar quais pensamentos passam por nossas mentes, desde que esses pensamentos não se tornem crenças. As ações que tomamos sobre sexo ou qualquer outro assunto baseiam-se em conjuntos de crenças que foram influenciadas pelo que vemos e pensamos sobre o assunto. Os pensamentos não se tornam ações até que se acredite e confie neles. Somos literalmente produtos do nosso sistema de crenças. Então você pode ver imagens ruins e pensar nelas o dia todo, mas até acreditar no que assistiu, você não agirá de acordo com elas.

Então, se alguém está tendo relações sexuais com um animal, é porque viu ou ouviu alguém fazendo sexo com um animal e isso influenciou seu pensamento ao longo do tempo, e esse pensamento se transformou em um sistema de crenças e na tomada de medidas. essa crença é muito fácil porque eles estão convencidos de que é a coisa certa a fazer. A homossexualidade é baseada no que as pessoas viram, leram e pensaram e, com o tempo, esses pensamentos tornaram-se crenças. O mesmo ocorre com o adultério e a fornicação, que se baseiam no que as pessoas assistiram, no que amigos e familiares fazem, lêem e pensam. Agora, com o tempo, esses pensamentos se transformam em um sistema de crenças e essas crenças são facilmente postas em prática.

Ninguém pode realizar qualquer ação a menos que acredite nessa ação e é por isso que é extremamente importante proteger e guardar o que entra em seu sistema de crenças, porque suas ações dependerão disso e aqui está o que o autor de Provérbios disse:*Acima de tudo, guarde o seu coração, pois tudo o que você faz flui dele,*Provérbios 4:23. Uau! Esta é a avaliação de Salomão, autor do livro de provérbios. Ele começou usando a frase "acima de tudo", para significar que esta deveria ser a questão número um em sua vida, e nada mais vem antes dela.

Salomão devia saber algo que nós não sabemos e não é surpresa que ele seja chamado de o homem mais sábio que já existiu. Seu objetivo número um na vida é guardar seu coração e protegê-lo de todos os inimigos, estrangeiros e domésticos. É como depositar dinheiro no cofre do Federal Reserve Bank dos Estados Unidos. Os ladrões não podem arrombar nem o dinheiro pode ser destruído pelo fogo. Da mesma forma, e da mesma maneira, guarde o seu coração. Salomão não está falando sobre proteger seu coração de algum ataque cardíaco ou doença cardíaca, mas está falando sobre colocar uma guarda em torno das imagens e informações que entram em seu coração.

Acho que você deve ter ouvido o jargão do sistema de informação do computador: "entra lixo, sai lixo", o que significa que a saída do computador é uma função de sua entrada. O que você coloca é o que você tira, nem mais, nem menos. Então, você deve guardar o seu coração e pode fazer a pergunta lógica: por quê? Não sou livre para fazer o que quiser? Salomão tinha uma resposta pronta para você:*pois tudo o que você faz flui dele.*Salomão está dizendo que não se engane; quaisquer imagens e informações que você permitir entrar em seu coração, mais cedo ou mais tarde aparecerão em suas ações. Salomão estava apenas repetindo o que o próprio Senhor Jesus disse em Mateus 15:19 que os maus pensamentos vêm do coração.

Então, quais informações e imagens você alimenta em seu coração e acredita nisso, logo aparecerão em suas ações. Portanto, ter o tipo certo de visão levará aos pensamentos corretos sobre a relação sexual e esses pensamentos corretos e puros acabarão por levar à crença correta e a crença correta levará a ações corretas sobre a relação sexual. Este é o resumo feito por Salomão do dever da humanidade na terra: Este é o fim da questão; tudo foi ouvido:*Teme a Deus e guarde Seus mandamentos; pois este é todo o dever do homem*, Eclesiastes 12:13. Isto também foi sucintamente colocado pelo Breve Catecismo de Westminster:*O principal objetivo do homem é glorificar a Deus e desfrutá-lo para sempre.*[110]

Portanto, buscar prazeres temporários através de comportamentos sexuais desviantes não é o plano de Deus para a humanidade e para você. Deus quer que você O glorifique em suas relações sexuais, obedeça aos Seus mandamentos, tema-O e, ao fazer isso, você irá desfrutá-Lo para sempre. Faça sexo para a glória de Deus. Deus está observando você! Deixe que tudo o que você fizer, em palavras ou ações, seja para Sua glória. Não busque glória para si mesmo, pois Ele não compartilhará Sua glória com outro. Não há melhor maneira de fazer isso do que através de uma união conjugal heterossexual e monogâmica ordenada por Deus. A união conjugal é a instituição mais poderosa do planeta, mas o que é a união conjugal?

---

[110]

https://en.wikipedia.org/wiki/Westminster_Shorter_Catechism#:~:text=Q.,e%20to%20enjoy%20him%20forever.

Capítulo 6

O poder do casamento

O casamento é a unidade que ajuda a estabelecer uma família, uma aldeia, uma vila, uma cidade, um estado, um país e depois o mundo. Uma nação, um estado, uma cidade ou o mundo podem ruir sem unidades familiares fortes e estáveis, chamadas casamentos. Quanto mais fortes forem os casamentos, mais fortes serão a nação e o seu povo. Quando esta unidade é destruída e inexistente, muitos males sociais são trazidos à tona.

A dissolução ou a inexistência da unidade familiar chamada casamento levou a uma série de problemas como estes: Aproximadamente 1 milhão de divórcios são registrados todos os anos na Europa e outros 850.000 nos EUA. Estima-se que pouco mais de metade de todos os divórcios envolve crianças com menos de 18 anos. Além disso, um número crescente de pais não são oficialmente casados e, se se separarem, os seus filhos enfrentam mudanças de vida semelhantes às dos filhos de pais casados. um divórcio. A separação dos pais deve-se, na maioria dos casos, a conflitos de longa duração na família e também aos efeitos prejudiciais do divórcio e aos conflitos subjacentes no bem-estar mental das crianças.[111]

Há um ditado do Papa João Paulo II que diz: "Assim como vai a família, assim vai a nação e assim vai o mundo inteiro em que vivemos".[112] Esta citação resume tudo: a moral de

---

[111]

https://academic.oup.com/eurpub/article/27/5/829/3760077

[112]

https://www.brainyquote.com/quotes/pope_john_paul_ii_138667

155

uma única família tem o potencial de influenciar a moral do mundo inteiro ao longo do tempo. Lembre-se de que o mundo começou com apenas uma família, a família de Adão e Eva.

A família é então o núcleo que mantém tudo unido, sem o qual o inferno se instala. A moral de uma nação e, por extensão, do mundo, deriva da moral da família. Você pode ouvir frequentemente o ditado: "uma maçã não cai longe da árvore". É muito provável que uma criança cresça imitando a moral de sua família de origem. As crianças não fabricam subitamente uma moral, a não ser o facto de nascerem com uma natureza corrupta. Adolf Hitler não surgiu de repente com a sua moral, mas deve ter sido fortemente influenciado pela moral da sua família. A moral de uma nação é influenciada positiva ou negativamente pela moral da família. O casamento é o poder que mantém tudo unido. A união matrimonial é o poder que a mantém firmemente unida. A união matrimonial é o que mantém a família firmemente unida e unida. Mas o que realmente é um casamento?

Imagem de um casamento feliz

O que é um casamento?

O significado do casamento permanece altamente debatido e controverso. Esta palavra pode ter uma compreensão jurídica, cultural, religiosa e teológica, mas o significado subjacente da palavra é o mesmo, na minha humilde opinião. O impulso básico desta palavra é juntar, misturar. A sua aplicação e contexto podem ser diferentes, mas o seu significado subjacente permanece o mesmo. A palavra "casamento", na verdade, aparece na Bíblia, mas está faltando em algumas passagens fundamentais sobre casamento, como Gênesis 2:24, Mateus 19:5, Marcos 10:7, Efésios 5:31.

A palavra que é traduzida principalmente como casamento no Novo Testamento e na maioria de nossas traduções para o inglês é a palavra grega "gamos", e em quase todos os contextos em que é encontrada, significa festa, banquete, banquete de casamento, como em João 2:1,

Mateus 22:8,10 e em Apocalipse 19:7, é usado para se referir à união íntima e eterna de Cristo com Sua igreja. Esta palavra também aparece na LXX em Gênesis 29:22, para significar banquete, e em Ester 1:5, 2:18, 9:22 para significar banquete.

Este significado do casamento tem a ver com os aspectos cerimoniais, como apresentar os noivos aos convidados, as bebidas e as danças, e quaisquer cerimónias envolvidas para celebrar ou em celebração. E às vezes, pode significar apenas um banquete. Então, nos termos atuais, o que é realmente um casamento? É a assinatura de papéis no cartório do condado? É a troca de alianças de casamento? É a pronúncia feita por algum oficial religioso em algum edifício religioso? O que é?

Esta palavra é traduzida no Antigo Testamento da palavra hebraica: "mishteh," e isto A *palavra hebraica aparece entre 43 a 45 vezes em todo o Antigo Testamento e cerca de 19 delas estavam no livro de Ester.*[113] e isso deveria fazer de Ester o livro das festas. A palavra tem várias outras aparições no Antigo Testamento. As seguintes definições para casamento foram obtidas no dicionário merriam-webster:*1.(a) o estado de união de cônjuges em relação consensual e contratual reconhecida por lei. (b) a relação mútua de casados: WEDLOCK. (c) a instituição pela qual os indivíduos se unem em casamento. 2. O acto de casar ou o rito pelo qual se efectua a condição de casado, especialmente: a cerimônia de casamento e as festividades ou formalidades que a acompanham. 3. uma união íntima e estreita: o casamento da pintura e da poesia - J.T. Shawcross.*[114]

---

[113] https://www.biblestudytools.com/lexicons/hebrew/kjv/mishteh.html
[114] https://www.merriam-webster.com/dictionary/marriage

Esta definição usa vários sinônimos como "unido", em (1a), "mútuo", em (1b), "unido", em (1c), "casar", em (2) e "íntimo, união", em (3). Portanto, o que quer que o casamento seja ou signifique, deve ter a ver com união, mútuo, união e casamento. Este é um uso bastante interessante de sinônimos para definir o significado do casamento. A palavra "unir-se" é usada em passagens bíblicas importantes para definir o casamento. A palavra grega "proskollao" foi traduzida da palavra hebraica "dabaq" em Gênesis 2:24 na LXX ou na Septuaginta.

Esta mesma palavra aparece fora do contexto do casamento em Josué 23:8, para significar "colar-se a Deus, apegar-se a Deus, apegar-se a Deus, unir-se a Deus, apegar-se firmemente ou reter-se" e também é transportada para o Novo Testamento no contexto do casamento em Mateus 19:5, Marcos 10:7 e Efésios 5:31. Esta palavra grega traz consigo a ideia de significar: *colar, colar, unir-se intimamente, apegar-se, aderir.*[115] Assim, a definição bíblica de casamento tem o conceito de união permanente e esse conceito é sustentado no seu significado básico.

A ideia de aderir permanece sem qualquer possibilidade de separação. É como soldar duas peças de metal. Ocorreram calor e fusão e os metais derreteram e os seus elementos entrelaçaram-se e a possibilidade de uma separação limpa não existe novamente, nunca mais. Esta é a ideia por trás desta palavra e a adesão pode assumir diversos significados e importâncias.

Argumentos filosóficos para o casamento

A ideia de unir-se para significar casamento é fascinante, para dizer o mínimo! A premissa de usar a

---

[115]   https://www.studylight.org/lexicons/eng/greek/4347.html

palavra "juntar" para aplicar a qualquer coisa ou em qualquer contexto implicaria necessariamente que as coisas ou componentes unidos são distintos e diferentes. Eles devem possuir essências e qualidades distintas, caso contrário a união seria desnecessária. Alguém pode perguntar por que você não consegue unir duas peças idênticas de madeira. Essa também é uma observação interessante! Eu acho que você poderia prender ou unir as peças, mas não necessariamente juntá-las com o mesmo significado desta palavra bíblica em mente. Eles devem ser distintos e diferentes em essência para que a união real ocorra. Não há necessidade de realmente juntar nada, a menos que sejam diferentes em essência.

Um exemplo melhor seria juntar ou misturar dois tipos idênticos de tomate e o resultado não surtirá efeito porque são peças idênticas em qualidade e essência. O propósito e objetivo da adesão é que o efeito resultante seja alterado e diferente. Qual seria realmente o objetivo e propósito de um ser humano do sexo masculino e outro ser humano do sexo masculino de essência idêntica estarem unidos? O que eles estão tentando realizar? Por que um ser humano feminino se uniria a outro ser humano feminino? Qual é o objetivo a ser alcançado? Eles realmente não podem ser unidos porque são iguais em essência e qualidade. Lembre-se de que o propósito e o objetivo de unir qualquer coisa é obter um efeito resultante diferente.

Se eles são iguais em essência, então o efeito resultante é zero e nada é realizado. O mesmo é verdade se uma mulher for unida a outra mulher, o efeito resultante também será zero. Até a própria palavra "casamento" implica a fusão de duas coisas distintas para formar uma nova entidade. Portanto, para que exista um casamento, as partes nele ou as coisas que estão sendo casadas devem possuir qualidades inatamente diferentes e distintas. Como o casamento entre esportes e poesia e não esportes e esportes ou poesia e poesia.

A definição do dicionário Merriam-Webster mencionada acima é "casamento de pintura e poesia", e é por isso que pode ser corretamente chamado de casamento. O casamento entre o esporte e a mídia seria outro exemplo. Se tudo isso é verdade, e acredito que seja, então por que o termo "casamento entre pessoas do mesmo sexo?" As palavras "mesmo" e "casamento" não podem estar na mesma frase. Se os sexos são iguais, então não pode ser chamado de casamento ou união. Porque, para que seja verdadeiramente um casamento ou uma união, os sexos precisam ser opostos. A ideia de casamento entre pessoas do mesmo sexo é verdadeiramente um oxímoro. Outro termo frequentemente usado é "união do mesmo sexo" e, novamente, a palavra "mesmo sexo e" união "são mutuamente exclusivas, sem nenhuma possibilidade de coabitação. Mas e o fato de os sexos serem diferentes e isso realmente importa?

Argumentos biológicos para o casamento

A biologia é um fator a ser considerado quando se trata de casamento? Apresentamos um argumento filosófico de que deve haver uma diferença de essência e qualidade para que qualquer casamento, união ou união ocorra, mas de que tipo de diferença estamos falando? Nenhuma união verdadeira pode ocorrer sem uma diferença biológica. Duas pessoas com partes do corpo idênticas não podem se casar porque todas as partes do corpo são iguais. A própria palavra "casamento" significa juntar, ou unir duas partes, coisas que são completamente diferentes.

Não há necessidade de chamar isso de "casamento", se eles são idênticos nas partes do corpo. As partes do corpo feminino são inatamente femininas e nunca podem ser reproduzidas em um homem, mesmo por meio de cirurgia. Uma mulher tem dois seios e um homem tem zero e os seios femininos desempenham pelo menos duas funções críticas: proporcionar prazer sexual ao marido do sexo masculino e fornecer nutrição a uma criança pequena. Estas diferenças biológicas críticas nunca podem ser adquiridas por um homem. Estas são diferenças biológicas exclusivamente femininas.

As partes reprodutivas do corpo de uma mulher são únicas e diferentes. Tomemos por exemplo a vagina, que fornece pelo menos três funções vitais: a liberação de resíduos de urina e outros fluidos corporais, um local para o pênis masculino ser inserido na mulher para reprodução e uma saída para o nascimento de uma criança no mundo. Estas são partes do corpo inatas e exclusivamente femininas e não podem ser replicadas em um homem nascido naturalmente. Estas distinções são vitais e cruciais para que qualquer aparência de casamento seja sequer contemplada.

O útero e o útero, onde ocorre a concepção de uma criança, também são partes naturais do corpo feminino, que nenhum homem nascido naturalmente pode possuir. Estas também são diferenças biológicas femininas únicas e naturais. O pênis masculino se projeta da parte inferior do estômago e entre as pernas e sua função é proporcionar relações sexuais entre um homem e uma mulher. Esta é uma parte do corpo inatamente masculina e não pode ser replicada em uma mulher. O esperma que sai do homem durante a relação sexual é exclusivo do homem e os óvulos da mulher nos ovários que são produzidos apenas na mulher são diferenças únicas, essenciais e necessárias para que qualquer ideia de casamento seja sequer contemplada ou concebida. Estes argumentos biológicos defendem que, para que um casamento ocorra, deve haver uma diferenciação biológica dos sexos ou parceiros envolvidos e que essa diferença também é vista teologicamente.

Argumentos teológicos para o casamento

O casamento não é apenas apoiado por um argumento filosófico e biológico, mas também por um argumento teológico, nas áreas da liderança, do trinitarianismo, do casamento entre Deus e Israel, e do Senhor Jesus Cristo e da igreja. A relação matrimonial tem profundo significado teológico. Deus, o Pai, Deus, o Filho e Deus, o Espírito Santo são iguais em essência, mas diferentes em função e papel. E por "essência", estou falando sobre a natureza intrínseca, qualidade, caráter e ser do Pai, do Filho e do Espírito Santo sendo com iguais e iguais.

Não há diferença em sua qualidade de ser. Filipe, um dos discípulos de Jesus, inicialmente não obteve esse entendimento teológico e aqui está o que ele tinha a dizer:*Filipe disse-lhe: "Senhor, mostra-nos o Pai, e isso nos basta". Jesus lhe disse: "Há tanto tempo que estou convosco e ainda não me conheces, Filipe? Quem me vê, vê o Pai; como podes dizer: Mostra-nos o Pai?* João 14:8-9. Filipe estava com Jesus há muito tempo (não tenho certeza de quanto tempo), mas há muito tempo (possivelmente três anos) e, ainda assim, ele não sabia verdadeiramente quem Ele era. (É bastante assustador, para dizer o mínimo, estar com Jesus e não conhecê-lo).

É possível estar perto de Jesus ou numa igreja por um longo período de tempo e não conhecer realmente Jesus, e esse foi o caso de Filipe. Ele não conhecia Sua verdadeira identidade. Ele não tinha ideia de que esteve na presença de Deus durante todo aquele tempo e não sabia disso. A questão aqui é que Jesus estava reivindicando a igualdade com o criador do universo em essência, natureza intrínseca, qualidade e caráter. Então, João 14:8-9 estabelece o fato de que eles são iguais, mas em outros lugares fala sobre sua diferença de papel ou função e aqui está uma citação:*Mas quero que você entenda que Cristo é a cabeça de todo homem, e o homem é a cabeça da mulher, e Deus é a cabeça de Cristo*, 1 Coríntios 11:3. Este texto diz que Deus é a cabeça de Cristo e o homem é a cabeça da mulher. As questões de liderança aqui são apenas em termos de papéis e funções, mas não em termos de essência. Portanto, o mesmo acontece entre marido e mulher. Eles são iguais perante Deus em questões de salvação e na sua posição diante de Deus, mas são diferentes em papéis e funções. Aqui está o que diz o texto:*Não existe judeu nem grego, não existe escravo nem livre, não existe homem nem mulher; porque todos são um em Cristo Jesus,*Gálatas 3:28.

A principal lição deste versículo é que "porque eles são um em Cristo Jesus". Um homem e uma mulher estão diante de Deus como iguais em questões de salvação, mas com papéis e funções diferentes, enquanto estão na terra e num relacionamento conjugal. Portanto, o relacionamento conjugal entre homem e mulher é uma imagem de Deus e de Cristo. Deus é igual com Cristo e o homem é igual com a mulher. Deus é igual a Cristo em essência e o homem é igual à mulher em essência. Este relacionamento reflete o dos nossos casamentos terrenos. Não há menção de casais do mesmo sexo serem coiguais a Deus ou a Cristo. Um homem (homem) e outro homem (homem) não são iguais com Deus e Cristo e da mesma forma uma mulher (mulher) e outra mulher (mulher). Não há necessidade teológica de tal comparação. Há também um vínculo teológico trinitário no casamento.

Argumentos Trinitários para o casamento

Alguns de vocês podem dizer que não poderia haver qualquer conexão trinitária no casamento e isso é um ceticismo justo e válido. O escritor de Eclesiastes parece sugerir que poderia haver uma terceira pessoa em um relacionamento matrimonial heterossexual monogâmico ordenado por Deus e aqui está como o texto diz:*Dois são melhores do que um porque têm um bom retorno pelo seu trabalho; pois se um deles cair, o outro levantará o seu companheiro. Mas ai daquele que cai quando não há outro que o levante! Além disso, se dois se deitam juntos, eles se aquecem, mas como alguém pode se aquecer sozinho? E se alguém consegue dominar aquele que está sozinho, dois podem resistir-lhe. Um cordão de três fios não se rompe rapidamente.*Eclesiastes 4:9-12.

O livro de Eclesiastes foi escrito no gênero da poesia e na área dos ditos de sabedoria pelo autor Salomão. Portanto, os versículos 9 a 12 devem ser considerados no contexto de uma união matrimonial heterossexual e monogâmica. E de importância para nós é o versículo 12 que faz a progressão levantando uma possibilidade hipotética, e a progressão é "se", alguém for capaz de dominar aquele que está sozinho, dois poderão resistir-lhe. E isso se encaixa perfeitamente com a gênese do argumento no versículo 9, que diz: "Melhor é dois do que um, porque têm melhor retorno pelo seu trabalho". O argumento que o escritor apresenta é que o casamento é uma força a ser reconhecida, mas um casamento ordenado por Deus é uma força muito poderosa e inquebrável.

Observe a progressão no argumento no versículo 12:*um pode dominar, dois podem resistir e três não são despedaçados rapidamente.*Mas qual é a identidade da terceira pessoa representada no final do versículo 12? Aqui está o que um comentarista descreveu como a identidade da terceira pessoa nesta passagem:*Aqui é visto um esboço da doutrina da Santíssima Trindade, o Eterno Três em Um; das três virtudes cristãs, fé, esperança e caridade, que constituem a vida cristã; do corpo, alma e espírito do cristão, que são consagrado como templo do Altíssimo.*[116]Concordo com este comentarista que a Trindade está em vista, mas discordo que a Trindade na passagem significa esperança, fé e caridade.

Esses são atributos da Divindade e não vejo essa ideia sendo pensada em nenhum outro lugar das Escrituras. Acredito que a terceira pessoa no "cordão de três fios" é uma pessoa da Divindade e não um atributo da Divindade. Muito provavelmente o Espírito de Cristo ou o Espírito Santo. Num casamento ordenado por Deus, marido e mulher têm o Espírito Santo vivendo dentro deles (Romanos 8:9) e são selados (Efésios 4:30) com ele e nunca mais irão embora. Somente em Romanos 8:9, o Espírito Santo é identificado como o Espírito de Deus e o Espírito de Cristo. Portanto, o Espírito de Deus e o Espírito de Cristo são sinônimos do Espírito Santo.

Agora, se o Espírito Santo está no casamento, então não há possibilidade de ele ser rapidamente destruído. Se Deus é a favor do casamento, quem pode ser contra o casamento? Você costuma ouvir a frase "dois são melhores que um", mas uma frase melhor seria "três são melhores que dois". Sem o auxílio e a ajuda do Espírito Santo, é muito difícil e impossível sustentar um casamento. Não vejo como qualquer outra forma de casamento se enquadraria na descrição de Eclesiastes 4:9-12. O versículo 11 fala sobre "se

---

[116]

https://biblehub.com/commentaries/ecclesiastes/4-12.htm

166

dois se deitam juntos, eles se aquecem, mas como pode alguém se aquecer sozinho"?

Tenho certeza de que dois homens ou duas mulheres podem deitar-se juntos e aquecer um ao outro. Eu gostaria de acreditar que o oposto é verdadeiro, mas não há nenhuma evidência no texto de que uma relação homossexual esteja em vista ou mesmo contemplada. Assim, a doutrina teológica da Trindade também se reflete no relacionamento conjugal. E por casamento quero dizer um casamento ordenado por Deus por seguidores e discípulos de Jesus Cristo. Portanto, duas pessoas do mesmo sexo deveriam se repelir em vez de se atrair, naturalmente.

Argumento eletromagnético para casamento

Alguém pode simplesmente levantar a questão: o que o eletromagnetismo tem a ver com o casamento? Essa é uma pergunta muito justa e lógica! A questão que tentaremos responder neste capítulo é: o que constitui um casamento? Será que realmente importa a orientação sexual das pessoas envolvidas? Significa isso que quaisquer duas pessoas de qualquer sexo ou género podem unir-se numa união conjugal? Como as pessoas do mesmo sexo se sentem atraídas e atraídas umas pelas outras com o propósito de relações sexuais e até mesmo de união conjugal?

Qual é a força e a química que atrai e atrai humanos do mesmo sexo ou de gêneros opostos entre si? Você já segurou dois pedaços de ímã na mão para testar sua polaridade? Os pólos são o movimento das ondas eletromagnéticas. Existe uma frase famosa na física e no eletromagnetismo que diz: "pólos semelhantes se repelem e pólos diferentes se atraem", e isso significa simplesmente que a força magnética atrai para cada ordem se os pólos ou polaridades forem diferentes e se repetirá uma da outra se o pólos são iguais. Mesmo na teoria simples de geração de energia, existe um terminal positivo e um terminal negativo.

Nenhuma energia será gerada se todos os pólos ou polaridades forem positivos ou negativos. Ambos são necessários para que a energia seja gerada. Então, naturalmente, quando um homem é atraído por uma mulher, faíscas voam por toda parte e a quantidade de energia gerada poderia iluminar uma cidade. A quantidade de poder é tão forte que nada pode detê-la. Você já tentou impedir que sua filha de dezoito anos saísse com o namorado? Como foi? Quem ganhou e quem perdeu? Esta é a força gerada quando pólos diferentes se atraem. Não há evidências de que exista uma força dessa magnitude em um relacionamento homossexual.

Todo o sistema nervoso entra em pânico ao receber a notícia de que seu querido namorado ou namorada está prestes a trocá-lo por seu amigo próximo! Sua geração de energia é acelerada. Você não consegue nem pensar direito! Você não pode funcionar. De repente você começa a pensar que sua vida acabou. Você é até suicida.

A ciência da engenharia elétrica diz "que pólos semelhantes se repelem". Há uma rejeição natural e um afastamento dos pólos. Dois seres humanos do mesmo sexo são considerados pólos e não têm poder natural. Eles anulam-se. Eles deveriam repelir cada ordem devido à polaridade idêntica. É como ter um terminal positivo e outro positivo ou um terminal negativo e outro negativo. Nenhuma energia pode ser gerada. Nenhuma união pode ocorrer porque não há terminal feminino e masculino e nenhuma energia pode ser gerada. Há poder numa união heterossexual e o casamento é definido nessa união. Assim, as sociedades e as comunidades mundiais ao longo do tempo aceitaram os casamentos heterossexuais de um homem e uma mulher como normativos, mas as comunidades em todo o mundo vêem a poligamia como uma visão alternativa do casamento.

Casamentos monogâmicos vs. casamentos poligâmicos

O debate sobre o número de mulheres com quem qualquer homem deveria se casar vem acontecendo desde os primeiros tempos bíblicos e continua sem chance de diminuir tão cedo. Com quantas mulheres um homem deve se casar? E é normativo

Imagem de um casamento poligâmico

casar com várias mulheres? Parece-me que o desejo humano por mais sexo pode ser uma força motriz por trás da necessidade de mais parceiros sexuais. Ouvi uma senhora que vive uma união conjugal monogâmica e ela disse: "Não me vejo fazendo sexo com apenas um homem pelo resto da minha vida; isso é tão chato".

Assim, a insatisfação sexual pode ser outro fator por trás da necessidade de mais de um parceiro sexual para toda a vida. Há um desejo por mais, e mais, e mais. Conversei com vários homens que estão em uniões conjugais monogâmicas e ainda assim eles ainda olham para uma mulher com desejo, bem na minha frente, e me dizem o que podem fazer com a mulher. Direi algo assim para eles: "Pensei que vocês fossem casados", e receberei uma resposta como esta: "Sim, mas um não é suficiente, preciso matar minha sede". Realmente!

Então, a esposa que está em casa ou o marido em casa não é capaz de lhe proporcionar satisfação sexual, mas alguém lá fora o fará? Este é um problema muito maior do que sou capaz de compreender completamente. Os defensores da poligamia às vezes argumentam que a poligamia impede as pessoas de outros pecados sexuais, como o adultério. O argumento aqui é que, em vez de cometer adultério, eles prefeririam casar legalmente com várias mulheres, para que não houvesse necessidade de adultério. Realmente? Quem você está enganando? Conheço pessoalmente uma lista interminável de homens que são polígamos fora dos Estados Unidos e noutros países e, no entanto, foram pais de um número interminável de filhos fora desses casamentos polígamos. David Koresh, que era o líder do Ramo Davidiano, morto durante uma operação do FBI em seu complexo em 1993, também era um polígamo conhecido nos Estados Unidos.

Ele teria tido 16 filhos.[117] Ele também teria feito sexo com praticamente qualquer mulher ou menina que entrasse e morasse em seu complexo em Waco, Texas. Se você ler a história de sua vida, verá que ele tinha uma obsessão por

---

[117] https://en.wikipedia.org/wiki/David_Koresh

sexo, e isso pode ser verdade para a maioria, senão para todos os homens que estão envolvidos em casamentos polígamos.

Portanto, a poligamia não é a resposta ao adultério. Se alguém deseja mais sexo, então ser casado legalmente com várias mulheres não impedirá esse desejo. Se você não estiver satisfeito com um, não ficará satisfeito com cem. Está registrado que Salomão teve 700 esposas e 300 concubinas (1 Reis 11:3) e nenhuma evidência foi registrada de que ele teve algo próximo à felicidade e contentamento nesses casamentos e o inverso é provavelmente verdadeiro. Alguns defensores da poligamia argumentaram que a prática é na verdade sancionada pela Bíblia – afinal, várias pessoas bíblicas, incluindo Salomão, estavam em uniões conjugais poligâmicas. Esta é uma observação e objeção muito justa e válida.

Os Patriarcas bíblicos, como Abraão, Isaque e Jacó, estavam todos em casamentos polígamos. O rei de Israel, Rei David, tinha uma série de condutas sexualmente desviantes, incluindo a poligamia. O Antigo Testamento está repleto de casamentos polígamos e isso nos faz pensar: Deus realmente concordou com isso? Afinal, está em todo o Antigo Testamento! Alguns defensores dos casamentos polígamos usaram os ensinamentos de Paulo sobre o casamento em 1 Coríntios 7:2 como prova no texto de que a poligamia é expressamente sancionada na Bíblia e aqui está o texto:*Mas, por causa das imoralidades sexuais, cada homem terá a sua própria esposa, e cada mulher terá o seu próprio marido..*

A palavra "cada um" é um adjetivo no singular, substantivo, funcionando como substantivo e sujeito desta parte da frase (homem foi adicionado pelos tradutores porque não está no texto original grego) e o objeto de "cada" é "esposa", também um substantivo feminino singular. Em segundo lugar, a palavra "cada", ao lado de "mulher", também é um adjetivo feminino singular, no substantivo, funcionando como substantivo e seu objeto é "seu próprio marido", no singular. Alguns defensores dos casamentos polígamos tentaram dizer que esta passagem ensina que "cada homem", no singular, deve ter sua "própria esposa", no plural. Concluem que o homem pode ter muitas esposas, mas a mulher só pode ter um marido. A gramática e a linguística deste versículo e todo o contexto de 1 Coríntios 7 refutam qualquer interpretação desse tipo. O contexto de 1 Coríntios 7 não apoia essa interpretação e essa ideia nem sequer é ensinada em nenhum outro lugar da Bíblia.

No entanto, outros recorreram a vários exemplos do Antigo Testamento de casamentos polígamos e relacionamentos de concubinas como evidência irrefutável de que os casamentos polígamos são sancionados por Deus. Essa é uma maneira bastante lógica de chegar à conclusão, certo? Quero dizer, sejamos realistas; está em todo o Antigo Testamento! É como dizer ao seu melhor amigo que a Bíblia é contra o consumo de álcool e os defensores do consumo de álcool responderão dizendo algo como: por que Jesus transformou água em vinho e as pessoas na festa de casamento em João 2 beberam tudo até acabar? ?

Há uma diferença entre permitir que algo seja permitido ou aprovar que aconteça. Digamos que você tem uma filha teimosa e a alertou sobre os perigos de fazer sexo fora do casamento e ela faz isso mesmo assim! Então, você não permitiu nem aprovou a conduta de seu filho, mas permitiu passivamente por causa da teimosia de seu coração. O divórcio é permitido por Deus, mas não permitido ou aprovado por causa da dureza do coração humano.

As diretrizes para o casamento estão claramente declaradas em Gênesis:*Portanto, deixará* o homem o seu pai e a sua mãe, e apegar-se-á à sua mulher; e eles *serão uma só carne.* Gênesis 2:24. O homem está abandonando sua família natural e unindo-se à [sua] esposa. O pronome pessoal "seu" é intencionalmente colocado nesse local para enfatizar o fato de que o homem não está se apegando ou se unindo a "mulheres", como acontece com muitas esposas, mas a "sua", "esposa", no singular.

Este não é apenas um conceito do Antigo Testamento, mas tem aplicação para todas as pessoas e todas as dispensações, em todos os tempos. A maneira pela qual você pode saber que o que eu disse é verdade é que este mesmo versículo é citado por Jesus em Mateus 19:5, Marcos 10:7 e por Paulo em Efésios 5:31. todos os outros ensinamentos são derivados. Não há espaço para todas as outras visões conjugais desviantes e até os casamentos polígamos têm impactado a sociedade de formas inimagináveis.

Impacto sociológico da poligamia

Acredite ou não, a poligamia é um desvio e deixa um impacto profundo, duradouro e prejudicial na estrutura da sociedade. Não vejo nenhuma diferença real entre poligamia e adultério, pois todos produzem os mesmos resultados: infidelidade e outros. As crianças nascidas em lares polígamos vivem num inferno de fogo. Existem problemas de madrasta e padrasto; existem questões de meio-irmão e meia-irmã; existem problemas reais para unir estranhos ou meio-irmãos e meias-irmãs para formar uma unidade familiar; existem questões emocionais e de vínculo realmente profundas que às vezes são insolúveis até a morte, na maioria dos casos.

Há sentimentos profundos na alma de ser diferente e não fazer parte integral da família. O pai nunca se senta para considerar todas as ramificações sociais da poligamia antes de se envolver nela. Estas são ações extremamente egoístas em todas as suas formas. As famílias e a sociedade funcionam de maneira suave e harmoniosa em relacionamentos matrimoniais monogâmicos. Portanto, quando os filhos são do mesmo pai, mas de mães diferentes, mais cedo ou mais tarde, eles começarão a se identificar através da linhagem de sua mãe e o inferno desabará se e quando o pai morrer. Você pode ouvir sobre os filhos de Hagar e os filhos de Sara, mas todos são filhos de Abraão. Há dificuldade com a união mesmo entre os filhos de um casamento monogâmico, então o que você espera que aconteça num casamento polígamo?

Dificilmente existe qualquer aparência de unidade e dificilmente existiria. Abraão foi casado com Sara, mas também deu à luz um filho chamado Ismael com Hagar, Gênesis 16:1-16, 21:8-21. Por sugestão de Sara, esposa de Abraão, Abraão concordou em ter um filho com Hagar, a serva de Sara. Isto é o que acontece quando saímos do plano de Deus. Deus havia prometido a Abraão que ele teria um filho através de Sara, mas eles tinham dúvidas sobre o plano de Deus e consideraram-no irrealista porque estavam fora da idade de ter filhos, e então resolveram o problema por conta própria.

Os resultados da sua decisão ainda são sentidos mais de dois mil anos depois. As guerras entre o povo judeu e o povo árabe estão de alguma forma ligadas à poligamia. Os filhos de Sara (povo judeu) estão lutando contra os filhos de Hagar (povo árabe). Ambos afirmam que Abraão era seu pai e estão corretos no sentido físico. Pense nas doze tribos de Israel que se originaram com quatro esposas ou duas esposas e duas concubinas de Jacó, nomeadamente Lia, Raquel, Bila e Zilpa, Gênesis 29:32-35, 30:17-21. Quase todas as guerras terrestres em Israel são resultado da poligamia. Estas são principalmente guerras entre irmãos e irmãs do mesmo pai, mas de mães diferentes. A linhagem do pai tem alguma importância quando o pai está vivo, mas quando o pai morre, quase todas as linhagens voltam para as mães. As crianças se agrupam em grupos baseados na linhagem de suas mães.

Ainda hoje, há todos os tipos de batalhas travadas por terras e propriedades como resultado da poligamia. O Rei David, rei de Israel, era um polígamo famoso e a sua casa estava em chamas. É verdade que há batalhas em quase todos os lares por causa do problema do pecado humano, mas a poligamia leva os problemas a outro nível. As crianças de lares polígamos podem ter de travar uma guerra perpétua entre si, muito depois de os seus pais terem partido. Isaac e Ismael, filhos de Abraão de um lar polígamo, ainda lutam hoje, aproximadamente 2.000 anos depois.

Todos nos lembramos do adultério na vida de David com Bate-Seba, mas não foi tudo; também houve estupro na família. Amnom, um dos filhos de Davi, estuprou Tamar, uma das filhas de Davi, 2 Samuel 13-1-22. David era o pai deles, mas eles eram de mães diferentes. Absalão, outro filho de Davi, que era da mesma mãe de Tamar, matou Amnom por estuprar sua irmã, 2 Samuel 13:23-38. A raça humana já tem problemas suficientes em casamentos monogâmicos e incluir a poligamia na mistura agrava os problemas sociais a níveis inacreditáveis. Todos os tipos de males sociais estão ligados à poligamia e outros tipos de desvios sexuais.

Você é livre para fazer o que quiser e Deus é gentil, paciente e longânimo, mas Sua bondade não durará para sempre. Ele está lhe dando uma corda muito longa para examinar seus caminhos. A união conjugal monogâmica, ordenada por Deus, heterossexual, é a prescrição de Deus para o casamento. Os homens não são os únicos que procuram uma união conjugal polígama, mas mesmo as mulheres, em algumas culturas em todo o mundo, também procuram a poliandria.

Casamentos Poliandria

Temos defendido os casamentos heterossexuais monogâmicos em oposição aos polígamos, mas esta é outra dimensão estranha em nome do casamento. Nos casamentos polígamos, o homem é legalmente casado com várias mulheres, mas nos casamentos poliandria, a mulher é legalmente casada com vários homens. Cresci ouvindo falar de casamento polígamo, mas nunca soube que existia algo como poliandria até recentemente. Quando ouvi falar disso pela primeira vez, minha reação instintiva inicial foi: 'de jeito nenhum! Isto deve ser falso e não pode ser verdade!' Então, entrei na Internet e verifiquei que todos os meus medos e dúvidas foram confirmados. Isso é real, e os humanos são depravados no âmago do seu ser.

O nível de degradação no significado do casamento é alucinante. Eu realmente nunca soube o quão ruim as coisas ficariam se uma mulher morasse na mesma casa com vários homens como seus cônjuges legais. Os homens são normais ou isso é realmente um distúrbio psicológico e mental grave? É muito difícil para mim aceitar a possibilidade mais remota de que um homem ou uma mulher normal e natural compartilhe consciente e voluntariamente seu cônjuge com outro homem ou mulher. Um dos maridos ou co-maridos sentava na sala e via outro marido pegar a esposa e entrar no quarto e fechar a porta e começar a fazer sexo e os outros maridos estavam assistindo TV na sala, sério? Isso está além da minha compreensão!

Imagem de casamentos de poliandria

Suas mentes estão realmente voltadas para a TV? Quero dizer, o mesmo se aplica a um casamento polígamo! Como pode uma mulher, que diz que realmente ama o marido, observar e ver outra mulher sendo levada para uma sala onde elas se despem, ficam nuas e fazem sexo? A mulher, as mulheres, as coesposas ou coesposas, observam e aceitam isso como comportamento normativo. Num casamento monogâmico normal, se um cônjuge descobre que o outro cônjuge traiu a confiança e o amor entre eles, então o casamento está prestes a terminar, mas não assim num casamento polígamo ou poliândrico. Por que não?

O que realmente está acontecendo na psique das pessoas que se envolvem em casamentos polígamos e poliândricos? Onde estão o ciúme e a raiva que acontecem nos casamentos monogâmicos normais? Por que esse nível incomum e antinatural de aceitabilidade? Um casamento monogâmico normal já está cheio de drama, às vezes, mas o potencial de níveis crescentes de drama em tais casamentos está fora deste mundo. A poliandria realmente não é nova, pois já existe há algum tempo e aqui está uma citação:

Existem exemplos de poligamia histórica e contemporânea em muitas culturas e religiões. Por exemplo, "tanto a poligamia quanto a poliandria eram praticadas nos tempos antigos entre certos setores da sociedade hindu", que inclui os hindus brâmanes. Ainda hoje não existe nenhuma lei hindu contra estes costumes. Os principais fatores que desencorajam a poligamia são o custo e o tempo necessário para criar bem a família".[118]

Então, esses casamentos existem desde a antiguidade e também estão presentes em várias partes do mundo e aqui estão os fatos:*A poliandria é, de facto, um fenómeno raro, se não raro como se pensava, e a compreensão das variáveis que definem o termo está a evoluir. As duas áreas mais conhecidas nas quais a poliandria foi estudada e continuou a ser praticada no século 21 são o Planalto do Tibete (uma região compartilhada pela Índia, Nepal e a Região Autônoma do Tibete na China) e as Ilhas Marquesas no Pacífico Sul. . Num relatório publicado em 2012, no entanto, os antropólogos Kathrine Star weather e Raymond Hames identificaram 53 sociedades não clássicas adicionais em todo o mundo (incluindo a América do Norte e a América do Sul) que também praticam a poliandria, seja formal (isto é, reconhecida pelo casamento e pela co-residência). ou informal (quando dois ou mais são considerados como-pais dos filhos e investem no cuidado da mãe e do*

[118]

https://www.christianity.com/wiki/christian-terms/what-is-polyg amy-and-what-are-examples-today.html *filho ou filhos).*[119] Então, pessoal, isso é real e está acontecendo ao seu lado. Isto não é um conto de fadas e pode estar acontecendo bem ao seu lado.

Os antropólogos podem tentar encontrar algum raciocínio sociológico e apoio para a poligamia e a poliandria, mas tal apoio não é garantido. Você pode ouvir coisas como a poligamia ajudará a reduzir a população solteira de mulheres, uma vez que as mulheres solteiras superam os homens solteiros. Ou uma mulher pode precisar de casar com vários homens para garantir o seu apoio económico. Essas razões são, na melhor das hipóteses, uma camuflagem, porque as verdadeiras razões são um sistema de crenças arraigadas, incorporado e errôneo.

Aquilo em que você realmente acredita raramente pode ser alterado pela sua situação econômica. Embora alguns tenham dito que a poligamia e a poliandria não são explicitamente proibidas na Bíblia, deve estar tudo bem, mas será que é realmente esse o caso? Todo o capítulo de Levítico 18 é sobre uma lista de proibições sexuais e, surpreendentemente, a poligamia e a poliandria não estão nessa lista. A exposição expositiva de Paulo sobre o casamento em 1 Coríntios 7 apoia e defende claramente a posição monogâmica, mas não menciona a poligamia ou a poliandria. Jesus falou extensivamente sobre casamento em Mateus 19, Marcos 10 e outras passagens do Novo Testamento, mas nenhuma menção à poligamia ou poliandria. Então, por que a Bíblia parece silenciar sobre a aprovação ou desaprovação de tais casamentos?

Aqui está o que eu acredito que está acontecendo! A proibição contra o adultério e a fornicação está bem estabelecida em todo o Antigo e Novo Testamento. O termo

---

[119] https://www.britannica.com/topic/poliandry-marriage

fornicação inclui todas as formas de conduta sexualmente imoral. Assim, um homem com múltiplas esposas e uma mulher com vários maridos normalmente se enquadram na categoria de adultério, uma vez que o casamento nunca foi concebido para ser uma experiência partilhada, mas exclusiva.

Não havia necessidade de mencionar a poligamia ou a poliandria como uma categoria separada, uma vez que estas cairiam naturalmente na categoria geral de fornicação e adultério. O casamento monogâmico é um reflexo do relacionamento que Deus tem com a humanidade. O casamento é o espelho entre Deus e o homem. Deus instituiu o casamento para espelhar Suas relações com a humanidade e, primeiro, Deus se casou com Israel.

O casamento de Deus com Israel

Alguns podem achar estranho ouvir que Deus foi casado com Israel, mas o que tudo isso realmente implica? O próprio Deus é identificado como o Marido de Israel. Já estabelecemos o significado de casamento como "unido", "unido", "colado" e, assim, Deus está unido à nação de Israel. Esta não é apenas uma união física, mas é uma união espiritual muito mais profunda. O mesmo acontece com a união entre um homem e uma mulher, que também é uma união espiritual. O homem e a mulher estão unidos e, como resultado, são agora só carne.

Suas identidades individuais são mantidas, mas eles estão de alguma forma unidos ou unidos no espírito. Da mesma forma, Deus é casado ou unido a Israel. Aqui está um texto que identifica Deus como o marido de Israel:*Pois o teu marido é o teu Criador, cujo nome é Senhor dos Exércitos; E o seu Redentor é o Santo de Israel, que é chamado o Deus de toda a terra,*Isaías 54:5. Este versículo usa o casamento para apontar para uma verdade espiritual muito maior. Por mais importantes que sejam os casamentos terrenos, Deus está falando a Israel e, por extensão, ao resto da humanidade, que o seu verdadeiro marido é o próprio Deus. Em outras palavras, você é casado com Deus.

Os casamentos terrenos entre marido e mulher são apenas uma sombra do casamento real e definitivo com o próprio Deus. Portanto, qualquer pessoa que seja fisicamente casada na terra, mas não seja casada com Deus e Ele não seja seu marido, isso significaria que ela é espiritualmente solteira e solteira. O texto identifica o nome do marido, pois na primeira linha diz simplesmente: "seu marido é o seu criador", e na segunda linha, o seu criador é identificado como o "Senhor dos Exércitos". Caso alguém esteja se perguntando e fazendo a pergunta "quem é o seu criador", esta segunda linha responde a essa pergunta.

Existe a ideia de redenção que está embutida no conceito de casamento mencionado na terceira linha poética deste versículo, que expande a identidade do marido para a do redentor, que também é o Santo de Israel. Deus é o seu redentor na dispensação do Antigo Testamento, mas este versículo também aponta para o Messias, o Senhor Jesus Cristo, que também é casado com a igreja naquela dispensação. O casamento humano terreno aponta para uma história redentora. O objetivo e propósito da humanidade é casar-se com Cristo, então faça Dele seu marido hoje.

O casamento de Deus com Israel foi instituído por uma aliança, mas o que é realmente uma aliança? Nos casamentos de hoje, ouvimos frequentemente o termo "contratos de casamento", mas em que difere de uma aliança?

181

Aliança de Casamento vs. Contratos

A palavra aliança está provavelmente entre uma das palavras mais importantes da Bíblia, com uma vasta gama de significados. No Antigo Testamento, a palavra hebraica "Berith" é frequentemente traduzida em nossas traduções da Bíblia para o inglês como "aliança". Este significado da palavra dependerá, na verdade, do contexto em que foi usada. A palavra significa tratado, ou uma aliança *entre nações ou pessoas como em Gênesis 14:13, Gênesis 31:44., acordo, promessa como em 2 Reis 11:4, aliança de amizade, como Davi e Jônatas como em 1 Samuel 18:3,20:8, ou aliança de casamento como em Provérbios 2:17, Malaquias 2:14.*[120]

Esta palavra hebraica também é traduzida na LXX (a tradução grega do Antigo Testamento*) como "disthekes" e aparece cerca de 30 vezes no Novo Testamento e 14 delas somente no livro de Hebreus. Esta palavra grega significa (1) uma disposição, arranjo, de qualquer tipo, que alguém deseja que seja válido, a última disposição que alguém faz de seus bens terrenos após sua morte, um testamento ou testamento. (2) Pacto, aliança, um testamento. A aliança de Deus com Noé, etc.*[121]

Esta palavra hebraica, no contexto do casamento, carrega a ideia de aliança, união, união. Um pacto é basicamente um acordo entre duas partes para realizar alguma ação. Um pacto pode ser condicional ou incondicional e quando é incondicional, ambas as partes não são obrigadas a cumprir os termos do acordo, pois ele

---

[120]   https://biblehub.com/bdb/1285.htm

[121]

https://www.biblestudytools.com/lexicons/greek/nas/diatheke.html

permanece em vigor. Um pacto condicional ou contrato exigirá que ambas as partes cumpram os termos do acordo para que ele permaneça em vigor. Os contratos assinados hoje nos nossos tribunais, incluindo os contratos de casamento, são exemplos de pactos condicionais.

A aliança abraâmica em Gênesis 12:1-3 é um exemplo de aliança incondicional e unilateral. Se você leu o texto, não havia nenhuma exigência que Abraão precisasse tomar ou não, para que a aliança fosse anulada. Abraão foi passivo no cumprimento da aliança. O acordo apenas declarava o que Deus faria e nenhuma ação era exigida de Abraão. Aqui está a aliança que Deus fez com Abraão:*Sai da tua terra, e da tua parentela, e da casa de teu pai, para a terra que eu te mostrar; E far-te-ei uma grande nação, e abençoar-te-ei, e engrandecerei o teu nome; E você será uma bênção; E abençoarei aqueles que te abençoarem, e aquele que te amaldiçoar eu amaldiçoarei*

. E em você todas as famílias da terra serão abençoadas, Gênesis 12:1-3. Esta é uma aliança ou acordo unilateral entre Deus e Abraão, mas toda a aliança apenas estipula o que Deus fará e nenhuma ação foi necessária por Abraão para que a aliança fosse cumprida. Deus prometeu a Abraão que ele possuiria a terra, e aqui está o que Abraão disse:*Mas ele disse: "Ó Senhor Deus, como posso saber que a possuirei?"* Gênesis 15:8. Abraão pode ter tido dúvidas sobre o que Deus havia prometido, então Deus agiu para assegurar a Abraão que o que Ele prometeu aconteceria.

Então, Deus se moveu para ratificar a aliança e aqui está como isso aconteceu quando Deus estava falando com Abraão: Ele lhe disse: "Traga-me uma novilha de três anos, uma cabra de três anos, um carneiro de três anos, uma rola , e um jovem pombo." E ele trouxe tudo isso, cortou-os ao meio e colocou cada metade uma contra a outra. Mas ele não cortou os pássaros ao meio, Gênesis 15:9-10. Depois que os animais foram abatidos e colocados no lugar, eis o que aconteceu a seguir: Aconteceu que, quando o sol se pôs, ficou muito escuro. , e eis que apareceu um forno fumegante e uma tocha acesa que passou entre essas peças. Naquele dia o Senhor fez uma aliança com Abrão, dizendo: À tua descendência dei esta terra, desde o rio do Egito até ao grande rio, o rio Eufrates:, Gênesis 15:17-18.

Então, cortar um bezerro ao meio e passar entre os dois pedaços era uma forma de fazer um juramento e dizer que se as palavras da aliança não forem cumpridas, então você poderá ser como o corpo do bezerro cortado em duas partes. Aqui está o texto:*E darei aos homens que transgrediram a minha aliança, que não cumpriram as palavras da aliança que eles fizeram antes de mim, quando cortei o bezerro em dois e passei entre as suas partes, os príncipes de Judá, e os príncipes de Jerusalém, os eunucos, e os sacerdotes, e todo o povo da terra, que passava entre as partes do bezerro; Eu os entregarei nas mãos dos seus inimigos e nas mãos dos que procuram a sua morte; e os seus cadáveres servirão de mantimento às aves do céu e aos animais da terra,*Jeremias 34:18-20.

O processo de ratificação de uma aliança exige que ambas as partes passem entre os dois pedaços de bezerro cortado, mas na aliança de Deus com Abraão, está registrado que "apareceu um forno fumegante e uma tocha acesa que passou entre esses pedaços" (Gênesis 15: 17). O forno fumegante e a tocha acesa são a presença de Deus passando entre os dois pedaços de bezerro cortado. Um comentário diz que:*O símbolo de uma lâmpada acesa está ligado à salvação do povo de Deus (Isaías 62:1) descreve os olhos de Deus (Daniel 10:6). Além disso, quando Deus desceu ao Monte Sinai no fogo, sua fumaça subiu como a fumaça de uma fornalha"* (Êxodo 19:18).[122]Assim, o próprio Deus passou entre os dois pedaços cortados do bezerro, jurando contra si mesmo cumprir os inquilinos da aliança. Isto é como fazer um voto num casamento humano tradicional.

Se Abraão também tivesse passado entre os dois pedaços cortados de bezerro, então não haveria esperança para Abraão e para o resto da humanidade porque ele teria falhado e, portanto, o resto da humanidade não teria esperança. Os múltiplos aspectos desta aliança, o casamento entre Deus e Seus eleitos. Primeiro, é uma união, casamento entre Deus e Abraão, depois Israel como nação, depois com a igreja ou os eleitos de Deus. É também uma aliança de redenção entre Deus e Seus eleitos. Abraão é registrado como tendo criado em Deus e isso foi creditado a ele como justiça, Gênesis 15:6, e o apóstolo Paulo aplicou este texto em Romanos 4:-5.

Portanto, esta é uma aliança de casamento, mas o propósito final é a redenção dos Seus eleitos em todas as dispensações. Deus também usou o arco-íris nas nuvens como um memorial à Sua aliança com Noé e aqui está o que Deus disse:*Quando o arco estiver nas nuvens, eu o verei e me lembrarei da aliança eterna entre Deus e toda criatura vivente de toda carne que está na terra,*Gênesis 9:6. No Antigo Testamento, essas alianças, com diferentes povos ou com a nação de Israel, sempre carregam uma união, um casamento entre Deus e Israel, com o objetivo de redimir o Seu povo.

122
https://www.bibletools.org/index.cfm/fuseaction/Topical.show/R
TD/cgg/ID/6870/Smoking-Oven-as-Symbol.htm

Neste contexto matrimonial, Deus é o marido e Israel é a esposa. Deus chama Israel de Sua esposa por aliança e aqui está essa troca: *Mas você diz: "Por que ele não faz?" Porque o Senhor foi testemunha entre você e a esposa de sua juventude, a quem você foi infiel, embora ela seja sua companheira e sua esposa por aliança. Ele não os tornou um, com uma porção do Espírito em sua União? E qual era aquele que Deus estava procurando? Filhos piedosos. Portanto, guardem-se em seu espírito e nenhum de vocês seja infiel à esposa de sua juventude,* Malaquias 2:14-15.

Este texto e muitos outros semelhantes declaram que Deus era um marido para Israel e Deus era casado com uma esposa infiel. O objetivo de Deus neste casamento com Israel era buscar uma descendência piedosa, mas a esposa era adúltera e violadora da aliança, e aqui está o que Jeremias disse sobre Deus fazendo uma nova aliança: *"Eis que vêm dias", diz o Senhor, "em que farei uma nova aliança com a casa de Israel e com a casa de Judá, diferente da aliança que fiz com seus pais no dia em que os tomei pelo mão para tirá-los da terra do Egito, a minha aliança que eles quebraram, embora eu fosse seu marido, diz o Senhor,* Jeremias 31:31-32.

Por causa do caráter adultério da esposa de Deus, Israel, Deus decidiu instituir uma nova aliança com Israel. Não entraremos realmente no conteúdo desta nova aliança neste livro, pois nosso foco principal aqui é estabelecer o fato de que Deus foi casado com a nação de Israel. Este casamento entre Deus e Israel é um espelho ou reflexo do casamento entre Adão e Eva, em Gênesis 2:24 e todos os outros casamentos posteriores. Este é um casamento monogâmico, um homem e uma mulher. Você pode imaginar Deus em um casamento polígamo?

186

O casamento entre Deus e Israel também é monogâmico. Deus é o marido e Israel é a esposa. Assim, assim como existem relacionamentos conjugais desviantes na esfera humana, também havia relacionamentos de aliança ou conjugais desviantes entre Deus e Israel. Aqui está o que o Senhor disse sobre Israel:*Então o Senhor me disse nos dias do rei Josias: "Você viu o que o infiel Israel fez? todas essas coisas ela retornará para Mim; mas ela não voltou, e sua traiçoeira irmã Judá viu isso. E eu vi que por todos os adultérios do Israel infiel, eu a mandei embora e dei-lhe um mandado de divórcio, mas sua traiçoeira irmã Judá não teve medo; mas ela foi e também se prostituiu,*Jeremias 3:6-10.

Os defensores da poligamia podem ler este texto e concluir que Deus era de alguma forma casado com duas esposas: Israel e Judá, mas isso estaria muito longe da verdade. Houve momentos em que Judá e Israel eram reinos divididos e este foi um deles, e Josias era rei de Judá. Isto teve menos significado porque a aliança de Deus com Abraão aplica-se ao povo judeu e, por extensão, a toda a humanidade. Assim, a aliança de Deus com Abraão não se aplicava apenas a Israel, mas, mais importante ainda, aos eleitos de todos os tempos, tanto no Antigo como no Novo Testamento. Esta aliança de bênção aplica-se a todos os que foram eleitos por Deus para a salvação. Paulo argumenta em Romanos 9 e Gálatas que os filhos de Deus não são aqueles com linhagem nacional de Israel como nação, mas todos os que acreditaram na obra expiatória de Jesus Cristo na cruz do Calvário.

Aqui está o que Paulo disse: Não que a palavra de Deus não tenha surtido efeito. Porque nem todos os que são de Israel são Israel: nem todos são filhos, porque são descendência de Abraão; mas em Isaque será chamada a tua descendência, Romanos 9:6-7. Paulo está argumentando que a tua descendência a linhagem nacional ou natural de Israel ou Abraão não o levará a uma união matrimonial com Jesus Cristo. Assim como Deus foi casado com Israel, o Senhor Jesus foi casado com a igreja.

Jesus Cristo Casado com a Igreja

É quase impossível compreender o casamento entre Jesus Cristo e a igreja sem compreender plenamente os costumes matrimoniais em que Ele viveu. Ele era judeu e vivia sob os costumes e tradições do casamento judaico, e Deus usou esses costumes para impactar grandemente o casamento entre Cristo e a igreja. Existem basicamente três partes em um casamento judaico: o noivado, o noivado e a festa de casamento.

Duas festas são observadas durante um casamento judaico e são as festas de noivado e de casamento e aqui estão alguns comentários sobre elas:*Até o final da Idade Média, o casamento consistia em duas cerimônias marcadas por celebrações em dois momentos distintos, com intervalo entre elas. Primeiro veio o noivado [erusin]; e mais tarde, o casamento [nissuin]. No noivado, a mulher estava legalmente casada, embora ainda permanecesse na casa do pai. Ela não poderia pertencer a outro homem, a menos que fosse divorciada de seu noivo. O casamento significava apenas que a noiva, acompanhada por um colorido cortejo, fosse trazida da casa do pai para a casa do noivo, e o vínculo legal com ele fosse consumado. O casamento, como qualquer tipo de compra, consistia em dois atos. Primeiro foi pago o preço da noiva e chegou-se a um acordo sobre as condições da venda. Algum tempo depois, o comprador tomou posse do objeto. No casamento judaico, o "mohar" (palavra hebraica para o preço de compra) era pago e um acordo detalhado era alcançado entre as famílias dos noivos. A esse noivado seguiu-se o casamento, quando a noiva foi levada à casa do noivo, que tomou posse dela.[123]*

O conceito de uma mulher prometida ser legalmente casada com o noivo não é uma tradição judaica inventada, mas na verdade está enraizado na lei do Antigo Testamento:*A raiz da palavra ("noivado"), da qual deriva o abstrato talmúdico ("noivado"), deve ser tomada neste sentido; isto é, contrair um casamento real, embora incompleto. Em duas das passagens em que isso ocorre, a mulher prometida é diretamente designada como "esposa" (2 Sam. 3:14, "minha esposa com quem me casei" ("erasti"), e Deut., xxii. 24, onde o a noiva é designada como "a esposa do vizinho"). Em estrita conformidade com este sentido, a lei rabínica declara que o noivado é equivalente a um casamento real e só deve ser dissolvido por um divórcio formal.[124]*

Portanto, um noivado é um casamento legal completo, mesmo que nenhuma relação sexual tenha ocorrido. Nesse sentido, apenas a promessa de casamento, o contrato de casamento e o dote levam os noivos a uma união matrimonial pactual. Não é surpresa que esta lei tenha sido aplicada a José e Maria em Lucas 1:27. Foi no período do noivado que Maria ficou grávida. Eles estavam juntos há um ano e durante esse período de noivado ela apareceu grávida antes da cerimônia de casamento e da consumação do

---

123

https://www.myjewishlearning.com/article/ancient-jewish-marriage/

124

https://www.jewishencyclopedia.com/articles/3229-betrothal

casamento. Mas durante esta fase todas as outras formalidades foram cumpridas, como o pagamento do dote.

O pai do noivo paga o preço da noiva para comprá-la. No final do período de noivado, acontece o seguinte: era costume comum a noiva juntar-se à casa do pai do noivo, em vez de o noivo e a noiva estabelecerem a sua própria casa. Assim, se os noivos estivessem em idade de casar, o noivo retornaria à casa do pai após o noivado para preparar uma câmara nupcial.

Esse processo tradicionalmente leva um ano ou mais (o tempo é ditado é determinado pelo pai do noivo). Quando o tempo estivesse completo e cumprido, o noivo voltaria para buscar sua noiva. A noiva não saberia o dia ou a hora do retorno do noivo ou futuro marido, então a chegada do noivo geralmente era anunciada com um toque de trombeta e um grito para que a noiva tivesse algum aviso prévio.[125] Assim, no início de Mateus 25, Jesus fez esta analogia muito fascinante nesta parábola que reflete a tradição do casamento judaico. Assim como na tradição do casamento judaico, o noivo volta para levar a noiva em um momento desconhecido para ela.

Assim, Cristo retornará para levar Sua noiva à igreja, num momento desconhecido para a noiva, a igreja. No casamento tradicional judaico, o momento em que o noivo retornará para levar a noiva só é conhecido pelo pai do noivo. Nem é conhecido pelo noivo. Ouça o que o próprio Jesus disse sobre isso:*Mas a respeito daquele dia e hora ninguém sabe, nem os anjos do céu, nem o filho, mas somente o Pai,* Mateus 24:36. Uau! Coisas incríveis! Um dos pontos da parábola das dez virgens em Mateus 25:1-13 é que

125   https://www.gotquestions.org/marriage-customs.html

a noiva deve estar preparada para ser levada pelo noivo a qualquer momento.

A noiva deve estar aguardando ansiosamente a chegada do noivo a qualquer momento. Pode ser amanhã ou dois mil anos, mas a noiva tem que estar pronta o tempo todo porque seu retorno é iminente. Ele virá buscar sua noiva como um ladrão que invade uma casa para roubar. O dono da casa estaria bem preparado se soubesse a data e hora em que o ladrão iria invadir. Portanto, o dono da casa deve viver sua vida em sua casa como se o ladrão pudesse invadir a qualquer momento. Você deve estar preparado para ser levado pelo noivo, ainda hoje! Esta é uma analogia surpreendente e fascinante entre a tradição do casamento judaico e o casamento entre Cristo e a igreja. Agora, é exigido que o noivo pague o dote ou o preço da noiva como parte do processo de noivado na tradição do casamento judaico.

Este preço da noiva é chamado de "mohar" (palavra hebraica) e é pago pelo pai do noivo ao pai da noiva. O preço da noiva e quaisquer presentes associados são pagos durante a parte do noivado/noivado do casamento. O casamento consiste em duas cerimônias principais: O Erusin, (palavra hebraica para noivado), que é a parte do noivado/noivado, e o Nissuin, palavra hebraica para cerimônia de casamento), que é a cerimônia de casamento ou ceia de casamento. O "mohar" é liquidado durante o "Erusin" e seguido por uma festa para comemorar o evento e a emissão da ketubah ou do contrato de casamento conforme mostrado abaixo.

O Ketubah ou Contrato de Casamento.[126]

É alguma surpresa que Jesus tenha sido crucificado no dia da Páscoa? A Páscoa é a mais celebrada de todas as festas judaicas no Antigo Testamento e Jesus viveu na terra sob a dispensação do Antigo Testamento. Uma vez por ano, todo judeu ia a Jerusalém para celebrar a Páscoa. Foi durante esta festa que a nova aliança foi inaugurada.

Houve uma cerimônia de casamento e noivado. Assim como o pai do noivo está pagando o dote e o preço da noiva ao pai da noiva, também o Pai celestial está enviando o noivo da igreja (Jesus Cristo) para oferecer Seu sangue na cruz do Calvário, como um sacrifício. preço da noiva ou dote, para comprar Sua noiva, a igreja. Nesta analogia, o Pai do noivo e o próprio Noivo são separados, mas são iguais. O Pai e o Filho (Noivo) são um e isso também é um mistério. Aqui está o que Jesus disse:*E ele tomou um pouco de pão e deu graças, partiu-o e deu-lho, dizendo: "Isto é o meu corpo,*

126

https://www.myjewishlearning.com/article/ancient-jewish-marriage/

que é dado por vós; fazei isto em memória de mim". E da
mesma forma Ele tomou o cálice depois que eles comeram,
dizendo: "Este cálice, que é derramado por vós, é a nova
aliança no Meu sangue, Lucas 22:19-20. Este preço da
noiva, dote, (mohar), Seu sangue, que foi pago para comprar
a redenção dos eleitos, Sua noiva, a igreja. Esta é a cerimônia
de noivado/noivado entre os noivos. Há também o anel de
noivado, dado pelo pai do noivo ao pai da noiva mostrado
abaixo:

Aliança de casamento judaica acima.[127]

Esta é a primeira de duas cerimônias de casamento,
"Erusin", também envolve um contrato de casamento, que é

[127]

https://www.myjewishlearning.com/article/ancient-jewish-marria
ge/

a aliança, sendo inaugurado com Seu sangue. Como no casamento tradicional judaico, o preço da noiva é pago pelo pai do noivo ao pai da noiva, mas quem recebe o preço da noiva pelo noivado de Cristo com a igreja? Esta questão representa um verdadeiro dilema, pois para que a noiva seja transferida do controle de quem a possui, o pai da noiva deve pagar um preço de noiva ou um dote, mas quem recebeu o preço de noiva pela igreja tornar-se a noiva de Cristo?

Alguns disseram que Deus recebe o preço da noiva. Se isso for verdade, como muitos acreditam, então Deus terá que ser o Pai do noivo (Jesus Cristo) e da noiva (a igreja, os eleitos, a humanidade caída). É um pensamento bastante fascinante que Deus terá que ser o Pai do noivo e da noiva. Se isso for verdade, então há realmente necessidade de pagar o preço da noiva se Deus já é dono da noiva e do noivo? O objetivo do preço da noiva é fornecer um resgate e libertar a noiva do controle de seu pai para o controle do noivo. Esse resgate não será necessário se a noiva já estiver sob o controle do noivo.

Um resgate deve ser pago antes que Deus possa ser o Pai dos noivos. Então, se Deus já é o Pai da noiva, então qual é o propósito do resgate? É amplamente aceito que o resgate foi pago a Deus e não a Satanás e aqui está uma dessas opiniões:*O caráter santo de Deus exige que o pecado seja punido. O pecado nos torna objetos da ira de Deus até que a pena do pecado seja paga. Ao entregar Sua própria vida,*Jesus pagou o preço em nosso favor, satisfazendo a exigência de Deus. Este pagamento foi *feito, não para Satanás, mas para Deus.*[128]Eu gostaria de

---

128

https://www.moodybible.org/beliefs/positional-statements/substi

acreditar que seja esse o caso, mas a lógica e as evidências são inconclusivas.

Se este for o caso, então isso significaria que os não regenerados ou não salvos já estão no acampamento de Deus, mas será que é realmente esse o caso? É citado como dizendo:*Ele nos libertou do poder das trevas e nos transferiu para o reino de Seu Filho,*Colossenses 1:13. Este texto está dizendo que os não regenerados ou não salvos estão sob o poder e controle das trevas. Existem dois reinos: o reino das trevas e o reino de Seu filho. Isto implicaria que os não salvos estão em outro reino e uma vez pago o preço da noiva, eles são transferidos para o reino de Seu Filho ou reino de luz. Mas em que reino poderiam estar os não salvos?

Os não salvos parecem estar firmemente sob o controle de Satanás; ouça o que diz o texto:*Para abrir seus olhos para que possam passar das trevas para a luz, e do poder de Satanás para Deus, para que possam receber o perdão dos pecados e uma herança entre aqueles que foram santificados pela Fé em Mim*, Atos 26:18. A ideia de que os humanos estão sob o poder de Satanás não é muito confortável, por isso a maioria dos teólogos corre para resgatar Deus, afirmando que o preço da noiva não poderia ter sido pago a Satanás. Simpatizo muito com essa posição porque sei por que existe alguma tensão para proteger o caráter de Deus. Alguns podem dizer que pagar o preço da noiva a Satanás irá equiparar Satanás a Deus. Isso é o que está mais longe da verdade. Deus está no controle absoluto de todas as coisas e não tem competição.

_____

tutionary-atonement/#:-:text=Sin%20makes%20us%20the%20ob jects,not%20to%20Satan%2C%20but%20God.

Então, digamos que o rei de um país se casasse com um cidadão comum desse país. De acordo com a tradição, o rei será obrigado a descer do seu palácio real e visitar o plebeu, o pai da noiva, e pagar o preço da noiva. O rei ainda é o rei e o plebeu ainda é o plebeu, mas a noiva não será libertada até que o preço da noiva seja pago. Deus não precisa da permissão de Satanás para fazer nada e Ele faz o que lhe agrada. Os não salvos não estão apenas sob o domínio de Satanás, mas ele é na verdade o pai dos não salvos, assim como Deus é o Pai dos salvos. As pessoas agem como seu pai. Você pode agir como o diabo porque o diabo é seu pai. Você não pode agir como Deus a menos que Ele seja seu pai e que alguns de Sua natureza e atributos tenham sido imputados a você.

Eu sei que muita gente também fica muito incomodada com essa posição, mas vamos deixar a bíblia falar: Você pertence ao seu pai, o diabo, e quer realizar os desejos do seu pai. Ele foi um assassino desde o início, não mantendo a verdade, pois não há verdade nele. Quando mente, ele fala sua língua nativa, pois é mentiroso e pai da mentira, João 8:44. Neste contexto, Jesus estava respondendo aos fariseus que tinham dúvidas sobre quem Ele realmente era e, por extensão, isto se aplica ao resto da humanidade. Nos versículos anteriores de João 8, os fariseus estavam debatendo com Jesus, dizendo que Abraão era o pai deles, mas Ele lhes disse sem rodeios que Abraão não era o pai deles, porque se fosse, eles teriam feito o que ele fez.

O diabo ou Satanás é o pai de todos os não salvos ou não regenerados e antes de alguém ser salvo, eles não desejam Deus e as coisas de Deus, mas apenas se esforçam para realizar o desejo do diabo, seu pai; Mas não só isso! É impossível fazer a vontade e o desejo de Deus, a menos que alguém pertença a Deus. Satanás também é chamado de "o governante deste mundo", João 12:31. O sistema mundial ou o cosmos está sob seu governo e domínio. Isaías 61:1, falando do Messias, profeticamente, vai proclamar liberdade aos cativos e liberdade aos presos. Se essas pessoas forem cativas e prisioneiras, então alguém está guardando a prisão e um resgate terá de ser pago para garantir a sua libertação. Seu sangue foi esse resgate e uma vez pago, a cerimônia de casamento é a próxima na agenda, e isso é chamado de ceia das bodas do Cordeiro.

A Ceia das Bodas do Cordeiro

A ceia de casamento é considerada a tão esperada festa que os noivos aguardam. Imagine que você pagou o preço da noiva e houve a festa para comemorar as intenções de ambas as partes de se unirem (cerimônia de noivado), mas a festa de casamento ainda está em algum momento no futuro. Na tradição do casamento judaico, o tempo entre a festa de noivado e a cerimônia é determinado pelo pai do noivo; geralmente é um ano, mas nem sempre porque cabe ao pai do noivo. Assim, durante esse período de espera, a noiva mora na casa do pai e da mesma forma o noivo mora na casa do pai.

Não há relação sexual entre eles durante este período. O casamento ainda não foi consumado, embora sejam um casal juridicamente vinculativo. Se alguma das partes do casamento decidir, por qualquer motivo, que deseja desistir do casamento, então a parte que deseja sair terá que pedir o divórcio formal e este é um período cheio de tensão e ansiedade. Nessa tradição, o casamento é mais do que a união da noiva e do noivo. O casamento é um assunto de família e é a união de duas famílias.

É um grande negócio para ambas as famílias. Uma família está mandando sua preciosa filha para os braços de um completo estranho. A filhinha do papai ou da mamãe está prestes a ser solta nos braços de outro homem. Muitas vezes você pode ouvir o ditado: "Os pais são apegados às filhas e as mães são apegadas aos filhos". Então, é muito emocionante libertar uma criança e deixá-la ir. Outra família está mandando o filho para os braços de outra mulher.

A mãe, o pai e outros irmãos ficam muito emocionados ao se libertarem e se separarem de um de seus familiares. Ambas as famílias estão sentindo emoções de alegria e ansiedade. Agora, para piorar a situação, a noiva não tem ideia de quando o noivo voltará para levá-la para a cerimônia de casamento. A noiva tem que estar esperando, preparada, sabendo que o noivo pode voltar a qualquer momento. Isso também eleva o nível de ansiedade e antecipação a outro nível. Esta tradição de casamento judaico é um reflexo da tão esperada cerimônia de casamento entre Cristo e sua noiva, a igreja. A união normal entre um homem e uma mulher, fora da tradição judaica, também reflete a união entre Cristo e a Igreja. A relação de amor entre marido e esposa é um reflexo direto da relação de amor que Cristo tem pela sua igreja.

O casamento humano é um espelho do casamento entre Cristo e Sua igreja. Aqui está o que o apóstolo Paulo tinha a dizer: Maridos, amem suas esposas, assim como Cristo amou a igreja e se entregou por ela; para que a santificar se e a purificar se com a lavagem da água, pela palavra; para que a apresentasse a si mesmo como igreja gloriosa, sem mácula, nem ruga, nem coisa semelhante; mas que deveria ser santo e sem mácula. Da mesma forma, os homens devem amar suas esposas como a seus próprios corpos. Quem ama sua esposa, ama a si mesmo. Pois ninguém jamais odiou o seu próprio corpo; mas a nutre e cuida, assim como o Senhor ama a igreja. Porque somos membros do seu corpo, da sua carne e dos seus ossos. Por esta causa deixará o homem, seu pai e sua mãe e se unirá à sua mulher, e serão os dois uma só carne. Este é um grande mistério: mas falo a respeito de Cristo e da igreja, Efésios 5:25-32.

Paulo usou essa analogia do marido amando a sua esposa como uma imagem do amor de Cristo pela sua igreja. Esta união matrimonial humana e terrena serve como um reflexo da união celestial entre Cristo e Sua igreja. No versículo 27 de Efésios 5, Paulo fala sobre o objetivo de Cristo, que é apresentar Sua noiva, a igreja, imaculada e sem rugas. Uma noiva impecável só pode acontecer após a realização da festa ou cerimônia de casamento e quando a noiva for levada para morar permanentemente na casa do pai do noivo.

Lembre-se das palavras do noivo: Na casa de Meu Pai há muitas moradas; se não fosse assim, eu teria lhe contado; pois vou preparar-vos lugar. E se eu for e preparar um lugar para vocês, voltarei e os levarei para mim, para que onde eu estiver vocês também estejam, João 14:2-3. Assim como no casamento tradicional judaico, o Senhor Jesus Cristo completou o que foi enviado pelo Pai para fazer. Ele é o noivo, enviado pelo Pai como preço da noiva ou dote para comprar, resgatar ou resgatar a noiva.

Ele havia terminado o noivado e agora está dizendo à Sua noiva: "Olha, não fique triste nem ansiosa, porque logo te verei, e voltarei em breve e te levarei para a casa de meu pai para a cerimônia de casamento". o que Ele disse: "está consumado", João 19:30 mas o que está consumado? Ele disse que "está consumado", mas Ele ainda estava vivo e Sua obra foi concluída. Ele tinha acabado de pagar o preço de

199

resgate, dote ou o preço da noiva. Ele havia terminado apenas parte da cerimônia de casamento e agora está se preparando para a segunda parte, que é a ceia das bodas do Cordeiro.

Esta ceia de casamento do cordeiro também reflete a tradicional cerimônia de casamento judaica. Na antiga tradição judaica de casamento durante os tempos bíblicos, a cerimônia de casamento é chamada de "nasium ou huppah", ou também é chamada de "tomada de casa", e huppah é entendido como significando um "quarto", geralmente um quarto especial em o pai da casa do noivo. Aqui está o que a tradição nos diz:*O noivo chega ao huppah antes da noiva. Como o huppah é considerado [de acordo com o entendimento tradicional] a casa simbólica do noivo, ele deve estar lá primeiro para receber a noiva em sua casa. Alguns dizem que a tradição remonta ao primeiro casamento, quando, diz a Torá, Deus pegou Eva "e a trouxe a Adão". Eva, por ter sido criada depois de Adão, é considerada no pensamento judaico como uma representação de uma forma de vida superior à de Adão, já que ela foi capaz de carregar um feto em seu corpo. Como o primeiro a ser criado, diz-se que Adão estava esperando sob o huppah no Jardim do Éden quando Eva foi trazida até ele.*[129]

Esta é uma analogia humana incrível de que o próprio Deus pegaria a noiva e a traria ao noivo. O noivo esperava pela noiva assim como o noivo (Jesus Cristo) espera pela Sua noiva (a igreja), numa câmara especial (huppah) na casa de Seu pai, no Céu. Esta é uma cerimônia de casamento especial e nunca houve nem haverá nada

[129]

https://www.myjewishlearning.com/article/arriving-at-the-huppah-or-wedding-canopy/

parecido. Imagine ser convidado para um casamento e para uma cidade onde as ruas são feitas de ouro? E tudo o que você vê e toca é feito de ouro. O ingresso custa cerca de um bilhão de dólares por ingresso, e alguém especial garantiu um ingresso para você. As hostes angélicas são responsáveis pela equipe de louvor e adoração. Você é considerado abençoado entre a humanidade; se você for convidado, é porque alguém garantiu seu ingresso, porque o custo do ingresso estava e está além do alcance de qualquer pessoa viva ou viva.

Os convidados para a festa de casamento

A festa de casamento começa quando o noivo retorna para levar sua noiva da casa do pai dela para a casa do pai do noivo. No casamento judaico tradicional, a chegada do noivo é precedida pelo toque de trombeta. A explosão é tão alta que todos naquela cidade vão ouvir, inclusive a noiva. Este toque de trombeta não só alertará a noiva que o noivo está a caminho, mas também convocará o povo para se reunir para a festa de casamento.

Isso é algo fascinante e incrível! Este toque da trombeta numa tradicional cerimônia de casamento judaica é uma imagem clara da chegada de Jesus Cristo (noivo) para levar para casa Sua noiva (a igreja). Este toque de trombeta é na verdade chamado de festa da trombeta. Existem várias festas judaicas no Antigo Testamento e estas festas apontam para Jesus para o seu cumprimento final. Estas festas são uma imagem fascinante do plano de Deus para a redenção.

Há quatro festas na primavera e três no outono. As festas da primavera já se cumpriram em Cristo Jesus.

Estas são as festas dos Pães Ázimos, da Páscoa, das Primícias e das Semanas. As três festas finais acontecem no outono e são: Trombetas, o Dia da Expiação e Tabernáculos, e essas três festas de outono acontecem dentro de um breve período de quinze dias. A festa dos Pães Ázimos (Levítico 23:6) aponta para Jesus como alguém que não tem pecado. Paulo disse: "Um pouco de fermento leve toda a massa", Gálatas 5:9. O fermento é uma imagem do pecado e a festa dos Pães Ázimos aponta para Sua vida sem pecado. A festa da Páscoa (Levítico 23:5) aponta para Jesus como o cordeiro de Deus sem pecado e é por isso que João disse: "eis o Cordeiro de Deus que tira o pecado do mundo", João 1:29.

A festa das Primícias (Levítico 23:10) aponta Jesus como o primeiro fruto dentre os mortos, 1 Coríntios 15:20, garantindo a ressurreição para todos os que dormem no pó. A festa das Semanas (Levítico 23:16), também conhecida como festa de Pentecostes, ocorreu 50 dias após a festa das Primícias Atos 1:9-11, quando Jesus foi elevado ao céu. Todas estas são festas do Antigo Testamento que já foram cumpridas em Jesus. Estas são as festas da primavera e as festas do outono ainda não foram cumpridas. Jesus partiu de Sua noiva e retornará em breve para levá-la para a casa de Seu Pai. A próxima festa a ser cumprida é a festa das Trombetas (Rosh Hashanah). Esta festa é mencionada em (Levítico 23:24) e é uma imagem do anúncio e da vinda do noivo para levar Sua noiva. Isso começa com um toque de trombeta, como visto abaixo.

O Shofar ou Trombeta[130]

Este toque de trombeta é para anunciar a chegada do noivo para levar sua noiva para casa e consumar o casamento. Portanto, é famosa por ser chamada de Festa das Trombetas e, na verdade, é uma festa que vem com alarde e júbilo. É como anunciar a chegada do Presidente dos Estados Unidos da América, mas isto é um zilhão de vezes maior e melhor e nada se compara a isso. Alguns disseram que a festa das Trombetas aponta para o arrebatamento no Novo Testamento (1 Tessalonicenses 4:13-18 e 1 Coríntios 15:52).

. Se você encarasse o arrebatamento e a segunda vinda de Jesus Cristo como dois eventos separados, então você poderia ver outra festa de outono, o Dia da Expiação (Yom Kippur) (Levítico 23:27), apontando para a segunda vinda do Messias. Os proponentes deste ponto de vista terão de concluir que a trombeta soou e o noivo veio e levou a Sua noiva para o céu e, mais tarde, regressou novamente para a segunda vinda. Esse é realmente o caso? A questão

---

130   https://www.myjewishlearning.com/article/shofar/

fundamental é se o arrebatamento e a segunda vinda de Cristo são eventos separados. A visão amplamente difundida é que eles são eventos distintos e separados.

Ainda restam muitas perguntas sem resposta! Todas as festas judaicas da primavera, a Páscoa, os pães ázimos, as primícias e a festa das Semanas ou Pentecostes, foram cumpridas em Cristo em menos de dois meses. Eles foram projetados para serem cumpridos juntos e isso também fazia parte da cerimônia de noivado. O Noivo veio buscar Sua noiva e cumpriu todos os rituais que o qualificam como o Noivo legítimo. Ele cumpriu a festa dos Pães Ázimos para mostrar que Ele era o Cordeiro de Deus sem pecado e que a noiva exigia um Noivo sem pecado e Ele era e é o único que preenchia essas qualificações.

Ele cumpriu a festa da Páscoa no sentido de que Ele mesmo era o cordeiro sacrificial a ser sacrificado por Sua noiva. Ele era o noivo e também o dote ou preço da noiva a ser pago para comprar sua noiva. Ele cumpriu a festa das Primícias, pois foi o primeiro a ser ressuscitado corporalmente para significar que Sua noiva também ressuscitou. Se sua noiva não ressuscitar, o casamento não será consumado e não haverá casamento entre o Noivo e a noiva. Ele cumpriu a Festa das Semanas ou Pentecostes para mostrar que o Noivo deveria retornar à casa do pai do Noivo para se preparar para receber sua noiva.

Assim, todas essas festas de primavera foram cumpridas sequencialmente e num período inferior a 60 dias. Então, por que as festas de outono seriam diferentes? Por que Cristo retornaria no arrebatamento para levar Sua noiva para casa e depois retornaria mais tarde para Sua segunda vinda? Ninguém pode realmente nos dizer o tempo entre o arrebatamento e a Sua segunda vinda! As festas de outono foram concluídas no mês hebraico de Tishri ou

Tishrei do calendário civil judaico, e não houve muito tempo entre a Festa das Trombetas (Levítico 23:24) (o arrebatamento) (1 Tessalonicenses 4:13-18 , 1 Coríntios 15:52 e o Dia da Expiação (a segunda vinda), nem mesmo as Festas das Barracas ou Tabernáculos (Levítico 23:34), que se acredita ser o momento em que Cristo habitará permanentemente entre Seu povo. As festas foram completadas em cerca de vinte e três dias e parece não haver razão para que seu cumprimento em Jesus exigisse um grande intervalo de tempo entre elas para serem cumpridas. Agora, todos esses eventos são acionados pelo som da trombeta, mas o que isso realmente significa?

Festa das Trombetas

A festa das Trombetas também é chamada Rosh *Hashaná,*que significa "o Chefe do ano". É chamada de "Cabeça do Ano" porque marca o início do ano civil judaico. A festa das Trombetas é uma das festas mais fascinantes, pois dura dez dias e leva direto à próxima festa, Yom Kippur ou Dia da Expiação. O toque da Trombeta, também chamado de Shofar ou Chifre de Carneiro, é uma parte muito importante e significativa da vida judaica.

O Shofar a Trombeta foi usado para alertar o povo sobre o perigo iminente de uma nação inimiga, mas o mais importante, para alertar o povo sobre o Dia do Juízo de Deus. Esta foi a interação entre o Deus de Israel e o profeta Ezequiel sobre o uso da Trombeta:*então, qualquer que ouvir o som da trombeta e não se der por avisado, se a espada vier e o levar embora, o seu sangue estará sobre a sua cabeça. Ele ouviu o som da trombeta, mas não se deu por avisado; seu sangue será sobre ele. Mas aquele que toma cuidado salvará a sua vida. Mas se o atalaia vir que vem a espada e não tocar a trombeta, e o povo não for avisado, e vier a espada e levar alguma pessoa dentre eles, ele será levado na sua iniquidade; mas o sangue dele eu exigirei da mão do vigia*, Ezequiel 33:4-6.

A trombeta ou shofar era frequentemente usada para alertar o povo de Israel sobre uma nação invasora que entraria em guerra contra Israel. Deus usou isso como uma imagem de Seu julgamento vindouro sobre o mundo. Assim como Ezequiel deveria alertar o povo, nós, os redimidos, também devemos alertar todos os humanos sobre o julgamento vindouro de Deus, para que o sangue deles não caia em nossas mãos se não os avisarmos. Portanto, este toque da trombeta está anunciando o "Dia do Temor", o "Dia da Vingança", o "Dia do Senhor" e o "Dia da Expiação".

Muitas vezes é retratado como uma ocasião alegre porque o Senhor está vindo buscar Sua noiva, mas não é tão alegre para aqueles que estão caminhando para a condenação eterna. No Novo Testamento, alguns identificaram a festa das trombetas como sendo cumprida no arrebatamento, tornando assim o arrebatamento e a segunda vinda dois eventos separados, mas será que esse é realmente o caso? Vejamos alguns usos e aplicações da trombeta: a trombeta foi usada para convocar a congregação a se reunir, Números 10:1-7. Foi também para convocar aqueles que estão morrendo para virem adorar e aqui está uma citação:*Acontecerá naquele dia que uma grande trombeta soará, e aqueles que estavam perecendo na terra da Assíria e que foram dispersos na terra do Egito virão e adorarão ao Senhor no monte santo em Jerusalém.*, Isaías 27:13.

A frase "naquele dia" provavelmente se refere ao dia do Senhor, que também é considerado a segunda vinda de Jesus, que também é o Dia da Expiação. Então, naquele dia, não será tocada qualquer trombeta, mas a "grande trombeta" será tocada. Então, quem é o tocador daquela grande trombeta? Uma trombeta tocada por qualquer um dos profetas, incluindo Moisés, não é chamada de "grande trombeta"; então deve ser muito especial, mas quem é o soprador?

Aqui está outro texto que mostra a trombeta sendo tocada no Dia da Expiação, que é a segunda vinda de Jesus: E contarás para ti sete sábados de anos, sete vezes sete anos; e o tempo dos sete sábados de anos será para vós quarenta e nove anos. Então você fará soar a trombeta do Jubileu no décimo dia do sétimo mês, no Dia da Expiação você fará a trombeta soar em toda a sua terra, Levítico 25-8-9. trombeta também será tocada no Dia da Expiação, que é a segunda vinda. Também os quarenta e nove anos representam a festa das semanas que também é Pentecostes. E o Pentecostes que representa a ascensão de Cristo e o retorno ao céu, a casa de Seu Pai, e então o próximo evento no calendário será o retorno de Cristo com toques de trombeta para Sua noiva consumar o casamento com uma festa de casamento.

Assim, a trombeta é tocada no primeiro dia do mês de Tishri, início da festa das Trombetas, comemorando o início do ano ou início do ano, Rosh Hashaná. Então, dez dias depois, ouve-se o toque da trombeta no Dia da Expiação. Esses dez dias são um período inteiro de celebrações e advertências e é bem possível que a trombeta tenha soado muito alta porque Levítico 25:9 diz: "Faça soar a trombeta em toda a sua terra". Nenhum humano poderia tocar tal trombeta que soaria por toda a terra. O contexto era a terra de Israel mas, por extensão, estamos a falar de um toque e som de trombeta global. Também é bem possível que não tenha sido e não será um toque de trombeta intermitente, mas pode ser um toque muito longo que pode durar dias.

Este foi e é possivelmente um toque de trombeta muito duradouro que durou, possivelmente, dez dias ou mais. É garantido que toda a terra ouvirá o som da trombeta que se aproxima e aqui está quem tocará a trombeta:*Porque o mesmo Senhor descerá do céu com alarido, e com voz de arcanjo, e com o'som da trombeta de Deus: e os mortos em Cristo ressuscitarão primeiro: Depois nós, os vivos, os que ficarmos, seremos arrebatados juntamente com eles nas nuvens, ao encontro do Senhor nos ares: e assim estaremos para sempre com o Senhor. Portanto, consolem-se uns aos outros com estas palavras*, 1 Tessalonicenses 4:16-18.

Este é o texto chave que provavelmente deu origem ao debate sobre o arrebatamento e a segunda vinda de Jesus Cristo serem eventos iguais ou separados. Muita coisa se concentrou no significado da palavra "arrebatamento" ou "arrebatado", e isso significa simplesmente ser violenta ou subitamente levado e transportado para o Céu. Este texto tem sido usado como suporte para o arrebatamento ser separado da segunda vinda, mas será que é realmente esse o caso? Está se tornando muito difícil vê-los como eventos separados quando no final do versículo 17 diz: "encontrar o Senhor nos ares: e assim estaremos para sempre com o Senhor".

A frase "esteja sempre com o Senhor" implica a finalidade de Sua vinda e de não voltar novamente. Não disse que estaremos com o Senhor quando Ele vier novamente para nós. Isto sinaliza a nossa morada final e nenhuma chance de outro retorno. Estaremos para sempre com o Senhor, a finalidade de Sua vinda e nenhuma chance de outra vinda. O arrebatamento e a segunda vinda parecem ser eventos claramente idênticos. Aqui está outro texto que também é frequentemente usado em apoio ao arrebatamento como um evento distinto e separado da segunda vinda:*Num momento, num abrir e fechar de olhos, ao som da última trombeta: porque a trombeta soará, e os mortos ressuscitarão incorruptíveis, e nós seremos transformados. Pois é necessário que este que é corruptível se revista da incorrupção, e que este que é mortal se revista da imortalidade,*1 Coríntios 15:52-53.

Este texto é frequentemente usado como prova em defesa do arrebatamento, mas será que ele realmente defende o arrebatamento? Se o arrebatamento é um evento que ocorre antes da segunda vinda de Cristo, então o toque da trombeta que acontece no arrebatamento não seria a última trombeta porque há outro evento no horizonte. O texto acima diz que, "na última trombeta", significa que houve vários sons de trombeta e, na verdade, parece que o toque de uma trombeta fazia parte da vida e da cultura judaica. As trombetas são tão importantes na vida judaica que uma festa inteira foi dedicada apenas às trombetas, chamadas festas das trombetas. Trombetas foram tocadas em casamentos e por profetas para alertar o povo, mas esta é identificada como a última trombeta; o que significa que nunca mais haverá som de trombeta depois disso.

As implicações podem ser que ninguém estará vivo depois deste ponto porque ninguém estará vivo para ouvir ou tocar as trombetas. Não haverá mais casamentos e nenhum profeta estará vivo ou qualquer outra pessoa. Esta é a última trombeta a soar novamente na terra. Por que seria a última trombeta se haveria uma segunda vinda? E se a segunda vinda ainda estiver no futuro, após o arrebatamento, isso significa que as pessoas ainda estão vivendo na terra e isso não se encaixa realmente na realidade da última trombeta. Este texto e muitos outros semelhantes apresentam um argumento convincente para que o arrebatamento e a segunda vinda sejam o mesmo evento e eu entendo claramente que há muitos que discordariam. Assim, depois da festa das Trombetas, o Dia da Expiação é o próximo no calendário.

Dia da Expiação

O Dia da Expiação é considerado o mais sagrado entre as festas judaicas. Isso também é chamado de Yom Kippur em hebraico. É também e com razão chamado de Dia da Expiação, já que a festa dura cerca de 25 horas ou uma hora a mais do que o nosso típico dia de calendário de 24 horas. Esta festa ou festival aponta para a segunda vinda de Jesus, quando a expiação for plenamente realizada. No noivado, na festa da Páscoa, pagava-se o dote ou preço da noiva, mas a noiva ainda não era levada à casa do Pai do noivo.

Isto pode novamente ser corretamente chamado de "Dia da Expiação", porque é neste dia que a expiação é considerada completa. É neste dia que os crentes em Cristo são ressuscitados e transformados instantaneamente. É assim que o apóstolo Paulo coloca:*Assim, quando isto que é corruptível se revestir da incorrupção, e isto que é mortal se revestir da imortalidade, então se cumprirá a palavra que está escrita: Tragada foi a morte na vitória. Ó Morte, onde está a sua vitória? Ó túmulo, onde está o seu aguilhão?*1 Coríntios 15:54-55.

A expiação será completada na cruz do Calvário, mas será consumada na ressurreição, quando a noiva for ressuscitada e conduzida ao Céu, a casa do Pai do noivo. O Dia da Expiação visa a conclusão da salvação e não o início da salvação e aqui está como Paulo coloca isso:*E que, sabendo a hora, que já é hora de despertar do sono: Porque agora a nossa salvação está mais perto do que quando cremos pela primeira vez*, Romanos 13:11. A salvação é frequentemente mencionada na Bíblia de três maneiras: presente ou parcial, progressiva e final. No momento em que você acredita na mensagem do evangelho, você é salvo e passa da morte para a vida; salvação presente ou parcial. À medida que você vive a sua fé diariamente em obediência a Deus, então você está sendo salvo ou santificado, o que significa que você está sendo salvo progressivamente, Filipenses 2:12-13.

Então a nossa salvação é completa e consumada quando recebemos os nossos corpos espirituais glorificados, Romanos 13:11. Este versículo em Romanos diz que a nossa salvação está mais próxima do que quando cremos pela primeira vez, o que significa que há um aspecto futuro da nossa salvação que ainda não foi realizado e consumado. Este é um conceito extremamente importante para entender se você quiser compreender claramente o Dia da Expiação e seu significado.

Eis como o escritor de Hebreus diz: Assim, Cristo foi sacrificado uma vez, para tirar os pecados de muitos. Para aqueles que esperam ansiosamente por Ele, Ele aparecerá uma segunda vez, sem pecado, para a salvação, Hebreus 9:28. Esta é provavelmente uma das passagens mais claras sobre o Dia da Expiação. Este versículo defende o aparecimento de Cristo: Primeiro, para lidar com a questão do pecado do lado da morte espiritual e aparecerá novamente, naquele dia para erradicar completamente o pecado, dando-nos um corpo espiritual ressuscitado e sem pecado. Observe que o texto não diz que Ele aparecerá no arrebatamento, mas uma segunda vez.

Abaixo estão vários atos de Cristo que foram iniciados, mas ainda não consumados:

Adotado agora (ROM. 8:15) – Consumando a Adoção que está por vir (ROM. 8:23)

Resgatado agora (1 Cor. 13h30) – Consumando a Redenção que está por vir (Php. 3:14,ROM. 8:23).

Regeneração agora (Tito 3:5) – Consumando a Regeneração que está por vir (ROM. 8:18-21,Php. 3:12-14)

Reino dentro de você agora (Lc. 17:21,Cl 1:13,Ef. 2:6) – Consumando o Reino que está por vir (2Tm. 4:1,Apocalipse 3:21)

No Monte Sião agora (Ter. 12:22) – Consumando a subida ao Monte Sião que está por vir (Apocalipse 14:1-5)

Ressurreição agora (ROM. 6:4) – Consumando a ressurreição que está por vir (1 Cor. 15:50)

Vida Eterna agora (1 João 3:15,5:12-13) – Consumando a Vida Eterna que está por vir (2 Cor. 5:1-4,1Tm. 6:12)

Superando o poder agora (Ef. 2:5,1 João 5:4) – Consumando o poder de superação que está por vir (1 Cor. 15:54-57)

Derrota da Morte agora (ROM. 8:2,6,Ef. 2:5) – Consumando a derrota da morte que está por vir (1 Cor. 15:54-57)

Na Luz agora (Ef. 5:8) – Consumando o Dia Eterno de Luz que está por vir (Prov. 4:18,2 Pedro 1:19,Apocalipse 21:23-25)

Vendo Deus agora (2 Cor. 3:17-18,1 Cor. 13:12,Ter. 11:27) – Consumando a visão reveladora que está por vir (1 João 3:2)

Perfeito agora (Ter. 10:14) – Consumando a perfeição que está por vir (Php. 3:12,1 Cor. 13:10,Prov. 4:18)

"Como Ele é" agora (1 João 4:17) – Consumar a conformidade, "como Ele é" na glória, por vir (1 João 3:2,Apocalipse 2:27)

Conhecendo-o agora (1 João 2:4,João 17:3) – Consumando o saber, "assim como também sou conhecido" por vir (1 Cor. 13:12)

Eleja agora (2 pol. 1:1,13,1 animal de estimação. 1:2) – Consumando a Eleição que está por vir (2 Pedro 1:10)

Liguei agora (1 Cor. 1:26) – Consumando Chamando para vir (Php. 3:14)

Escolhido agora (1 Pedro 2:9) – Escolha consumada que está por vir (Matt. 22:14,Apocalipse 17:14)[131]

Estes são atos de Deus que aguardam uma consumação futura e assim é o Dia da Expiação. A expiação foi mencionada no Antigo Testamento:*Mas o bode sobre o qual caiu a sorte para ser bode expiatório será apresentado vivo perante o Senhor, para fazer expiação por ele, e deixá-lo ir como bode expiatório para o deserto*, Levítico 16:10. O bode expiatório deveria ser o portador do pecado para levar o pecado do povo para o deserto. Este bode expiatório será condenado e aqueles cujos pecados, o bode expiatório carregado, serão expulsos e seus pecados perdoados e eles serão libertos.

Mas esta foi apenas uma imagem do que estava por vir porque o sangue de touros e bodes só pode cobrir o

---

[131]

http://www.thecondescensionofgod.com/present-progressive-salvation-explained.html

pecado, mas não pode removê-lo, Hebreus 10:4. O próprio Cristo se tornou o bode expiatório e os pecados daqueles que Ele veio redimir foram colocados sobre Ele e aqui está como o escritor de Hebreus coloca isso:*Não com o sangue de bodes e bezerros, mas com o seu próprio sangue, Ele entrou uma vez por todas no lugar Santíssimo, tendo obtido a redenção eterna,*Hebreu 9:12. Ele é o perfeito portador do pecado porque não tinha pecado. Aquele que não conheceu pecado tornou-se pecado por nós, 2 Coríntios 5:21.

Imagem de um bode expiatório retirada da Wikipedia[132]

Portanto, o Dia da Expiação é o dia do segundo e último retorno do Senhor para consumar tudo o que Ele começou e levá-lo até o fim. Este dia não é diferente do arrebatamento como muitos dizem, mas são eventos idênticos. A maioria dos pré-tribulacionalistas vêem o arrebatamento e a segunda vinda como eventos distintos e separados, e que

---

132

https://en.wikipedia.org/wiki/Scapegoat#/media/File:William_Hol man_Hunt_-_The_Scapegoat.jpg

Cristo retornará e arrebatará a igreja antes da tribulação e retornará mais tarde para a segunda vinda. Os defensores de tais pontos de vista, como o Dr. Richard Mayhue, professor de Teologia no The Master's Seminary, na Califórnia, apresentaram esses argumentos em seu artigo intitulado "Por que um Arrebatamento Pré-tribulacional?" no qual ele argumentou que o arrebatamento e a segunda vinda são eventos separados.[133] Alguns dirão que Mateus 24 é uma passagem do arrebatamento, mas será realmente esse o caso? John Walvoord parece argumentar que um arrebatamento pré-tribulacional é ensinado em Mateus 24, conforme elaborado em seu artigo, "É um arrebatamento pós-tribulacional revelado em Mateus 24?"[134] Não acredito que sejamos mais espertos que os discípulos de Jesus, eles certamente acreditavam no arrebatamento pós-tribulacional da igreja e que a igreja será arrebatada na segunda vinda de Jesus. Aqui estava uma pergunta feita pelos discípulos:*Agora, quando Ele estava sentado no Monte das Oliveiras, os discípulos aproximaram-se dele em particular, dizendo: "Dize-nos, quando serão essas coisas? E qual será o sinal da tua vinda e do fim dos tempos?"* Mateus 24:3.

Os discípulos fizeram uma pergunta muito interessante desde o início: Eles queriam saber duas coisas: (1) "o sinal da Sua vinda" e (2) "o fim dos tempos". O sinal de Sua vinda pode ser chamado de "arrebatamento" por alguns, enquanto "o fim dos tempos" também é visto como a segunda vinda por outros. Mas a questão fundamental que se coloca aqui é: serão estes dois eventos separados ou o mesmo evento? A questão aqui também é o uso da palavra grega "kai", que fica entre "sinal de sua vinda e a

133

https://tms.edu/educational-resources/journal/archive/why-a-pr etribulational-rapture/
134   https://biblicalstudies.org.uk/pdf/gtj/06-2_257.pdf

consumação ou fim dos tempos". Como o "kai" funciona neste contexto? A palavra grega "kai" pode ser traduzida como Inglês como *e, também, até, de fato, mas é considerado um artigo primário, tendo força copulativa e às vezes cumulativa.*[135]

Esta palavra grega tem usos amplos e expandidos, mas a ideia básica por trás do uso da palavra grega "kai" é que ela conecta ou complementa. Ele conecta duas ideias independentes ou atua como um complemento à ideia principal. Assim, "kai" é usado aqui para conectar "o sinal de Sua vinda" e "a vinda ou consumação da era", ou para complementar e expandir a ideia de "o sinal de Sua vinda", que é "a vinda ou consumação da era?" Acontece que acredito que a palavra grega "kai" nesta passagem e contexto deveria ter sido traduzida para o inglês como "também", fazendo, "a vinda da era", uma força complementar ou cumulativa ao "sinal da Sua vinda", tornando assim o arrebatamento e a consumação da era ou a segunda vinda o mesmo evento.

Esta compreensão dá o tom para o restante de Mateus 24 como a resposta de Jesus à pergunta feita pelos discípulos. O Senhor Jesus passará o resto do seu tempo respondendo a esta pergunta durante todo o capítulo de Mateus 24. Aqui está um trecho de como Jesus respondeu:*Logo depois da tribulação daqueles dias o sol escurecerá, e a lua não dará a sua luz; as estrelas cairão do céu e os poderes do céu serão abalados. Então aparecerá no céu o sinal do Filho do Homem, e então todas as tribos da terra chorarão e verão o Filho do Homem vindo nas nuvens do céu com poder e grande glória. E Ele enviará os Seus anjos com grande som de trombeta, e eles reunirão os*

---

[135]

https://www.biblestudytools.com/lexicons/greek/nas/kai.html

Seus eleitos desde os quatro ventos, duma extremidade do céu à outra, Mateus 24:29-31.

O versículo 29 de Mateus 24 começa dizendo: "logo depois da tribulação daqueles dias", o retorno de Cristo começará. Este versículo afirma que o retorno de Cristo é pós-tribulacional, como o versículo afirma claramente. Mas observe que não haverá reunião dos Seus eleitos no arrebatamento, mas na segunda vinda. Alguns até apresentaram a ideia de que este capítulo se aplica apenas à nação de Israel e não à igreja. Por que isso se aplicaria apenas a Israel quando diz claramente: "então o sinal do Filho do Homem aparecerá no céu, e então todas as tribos da terra lamentarão e verão o Filho do Homem vindo nas nuvens?"

Esta é claramente uma passagem sobre a segunda vinda e não sobre o arrebatamento, a menos que sejam os mesmos eventos. Trata-se do Dia da Expiação e não da Festa das Trombetas. Trata-se da consumação do casamento entre a noiva (a igreja) e o noivo (Cristo). Ele está vindo para levar sua noiva, mas também para julgamento. Isto é o que é dito no final do capítulo sobre o julgamento: O Senhor daquele servo virá num dia em que ele não o espera e numa hora em que ele não sabe, e o cortará em pedaços, e designará a ele a sua porção com os hipócritas, haverá choro e ranger de dentes, Mateus 24:50-51. Ele está vindo para Sua noiva e para reunir Seus eleitos, tanto judeus como gentios que crêem. Ele está vindo para reuni-los como uma galinha reúne seus pintinhos sob suas asas, onde estaremos para sempre com Ele.

Festas de Barracas ou Tabernáculos

A festa dos tabernáculos ou barracas é a última das sete festas que os israelitas foram ordenadas por Deus a observar. Às vezes chamada de festa da colheita ou abrigo, é a terceira e última festa do outono que eles deveriam observar. Esta festa também é conhecida como "sucot" e é celebrada no 15° dia do mês hebraico, Tishri. Este é o sétimo mês do calendário hebraico e normalmente ocorre no final de setembro e meados de outubro. A festa do Dia da Expiação é no dia 10 do mesmo mês e a festa dos Tabernáculos é cinco dias depois, que é no dia 15 daquele mês. O conceito e o ser de uma divindade são um tanto abstratos para a mentalidade humana. Um ser que não pode ser visto, tocado ou cheirado; um ser que parece tão distante que qualquer ser humano que de repente O vislumbre cairá morto instantaneamente; um ser tão incrível que conhece todas as coisas, cognoscíveis e incognoscíveis. Seu poder e potência não conhecem limites.

Não há lugar onde Ele não esteja e Ele não precise viajar para lá, mas Sua glória enche o universo. É neste contexto que o Deus de toda a terra instituiu a festa do Tabernáculo. Esta festa prenuncia um tempo em que o Deus do universo não estará mais distante, mas realmente habitará no tabernáculo entre o Seu povo. Ele será nosso Deus e nós seremos Seu povo. Esta festa lembrou aos israelitas a sua libertação do Egipto para a Terra Prometida e também fornece uma imagem vívida da nossa libertação do pecado para a salvação.

A maioria dos estudiosos também concorda que isso simboliza a segunda vinda de Cristo, quando Ele separará o trigo do joio ou do joio e habitará o tabernáculo para sempre com Sua noiva. Aqui está o que Deus disse aos israelitas sobre esta festa muito importante: *Você habitará em barracas sete dias; todos os israelitas nascidos estarão em barracas. Para que saibam as vossas gerações que fiz habitar os filhos de Israel em tendas, quando os tirei do Egito; Eu sou o Senhor teu Deus, L.23:42-43*

Os israelitas foram levados da escravidão para as barracas e a festa serve como um lembrete de que Deus os tirou do Egito. A ideia básica por trás da festa da colheita ou tabernáculo é que Deus está reunindo Seus eleitos dos quatro cantos da terra e habitando entre eles. Assim que o Dia da Expiação estiver completo e o pecado for completamente erradicado, então Deus estará pronto para se aproximar do Seu povo.

É por isso que o Dia da Expiação é um precursor da reunião dos Seus eleitos. Os eleitos receberam seus corpos espirituais glorificados e ressuscitados e estão prontos para entrar na Nova Jerusalém, onde não habita o pecado. Mas antes de chegarmos a esta Nova Jerusalém, Deus foi muito gracioso em nos dar uma imagem de Sua presença na terra. No Antigo Testamento, a Arca da Aliança foi encarregada de mostrar uma presença física e tangível de Deus na terra, a glória shekinah como é chamada. Deus falou com Moisés entre dois querubins (Números 7:89) porque não podia falar com ele face a face.

A Arca foi construída e transportada com os israelitas enquanto eles viajavam do Egito pelo deserto. A Arca foi posteriormente colocada no tabernáculo da reunião (Êxodo 40:21) e mais tarde no templo (Êxodo 25:22).

Aqui está uma descrição do papel da Arca na vida judaica: Ela era acessível apenas uma vez por ano e, mesmo assim, apenas por uma pessoa. No Yom Kippur, o Sumo Sacerdote (Kohen Gadol) poderia entrar no Santo dos Santos para pedir perdão para si mesmo e para toda a nação de Israel (Levítico 16:2).

A relação entre a Arca e a shekinah é reforçada pelo tema recorrente das nuvens. A presença de Deus é frequentemente vista sob a forma de uma nuvem na Bíblia (Êxodo 26:16), e a Arca é constantemente acompanhada por nuvens: Quando Deus falou entre os Querubins, havia uma nuvem brilhante visível ali Ex. 40:35); e quando o Sumo Sacerdote entrou na presença da Arca em Yom Kippur, ele o fez apenas sob a cobertura de uma nuvem de incenso, talvez com a intenção de mascarar a visão da shekinah em toda a sua glória, Lev. 16:13). A santidade da Arca também a tornou perigosa para aqueles que entraram em contato com ela.

Quando Nadav e Avihu, os filhos de Aarão, trouxeram uma chama estrangeira para oferecer um sacrifício no Tabernáculo, foram devorados por um fogo que emanava do Senhor (Lv 10:2). Durante a saga da captura da Arca pelos filisteus, inúmeras pessoas, incluindo algumas que apenas olharam para a Arca, foram mortas pelo seu poder. Da mesma forma, os sacerdotes que serviam no Tabernáculo e no Templo foram informados de que ver a Arca num momento impróprio resultaria em morte imediata (Números 4:20).[136]

É claramente claro que a Arte representava a presença de Deus na terra. Também está claro que a humanidade, no seu estado pecaminoso, é incapaz de se aproximar de um Deus Santo. A humanidade não é sequer capaz de olhar para um Deus Santo sem sofrer consequências graves, incluindo a morte. A remoção do pecado é necessária para que a humanidade pecadora habite ou habite com um Deus Santo. A imagem da Arca da Aliança é mostrada abaixo:

136

https://www.jewishvirtuallibrary.org/the-ark-of-the-convenant

A Arca da Aliança

A Arca da Aliança contém duas tábuas de pedra (nas quais os Dez Mandamentos foram dados a Moisés no Monte Sinai) 2 Crônicas 5:10. Mas o escritor de Hebreus, no Novo Testamento, diz que a Arca também incluía o pote de ouro que continha o maná, a vara de Arão que floresceu e as tábuas da Aliança, Hebreus 9:4.

A presença de Deus entre o Seu povo também se manifestou no novo testamento. O plano de Deus é estar sempre entre Seu povo. A festa da colheita ou tabernáculo prenuncia um tempo em que Deus reunirá Seus eleitos, Sua noiva, a igreja e o tabernáculo com ela para sempre. A primeira vinda de Jesus também é um prenúncio de Sua segunda vinda. Jesus, em Sua encarnação, deixou Seu lar em glória e veio habitar temporariamente entre Seu povo. Jesus nasceu em uma época e circunstâncias muito interessantes que prenunciam Sua futura reunião com Seu povo.

Aqui estão as circunstâncias que envolveram Seu nascimento: Enquanto eles estavam lá, chegou a hora de ela dar à luz. E ela deu à luz o seu filho primogênito; e ela o envolveu em panos e o deitou numa manjedoura, porque não havia lugar para eles na estalagem. Na mesma região havia alguns pastores que ficavam nos campos e vigiavam o rebanho à noite, Lucas 2:6-8. Este texto dá origem a duas observações muito interessantes: (1) Ele nasceu e foi colocado numa manjedoura. ; e (2) os pastores vigiavam seu rebanho à noite. Ele estava numa manjedoura porque não havia lugar na pousada e a razão dada para a falta de espaço foi porque as pessoas foram ordenadas a viajar cada uma para o seu local de nascimento para que um censo pudesse ser feito. Portanto, nascer numa manjedoura também pode não ser acidental ou coincidente, afinal.

Uma manjedoura é normalmente um local em um estábulo de animais fora do prédio principal onde os animais são mantidos. No Antigo Testamento, os israelitas foram instruídos a deixar suas casas e montar tendas e habitar nelas para comemorar a festa das tendas ou tabernáculos. É alguma surpresa que Jesus tenha nascido numa estrutura semelhante a uma tenda? Com toda a probabilidade, este foi um cumprimento parcial da festa do Tabernáculo. Deus está reunido entre o Seu povo e por isso nasceu numa tenda. A falta de espaço na pousada não foi acidental, mas na verdade estava de acordo com o plano e propósitos de Deus. O momento era certo. Este decreto de César Augusto pode ter coincidido com alguma outra festa judaica. Isto é puramente uma especulação neste momento, mas os factos são que os pastores vigiavam o seu rebanho à noite. Isto diz-nos que este período em que os pastores cuidavam do seu rebanho deve ser durante o tempo quente, provavelmente de Maio a Outubro.

Aqui está um relatório do Diretório de Ciência e Tecnologia de Israel sobre o clima em Israel: A estação chuvosa se estende de outubro ao início de maio, e o pico de chuvas ocorre de dezembro a fevereiro. A neve pesada cai apenas na parte norte das Colinas de Golã, onde o cume do Monte Hermon (2.224 m acima do nível do mar) geralmente permanece coberto de neve de dezembro a março. Em outras partes do país, raramente se observa neve.[137] É muito improvável que os pastores cuidassem do seu rebanho em Dezembro, no meio de fortes chuvas, frio, inverno ou uma combinação dos três.

Isso coloca em questão o dia 25 de dezembro como data de nascimento de Jesus. Cada evento significativo na vida de Jesus é cumprido em alguma festa judaica. É muito importante um acontecimento como o nascimento de Jesus, que foi predito no Antigo Testamento, e não pode acontecer simplesmente no dia 25 de dezembro, sem nenhum significado teológico e cultural real. O nascimento de Jesus e Sua vinda ao mundo significam a vinda de Deus para habitar entre Seu povo. O Antigo Testamento tinha a Arca da Aliança no meio deles para significar a presença de Deus no meio deles.

Não há evidências conclusivas sobre a origem do dia 25 de dezembro como o dia do aniversário de Jesus. A origem desse feriado e sua data de dezembro residem no antigo mundo greco-romano, já que as comemorações provavelmente começaram em algum momento do século II. Existem pelo menos três origens possíveis para a data de dezembro:*O historiador cristão romano Sexto Africano datou a concepção de Jesus em 25 de março (a mesma data em que ele afirmava que o mundo foi criado), o que,*

137

https://www.science.co.il/weather/Israel-climate.php#:~:text=The%20rainy%20season%20extends%20from,the%20North%20to%20the%20South.

após nove meses no ventre de sua mãe, resultaria no nascimento em 25 de dezembro.

No século III, o Império Romano, que na época não havia adotado o Cristianismo, celebrou o renascimento do Sol Invicto (Sol Invictus) no dia 25 de dezembro. Este feriado não só marcou o retorno de dias mais longos após o solstício de inverno, mas também seguiu o popular festival romano chamado Saturnalia (durante o qual as pessoas festejavam e trocavam presentes). Era também o aniversário da divindade indo-europeia Mitra, um deus da luz e da lealdade cujo culto na época estava se tornando popular entre os soldados romanos.[138]

O nascimento e o primeiro advento de Jesus também significam a presença física de Deus no meio do Seu povo. Aqui está como João coloca isso:*E o Verbo se fez carne e habitou entre nós (e vimos a sua glória, a glória do unigênito do Pai), cheio de graça e de verdade,* João 1:14. A interpretação aqui é simplesmente que Deus assumiu a forma humana e se tornou carne e sangue. Ele pode ser visto e tocado. A dicotomia é que Ele nunca renunciou aos Seus atributos divinos e, ao mesmo tempo, foi plenamente humano. Ele era totalmente humano e totalmente Deus simultaneamente, e ainda assim sem pecado ou sem pecado. Ele era incapaz de pecar, mas habitava entre criaturas pecadoras como nós. A palavra grega "skenoo", que é traduzida para o inglês neste texto como "habitou", também significa Tabernáculo, Tenda, Espalhamento e Morada. A palavra hebraica "Ohel" é traduzida na LXX como "skenoo". Portanto, o Êxodo 40:34-35 é cumprido em João

---

138

https://www.britannica.com/story/why-is-christmas-in-decembe
r#:-:text=The%20Roman%20Christian%20historian%20Sextus,in
%20a%20December%2025%20birth.

1:14 e será completamente cumprido em Apocalipse 21:3, quando Deus for reunido aos Seus eleitos. .

Com toda a probabilidade, o nascimento de Jesus aconteceu no início ou durante a festa do Tabernáculo, que é o 15° dia do mês hebraico de Tishri, que é o 7° mês no calendário judaico, que corresponde a setembro/outubro no nosso calendário atual. . A data exata não nos é dada, mas este é o período provável de Seu nascimento, mas no final do Dia da Expiação e no início da festa do tabernáculo ou recolhimento, alinha-se com a evidência bíblica e os cronogramas das festas judaicas que têm já foi cumprido.

Este Deus está tabernáculo com Seu povo em Seu primeiro advento, mas Ele finalmente tabernáculo com Seu povo em Seu segundo advento e aqui está o que o texto diz:*E ouvi uma grande voz do céu dizendo: 'Eis que o tabernáculo de Deus está com os homens, e Ele habitará com eles, e eles serão o Seu povo, o próprio Deus estará com eles e será o seu Deus.*, Apocalipse 21:3. Este é o cumprimento final da festa do Tabernáculo. O capítulo é intitulado "O poder do casamento" por uma boa razão, porque é a unidade e a estrutura da sociedade. Sem o casamento humano que começou com Adão e Eva, não haverá multiplicação de humanos e, portanto, nenhum casamento ou união entre Cristo e Seus Noiva, *a igreja, então o casamento é a força mais poderosa do universo.* a relação sexual deve ser usada adequadamente; caso contrário, pode levar a comportamentos sexuais destrutivos e viciantes.

O poder destrutivo do vício sexual

A relação sexual é provavelmente, de longe, a experiência mais prazerosa da existência humana. É a experiência mais sagrada e íntima da existência humana. A relação sexual é muito poderosa; e se for poderoso, então tem potencial para ser prazeroso, explosivo e destrutivo. O potencial de ser útil e destrutivo. Uma faca de cozinha que normalmente é usada para ajudar a preparar alimentos para sustentar a vida, também pode ser usada para ferir e matar um ser humano, que foi criado à imagem de Deus. Uma faca pode ser poderosa e destrutiva; da mesma forma, o sexo também o é se não for usado no contexto adequado, com moderação.

O vício sexual tem o potencial e o poder de destruir vidas de maneiras inimagináveis. Este é um problema social muito grande e, no entanto, dificilmente chega às manchetes. A maioria das pessoas dificilmente acreditaria que o vício sexual seja um problema. A sociedade está bem ciente de coisas como dependência de álcool, dependência de drogas, dependência alimentar, dependência de poder, dependência de jogos e várias formas de dependência que existem por aí. A verdade é que qualquer forma de vício é destrutiva para a pessoa envolvida e para a sociedade em geral e, portanto, a ideia de que o sexo pode ser viciante é novidade para muitos.

O vício sexual é um pouco diferente de outras formas de vício, pois é considerado parte de uma atividade humana normal e, por isso, as pessoas relutam muito em admitir que têm um problema de vício sexual. Existe também o estigma social de rotular alguém como viciado em sexo. Até as comunidades psicológicas e psiquiátricas estão a lutar para identificar a dependência sexual como um problema de saúde mental.

Então, o que realmente é o vício sexual? Aqui está uma definição da Biblioteca Nacional de Medicina: O comportamento sexual compulsivo (CSB) é um distúrbio comum que apresenta pensamentos, impulsos e comportamentos sexuais repetitivos, intrusivos e angustiantes que afetam negativamente muitos aspectos da vida de um indivíduo.[139]Esta é uma definição e descrição bastante interessante e fascinante do vício sexual. É interessante porque liga duas partes muito importantes da vida humana, nomeadamente os pensamentos e o comportamento, mas a definição não nos diz se o comportamento é resultado dos pensamentos ou se os pensamentos são resultado do comportamento.

 A verdade é que este é um grande problema e milhões de vidas são afetadas. Aqui estão algumas estatísticas sobre dependência sexual: O número de pessoas nos Estados Unidos que vivem com dependência sexual é atualmente estimado em 12 a 30 milhões. Tanto homens como mulheres podem ser afetados, embora existam poucas pesquisas sobre o vício em sexo feminino. Os homens com dependência sexual têm em média 32 parceiros sexuais, enquanto as mulheres têm em média 22 parceiros sexuais. Existe uma forte correlação entre o vício em sexo e traumas infantis. Pesquisas com pessoas viciadas em sexo mostram que durante a infância:

72% foram abusados fisicamente

81% foram abusados sexualmente

---

[139]   O novo design do PMC está aqui!Saber maissobre como navegar em nosso layout de artigo atualizado. OVisão herdada do PMCtambém estará disponível por tempo limitado.

97% foram abusados emocionalmente

Vício em sexo e pornografia

O vício em sexo e pornografia muitas vezes andam de mãos dadas. Muitas pessoas viciadas em sexo também recorrem à pornografia para satisfazer seus desejos. Muitas pessoas viciadas em sexo dizem que são dependentes de pornografia e ficam angustiadas quando passam longos períodos sem vê-la.[140] Como você pode perceber por essas estatísticas, o vício sexual é um grande problema e o quadro real é provavelmente muito pior do que o retratado aqui. A maioria dos viciados em sexo pode nunca querer responder a uma pesquisa e admitir abertamente que é viciado em sexo. O vício sexual também está intimamente ligado à pornografia, na medida em que a pornografia pode ser usada como estimulante sexual visual para alimentar a fantasia do viciado em sexo. O poder e a força que impulsionam um viciado em sexo literalmente assumem o controle dos pensamentos e das faculdades de tomada de decisão do indivíduo. Um viciado em sexo pode ser comparado a um alcoólatra ou a um viciado em drogas. O viciado, em geral, é incapaz de qualquer restrição à sua conduta e comportamento.

Isso é muito estranho para a mente de uma pessoa comum entender. Deixe-me dizer mais uma vez: um viciado, no verdadeiro sentido da palavra, é incapaz de alterar seu comportamento por conta própria. Porque é que o presidente dos Estados Unidos da América, que é casado, terá relações sexuais com uma jovem estagiária no Salão

---

140

https://www.therecoveryvillage.com/process-addiction/sex-addiction/sexual-addiction-statistics/#:~:text=The%20number%20of%20people%20in,average%20of%2022%20sexual%20partners.

228

Oval, sabendo que o seu casamento e a sua presidência estavam em jogo? Onde estava a bússola moral? Por que ele não conseguia raciocinar consigo mesmo que os poucos minutos de prazer não valeriam o risco? Não se precipite em julgá-lo porque há milhões de pessoas que teriam feito pior se tivessem a mesma oportunidade. Na verdade, estou a falar do Presidente Bill Clinton e das suas questões sexuais que estão bem documentadas no domínio público.

Mesmo o então presidente da Câmara dos Deputados que liderava o impeachment de Clinton também não tinha as mãos limpas, e aqui está ABCNEWS: Em 2007, o presidente da Câmara, Newt Gingrich, admitiu ter traído sua primeira e segunda esposas, incluindo ter um caso enquanto liderava o processo de impeachment de Clinton. O primeiro casamento de Gingrich foi com sua ex-professora do ensino médio, Jackie Battley, em 1962. Gingrich se casou com sua segunda esposa, Marianne Ginther, meses depois de se divorciar de Battley em 1981. Gingrich se divorciou de Ginther em 2000 e logo se casou com Callista Bisek, com quem começou um caso com quando ela era ex-assessora do Congresso.[141] A então prefeita de Washington DC, Marion Barry, foi pega e pega pelo FBI fumando crack ao vivo na televisão. Presume-se que ele sabia que o FBI estava em seu encalço e rastreando-o, mas ele simplesmente não conseguia parar e por que isso?

Ele não tinha a capacidade de parar, pura e simplesmente. Os viciados não param suas ações por causa de alguma lei que foi aprovada ou mesmo por saberem que estão sendo rastreados pelo FBI. É por isso que nenhuma lei pode impedir um viciado real, e não um viciado marginal, de realizar seus atos sexuais. Eles são dominados e não podem

---

[141] https://abcnews.go.com/Politics/photos/
Political-sex-scandals-43202982/image-newt-gingrich-43223585

ser detidos por dentro, e a ajuda tem que vir de fora. O vício sexual não se limita aos homens, pois as mulheres também são incapazes de controlar seus desejos sexuais. Um exemplo é o de uma congressista de Minnesota, que foi pega em uma teia de atividades sexuais. Ela parece muito fora de controle para sequer contemplar os danos que suas ações podem ter causado à sua família e carreira.

Capítulo 7

O poder do vício sexual

O poder do sexo é tão forte que os humanos são incapazes e não querem resistir e qualquer senso de raciocínio lógico está fora de questão. Aqui está o que aconteceu com a congressista de Minnesota:*Uma mãe de Washington, DC, diz que seu marido, consultor político, a trocou pelo deputado Ilhan Omar, de acordo com um pedido de divórcio bombástico obtido pelo The Post. Beth Mynett diz que seu marido traidor, Tim Mynett, disse a ela em abril que estava tendo um caso com o representante dos EUA nascido na Somália e que até fez uma "declaração chocante de amor" pelo Minnesota.*congressista antes de abandonar a esposa, alega o processo, apresentado em DC Tribunal Superior na terça-feira.

A médica, de 55 anos, e seu marido de 38 anos – que trabalhou para democratas de esquerda como Omar e seu Minnesota Antecessor, Keith Ellison –têm um filho de 13 anos juntos. "As partes se separaram fisicamente por volta de 7 de abril de 2019, quando o Réu disse ao Autor que estava romanticamente envolvido e apaixonado por outra mulher, Ilhan Omar", dizem os documentos do tribunal. O réu conheceu o deputado Omar enquanto trabalhava para ela", afirmam os documentos. "Embora devastada pela traição e engano que precedeu sua declaração abrupta, a Requerente disse ao Réu que o amava e estava disposta a lutar pelo casamento.[142]Este é o poder destrutivo do vício sexual que está destruindo famílias em todo o mundo.

---

[142]

https://nypost.com/2019/08/27/my-husband-dumped-me-for-rep-ilhan-omar-dc-mom-says-in-divorce-filing/

Não importa o status de alguém na vida, este é um verdadeiro poder destrutivo. Deixa as partes ofendidas abandonadas, confusas e rejeitadas. As crianças são apanhadas no meio e provavelmente também se sentem confusas, abandonadas e rejeitadas. Portanto, o vício sexual não acontece apenas no vácuo, mas é um reflexo de algo mais profundo. A compulsão profunda e incontrolável e o desejo aparentemente incontrolável por mais sexo refletem um problema profundamente enraizado que impulsiona o desejo. Essa pessoa sonha, come e pensa em sexo 24 horas por dia, 7 dias por semana. Então, o que está na raiz desse desejo?

A causa raiz e o remédio para o vício sexual

Portanto, a causa do vício sexual ou de qualquer outra forma de vício é um assunto muito fascinante. O vício assume o controle das faculdades de pensamento de qualquer pessoa que ele possua, de modo que tal pessoa fica impotente diante desse inimigo. Alguns argumentaram que o viciado tem força de vontade para interromper seu comportamento destrutivo, enquanto outros discordam. Se você fosse consultar um psiquiatra, talvez lhe dissessem que se trata de um problema médico que precisa de medicamentos para resolvê-lo; os psicólogos certamente discordariam, chamando-o de uma questão psicológica que precisa examinar a história da família de origem da pessoa e sugerir algumas sessões de psicoterapia ou terapia cognitivo-comportamental (TCC) com a pessoa.

Então, se você conversar com um teólogo, pastor ou alguma pessoa de fé, poderá ouvir uma perspectiva de fé incluída na mistura. Aqui está uma definição de comportamento sexual compulsivo (CSB), conforme definido pela renomada Clínica Mayo:*O comportamento sexual compulsivo às vezes é chamado de hipersexualidade, transtorno de hipersexualidade ou vício sexual. É uma preocupação excessiva com fantasias, impulsos ou comportamentos sexuais que são difíceis de controlar, que causam angústia ou afetam negativamente sua saúde, trabalho, relacionamentos ou outras partes de sua vida. Os comportamentos sexuais compulsivos podem envolver uma variedade de experiências sexuais comumente agradáveis. Os exemplos incluem masturbação, cibersexo, múltiplos parceiros sexuais e uso de pornografia ou pagamento por sexo.*

Quando esses comportamentos sexuais se tornam um foco importante em sua vida, são difíceis de controlar e são perturbadores ou prejudiciais para você ou outras pessoas, então podem ser considerados comportamento sexual compulsivo. Não importa como seja chamado ou a natureza exata do comportamento, o comportamento sexual compulsivo não tratado pode prejudicar sua autoestima, relacionamentos, carreira, saúde e outras pessoas. Mas com tratamento e autoajuda, você pode aprender a controlar o comportamento sexual compulsivo.[143]

Esta é uma resposta médica ao vício sexual. Esta resposta médica diz que "quando esses comportamentos sexuais se tornam o foco principal em sua vida, eles são difíceis de controlar". Esta resposta médica chama isso de "comportamentos sexuais", e são comportamentos, com razão, mas de onde vieram? Os comportamentos não aparecem de repente do nada! Os comportamentos se originam de um padrão de pensamento e o comportamento

---

[143]

https://www.mayoclinic.org/diseases-conditions/compulsive-sexual-behavior/symptoms-causes/syc-20360434

233

depende do pensamento e é um derivado desse pensamento. Assim, para que qualquer comportamento seja alterado, primeiro o pensamento sobre esse comportamento deve ser alterado. Normalmente progride assim: de um pensamento a uma crença; e de uma crença a uma ação. Pensamento + Crença = Ações. Você pode pensar em algo, mas se não acreditar, isso não aparecerá em suas ações. Você não pode agir de acordo com aquilo em que não acredita primeiro e é por isso que sua vida e sua morte estão em jogo em seu sistema de crenças. A crença errada é prejudicial à sua saúde. O comportamento dos viciados sexuais e de todos os outros viciados, aliás, está enraizado em um sistema de crenças profundamente arraigado e arraigado.

A resposta médica terminou afirmando que "mas com tratamento e autoajuda você pode aprender a controlar o comportamento sexual compulsivo". E pela palavra "tratamento", os médicos provavelmente estão falando sobre medicar o viciado em sexo ou pessoas com outras formas de vício, a fim de reduzir ou interromper seus desejos sexuais descontrolados ou outros comportamentos viciantes. Se esses comportamentos estão ligados a pensamentos, então os pensamentos podem ser medicados para mudar o comportamento? Como os pensamentos de alguém podem ser tratados com medicamentos para mudar o comportamento? Esta é a abordagem médica para lidar com o vício sexual e todas as outras formas de vício. A mente não pode ser medicada para o bem-estar. Os medicamentos proporcionam apenas um efeito entorpecente que altera os sentimentos, sem nenhum efeito real tangível. Esta é uma solução que altera a mente e não traz nenhum alívio real.

Agora, vejamos o vício sexual através das lentes de um psicólogo. Aqui está uma descrição do vício sexual postada em um site importante:*O conceito de dependência sexual foi pensado de várias maneiras. O vício sexual compartilha muitas das características do vício clínico. Uma dessas características é que a pessoa será incapaz de controlar seu comportamento, mesmo que as consequências negativas sejam claras (ou mesmo prováveis). Ao contrário de alguém com um desejo sexual saudável, uma pessoa viciada em sexo gastará uma quantidade desproporcional de dinheiro. tempo procurando ou praticando sexo enquanto mantém a atividade em segredo de outras pessoas. Pessoas viciadas em sexo não conseguirão interromper o comportamento, a menos que haja algum tipo de evento intermediário. Como resultado, as relações pessoais e profissionais podem ser prejudicadas. Pode até haver um risco aumentado de infecção sexualmente transmissível, incluindo o VIH, se uma pessoa for incapaz de controlar os seus impulsos sexuais.*[144]

A principal conclusão desta avaliação é o reconhecimento de que o vício sexual não é único, mas é em muitos aspectos semelhante a outros vícios. O denominador comum para todos os vícios é que "a pessoa será incapaz de controlar seu comportamento". Há uma sensação de desamparo nos vícios, pois a pessoa fica completamente impotente para sair dessa situação por meio de qualquer esforço próprio. É como ver uma pessoa se afogando em um rio porque não sabe nadar e você fica parado na beira do rio e grita: "nade até a margem!" e eles simplesmente não conseguem obedecer ao seu comando porque simplesmente não sabem nadar. Da mesma forma,

---

[144]

https://www.verywellmind.com/sex-addiction-symptoms-23290
82

se alguém sofre de vícios sexuais ou outras formas de vício, não pode parar por conta própria. É por isso que as leis morais podem ser boas, mas são inúteis para tal pessoa. É por isso que a maioria dos sistemas jurídicos, incluindo a Bíblia, reconhecem a insanidade como uma defesa contra ações cometidas involuntariamente.

Não estou defendendo uma licença para permitir certos comportamentos, mas apenas reconhecendo a realidade do dilema. Para dizer a verdade, conhecemos alguém, ou temos um familiar, ou nós próprios sofremos de algum tipo de dependência, incluindo dependência sexual, e não conseguimos parar, mas porquê? Mas qual é a causa do vício sexual segundo os psicólogos? Aqui está a opinião deles sobre isso:*Existem várias teorias sobre por que ocorre o vício sexual. Algumas delas envolvem a conceituação do vício em sexo como uma forma de controle de impulsos, transtorno obsessivo-compulsivo ou relacional. Incluem também a ideia de que em alguns indivíduos os vícios sexuais surgem como consequência e como forma de lidar com traumas precoces, incluindo traumas sexuais.*[145]Parece haver uma falta de resposta concreta das comunidades psicológicas e psiquiátricas quanto à origem dos vícios sexuais e de outras formas de vícios.

Este artigo identifica uma série de teorias sobre por que ocorre o vício sexual, mas nenhuma causa única é identificada. Identifica o controle dos impulsos, o transtorno obsessivo-compulsivo ou de relacionamento e o trauma sexual na primeira infância como possíveis causas de vícios sexuais. Há uma clara confusão sobre a causa do vício

---

[145]

https://www.verywellmind.com/sex-addiction-symptoms-2329082

sexual por parte da comunidade psicológica quanto à causa e origem do vício sexual.

Aqui está a visão da comunidade psiquiátrica quanto à causa do vício sexual:*As causas dos impulsos e comportamentos sexuais incontroláveis a longo prazo não são bem compreendidas. Pessoas de todas as idades podem experimentar a doença e por diferentes razões. É provável que uma combinação de fatores leve a comportamentos sexuais compulsivos, incluindo: desequilíbrios químicos no cérebro; condições de saúde mental subjacentes ou concomitantes, experiências de infância; relacionamentos na infância com pais ou responsáveis; outras influências do estilo de vida. Pesquisas preliminares sugerem que um desequilíbrio de dopamina, um neurotransmissor no cérebro, também pode afetar os comportamentos sexuais.*[146]Parece haver algum tipo de acordo entre psicólogos e psiquiatras de que o vício sexual está ligado a impulsos sexuais incontroláveis e eles também concordam que o comportamento e as suas causas profundas não são bem compreendidos. Os psicólogos os veem como questões emocionais e os psiquiatras os veem como problemas médicos. Você pode ter ouvido o termo: "desequilíbrio químico no cérebro", para significar que algum tipo de medicamento é necessário para corrigir o desequilíbrio, portanto, o papel de um psiquiatra é necessário para corrigir o desequilíbrio.

Obtendo ajuda de um psicólogo ou psiquiatra

As pessoas procuram ajuda com base em seus sistemas de crenças. Portanto, se alguém acredita que o vício sexual é causado por seus sentimentos e emoções

---

146

https://psychcentral.com/lib/what-is-sexual-addiction#causes

sobre a sexualidade, é provável que procure ajuda de um psicólogo; mas se eles acreditam que algum desequilíbrio químico no cérebro está causando-lhes desejos sexuais incontroláveis, é mais provável que conversem com um psiquiatra. Aqui estão as sugestões do médico ou psiquiatra e psicólogos:*O vício sexual requer tratamento por um profissional médico com experiência na área, como psicólogo, psiquiatra ou terapeuta sexual. O tratamento pode variar de acordo com a causa subjacente, mas normalmente será realizado em regime ambulatorial com aconselhamento e terapias comportamentais.*

Se o vício em sexo estiver associado a um transtorno de ansiedade ou de humor, medicamentos podem ser prescritos como parte do plano de tratamento. Atualmente não existem recomendações estabelecidas sobre o uso apropriado de medicamentos para tratar o vício em sexo fora do âmbito desses distúrbios clinicamente classificados.

Há também um número crescente de grupos de apoio à dependência sexual, alguns dos quais lidam com co-dependências (como abuso sexual e de substâncias) e outros tipos de tratamentos que se baseiam num modelo de recuperação de 12 etapas.[147] É bastante interessante que no segundo parágrafo deste artigo se afirme que "atualmente não existem recomendações estabelecidas sobre o uso adequado de medicamentos para tratar o vício em sexo", e ainda assim é tratado como tal. Se estiver ligado a algum outro transtorno como ansiedade ou depressão, então eles parecem sugerir que a medicação pode ser apropriada. Psicólogos e psiquiatras concordam que a causa é desconhecida, mas muitos estão sendo medicados. Outros

---

[147]

https://www.verywellmind.com/sex-addiction-symptoms-2329082

ainda procuram a ajuda de um psiquiatra através de outros programas, incluindo o modelo de recuperação de 12 etapas e aqui está esse programa:

Honestidade: Depois de muitos anos de Dénia, a recuperação pode começar com uma simples admissão de impotência diante do álcool ou de qualquer outra droga em que a pessoa seja viciada. Seus amigos e familiares também podem usar essa etapa para admitir que seu ente querido tem um vício.

Fé: Antes que um poder superior possa começar a operar, você deve primeiro acreditar que ele pode. Alguém com um vício aceita que existe um poder superior para ajudá-lo a se curar.

Render: Você pode mudar suas decisões autodestrutivas reconhecendo que sozinho não pode se recuperar; com a ajuda do seu poder superior, você pode.

Busca profunda: A pessoa em recuperação deve identificar os seus problemas e obter uma imagem clara de como o seu comportamento afetou a si mesma e outros ao seu redor.

Integridade: A Etapa 5 oferece uma grande oportunidade de crescimento. A pessoa em recuperação deve admitir seus erros diante de seu poder superior e de outra pessoa.

Aceitação: A chave para o Passo 6 é a aceitação – aceitar os defeitos de caráter exatamente como eles são e está inteiramente disposto a deixar eles irem.

Humildade: O foco espiritual do Passo 7 é a humildade, ou seja, pedir a um poder superior que faça algo que não pode ser feito por vontade própria ou por mera determinação.

Disposição: Esta etapa envolve fazer uma lista das pessoas que você prejudicou antes de entrar em recuperação.

Perdão: Fazer as pazes pode parecer um desafio, mas para aqueles que levam a recuperação a sério, pode ser uma ótima maneira de começar a curar seus relacionamentos.

Manutenção: Ninguém gosta de admitir que está errado. Mas é um passo necessário para manter o progresso espiritual na recuperação.

Fazendo contato: O objetivo do Passo 11 é descobrir o plano que seu poder superior tem para sua vida.

Serviço: A pessoa em recuperação deve levar a mensagem aos outros e colocar em prática os princípios do programa em todas as áreas da sua vida.[148]

Este programa tem sido usado para combater vários tipos de vícios, do álcool às drogas, e agora o vício em sexo foi adicionado à mistura. O modelo de recuperação de 12 etapas é o mais próximo que chega do reconhecimento de que vícios de qualquer tipo são problemas espirituais. Este modelo parece subscrever alguma forma de espiritualidade genérica sem qualquer apego absoluto a qualquer divindade particular. No item 2 do modelo de recuperação, faz referência a um poder superior genérico, mas teve o cuidado de não identificar esse poder superior.

---

[148]   https://www.verywellmind.com/the-twelve-steps-63284

É como querer o poder, mas negar a fonte. A intenção era que fosse um programa secular que reconhecesse o poder de um sistema de crenças no combate aos vícios. Este é sem dúvida um ponto de partida que pode ter proporcionado alívio e recuperação para alguns, mas o seu impacto duradouro ainda não é totalmente conhecido. Então, supondo que você acredite que os vícios sexuais e os vícios em geral são questões espirituais, então você está finalmente pronto para ouvir o que os teólogos terão a dizer sobre isso:

Visões teológicas sobre vícios sexuais

Eu já havia defendido que a maioria dos vícios, se não todos os tipos, têm suas origens no processo de pensamento do indivíduo. Se alguém está tendo uma fantasia sexual com outra pessoa, então é o que essa pessoa pensa que está impulsionando essas fantasias sexuais. Tanto psicólogos como psiquiatras concordam que a incapacidade de controlar o comportamento está por trás dos vícios sexuais, mas de alguma forma não conseguem vincular esses comportamentos a padrões de pensamento.

Mas podemos concluir com segurança que os comportamentos não acontecem simplesmente no vácuo. Mas de onde se originam esses pensamentos? Os pensamentos surgem de repente do nada? Isso é exatamente o que está sendo sugerido pela maioria dos cientistas e aqui está uma dessas opiniões:*Os pensamentos vêm do nada e de todos os lugares! Acho que ambos contêm um elemento de verdade. Subjetivamente, nossos pensamentos vêm do nada: eles simplesmente surgem em nossas cabeças ou emergem na forma de palavras que saem de nossa boca. Objetivamente, dizemos que os pensamentos emergem de processos neurais e que os processos neurais vêm de todos os lugares. O que quero dizer com isto é que as formas e dinâmicas do pensamento são influenciadas por tudo o que tem uma conexão causal com você, sua sociedade e sua espécie.*[149]

Este é o pensamento de um neurocientista, Yohan John, e esta é a visão predominante entre a maioria dos filósofos, psicólogos e cientistas. O resultado final é que os pensamentos não têm origem real, ou pelo menos é o que dizem. Há uma sensação de aleatoriedade nos processos de pensamento. "Eles simplesmente surgem em nossas cabeças", mas de onde eles surgiram para entrar em nossas cabeças? A verdade simples é que nenhum pensamento pode existir sem uma origem; caso contrário, não seria um pensamento. Sem uma causa não haverá efeito. Isto parece cair na mesma categoria que a teoria evolucionista que afirma que a Terra apareceu subitamente do nada, daí a teoria do big bang. Aqui está outro cientista:*Em 2001, o neurocientista colombiano Rodolfo Llinas declarou que a previsão é a função última do cérebro. Tal sentimento era evidente na forma mais antiga de vida biológica. Os eucariontes usaram a intenção para sobreviver; mova-se em direção ao sustento, fuja da toxicidade. Prever onde colher e evitar o perigo, argumentou ele, é a base do que evoluiria para os sistemas nervosos e tudo o que se seguiu: emoções, pensamentos, consciência.*[150]

Este cientista parece concordar com o primeiro, mas isto traz uma nova reviravolta ao argumento. A frase "evoluiria para sistemas nervosos" provavelmente implica que nossas emoções, pensamentos e consciência surgiram

---

[149]
https://www.forbes.com/sites/quora/2016/10/21/where-do-our-thoughts-come-from/?sh=5540af322ee2
[150]   https://bigthink.com/neuropsych/origin-of-thinking/

através de uma estrutura evolutiva. Yohan John disse que nossos pensamentos surgiram através de um processo aleatório e Rodolfo Llinas disse que eles evoluíram com o tempo. Se nossos pensamentos são aleatórios e evoluídos, então nossos comportamentos que procedem de nossos pensamentos também são aleatórios e evoluídos. Assim como a criação não foi aleatória, nossos pensamentos não são aleatórios, mas cuidadosamente orquestrados. Você sabia que os pensamentos vêm do coração? Eles não evoluem e também não são aleatórios.

O poder do pensamento

Os pensamentos são a força mais poderosa do universo. Cada ação humana já realizada começa com um simples pensamento. Adolf Hitler deu início à Segunda Guerra Mundial com um pensamento e uma ideia. Os irmãos Wright inventaram a máquina voadora, uma aeronave, com um pensamento e uma ideia simples. Toda ideia começa com um pensamento. Assim, a ideia de que os pensamentos têm uma origem aleatória nem sequer é concebível é possível. Jesus teve uma conversa muito interessante com alguns fariseus e escribas em Mateus 15, quando eles foram até Ele, perguntando por que Seus discípulos estavam quebrando a tradição dos mais velhos ao não lavarem as mãos antes de comer.

Jesus aproveitou esta ocasião para ensinar uma das verdades mais profundas de toda a Bíblia. Eles estavam preocupados em manter as tradições dos mais velhos, mas Jesus estava preocupado com a possibilidade de eles quebrarem os mandamentos de Deus. Eles estavam preocupados com a lavagem exterior das mãos, mas Jesus estava preocupado com a lavagem interior dos seus corações manchados pelo pecado. Aqui está como tudo aconteceu:*Então alguns fariseus e escribas vieram de Jerusalém até Jesus e disseram: "Por que os seus discípulos violam as tradições dos anciãos?* Mateus 15:1. Jesus aproveitou esta oportunidade para abordar duas verdades doutrinárias muito importantes: (1) a origem do pensamento e da pecaminosidade e (2) a natureza corrupta do coração humano.

Primeiro a origem do pensamento:*Pedro lhe disse: "Explica-nos a parábola", Jesus disse: "Também você ainda não tem entendimento? Não entende que tudo o que entra na boca passa pelo estômago e é eliminado? que saem da boca vêm do coração, e essas coisas contaminam a pessoa. Porque do coração vêm os maus pensamentos, os assassinatos, os atos de adultério, outros atos sexuais imorais, os roubos, os falsos testemunhos e as declarações caluniosas. Estas são as coisas que contaminam a pessoa; mas comer sem lavar as mãos não contamina a pessoa,* Mateus 15-15-20.

Jesus certamente não está defendendo a posição de que lavar as mãos adequadamente antes de uma refeição não é importante. Parece que havia uma tradição dos mais velhos, transmitida por várias gerações, de que a limpeza exterior aproximava a pessoa de Seu Deus. Mas Jesus estava dizendo que não era esse o caso. O coração é mau e da mesma forma, os pensamentos que dele procedem são maus. Diz expressamente no versículo 19 que "do coração vem o mau pensamento", e o texto prossegue nomeando aqueles pensamentos que vêm do coração, e entre eles estavam "homicídios, atos de adultério, outros atos sexuais imorais, roubos, falsos testemunhos."

A palavra grega "poneroi" foi traduzida aqui para o inglês como "mal", e esta palavra grega significa mais do que pensamentos ruins, como alguém tendo um dia ruim no escritório. É daí que vem a palavra inglesa "pornografia", como em "pornografia", e isso é o pior que pode acontecer. Isto descreve a fonte dos pensamentos mais degradantes, deploráveis e degradantes que qualquer ser humano pode conceber, perceber e expressar pela boca. Todos eles se originam do coração. Portanto, quando a Bíblia fala do "coração", dependendo do contexto, na maioria das vezes não está falando sobre o órgão que bombeia o sangue para nos manter vivos, mas está falando sobre a sede da nossa vontade, pensamentos e emoções. É aqui que os pensamentos são concebidos e as decisões são tomadas. É aqui que são tomadas decisões sobre cometer adultério, cometer assassinato ou se tornar um viciado. É aqui que a batalha é perdida ou vencida. Portanto, vimos e provamos claramente que os maus pensamentos se originam do coração e, como o coração é mau, os pensamentos também devem ser maus. Nossa segunda questão é se a condição do coração é má ou boa.

O coração humano é mau ou bom?

Esta é uma questão muito importante no contexto da origem do pensamento e do vício sexual. Se você está convencido de que os maus pensamentos se originam do coração, então qual é a condição do coração? O coração é mau ou bom? Digamos que o abastecimento de água de uma cidade muito grande venha de um reservatório muito grande que está ligado a um rio que atravessa a cidade. A cidade obtém toda a água daquele tanque e os inspetores de água descobriram que havia um corpo humano morto no tanque que estava em decomposição; então o que acontecerá com o resto da água que flui desse tanque? Portanto, a pergunta lógica a fazer é: como o corpo entrou no tanque e como o coração humano se tornou mau? E essa é uma questão muito justa e lógica para ponderar!

A questão da natureza humana é central para a existência humana – central, porque muitos outros problemas humanos estão ligados a uma compreensão correta da natureza humana. As respostas a muitas das questões da vida, como a ganância humana, o egoísmo e a cooperação, estão intrinsecamente ligadas à natureza humana. O sofrimento humano, a dor, a morte e os desastres naturais não podem ser adequadamente compreendidos sem uma compreensão adequada da origem do bem, do mal e da natureza humana. A visão de que os seres humanos são inerentemente bons é a visão predominante é amplamente difundida, mas será isso realmente verdade?

Esta visão parece muito atraente; afinal, ajuda-nos a sentir-nos bem connosco próprios e, na verdade, isso pode até aumentar temporariamente a nossa auto-estima. Nunca conheci ninguém que não quisesse que coisas boas fossem ditas sobre eles. Sejamos realistas! Adoro coisas boas ditas sobre mim também! Qualquer coisa negativa que seja dita sobre nós definitivamente esmagaria nossas emoções e nos prejudicaria. Admitir o contrário significaria que existe um problema e que é necessária uma mudança; portanto, para manter o status quo, não há problema em dizer que a nossa natureza é boa. A visão de que a natureza humana é boa é realmente muito atraente e interessante, mas levanta mais questões do que respostas.

Voltemos à nossa analogia do tanque de água acima. Será possível que o tanque de abastecimento de água da cidade abasteça a cidade com água potável limpa e água contaminada da mesma fonte de tanque simultaneamente? Um ser humano bom pode cometer o mal? Pense nisso e deixe-o penetrar. Um bom ser humano pode agredir sexualmente crianças? Um bom ser humano pode usar uma metralhadora AK-47 para matar 30 crianças em um jardim de infância? Um bom ser humano pode roubar outro ser humano sob a mira de uma arma e pegar seu carro ou pertences e deixá-lo preso? A bondade pode ser simplesmente definida como a ausência do mal e alguém realmente acredita que esta definição define com precisão a natureza humana? Você realmente acredita que os seres humanos são bons porque não há mal em nós? Reflita sobre as implicações de seus pensamentos e responda.

Há alguns anos, conversei com uma jovem em meu escritório enquanto ela estava com sua filha de dois anos, e de alguma forma a conversa girou para a questão da natureza humana, ser boa ou má, e de alguma forma tive a audácia de diga a ela que sua filha de dois anos nasceu com uma natureza corrupta e maligna. Como você pode imaginar, a conversa piorou a partir daí! Ela ficou extremamente zangada e respondeu dizendo: "Como você ousa dizer que meu filho nasceu com uma natureza maligna?", e ela disse que sua filha é um anjo e inocente.

Perguntei suavemente se sua filha já esteve em uma sala cheia de brinquedos com outras crianças e ela disse que sim, e perguntei se sua filha de dois anos compartilha seus brinquedos com prazer com outras crianças que não têm brinquedos e ela disse absolutamente não. Então, eu disse, por que isso? Eu perguntei a ela: você ensinou ao seu filho essas habilidades de não compartilhar? Ela disse não!" Então eu perguntei a ela: de onde ela tirou isso? Por que ela não era naturalmente cooperativa e compartilhava com outras crianças?

Este encontro não foi realmente uma surpresa para mim! Tenho conversado com pessoas no meu escritório e nas ruas sobre a natureza dos humanos e cerca de 7 em cada 10 pessoas que encontro me dizem que nasceram como boas pessoas. De repente, percebi que esse problema era muito maior do que eu pensava. Saí às ruas perguntando às pessoas aleatoriamente o que elas pensavam de si mesmas! Eles nasceram com uma natureza boa ou má? O resultado foi idêntico! De repente, percebi que cerca de 80% da população se considera uma pessoa de boa natureza. Então, de repente, percebi que as pessoas estão desesperadamente doentes e nem sabem disso.

Esta não é apenas a visão predominante nas ruas, mas muito provavelmente, a visão predominante entre a academia. Aqui está uma visão sobre a natureza humana de Nigel Barber PhD, postada em Psychologytoday.com: *Os humanos podem ser inerentemente bons, mas montamos uma ficha criminal terrivelmente longa ao longo dos últimos cinco mil anos, e ela não está diminuindo.*[151]Sua visão afirma que os humanos são inerentemente bons e se contradiz novamente ao dizer que eles têm uma longa história de cometer o mal. Seria como falar pelos dois lados da boca. Os humanos não podem ser inerentemente bons e ao mesmo tempo cometer más ações. A lógica não se soma simplesmente e ambas não podem ser verdadeiras. É uma proposição do tipo "ou-ou" e não "ambos-e". Lembre-se de que a bondade inerente a um ser é a ausência absoluta do mal nesse ser.

Aqui está outra visão sobre a natureza humana:*Embora isto não resolva definitivamente o puzzle da natureza humana, dá-nos provas que podemos utilizar para resolver este puzzle por nós próprios e as nossas soluções provavelmente variará de acordo com a forma como definimos a "natureza humana". Se a natureza*

151

https://www.psychologytoday.com/us/contributors/nigel-barber-phd

humana é algo com que devemos nascer, então podemos não ser nem bons nem maus, nem cooperativos nem egoístas. Mas se a natureza humana é simplesmente a forma como tendemos a agir com base nos nossos impulsos intuitivos e automáticos, então parece que somos uma espécie esmagadoramente cooperativa, disposta a dar pelo bem do grupo, mesmo quando isso acontece às nossas custas pessoais. .[152]

Este autor e muitos outros como ele lutam para chegar a um acordo com a verdadeira natureza humana. Ele conclui que a natureza humana não é boa nem má e isso pode parecer implicar que existe alguma neutralidade na natureza humana. Será essa uma possibilidade real que a natureza humana seja neutra? Portanto, a pergunta que esta seção tenta responder é a seguinte: a condição do coração humano é má ou boa? Passamos um tempo considerável olhando para a natureza humana do ponto de vista humano, mas a verdade é que os humanos não se criaram ou se criaram, a menos que você acredite que os humanos evoluíram de alguma outra espécie ao longo do tempo ou de repente apareceu!

Se você não acredita nisso, então deve haver um criador que definiu tudo isso. Não acredito que qualquer pessoa normal gostaria de levar um Mercedes Benz 2023 de primeira classe totalmente novo a um revendedor Ford Fusion para qualquer conselho de manutenção ou algum defeito de reparo. Então os humanos não se criaram, então por que consultar outro humano para compreender a natureza humana? Agora, somente o criador dos humanos pode falar com autoridade sobre a condição do coração

---

152

https://www.scientificamerican.com/article/scientists-probe-human-nature-and-discover-we-are-good-after-all/

humano, porque Ele fez o coração. A Bíblia fala sobre o coração humano como sendo mau, perverso e a fonte e origem da maldade. O coração humano, começando de Gênesis ao Apocalipse, é referido como a fonte do mal e da maldade e aqui está Moisés falando:*E Deus viu que a maldade do homem era grande na terra, e que toda imaginação dos pensamentos de seu coração era apenas má continuamente,* Gênesis 6:5.

Esta foi e ainda é a avaliação de Deus sobre a natureza humana e o coração humano, pouco tempo depois da criação da raça humana. A palavra hebraica que é traduzida neste versículo como "homem" é uma palavra que significa homem como na humanidade, e não homem como no masculino. Deus descreve os seres humanos como perversos, maus e maus. Esta é a totalidade da condição humana da cabeça aos pés. Não há nada de bom na humanidade e não apenas que a humanidade é má, perversa e má, mas o coração do homem é mau, assim como seus pensamentos e ações.

O texto diz que "toda imaginação dos pensamentos do seu coração era apenas má". Este versículo também relaciona os pensamentos humanos como vindos do coração. Os melhores e mais bem intencionados de qualquer imaginação e pensamentos humanos são completamente maus e contaminados pelo mal e não eram intermitentes, mas contínuos. Neste ponto o coração humano só é capaz de ter pensamentos malignos. Isto era Deus falando através de Moisés; vamos agora voltar para a avaliação de Deus através de Jeremias em uma dispensação diferente:*O coração é mais enganoso do que qualquer outra coisa. E é desesperadamente perverso! Quem pode saber disso?*Jeremias 17:9.

Isto é provável, alguns milhares de anos depois de Gênesis, e Deus falou através de outro profeta, Jeremias, sobre a condição do coração humano, que é mau, enganoso e desesperadamente perverso. O coração, que neste contexto representa a pessoa inteira, a pessoa completa, está desesperadamente doente e perverso. Se o coração, de onde todos os pensamentos se originam, é mau, então, por padrão, os pensamentos são maus. Um coração mau não pode ter pensamentos bons e limpos, pois a fonte deles é o mal. Não é nenhuma surpresa que, se você ouvir alguém tirando lixo da boca, é porque isso vem do coração. Se alguém o xingar com alguma linguagem chula e depois disse que cometeu um erro e que está arrependido, ele não falou mal porque falou exatamente o que acreditava. Um coração mau é incapaz de dizer boas palavras e um coração bom e um coração transformado é incapaz de dizer palavras más. O coração humano é um veneno mortal e seus pensamentos são um veneno mortal.

Aqui está o apóstolo Paulo: *como está escrito: "Não há justo, não, nem um; ninguém entende; ninguém busca a Deus. Todos se desviaram; juntos eles se tornaram inúteis; ninguém faz o bem, nem mesmo um. "Sua garganta é uma sepultura aberta; "eles usam a língua para enganar." "O veneno das víboras está sob seus lábios." "Suas bocas estão cheias de maldição e amargura." "Seus pés são rápidos para derramar sangue; em seus caminhos há ruína e miséria, e o caminho da paz eles não conheceram." "Não há temor de Deus diante de seus olhos,"*Romanos 3:10-18. É bastante claro que o coração humano e a natureza humana não são bons. É mau e corrupto e, a menos que seja transformado e substituído, nenhum bem habita nele.

Portanto, se o coração humano é mau, então os pensamentos humanos também são maus porque os

251

pensamentos se originam do coração. Agora, se os pensamentos são maus, então há alguma surpresa se o comportamento e as ações também forem maus? Há alguma surpresa por que a conduta sexualmente imoral, como o vício sexual, seja tão desenfreada? O vício sexual é um problema social real e se manifesta de muitas formas, incluindo a pornografia.

Pornografia e vício sexual

A pornografia provavelmente está afetando mais pessoas do que qualquer um é capaz de perceber e quantificar seu impacto. A quantidade de pessoas envolvidas em pornografia é impressionante e de cair o queixo. A quantidade de pessoas envolvidas revela algo sobre a epidemia da pornografia e do vício sexual. Mas o que é pornografia? Aqui está uma definição de psicólogos:*Pornografia, ou pornografia, é qualquer material sexualmente explícito escrito, visual ou com a intenção de excitar sexualmente. O maior site pornográfico do mundo afirma que, em 2018, teve uma média diária de 92 milhões de espectadores únicos, a grande maioria deles homens.*[153]Esta indústria pornográfica é provavelmente a maior indústria do planeta. A maior parte de todo o tráfego combinado do site está relacionado à pornografia.

Aqui estão algumas estatísticas sobre o impacto da pornografia na vida diária das pessoas ao redor do mundo:*Então, quantas pessoas estão em sites pornográficos agora? Quantas pessoas assistem pornografia? Bem, de acordo com os principais tráfego dados do Statista, os três principais sites pornográficos do mundo, recebem um total combinado de 5,8 bilhões de*

153

https://www.psychologytoday.com/us/basics/pornography

visitas por mês. Isso significa que há cerca de 134.491 novas visitas a sites por minuto – apenas nesses três sites. Além disso, as ferramentas de tráfego de sites sugerem que os visitantes de sites pornográficos tendem a passar cerca de 18 minutos no site cada vez que os visitam. Ao todo, isso significa que há cerca de 2,4 milhões de pessoas nos três principais sites pornográficos a cada minuto..[154]Estas são estatísticas muito perturbadoras sobre como a pornografia permeou a raça humana. Isso está além da minha imaginação mais selvagem. Aqui estão mais algumas estatísticas:

Hoje, os sites pornográficos recebem mais tráfego nos EUA do que Twitter, Instagram, TikTok, Netflix, Pinterest e Zoom juntos.[3]

De acordo com dados do site de 2019, no tempo que você leva para ler este artigo, o Pornhub terá registrado mais de 200 mil visitas.[4]

O Pornhub estima que, em 2019, 12.500 gigabytes de pornografia foram carregados no site a cada minuto – o suficiente para preencher as memórias de todos os smartphones do mundo.[5]

Bastante pornografia foi assistida em 2016neste site que todos os dados preencheriam 194 milhões de pendrives. Se você colocar os pendrives de ponta a ponta, eles darão a volta na lua.[6]

De acordo com um estudo de 2021, 1 em cada 8 títulos pornográficos mostrados a visitantes de sites pornográficos pela primeira vez descrevia atos de violência sexual.[7]

154

https://fightthenewdrug.org/by-the-numbers-see-how-many-pe ople-are-watching-porn-today/

"Teen" é a palavra mais comum usada em títulos pornográficos.[8]

Só em 2017, Pornhub obteve 28,5 bilhões de visitas. São quase 1.000 visitas por segundo, ou 78,1 milhões por dia – muito mais do que a população de todo o Reino Unido. Esse número saltou para 2 bilhões 4 visitas ao local em 2019.[910]

Em 2016, 91.980.225.000 vídeos foram assistidos no Pornhub.Em 2018, esse número saltou para mais de 109.012.068.000. São mais de 14 vídeos assistidos por cada pessoa em todo o planeta.[1112]

Mais de 5.824.699.200 horas de pornografia foram assistidassobre Pornhub só em 2019. Isso equivale a quase 665 séculos de conteúdo consumido em 1 ano, em apenas um site pornográfico.[13]

"Lésbica", "adolescente", "madrasta", "mãe" e "meia-irmã" têmtodos lideraram as paradascomo alguns dos termos mais pesquisados no site nos últimos 6 anos, pelo menos.

A tecnologia mudou não apenas o conteúdo da pornografia, mas tambémcomo,quando, eem que idadeas pessoas começam a consumi-lo. Estudos mostram que a maioria dos jovens é exposta à pornografia aos 13 anos,[14]e de acordo com uma pesquisa representativa nacionalmente com adolescentes dos EUA, 84,4% dos homens de 14 a 18 anos e 57% das mulheres de 14 a 18 anos viram pornografia.[15]E para os adultos, estima-se que 91,5% dos homens e 60,2% das mulheres relatam que consumiram pornografia no último mês.[16]

Em análises divulgadas pelo popular site pornô Pornhubhá alguns anos, as mulheres tinham 113% mais probabilidade de pesquisar o termo "hardcore" do que os homens. Eles também têm 105% mais probabilidade de procurar gêneros mais intensos de pornografia, como "gangbang" e "sexo violento". (Clique aqui para ler um artigo sobre o porquê disso.)[155]

Portanto, todas as evidências e estatísticas lançam luz sobre a extensão dos vícios sexuais, à medida que são amplificados pela pornografia. O fato de 92% dos homens e 60% das mulheres consumirem pornografia mensalmente é de cair o queixo. Esta é uma questão de luta para todos, incluindo os que estão na igreja, incluindo o clero. Esta é uma bomba-relógio adormecida que está deixando muitas vítimas em seu caminho. É um assassino silencioso que mata lentamente. A pornografia é simplesmente uma manifestação de dependência sexual que resulta em diversas consequências negativas.

A pornografia destrói a verdadeira intimidade sexual. Aquele que pratica pornografia obtém satisfação sexual com a pornografia e pode ter dificuldades em manter um relacionamento sexual real e verdadeiro. Eles podem parecer fisicamente, mas emocionalmente ausentes no casamento ou no relacionamento sexual. Eles já receberam excitação sexual da pornografia e podem parecer emocionalmente ausentes e desinteressados em sexo quando estão na presença de um parceiro ou cônjuge sexual real. Muitos casamentos que terminam em divórcio citam o vício em pornografia por parte do cônjuge como um dos principais motivos. Portanto, quando ocorre o divórcio, você pode pensar nos danos colaterais infligidos aos filhos e outros membros da família envolvidos. A pornografia pode ser considerada um tipo de sexo solo, em que uma pessoa faz sexo sozinha, mas o sexo nunca foi planejado para ser desfrutado sozinho ou sozinho.

155

https://fightthenewdrug.org/by-the-numbers-see-how-many-pe ople-are-watching-porn-today/

Este não é o plano de Deus para o sexo e deve ser desfrutado no contexto de uma união conjugal ordenada por Deus. Se uma pessoa é sexualmente viciada em pornografia, é muito provável que ela seja viciada em outros comportamentos viciantes, como a masturbação.

Vício Sexual de Masturbação

Então, o que é masturbação? É esfregar ou brincar com seus órgãos sexuais (sozinhos), como o pênis para o homem ou a vagina para a mulher, com o propósito de atingir a excitação e, possivelmente, a ejaculação. Há um debate contínuo se este é mesmo um comportamento sexual ético e aceitável! Há até debate nas comunidades psicológicas, questionando se a masturbação é um vício sexual. Algumas pessoas nessas comunidades veem isso como uma atividade sexual normal e aqui está o que alguns dizem:*Embora praticar masturbação regularmente não signifique necessariamente que você tenha um problema, qualquer uma das seguintes situações pode significar que é hora de pedir ajuda:*

A masturbação ocupa muito do seu tempo; Sua vida pessoal ou profissional está sofrendo por causa da masturbação; Você escolhe a masturbação em vez de atividades presenciais (por exemplo, ir para casa em vez de ficar em uma festa, escolher ficar sozinho em vez de com um parceiro); Você se masturba em público ou em lugares onde preferiria não fazê-lo (por exemplo, um banheiro público); Você está se masturbando quando não tem vontade ou quando não está excitado; Você se masturba para lidar com emoções negativas; Você se sente culpado ou chateado durante ou após a masturbação; Você se pega pensando nisso com frequência.[156]As comunidades psicológicas relutam em classificar a masturbação como um comportamento sexual compulsivo ou um vício sexual. Eles estão ainda mais inclinados a validar a masturbação como um comportamento normal e agradável. O sexo deve ser desfrutado no contexto de uma união sexual ordenada por Deus e qualquer coisa fora disso é um desvio do desígnio do criador para o sexo. Sexo solo ou masturbação por um homem ou uma mulher é um desvio do projeto original. O sexo tem como objetivo proporcionar um prazer unitário e combinado ao casal e não uma alegria ou prazer individual para um indivíduo. A masturbação é um ato egoísta e egoísta destinado a cumprir e satisfazer o instinto humano natural de egoísmo. Tudo isso diz respeito ao indivíduo e não ao casal.

A ideia de prazer partilhado é estranha ao ADN humano, que tem tudo a ver com as minhas necessidades, o meu prazer e como satisfazer as minhas necessidades e prazer. Os seres humanos não são altruístas por natureza e esse conceito é estranho à pessoa natural. Não é, portanto, nenhuma surpresa que a pornografia, a masturbação e muitos outros comportamentos sexualmente desviantes surjam naturalmente, e estas tendências parecem extremamente difíceis de resistir, tal como experimentadas por todos, nesse caso, e mais ainda pela pessoa natural. Então, temos trabalhado para mostrar que os vícios sexuais se originam dos pensamentos humanos, e esses maus pensamentos se originam de um coração mau, e o coração mau é causado pelo pecado que separa a raça humana de Deus.

156

https://www.verywellmind.com/what-is-masturbation-addiction-5077411

Origem de um coração maligno

A pergunta lógica a ser feita é: como surgiu um coração mau se nossos maus pensamentos se originam de um coração mau? Como o coração humano se tornou mau? Essa é uma pergunta muito lógica e a questão é a seguinte: quando Deus criou Adão e Eva, eles eram bons e foram criados em um estado de perfeição e bondade. Houve um tempo em que nossos pais originais, Adão e Eva, eram bons, perfeitos e sem defeito ou pecado. Eles eram éticos e moralmente bons e estavam em perfeito estado de perfeição. Seus pensamentos eram puros e não contaminados pelo mal.

A certa altura, toda a criação de Deus, incluindo os humanos, era boa e sem defeitos. Aqui está a declaração de Deus:*Então Deus viu tudo o que Ele fez, e de fato foi muito bom. Assim foi a tarde e a manhã do sexto dia,* Gênesis 1:31. Esta é a primeira e única vez na Bíblia que Deus disse algo de bom sobre o homem. Toda a criação de Deus, incluindo a humanidade, era extremamente boa e livre de pecado e defeito, mas algo aconteceu! Então, Deus coloca a humanidade à prova e aqui está o que Deus disse:*E o Senhor ordenou ao homem, dizendo: De toda árvore do jardim podes comer livremente; mas da árvore do conhecimento do bem e do mal, dela não comerás; porque no dia em que dela comeres, comerás certamente morrer,*Gênesis 2:16-17. Neste ponto da ordem da criação, a humanidade foi apresentada ao primeiro teste com uma premissa e uma promessa. A premissa era que o homem era livre para comer de todas as árvores do jardim, exceto da árvore do conhecimento do bem e do mal.

E a promessa era que uma violação desta ordem explícita resultaria em morte. A morte que está em vista neste contexto não é física, mas espiritual. Esta é uma morte de separação espiritual de Deus. A desobediência a Deus resulta em separação de Deus. Toda desobediência a Deus é pecado. O pecado sempre separa o homem de Deus porque Deus não tem pecado e não pode pecar. Se Adão e Eva tivessem simplesmente obedecido a Deus, então o pecado não teria entrado no mundo e no coração do homem. Não teria havido nenhum problema com a luxúria, o vício sexual, a imoralidade sexual, o adultério, a fornicação, a pornografia e o resto. Estaríamos vivendo em um estado de pureza, bondade e perfeição perpétua.

Infelizmente, não foi esse o caso! O tentador, o diabo, que já havia sido expulso do céu por desobediência, estava agora na Terra (Apocalipse 12:7-9). O tentador, sabendo o que Deus havia dito a Adão, veio até Eva e diluiu o que Deus disse e, de certa forma, criou dúvidas nos corações de Adão e Eva ao questionar o que Deus havia dito. "Deus não quis realmente dizer o que disse, não é?", segundo o tentador. Aqui está o que o tentador ou diabo disse a Eva: "*Porque Deus sabe que quando dele comerdes, os vossos olhos se abrirão, e sereis como Deus, conhecendo o bem e o mal.*" *Quando a mulher viu que o fruto da árvore era bom para comida e agradável aos olhos, e também desejável para adquirir sabedoria, ela pegou um pouco e comeu. Ela também deu um pouco ao seu marido, que estava com ela, e ele comeu,* Gênesis 3:5-6.

Adão e Eva desobedeceram à ordem explícita de Deus em Gênesis 2:17 e o resultado foi que eles morreram e foram separados espiritualmente de Deus. Eles não morreram fisicamente imediatamente, mas foram separados de Deus, e Ele não voltou para falar com eles fisicamente como fez em tempos passados. Eles perderam aquela bondade moral e natural. O mal veio ao mundo a partir deste ponto. A raça humana daqui em diante foi descrita como má, corrupta e pecadora.

Alguém pode levantar uma objeção dizendo: mas o pecado e a desobediência de Adão não tiveram nada a ver conosco, e então por que somos responsabilizados por algo que não fizemos? Essa é uma objeção bastante interessante e válida! Então, digamos que a Mercedes Benz projetou seu mais recente veículo de luxo e houve um defeito de projeto no projeto original do protótipo quando eles já haviam enviado mais de 10 milhões de carros para revendedores de automóveis em todo o mundo – mas como o protótipo estava com defeito, o resto do 10 milhões de carros também apresentam defeitos.

Adão é o protótipo da raça humana e se ele for defeituoso, corrupto e pecador, então todos os seres humanos serão corruptos, maus e depravados. Aqui está o apóstolo Paulo sobre isso:*Portanto, assim como por um só homem entrou o pecado no mundo, e pelo pecado a morte, assim também a morte se espalhou por toda a humanidade, porque todos pecaram,*Romanos 5:12. Esta é a entrada do pecado no mundo e na raça humana. Esta é a entrada do pecado no coração humano e daí surgem corações corruptos e pecaminosos, depois pensamentos corruptos, e desses pensamentos corruptos surgem crenças corruptas e então crenças corruptas terminam em ações corruptas.

Crenças corruptas levam a ações corruptas

Já demonstramos que os pensamentos se originam do coração e esses pensamentos, com o tempo, se transformam em um sistema de crenças arraigadas e, uma vez que isso acontece, as ações fluem dessa crença. Os pensamentos podem vir de informações que foram alimentadas em um coração já maligno e podem ser coisas como livros que lemos, pessoas que seguimos (influenciadores) na televisão, rádios, livros que lemos ou online e outras plataformas. Seu sistema de crenças é um bem precioso e precisa ser protegido e guardado porque sua vida depende disso.

Assim como a analogia do tanque de água mencionada anteriormente, o coração é o reservatório de pensamentos de onde são extraídas ações e tomadas decisões. O reservatório de água daquela grande cidade deve ser guardado porque alguém pode arrombar e contaminar ou envenenar o abastecimento de água da cidade e haverá grave perda de vidas. Da mesma forma, o coração humano deve ser guardado com segurança porque é o reservatório do pensamento. Pois se ou quando estiver contaminado por maus pensamentos, então esses pensamentos acabarão por aparecer nas ações da pessoa.

Aqui estão alguns conselhos de Salomão, o homem mais sábio que já existiu na terra e aqui está o que ele disse:*Acima de tudo, guarde o seu coração, pois tudo o que você faz flui dele,*Provérbios 4:23. Salomão considerou a questão de guardar o coração como prioridade máxima. Ele começou usando a frase "acima de tudo" para significar o topo da agenda, e a maior prioridade em sua vida é guardar seu coração. A razão que ele deu para guardar o seu coração é que "tudo o que você faz flui dele". Eu nem conheço a melhor maneira de colocar isso! Este versículo deixa isso muito claro para a pessoa comum entender. Proteja o que entra em seu coração, pois isso logo aparecerá em suas ações.

Dito de forma tão clara, isso não deixa espaço para maior clareza. Portanto, é extremamente importante proteger as informações que chegam ao seu coração, como os livros que você lê, as pessoas que você segue e os programas online que você assiste. Você ouvirá que quase todos os atiradores em massa foram radicalizados online e seguiram os escritos e ensinamentos de alguém. Eles acreditaram e então agiram de acordo com essa crença. Ser viciado em qualquer coisa, desde álcool, drogas, comida, pornografia, sexo e a lista é interminável, é baseado em um sistema de crenças e as ações são uma função desse sistema de crenças.

E assim, para que as ações sejam alteradas, boas ou más, deve haver uma mudança na crença. Não há absolutamente nenhuma razão para alguém mudar ou alterar o seu comportamento se estiver convencido de que as suas ações são justificadas e corretas. Para mudar o comportamento, a fonte do pensamento deve ser boa e limpa. Portanto, um coração mau não pode produzir bons pensamentos e, portanto, boas ações. Assim como um tanque de água contaminado tem que ser substituído antes que a cidade possa obter água limpa, o coração humano maligno também tem que ser substituído para que o ser humano tenha bons pensamentos e, portanto, pratique boas ações.

Foi exatamente isso que Deus fez; Ele substituiu o coração maligno do humano por um novo coração. Ele fez um transplante de coração. Deus foi o primeiro cirurgião de transplante de coração que fez um transplante de coração sem anestesia e nunca perdeu um paciente. Aqui está o que aconteceu: *Eu lhe darei um novo coração e colocarei um novo espírito dentro de você; Tirarei da sua carne o coração de pedra e lhe darei um coração de carne*, Ezequiel 36:26. Este é o coração que Ele planeja dar a quem Ele escolher. E Ele não dará apenas um novo coração, mas também um novo espírito.

O coração mau que temos será substituído por um coração limpo e um espírito bom. Este coração novo e bom resultará em bons pensamentos, e os bons pensamentos também resultarão em boas ações. Assim, a pessoa má com um coração mau foi transformada em uma pessoa boa com um coração bom. Assim, o coração de um viciado sexual foi transformado em um coração bom e os pensamentos de pornografia, masturbação, adultério, fornicação e todos os outros pensamentos sexualmente desviantes desapareceram ou foram muito reduzidos, assim como as ações e desejos malignos. Esses comportamentos viciantes tendem a causar outros problemas no casamento que prejudicam o relacionamento conjugal.

Capítulo 8

Os problemas do sexo nos casamentos

Acabamos de falar sobre vício sexual, pornografia e a extensão da necessidade de mais sexo. Você viu que o mundo está em chamas com todos os tipos de comportamentos sexualmente desviantes e por isso não é surpresa quando os casamentos estão cheios de todos os tipos de problemas. O casamento é uma união entre dois indivíduos únicos que precisam ser cuidadosamente e divinamente selecionados para minimizar os problemas. Uma das principais razões citadas para a maioria dos divórcios sem culpa na América são as "diferenças irreconciliáveis". Este é um motivo legalmente reconhecido para o divórcio.

Isto significa simplesmente que o casal não conseguiu chegar a acordo sobre a maioria ou sobre questões-chave do casamento. Muitas vezes, isso realmente significa que dificilmente conseguiriam chegar a acordo sobre alguma coisa e, uma vez que o sistema jurídico prevê que haveria diferenças, então é provável que haja problemas. Estes problemas podem ser adequadamente geridos e minimizados se a base do casamento for forte e segura. Por princípio, estou falando principalmente sobre o motivo do casamento. Por que você decidiu se casar com essa pessoa? Isto é extremamente importante se você pretende minimizar, mas não necessariamente eliminar, os problemas em seu casamento. Por que você se casou com essa pessoa?

Razões para entrar em uma união conjugal

Esta é a questão mais importante a ser contemplada e respondida cuidadosamente porque a maioria das pessoas não pode simplesmente dar uma resposta direta a esta questão. A verdade é que a maioria das pessoas não tem ideia de por que se casaram com essa pessoa. Então, é alguma surpresa por que os casamentos estão cheios de todos os tipos de problemas? O motivo do casamento é como a fundação de uma casa ou o nome de domínio de um site. Tudo depende disso. Algumas pessoas se casam na esperança de obter segurança, e essa é a razão para se casarem; em outras palavras, eles se casam por segurança financeira.

O mais interessante de tudo isso é não revelar o real motivo do casamento com o outro cônjuge! O outro cônjuge pode ter sido enganado ao pensar e acreditar que o amor era a razão, mas provavelmente não foi! Até mesmo a ideia de segurança pode assumir diferentes formas e formatos, uma vez que alguns procuram segurança financeira. Contanto que a pessoa tenha dinheiro que possa garantir uma grande conta bancária, casas e carros, essa se tornará a razão principal para se casar. O que acontece, depois de alguns anos de casamento, você de repente percebe que não está tão seguro quanto foi feito para acreditar, ou seu cônjuge perde tudo; então o que? O casamento certamente terá problemas e eventualmente chegará ao fim porque o motivo não está sendo cumprido e você é atingido por expectativas não atendidas.

Alguns procuram segurança num parceiro que os sustente e cuide caso fiquem doentes ou passem por algum tipo de crise. Toda a sua expectativa conjugal se baseia na segurança em caso de doença ou de alguma crise potencial.

265

Portanto, a maioria dos casamentos pode ser construída com base no engano, porque ambos os cônjuges podem ter escondido diferentes razões e expectativas para se casar e essas razões podem nem ser conhecidas pelo outro cônjuge e vice-versa.

Ninguém deixará abertamente um cônjuge em potencial saber que vai se casar com ele por causa de sua riqueza; algumas razões podem estar ocultas ou claramente expostas. Vamos encarar. O que um homem de setenta anos que vale mais de 10 bilhões de dólares têm em comum com uma senhora de trinta anos, jovem, bonita e atraente? Pode ser muito difícil encontrar alguém que acredite que existe alguma outra razão para este casamento além da segurança financeira! Alguns não são tão evidentes, mas o motivo do casamento está oculto à vista do público.

Qualquer casamento potencial cujo motivo não seja um amor recíproco genuíno um pelo outro está quase fadado ao fracasso. Você entra em uma união matrimonial para dar e não para ganhar. Esta deve ser uma doação recíproca de ambos os parceiros no casamento, tanto que pode parecer uma competição para ver quem dá mais do que o outro. Se alguém se casar para ganhar, esse casamento provavelmente fracassará e não durará muito. Quando a maioria das pessoas ouve falar em doar, fica um tanto congelada e assustada, e quase instantaneamente pensa em dinheiro. Dar é muito maior do que bens materiais e dinheiro, e quem dá mais importância ao interesse de seu parceiro do que ao dele; isso é radical, pois se trata de doar-se pelo interesse do parceiro.

Eles colocam o interesse do cônjuge antes dos seus. Isto só pode funcionar perfeitamente se ambos os parceiros estiverem na mesma página, para que um parceiro não seja usado ou considerado garantido. Esta é a imagem de um casamento perfeito e isso só é possível se ambos os corações estiverem corretos e regenerados. Toda a ganância e o egoísmo foram erradicados. Um coração generoso não é possível, nem concebível, se a ganância e o egoísmo permeiam o coração de um ou de ambos os parceiros.

Honestamente falando, tenho refletido sobre os motivos pelos quais as pessoas se casam, e todas as noites que vou para a cama, às vezes, no meio da noite, por volta das 2h e 4h, um novo motivo surge em minha mente. . Finalmente parei de contar e concluí que há inúmeras razões pelas quais as pessoas se casam. Então você pode ver claramente que se a fundação for instável, a casa acaba desmoronando. Esta é provavelmente uma das questões centrais que levam a problemas nos casamentos e abre a porta para muitos mais problemas; e quando o motivo do casamento estiver em questão, isso certamente levará a problemas de confiança.

Problemas de confiança nos casamentos

Tal como acontece com a razão pela qual as pessoas se casam, a confiança é outro pilar fundamental dos casamentos. Quando falo em confiança neste contexto, estou me referindo a uma questão de caráter que representa a pessoa. Trust pode significar um instrumento financeiro, através do qual os bens conjugais são transferidos em caso de morte do cônjuge. Isto não nos preocupa neste contexto. Estamos falando sobre a fé, confiança e crença em uma pessoa com base em seu caráter e conduta passada.

A confiança é uma das camadas sobre as quais qualquer casamento é construído. Qualquer indício de desconfiança abala os alicerces do sindicato. A confiança é a cola que mantém tudo unido e sem ela tudo desmorona. Num princípio geral, o funcionamento da sociedade como um todo, incluindo governos, empresas, bancos e relações internacionais entre as nações, baseia-se e é construído na confiança.

Portanto, no contexto do casamento, a confiança é a pedra angular que mantém tudo unido. Realmente não há casamento sem confiança. Como você pode dormir na cama com alguém em quem não confia? Como você pode ter relações sexuais com alguém em quem não confia? Como você pode compartilhar uma refeição com alguém em quem não confia? Eu estava conversando com alguém que trabalhava com vendas de seguros há alguns anos e ele fez uma declaração que impressionou meu coração até hoje, e aqui está o que ele disse: "Não posso fazer negócios com alguém com quem tenho não posso deixar minha esposa com eles em minha casa."

Essa é uma afirmação bastante forte que reflete a importância da confiança, de que uma pessoa estava comparando um relacionamento comercial com o dele e de sua esposa. Tudo o que fazemos em cada momento do nosso dia é baseado na confiança. Vivemos e respiramos confiança. Você coloca dinheiro no banco porque confia que ele estará lá quando você precisar. Você vai trabalhar todos os dias porque confia que, no final de uma ou duas semanas, receberá um cheque ou dinheiro depositado em sua conta bancária. A confiança é como beber água ou respirar ar. Sem confiança, todo o sistema bancário global entrará em colapso e, com isso, todas as economias globais irão parar.

Então, é alguma surpresa por que existem tantos problemas nos casamentos? A confiança está na raiz de tudo isso e é muito escassa, por isso os problemas no casamento aumentam. Aqui está Deus falando através do Profeta Amós: "*Podem dois caminhar juntos, a menos que estejam de acordo?"* Amós 3:3. Este é um versículo muito profundo que vai ao cerne dos problemas no casamento.

Esta é uma proposição de duas partes: a primeira parte é "duas pessoas podem caminhar juntas" e a segunda parte é uma condição, introduzida pela palavra "exceto", significando que o pré-requisito para duas pessoas caminharem juntas é o acordo e isso requer confiança em aquela pessoa. Você não pode concordar com alguém em quem não confia. Quando não há confiança, o casal vive basicamente vidas separadas sob o mesmo teto. Eles vivem e dormem em quartos separados ou em áreas separadas da mesma casa. Se houver crianças pequenas envolvidas, o custo do divórcio pode ser demasiado elevado, pelo que conseguem viver sob o mesmo tecto, mas vivem vidas separadas. Isto pode ter sido desencadeado por discussões sobre dinheiro ou outras questões. O dinheiro é um dos maiores problemas nos casamentos.

Dinheiro e problemas nos casamentos

As discussões sobre dinheiro parecem expor problemas mais profundos numa união conjugal. Superficialmente, pode parecer que tudo se resume a dinheiro, mas os problemas podem ser muito mais profundos do que parecem. Uma pessoa pode querer economizar dinheiro, mas a outra pode querer gastar mais. Um é poupador e o outro é gastador. Um dos casais tem um estilo de vida muito caro e o outro é muito cuidadoso com seus hábitos de consumo.

Eles estão discutindo sobre quem está pagando o aluguel ou a hipoteca, comprando mantimentos, pagando os cuidados dos filhos ou pagando as férias. Existem discussões e disputas constantes e persistentes sobre dinheiro e questões materiais. Não há acordo sobre o orçamento familiar e as prioridades de gastos. Isto significa um desastre. É muito difícil para um casamento sobreviver a menos que estas questões sejam abordadas de frente. Superficialmente, pode parecer que tudo gira em torno de dinheiro, mas por baixo de tudo isso há uma série de outros problemas profundos. O casamento é uma união física e espiritual entre um homem e uma mulher. A maioria dos casais tem uma união física, mas não está unida espiritualmente. Casais que estão unidos espiritualmente têm um propósito unido para a sua união, sabendo que Deus os uniu.

Eles estão unidos em seus hábitos de gastos e gestão de dinheiro. Eles estão unidos na criação dos filhos, inclusive na forma de discipliná-los. Eles estão unidos em seu amor por Deus. Se não houver unidade espiritual, dificilmente poderá haver unidade física. A maioria, senão todos, os problemas nos casamentos são resultado da falta de unidade espiritual. Esta é a raiz dos problemas na maioria dos casamentos. Aqui está como Deus diz:*Por esta razão deixará o homem o seu pai e a sua mãe, e se unirá à sua mulher, e serão ambos uma carne,*Gênesis 2:24. Este versículo e muitos outros semelhantes defendem claramente a unidade espiritual na união matrimonial. Há duas palavras aqui que são o foco do argumento e são "unidas" e "uma".

Muitos casais estão fisicamente casados, mas nunca foram unidos espiritualmente, e não são um e não podem funcionar como um porque não estão unidos espiritualmente. É por isso que tais casamentos são cheios de brigas, brigas, insultos, egoísmo, ganância e coisas do gênero. Aqui está o que Deus disse sobre a origem das brigas:*Qual é a fonte das brigas e conflitos entre vocês? Não é a fonte dos seus prazeres que guerreia nos seus*

270

membros? Você deseja e não tem, então você comete assassinato. E você está com inveja e não consegue obter, então você briga e briga. Você não tem, porque você não pede. Você pede e não recebe, porque pede com motivos errados, para poder gastar o que pede em seus prazeres. Vocês, adúlteras, não sabem que a amizade com o mundo é inimizade com Deus? Portanto, quem quiser ser amigo do mundo constitui-se inimigo de Deus, Tiago 4:1-4.

Este capítulo de Tiago começa identificando a fonte de brigas e conflitos na sociedade em geral, mas mais importante para nós no contexto do casamento. Os casamentos não são zonas livres de brigas e conflitos, mas estão em grande parte infestados de brigas e conflitos. James parece identificar a fonte como proveniente da "guerra em seus membros". James parece estar abordando conflitos e brigas com outros (conflitos externos) e, ao mesmo tempo, identificando a fonte dos conflitos e brigas como vindo de dentro deles. . Isso pode significar dentro do grupo ou dentro de cada pessoa individualmente. A questão é que há brigas e conflitos e não há paz. Há guerras de palavras e Tiago está simplesmente dizendo: Olha! Você não pode falar pelos dois lados da boca.

Você não pode parecer ser para Deus e ao mesmo tempo parecer ser para o mundo. Sabemos disso porque no versículo 4 do capítulo 4 de Tiago, ele as chamou de "vocês, adúlteras", significando que elas estavam cometendo adultério espiritual. Elas parecem estar casadas com Deus, mas ainda assim têm outros maridos, ou seja, outros deuses. Eles querem se casar com Deus e ao mesmo tempo se casar com o mundo. Isso é adultério (espiritualmente) claro e simples, e eles não podem ter dois maridos, pois ou você é casada com Jeová ou casada com Satanás; é tão simples.

Nenhum adultério é permitido, e Tiago está simplesmente dizendo que ou você é a favor de Deus ou contra Ele.

Você não pode ser para ambos. Se você é amigo do mundo, por padrão, você é inimigo de Deus. Isto é extremamente importante no contexto do casamento e nos problemas do casamento. É garantido que brigas, brigas e conflitos aconteçam quando os casais não estão verdadeiramente unidos e unidos como um só espiritualmente. O casal deve, antes de mais nada, estar casado com Deus para que brigas, brigas e conflitos sejam reduzidos ou eliminados. Não serem casados com Deus como seu único marido significa que eles estão envolvidos em adultério espiritual e fornicação.

Para que quando um homem se une à sua esposa, eles não percam suas identidades e preferências individuais no lado físico das coisas. O marido ainda pode manter o hábito de amar futebol, futebol americano ou basquete, e a esposa pode manter o hábito de, digamos, cozinhar, dançar, nadar ou o que quer que ela goste de fazer no lado físico das coisas.

Um casal que está espiritualmente unido não precisa discutir se deve orar juntos ou não, porque essa é uma questão resolvida. Não há debate ou discussão se eles deveriam fazer um estudo bíblico semanal ou não. Não há discussão sobre se eles deveriam frequentar a igreja todos os domingos ou não juntos. Não há realmente nenhum debate se eles deveriam servir a Deus pelo resto de suas vidas ou não. Eles não têm de debater se devem dar dinheiro e recursos para apoiar e promover o plano de redenção de Deus para a humanidade.

Eles podem debater a quantia, mas não se deveriam apoiar a obra de Deus. Essa unidade vem com a compreensão de que Deus está no controle absoluto e Ele é dono de tudo, pois não trouxemos nada para este mundo e é certo que deixaremos o mundo sem nada. Nascemos nus e deixaremos o mundo nus e bendito seja o Seu nome. Estes são assuntos resolvidos e não estão em debate ou discussão e se surgir algum debate sobre qualquer um destes assuntos, então isso é uma evidência clara de que não estão espiritualmente unidos.

Portanto, vocês não podem estar unidos espiritualmente como um casal, se vocês constantemente brigam, brigam e têm conflitos por causa de dinheiro e bens materiais. Então o dinheiro pode não ser realmente o problema, mas pode revelar um problema espiritual muito mais profundo e arraigado. Você pode não estar realmente unido e unido como um só. Você pode ser casado, mas espiritualmente você é solteiro e Deus não os uniu verdadeiramente, daí o ditado:*Portanto, já não são dois, mas uma só carne. Portanto, o que Deus uniu, ninguém separe,*Mateus 19:6. Se isso não tivesse acontecido de verdade, todos os tipos de problemas conjugais persistiram. Portanto, a lista de problemas conjugais é interminável, como mencionei anteriormente, e alguns problemas surgem por não fazer sexo suficiente.

Não fazer sexo suficiente ou nenhum sexo

Isso pode parecer uma piada, mas é um assunto muito sério. A deficiência sexual nos casamentos é um assunto muito sério. Não fazer sexo suficiente pode fazer ou destruir um casamento. Este é um assunto sobre o qual poucos ousariam falar, mas esta questão é central para a sobrevivência de um casamento. Um casamento sem sexo suficiente é um casamento com suporte vital. Alguns maridos e esposas vivem, há anos, sem sexo, apesar de viverem sob o mesmo teto. O sexo é uma necessidade e um desejo humano inato que precisa ser satisfeito no contexto do casamento, e não tê-lo o suficiente ou não tê-lo é muito prejudicial para o casamento.

Marido e mulher não são irmãos e o sexo é fundamental para sua união. Esta não é a única razão para se casar, mas é sem dúvida fundamental para isso. Lembro-me de quando era criança, ouvindo casos em que uma pessoa casada (principalmente mulheres, às vezes raramente homens) convocava uma reunião de família, o que significava ligar para o lado dela da família e para o lado da família do marido, às vezes cerca de 10 a 20 pessoas. . A mulher levava uma queixa à família para julgamento e a sua queixa seria mais ou menos assim: "O meu marido não me dá sexo e já não me dá sexo há mais de dois anos!" Agora esta é a denúncia apresentada à família para julgar! Estas não são questões triviais, mas muito sérias e devem ser encaradas como tal. Ela anseia pela atenção do marido, ou vice-versa, e não consegue. Ela ou ele está frustrado e infeliz e convocou uma reunião de família porque ficou sem opções e sem ter para onde ir.

O sexo faz algo inexplicável na psique humana. Você já notou que o semblante no rosto das pessoas muda e se ilumina quando elas fazem sexo bom e prazeroso? Às vezes, você poderia olhar para uma mulher ou um homem e dizer se eles tiveram sexo agradável no dia anterior assim que entraram no escritório. Há uma sensação incomum de satisfação em seus rostos. A maneira como eles andam é diferente e você pode notar um brilho incomum em seus rostos. Mas, por outro lado, você pode discernir rápida e facilmente se eles não fazem sexo há algum tempo: eles estão com raiva e agitados com estranhos ou pessoas ao seu redor, aparentemente sem motivo real. Você pode ver a carranca em seus rostos. Eles reclamam das menores coisas e ficam irritados com as coisas mais simples. Às vezes, você consegue olhar para alguém e reconhecer que essa pessoa não faz sexo há algum tempo, mas às vezes não.

Você pode realmente imaginar o que acontece com um casal se eles passarem, digamos, cinco anos ou mais sem sexo? Na verdade, este é o caso de milhões de pessoas ou casais em todo o mundo. Pode ser algo parecido com a imagem abaixo!

Imagem de casais que construíram ressentimentos um contra o outro[157]

Esta imagem representa sua situação conjugal atual? Você está realmente dormindo em quartos separados na mesma casa? Você acorda sem sequer dizer "bom dia" ao seu cônjuge, a quem uma vez você disse que amava? Cada parceiro cozinha sua própria comida? Você se comunica através de terceiros, como as crianças? Sejamos bem claros;

157

https://www.marriage.com/advice/intimacy/5-reasons-why-ther es-intimacy-missing-in-your-marriage/#:~:text=While%20sex%2 0is%20not%20the,damage%20para%20o%20relacionamento%2C%20terminando o sexo é importante, mas há muitas outras razões pelas quais a relação sexual está ausente no casamento. Por mais importante que o sexo possa ser, há muitos outros fatores que levam ao sexo que são muito mais críticos e importantes. A intimidade e o romance acontecem muito antes mesmo de a relação sexual ser contemplada. Existe intimidade não sexual que acontece diariamente e que não tem nada a ver com sexo.

Seu cônjuge é seu parceiro, amigo e confidente. Eles são aqueles com quem você compartilha seus pensamentos e aspirações mais íntimos. Aquele com quem você compartilha suas paixões e sonhos. Seu parceiro de brincadeira e riso. Aquele com quem você compartilha suas dores e sofrimentos, suas conquistas e seus fracassos. Para quem você normalmente ligaria se de repente tivesse um problema com o carro na rodovia? Ou você está passando por alguma crise inesperada, para quem você ligaria primeiro? Você ligaria para sua mãe ou seu cônjuge primeiro? Se o seu cônjuge sabe que você tem amor, carinho e preocupação genuínos por ele, é nesse contexto que a relação sexual acontece naturalmente.

Você poderá desfrutar do sexo se essas coisas não forem verdadeiras em seu casamento. É quase impossível fazer e desfrutar de sexo com seu cônjuge que não fala com você há cerca de um mês. De repente, eles demonstram interesse em fazer sexo e você fica pensando: "O que há com isso? E o que eles estão fazendo?" Não é agradável ter relações sexuais com seu cônjuge, que você sabe que não se importa com você como pessoa, ou com seus interesses, e faz coisas que prejudicam e prejudicam sua reputação. Portanto, a falta de sexo pode naturalmente levar a sentimentos de rejeição, conforme mostrado abaixo.

Sentimentos de rejeição como resultado da falta de sexo

A imagem abaixo parece familiar? Você está passando por isso agora? A aceitação é um fenômeno humano natural e qualquer sentimento de rejeição atinge o âmago do nosso ser. Naturalmente ansiamos por amor e aceitação e ninguém gosta de rejeição. Quaisquer sentimentos de rejeição destroem a pessoa e sua capacidade de funcionar. A rejeição destrói a estrutura do casamento e qualquer aparência dele. Ele comunica à outra pessoa diversas comunicações não-verbais, como: "Eu não quero você", "Eu não te amo" e coisas do gênero. A rejeição sinaliza desunião, uma separação, um desmantelamento da união, se é que alguma vez existiu. Não há mais interesse em atividade sexual com esse cônjuge. O cônjuge que se sente rejeitado é retraído e isolado. Como resultado, há pouca ou nenhuma comunicação entre eles.

Sentimentos de rejeição e falta de intimidade[158]

158

https://www.marriage.com/advice/intimacy/5-reasons-why-ther es-intimacy-missing-in-your-marriage/#:-:text=While%20sex%2 0is%20not%20the,damage% 20para%20o%20relacionamento%2C%20terminando

A imagem acima pode representar sua situação atual, quando você convive com sentimentos de rejeição. Alguns sugeriram que as razões para esses sentimentos de rejeição se devem à baixa autoestima e à aparência física, e aqui está uma dessas opiniões:*Se você alguma vez pensar: "Não sei por que meu marido/esposa não quer se conectar sexualmente comigo. Não sei por que eles estão me ignorando. Não sei por que eles não estão relacionalmente disponíveis para mim. O que fiz de errado? E o que posso fazer?" A melhor maneira de iniciar uma faísca em seu casamento é começando por você. Deixe-me explicar o que isso significa.*

Houve uma pesquisa que envolveu 6.000 casais e mediu sua autoestima como uma unidade. Depois, eles fizeram com que trabalhassem para si mesmos para se tornarem melhores. Como resultado, sua auto-estima aumentou. Eles descobriram que havia uma correlação direta entre uma pessoa que aumentaria sua auto-estima e o efeito positivo no casamento. Quando você começa a trabalhar em si mesmo e a se tornar o melhor que pode ser, isso tem um efeito positivo incrível em seu relacionamento. Melhorar a si mesmo é a melhor coisa que você pode fazer para trazer seu cônjuge voltar em volta.[159]

A visão defendida por este post é bastante interessante e útil, e não deve de forma alguma ser ignorada, mas pode não chegar realmente à raiz do problema. Aborda coisas que tornam os cônjuges fisicamente atraídos um pelo outro. Esta postagem, no segundo parágrafo, diz que "a melhor maneira de você iniciar uma faísca em seu casamento é começando por você", mas não detalhou o que

---

[159]

https://marriagehelper.com/emotionally-and-sexually-rejected-by-spouse-fxb/

isso significa. O que realmente significa começar com você para iniciar uma faísca no casamento? Isso é um grande problema e muitos casais estão lutando exatamente com essa questão.

Como iniciar uma faísca em seu casamento? O casamento está morto, com suporte vital e precisa desesperadamente de um renascimento. O foco em iniciar uma faísca, com o objetivo de aumentar a autoestima, parece ser o caminho para colocar um casamento estagnado de volta nos trilhos. Portanto, melhorar a autoestima parece ser o foco e não há realmente nada de errado nisso; afinal, somos seres visuais e o que vemos e percebemos é o que muitas vezes mais valorizamos. Portanto, olhar para uma garota alta, magra e bonita de 24 anos ou para um jovem bonito, alto e bem vestido, estimula todos os tipos de desejos sexuais de membros do sexo oposto e esses desejos surgem independentemente do estado civil da pessoa.

A triste verdade é que a beleza exterior é muito importante, mas a beleza exterior por si só dificilmente sustentará um casamento. É atraente aos olhos e seduz você a vir e fazer sexo, mas dificilmente sustentará um casamento nos bons e maus momentos. Existem milhões de mulheres muito bonitas e milhões de homens muito bonitos que parecem muito atraentes à distância, mas quando eles chegam perto, na sua cama e você os conhece bem, você não vai querer ter nada a ver com eles . Se você é casado com uma pessoa bonita ou de aparência bonita, e ela também tem um caráter impecável, então você tem ouro em suas mãos.

Por mais que eu ame a beleza, preferirei o caráter a qualquer momento à beleza exterior. Coisas como honestidade, confiabilidade, integridade, confiabilidade, altruísmo, carinho, devoção a Deus, devoção ao seu cônjuge, responsabilidade, fidelidade ao seu cônjuge, não ser ganancioso por dinheiro; esses são traços de caráter arraigados que darão quilômetros ao seu casamento. Você não pode comprar essas coisas com dinheiro. Você pode se pintar, usar maquiagem, escurecer os cabelos grisalhos, usar perucas, pintar o rosto, vestir as roupas mais caras do corpo, morar na casa mais cara, dirigir o veículo mais caro e você tem, mas ao mesmo tempo vez, não mude nem um pouco do seu caráter.

Todas essas coisas são falsas, destinadas a mascarar sua verdadeira pessoa e caráter. Essas qualidades de caráter transcendem as aparências externas. A aparência externa é como uma flor que brilha pela manhã e desaparece à noite. Lembre-se de que você irá para o túmulo com seu caráter, mas não com sua beleza exterior. O caráter de uma pessoa é a pessoa verdadeira que é constante e não muda com o tempo, mas a beleza desaparece como uma flor que desabrocha pela manhã e desaparece quando aquecida pelo sol.

Corrigir essas qualidades externas fará muito pouco para consertar os sentimentos de rejeição e abandono e atrai seu cônjuge de volta para você. Na verdade, pode fornecer alguma solução temporária que pode não durar muito. A verdadeira questão está na beleza interior e não na beleza exterior. Essa é a beleza que vai trazer brilho ao seu casamento. Essa é a beleza que não envelhece! Esta é a beleza que resistirá ao teste das provações em seu casamento. Aspira adquirir tal beleza, pois ela é duradoura e eterna.

Aqui está o que Pedro disse sobre esse tipo de beleza interior:1. *Da mesma forma, vocês, esposas, estejam sujeitas a seus próprios maridos; para que, se alguns não obedecem à palavra, também possam ser ganhos sem a palavra pelo trato das esposas; 2. Enquanto eles contemplam sua conversa casta acompanhada de medo. 3. Cujo adorno não seja aquele adorno externo de trançar os cabelos, e usar ouro, ou vestir roupas; 4. Mas que seja o homem oculto do coração, naquilo que não é corruptível, sim, o ornamento de um espírito manso e quieto, que é de grande valor aos olhos de Deus. 5. Pois desta maneira, nos tempos antigos, também as santas mulheres, que confiavam em Deus, se adornavam, estando sujeitas a seus próprios maridos: 6. Assim como Sara obedecia a Abraão, chamando-o de senhor: de quem vocês são filhas, enquanto vocês fazem bem e não temem nenhum espanto. 7. Da mesma forma, vocês, maridos, habitem com eles de acordo com o conhecimento, dando honra à esposa, como ao vaso mais fraco, e como sendo herdeiros juntos da graça da vida; que suas orações não sejam impedidas,1 Pedro 3:-7.*

Esta é uma imagem clássica da beleza de uma mulher de dentro para fora, e não de fora para dentro. Esta é uma situação muito difícil em que a mulher se encontra. Ela é casada, provavelmente, com um homem que ainda não tem um coração novo e transformado como o dela. Deus, falando através de Pedro, está dizendo que ela deve estar sujeita ao seu próprio marido. Esta é uma tarefa muito difícil obedecer a alguém que não se importa com as coisas de Deus. Eles podem estar casados, mas vivendo vidas completamente separadas. Não estou de forma alguma defendendo que qualquer mulher deva permanecer em um relacionamento conjugal abusivo, mas apenas que você simplesmente obedeça às escrituras e Deus lhe concederá sabedoria para saber o que fazer em qualquer momento e situação.

O ingrediente-chave da mudança aqui é a conduta e o caráter da mulher, e o objetivo é que o homem possa ser conquistado ou convertido sem uma palavra. A conduta e o caráter da mulher falarão por ela. A palavra "conversação" é usada nos versículos 1 e 2 conforme traduzida na versão King James (KJV) da Bíblia. Esta palavra grega deveria ter sido melhor traduzida como "modo de vida", "comportamento", "conduta", para que o leitor médio de inglês entendesse completamente o seu significado. Nada contra a beleza exterior e a maquiagem, mas os versículos 3 e 4 contrastam a beleza exterior e a beleza interior, e que a beleza interior é de grande valor aos olhos de Deus, e lembre-se também de que sua atitude determina sua altitude. Somente aqueles com bom caráter terão portas abertas para eles na vida e no casamento.

Esta é a beleza mais importante que qualquer mulher ou homem deve se esforçar para alcançar. Assim, o versículo 5 faz uma aplicação a Sara e como ela obedeceu e foi sujeita a Abraão, chamando-o de "senhor". Não estou sugerindo que você saia por aí chamando seu marido de "senhor", mas lembre-se de que o que você diz às vezes tem pouca importância, mas é o que você faz que importa. Algumas mulheres podem dizer algo como: "Nunca vou chamá-lo de senhor". Não se preocupe em chamá-lo (seu marido) de senhor! Não é grande coisa se você faz ou não! Se você luta contra isso, então isso pode revelar algo sobre a condição do seu coração.

Um coração totalmente entregue a Deus provavelmente não encontrará nenhuma contradição. Você pode chamar seu marido de "senhor", sem chamá-lo de "senhor", ou seja, em seu comportamento e conduta para com ele, você pode estar chamando-o de senhor, sem chamá-lo verbalmente de senhor. Lembre-se do que Jesus disse:*Nem todo aquele que me diz "Senhor, Senhor" entrará no reino dos céus, mas aquele que faz a vontade de meu Pai que está nos céus,* Mateus 7:21. A questão é que chamar seu marido de "senhor" não significa absolutamente nada se não vier de um coração transformado, seguido de uma conduta e caráter transformados para apoiá-lo. Este tipo de casamento está fadado a desfrutar ao máximo da intimidade não sexual e sexual. Não há sentimento de rejeição e abandono neste tipo de casamento. Este é o casamento dos sonhos para muitos e Deus está pronto para fazer isso acontecer para você, se você simplesmente pedir a Ele. Mas para outros, os sentimentos de rejeição e abandono podem afetar outras áreas do seu casamento, incluindo a Disfunção Eréctil (DE).

Disfunção erétil (DE) e problemas no casamento

O sexo foi identificado como fundamental para o funcionamento de um casamento e qualquer redução ou total falta dele pode ter consequências terríveis para o funcionamento saudável e o futuro do casamento. Mas antes de tudo, o que é disfunção erétil? De acordo com a clínica Mayo, "disfunção erétil (impotência) é a incapacidade de obter e manter uma ereção firme o suficiente para o sexo".[160] O pênis masculino simplesmente não consegue erguer e manter uma ereção longa e firme o suficiente para ter relações sexuais com uma mulher (esposa).

Esta é uma questão de proporções catastróficas tanto para o homem como para a mulher. O sexo é central e fundamental para a sobrevivência de um casamento e a sua

---

[160]

https://www.mayoclinic.org/diseases-conditions/erectile-dysfunction/symptoms-causes/syc-20355776

ausência significaria consequências graves. Não ser capaz de ter um desempenho sexual destrói a confiança e a masculinidade do homem. Alguns podem até achar inútil a sua existência na terra e podem até levar a outros problemas emocionais e psicológicos, como medo, ansiedade, solidão, rejeição, abandono e até ideação suicida. Todas as esperanças de casamento serão frustradas se o homem for incapaz de ter e manter uma ereção e, em última análise, realizar relações sexuais.

O homem fica impotente, impotente, confuso e sem saber o que fazer. A vergonha também é adicionada à equação, pois o homem pode ficar envergonhado e constrangido até mesmo de procurar atendimento médico ou contar a alguém sobre esse assunto. O homem pode tentar manter isso em segredo, mas sua esposa ou companheira pode não estar tão inclinada. O conhecimento desta informação chegando a pessoas fora do casamento será devastador para o homem. Ele pode retirar-se das reuniões sociais e familiares, por saber que a sua esposa ou companheiro espalhou a informação pela comunidade e que todos sabem disso. Estive em uma reunião e ouvi uma mulher casada falando zombeteiramente sobre o tamanho do pênis de seu marido com amigos.

Ela falou abertamente sobre o tamanho e comprimento do pênis do marido com amigos e conhecidos enquanto todos riam juntos. E ela disse algo assim: "O pênis dele é tão curto e minúsculo, e nem consegue me penetrar bem. Preciso de um homem com um pênis longo e grande para que eu possa senti-lo entrando em mim. Com ele, eu sinto nada e eu acho que é uma piada. "Este é simplesmente o caso do tamanho e comprimento do pênis dele, e eu me pergunto o que ela ou qualquer uma das outras mulheres teria dito se não houvesse nenhuma ereção? Eu suponho que teria sido um verdadeiro desastre!

Na verdade, houve o caso de uma mulher casada ridicularizando o marido em público por falta de ereção e por não conseguir atuar na cama. Ela disse algo assim ao marido em uma reunião pública: "Você consegue fazer sexo com uma mulher? Olhe para você? Seu pênis não consegue nem subir! Ele fica deitado como um cachorro morto!" Isto é o que esta mulher disse ao seu marido, em público, e na audiência de muitos, e que ridículo público do seu marido! Isto pode simplesmente não ser um incidente isolado, mas é provavelmente uma ocorrência comum.

Então, quão comum é a disfunção erétil? Aqui estão algumas estatísticas de alguns profissionais de saúde:*Aproximadamente um em cada 10 homens adultos sofrerá da DE a longo prazo. Muitos homens experimentam falhas ocasionais em conseguir ereção, o que pode ocorrer por vários motivos, como beber muito álcool, estresse, problemas de relacionamento ou estar extremamente cansado. A incapacidade de obter uma ereção em menos de 20% das vezes não é incomum e normalmente não requer tratamento. No entanto, a incapacidade de atingir uma ereção em mais de 50% das vezes geralmente significa que há um problema e que é necessário tratamento. A DE não precisa fazer parte do envelhecimento. Embora seja verdade que alguns homens mais velhos possam precisar de mais estímulo, eles ainda devem ser capazes de atingir uma ereção e desfrutar da relação sexual.*[161]

161

https://my.clevelandclinic.org/health/diseases/10035-erectile-dysfunction

285

Estes problemas podem ser ainda mais graves do que o estudo irá mostrar, uma vez que o estudo regista apenas aqueles que envolvem o sistema de saúde, como um hospital. A verdadeira gravidade do problema poderá nunca ser realmente conhecida, uma vez que muitos homens poderão nunca denunciar ou recorrer ao sistema de saúde devido à vergonha e ao estigma associados a tal revelação. Podem preferir procurar soluções alternativas em vez de recorrer ao sistema de saúde. Mas quais são algumas das causas básicas da disfunção erétil? Aqui estão alguns listados por alguns profissionais de saúde:

A DE pode ser causada por vários fatores, incluindo:

Doença vascular: O fornecimento de sangue ao pénis pode ficar bloqueado ou estreitado como resultado de doenças vasculares, como a aterosclerose (endurecimento das artérias).

Distúrbios neurológicos (como esclerose múltipla): Os nervos que enviam impulsos ao pênis podem ser danificados por acidente vascular cerebral, diabetes ou outras causas.

Estados psicológicos: Estes incluem estresse, depressão, falta de estímulo do cérebro e ansiedade de desempenho.

Trauma:Uma lesão pode contribuir para os sintomas de DE.

Doenças crônicas, certos medicamentos e uma condição chamada doença de Peyronie também podem causar DE.

Operações para câncer de próstata, bexiga e cólon também podem ser fatores contribuintes.[162]

Esses fatores foram reconhecidos pelos profissionais de saúde como potencialmente levando à DE, mas alguns identificam outros fatores não médicos, como estresse, problemas de relacionamento ou estar extremamente cansado, como potencialmente causadores de DE. Isto é bastante interessante porque se alguém está tendo tantos problemas conjugais que até dorme em quartos separados, então pode ser normal encontrar problemas de ereção em tais situações porque o desejo e o amor por essa pessoa são diminuídos ou inexistentes e como resultado , fica difícil ficar excitado e ter uma ereção. Agora, se essas questões não forem abordadas em tempo hábil, poderão levar a outros problemas conjugais, como a infidelidade.

Infidelidade nos casamentos

A infidelidade conjugal é uma das principais causas de divórcio hoje. Na verdade, esta é a principal causa de divórcio na América e no mundo em geral. A tentação de ter e praticar sexo com alguém que não seja o seu cônjuge é muito forte, poderosa, e milhões de casais simplesmente não têm a capacidade de fazê-lo. suportar tal força. É como a força de um tornado que está destruindo tudo em seu caminho. A infidelidade deixa muitos corações completamente despedaçados, partidos e devastados, e às vezes é difícil quantificar o desgaste emocional e físico que deixa para trás. A infidelidade é uma traição à confiança que pode ser muito difícil de consertar, mesmo que o perdão seja concedido. É uma ferida que talvez nunca cicatrize! Esta

---

162

https://my.clevelandclinic.org/health/diseases/10035-erectile-dysfunction

é uma traição à lealdade que atinge a alma da pessoa e é por isso que poucos casamentos sobrevivem a atos de infidelidade.

A verdade simples é que esta é a luta humana e qualquer ser humano honesto admitiria lutar contra pensamentos sexuais impuros e a luta ou batalha é agir sobre esses pensamentos para se tornarem infidelidade. Você não pode controlar quais pensamentos passam pela sua mente, mas pode controlar o que faz com esses pensamentos. O sexo é prazeroso, mas é também através do sexo que muitas vidas chegam à ruína e ao desastre. O pensamento sexual é como uma droga que domina todos os nossos pensamentos humanos racionais, e as pessoas perdem completamente qualquer aparência de pensamento racional. É como estar bêbado com álcool ou alguma outra substância controlada, como maconha ou cocaína, que impede o pensamento e o julgamento corretos. Por que um homem ou uma mulher abandonaria repentinamente seu lar conjugal, pegaria um avião e voaria pelo mundo, para encontrar algum estranho que conheceu na internet só para fazer sexo, deixando esposa e filhos para trás, chorando? Homens e mulheres deixariam para trás crianças famintas para tal aventura. Isso é uma loucura, mas esse é o poder da insanidade sexual.

Muitas vezes aconselho os adolescentes, desde o ensino médio, a se absterem de relações sexuais até conhecerem seu futuro marido ou esposa, e também lhes direi a nunca terem relações sexuais, mesmo com a pessoa com quem pretendem se casar. A razão é simples: a pessoa com quem você planeja se casar é a decisão única e mais importante que você tomará em sua vida e, uma vez que você tenha relações sexuais com essa pessoa antes de a decisão ser tomada, você perde qualquer capacidade. para

288

ver quaisquer armadilhas potenciais sobre seu parceiro em potencial. Tudo o que você pode ver é a vida no paraíso com essa pessoa e qualquer conselho em contrário é imediatamente descartado. Eles tomaram conta da sua mente e você dorme, come e sonha com eles.

Outros, como pais e familiares, podem ver e avisar que essa pessoa não é a pessoa certa para você, mas você não pode ver com ela porque está drogado com fantasias sexuais sobre ela. Agora você está pensando com seu pênis ou vagina e não com seu cérebro. Tais conselhos dificilmente são levados a sério pela maioria dos jovens até que estes colham as consequências das suas decisões, anos mais tarde. Os jovens muitas vezes me respondiam assim: "Abster-se de sexo! Sério! Quem realmente faz isso? Isso é antiquado!" É de admirar que estejamos onde estamos como sociedade e cultura?Portanto, podemos concluir com segurança que a infidelidade nos casamentos é uma questão geracional e cultural profundamente enraizada, mas, em última análise, uma questão espiritual.

Como os pais podem ensinar os filhos sobre a infidelidade se eles próprios não são fiéis ao cônjuge? Herschel Walker perdeu recentemente a disputa pelo Senado dos EUA para o estado da Geórgia e aqui está o que seu filho, Christian Walker, disse sobre seu pai: "Você não é um 'homem de família' quando nos deixou para transar com um monte de mulheres, ameaçou nos matarem e nos fizeram mudar de cidade 6 vezes em 6 meses, fugindo de sua violência", escreveu Christian Walker sobre seu pai no Twitter.[163] Segundo o filho, seu pai se envolveu em repetidos

---

163

https://www.nytimes.com/2022/10/06/us/herschel-walker-son-christian.html

casos de infidelidade e, por isso, eles sofreram quando crianças, sem culpa própria.

Este é certamente o caso de milhões de crianças em todo o mundo. Mas quão ruim é a questão da infidelidade? Aqui estão alguns fatores apontados como motivos para a infidelidade:*Por que as pessoas trapaceiam? Uma variedade de fatores pode trazer à tona tipos de assuntos. Um estudo com 495 pessoas revelou oito razões principais: raiva, baixa autoestima, falta de amor, baixo comprometimento, necessidade de variedade, negligência, desejo sexual e circunstâncias. É importante entender que esses motivos surgem dentro do traidor e não são de responsabilidade do parceiro traído. Mais de 40% dos casais são afetados pela infidelidade. A frustração no casamento é um gatilho comum; o trapaceiro pode fazer várias tentativas para resolver problemas sem sucesso. Talvez eles tenham hesitado em se casar ou estejam com ciúmes da atenção dada a um novo bebê e nenhum dos parceiros tivesse as habilidades necessárias para comunicar esses sentimentos.*[164]Estas são certamente questões que podem desencadear causas de traição ou infidelidade, mas não tenho tanta certeza de que estas questões cheguem ao nível de serem a causa da infidelidade. Você deve ter ouvido um ditado cunhado pelo venerável padre Patrick Peyton, que diz: "Uma família que reza unida permanece unida".[165]

Posso não concordar necessariamente com o sistema de crenças do padre Patrick Peyton sobre a oração

---

164

https://www.verywellmind.com/why-married-people-cheat-230 0656

165

https://onepeterfive.com/the-family-that-prays-together-stays-to gether-but-why/

do rosário, mas concordei com esta afirmação tal como está. Vejo isso como uma declaração de conectividade espiritual entre casais. As pessoas são casadas fisicamente, mas não têm conectividade espiritual. Eles vivem vidas completamente separadas. Além de fazer sexo, eles não têm nada em comum. Um casamento não pode ser sustentado se o único momento em que eles se reúnem for para sexo.

O sexo é o clímax, mas muitas coisas deveriam levar a isso. A falta de conectividade espiritual acabará por levar a uma série de outros problemas, incluindo traição ou infidelidade. Se você está espiritualmente conectado ao seu cônjuge e deseja o melhor para ele, orando por ele quando estiver longe dele, então pode ser quase impensável olhar para outro homem ou mulher que não seja seu cônjuge com intenções lascivas. Sim, você pode pensar de forma lasciva, mas é menos provável que você aja de acordo com esses pensamentos porque está conectado primeiro a Deus e depois ao seu cônjuge. Sua conexão horizontal dependerá de sua conexão vertical. Se você estiver conectado verticalmente a Deus, a probabilidade de infidelidade não será completamente eliminada, mas bastante reduzida.

Portanto, a razão, na minha humilde opinião, de todos os problemas conjugais, é a falta de ligação espiritual dos casais. Eles não têm praticamente nada em comum espiritualmente. O casamento é antes de tudo uma união espiritual. Não há missão para o casamento sem estar espiritualmente conectado. Você pode fazer esta pergunta simples à maioria dos casais: "Qual é a missão do seu casamento?" Eles podem dizer algo como: "Do que você está falando?" Eles não têm ideia do motivo pelo qual estão juntos! Eles não estão unidos como uma só carne. Eles estão fisicamente unidos, mas não espiritualmente, e isso pode levar a outros problemas sexuais onde o sexo se torna uma mercadoria.

Capítulo 9

Sexo como mercadoria

Pode ser muito difícil acreditar que o sexo seja usado como mercadoria, mas infelizmente é esse o caso. Quando falamos de mercadorias, muitas vezes pensamos em trocar dinheiro para obter sexo em troca, mas a ideia de trocar sexo pode ter implicações mais amplas. Às vezes, no contexto do casamento, o sexo é dado ou negado com base no fato de o outro parceiro realizar ou interromper certas ações para obtê-lo em troca. Mas num aspecto mais amplo, trocar dinheiro por sexo é a utilização definitiva do sexo como mercadoria.

Isto também é discutível porque alguns argumentariam que se o sexo é considerado uma mercadoria, então isso leva à normalização do comportamento, mas será que é realmente esse o caso? Aqueles que se opõem à visão de que o sexo é uma mercadoria provavelmente considerariam qualquer comercialização do sexo como pecado. Então a questão mais ampla seria: a prostituição é um trabalho ou um pecado? Aqueles que a vêem como trabalho e um meio de emprego procurariam aprovar leis para descriminalizar a prostituição, e aqueles que a vêem como um pecado procurariam aprovar leis para manter as mulheres e os homens fora das ruas e dos hotéis.

Os factos são que esta é uma economia e, como qualquer outra atividade económica, existe um lado da procura e um lado da oferta. A única razão pela qual qualquer atividade econômica próspera é porque existe procura. Nenhuma atividade económica sobreviveria sem procura pelo seu produto. Se houver oferta mas não houver procura, então não há atividade económica. Se não houvesse tal procura de sexo, então mulheres e homens não estariam por aí a vender os seus corpos.

O dinheiro tangível não é o único meio de troca, pois o sexo tem sido usado desde tempos imemoriais para obter favores e acesso. Talvez isso não aconteça regularmente na América, mas na maioria dos países em desenvolvimento ao redor do mundo, uma estudante de faculdade ou universidade pode às vezes oferecer sexo a um professor universitário para obter uma nota de aprovação em seu exame e isso parece irreal, mas estes são fatos . Alguns ofereceram favores sexuais para obter acesso ao emprego ou subir na hierarquia empresarial, e a procura parece ultrapassar a oferta e simplesmente não haverá escassez tão cedo. O debate sobre a comercialização do sexo tem sido principalmente sobre as mulheres que vendem os seus corpos como meio de emprego para obterem rendimentos para sustentar a sua família, mas pouco se diz frequentemente sobre os homens que criam a procura para tal economia!

O comportamento dos homens parece ter sido normalizado pela sociedade em geral,e o das mulheres criminalizado, que tragédia!Aqui está o estado de comercialização do sexo: *Embora a prostituição tenha se tornado uma prática relativamente comum em toda a América do Norte, a maioria das prostitutas são mulheres e, como resultado disso, foram realizadas significativamente menos pesquisas sobre a prostituição masculina e muitos dos negócios permanecem enigmáticos. A prostituição masculina pode ser definida como o ato de prestação de serviços sexuais em troca de pagamento. Estima-se que dos 40-42 milhões de prostitutas no mundo, 8-8,42 milhões delas são homens. A homossexualidade desempenha um papel determinante neste negócio lucrativo, uma vez que as mulheres raramente optam por pagar aos homens por sexo, fazendo com que outros homens se tornem os clientes mais comuns.[166]*

Como você pode perceber nesta entrada da Wikipedia, o sexo é uma força global extremamente poderosa e sua comercialização é apenas mais uma evidência do poder que o sexo exerce na vida das pessoas. Acredita-se que a prostituição seja uma indústria dominada pelas mulheres, mas como se pode ver pelas estatísticas, existem literalmente milhões de prostitutos masculinos em todo o mundo. Esta é uma situação triste para o mundo se tantos homens vendem os seus corpos para sexo a outros homens que estão dispostos e ansiosos por pagar por isso. Isso é inacreditável, e o mundo chegou a um lugar muito sombrio e doentio.

Aqui está a situação no Canadá no que se refere à prostituição:*Embora a prostituição tanto para homens quanto para mulheres seja considerada legal no Canadá, existe um conjunto único de leis que torna quase impossível o ato de vender legalmente o corpo por dinheiro. Em junho de 2014, o governo apresentou o projeto de lei C-36. Este declarou que é legal vender serviços sexuais, mas é ilegal comprar serviços sexuais. Além disso, proíbe a promoção e publicidade de serviços sexuais de terceiros. O objetivo para isso é diminuir a demanda por prostituição. No entanto, o projeto de lei C-36 enfrentou uma reação negativa significativa, já que alguns críticos acreditam que estas diretrizes mais rigorosas impedem as prostitutas de*

166

https://wiki.ubc.ca/Male_Prostitution_in_North_America#:~:text=M ale%20prostitution%20can%20be%20definido,million%20of%20t hem%20are%20men.

certos procedimentos de segurança, tais como examinar os clientes antes de os encontrar.[167] Esta é uma lei habilmente elaborada que tenta agradar aos oponentes e defensores da prostituição. A lei parece dizer que é legal vender sexo e ao mesmo tempo ilegal comprar sexo. Os legisladores reconheceram que a razão pela qual existe prostituição é porque existe procura para ela e, portanto, tornar a procura ilegal acabará por reduzir ou eliminar a oferta. Este é um processo de pensamento muito interessante nas mentes dos legisladores canadenses, mas não têm certeza do efeito, se é que existe, na economia da prostituição. Mas demonstra um enorme esforço da sua parte para utilizar a única ferramenta que têm disponível para tentar resolver uma grande crise social. Eles identificaram claramente parte do problema, mas a solução está claramente a anos-luz de distância.

Aqui está o estado da prostituição nos Estados Unidos da América:*De acordo com a 13ª Emenda da Constituição dos EUA, a prostituição é ilegal nos EUA, exceto em nove condados do estado de Nevada. A prostituição é considerada uma forma de tráfico de seres humanos e as penas para a acusação variam de estado para estado. Embora a prostituição masculina em Nevada ainda seja incomum devido a uma lei anterior que exigia a realização de um exame cervical para que uma prostituta pudesse trabalhar em um bordel, em 2010, o Shady Lady Range contratou o primeiro gigolô masculino dos EUA. No entanto, em 2014, o Shady Lady Ranch foi fechado. As leis estaduais em Nevada exigem que as prostitutas que trabalham em bordéis se comprometam a fazer testes*

167

https://wiki.ubc.ca/Male_Prostitution_in_North_America#:-:text=M ale%20prostitution%20can%20be%20definido,million%20of%20t hem%20are%20men.

mensais de DST, e o uso de preservativos é obrigatório.[168]
Estes legisladores do Nevada viram claramente os perigos das DST para a população humana, exigindo testes mensais de DST para poder trabalhar como prostituta.

A prostituição é considerada crime nos EUA; no entanto, isto não dissuadiu as pessoas que querem exercer esta profissão ilícita e perigosa. A conduta moral dificilmente pode ser regulada através da aprovação de leis, e raramente alguém é processado por violar essas leis. Elogiamos qualquer governo pelos seus esforços no combate a esta epidemia global, mas a questão é muito maior do que qualquer esforço governamental. Este único problema tem o potencial de destruir milhares de milhões de vidas nas gerações vindouras. Os efeitos duradouros do sexo e da prostituição dificilmente podem ser quantificados e podem estar além de qualquer cálculo humano para quantificar. O custo humano é maior do que a perda de vidas em todas as guerras já travadas, combinadas. Os efeitos do sexo, da pornografia e da prostituição têm o potencial de destruir toda a civilização humana tal como a conhecemos. Vejamos um pouco da destruição que a prostituição está deixando em seu caminho:

Prostituição e saúde mental

O sexo é a atividade mais sagrada do planeta depois do seu relacionamento com o seu criador. Ele foi projetado para ser uma atividade que deve ser realizada com cuidado e consideração. Não deve ser realizado com qualquer pessoa, mas com um parceiro cuidadosamente selecionado

---

[168]
https://wiki.ubc.ca/Male_Prostitution_in_North_America#:-:text=M ale%20prostitution%20can%20be%20definido,million%20of%20t hem%20are%20men.

e ordenado. Portanto, fazer sexo com qualquer pessoa com mais dinheiro é mais perigoso do que beber veneno. Isso destrói a sacralidade da atividade. O sexo por dinheiro tem o potencial de destruir a auto-estima da pessoa que se prostitui. Não é uma profissão da qual alguém possa realmente se orgulhar. Não conheço nenhum pai que anunciasse com orgulho: "Minha filha ou filho é prostituta", porque isso traz vergonha e desgosto aos pais, à família, aos amigos e à pessoa. A vida de uma prostituta é provavelmente repleta de uma série de questões emocionais, como ansiedade, medo, solidão, solidão, estresse, depressão e, em seguida, ideação suicida.

Aqui está um artigo postado sobre o estado emocional de algumas prostitutas:*Muitas prostitutas extinguem suas emoções enquanto estão com os clientes. Pelo menos é o caso de Roberta Victor, uma prostituta entrevistada no Working by Studs Terkel. No início de sua entrevista, Victor afirma que "O papel que alguém desempenha quando está agitado não tem nada a ver com quem você é". Porém, ao final da entrevista, ela afirma: "Você se torna o seu trabalho. Eu me tornei o que fiz. Me tornei uma traficante. Fiquei com frio, fiquei duro, fiquei desligado, fiquei entorpecido. Mesmo quando eu não era um traficante, eu era um traficante.Também não acho que seja muito diferente de alguém que trabalha na linha de montagem quarenta horas por semana e chega em casa cortado, entorpecido, desumanizado.*

As pessoas não foram feitas para ligar e desligar como uma torneira." Victor parece não perceber que ela se contradiz ao afirmar que se torna seu trabalho [uma prostituta] quando antes ela disse que é uma pessoa diferente quando trabalha . Sua mentalidade e seu processo analítico mudaram enormemente. Que fatores

298

afetam sua mentalidade, desde a capacidade de separar seu trabalho de sua identidade até o fato de ela pensar que se tornou uma traficante? Quais são os efeitos psicológicos e físicos da prostituição em uma prostituta? Que fatores levam as prostitutas a ter tal mentalidade?Existe uma forma de diminuir o efeito que a prostituição tem no estado físico e mental de uma prostituta?[169]

Então, trata-se de uma entrevista e posterior análise por parte do entrevistador sobre o estado emocional de uma prostituta. Nesse caso, a pessoa encontra uma maneira de lidar com a situação e esconde suas verdadeiras emoções ou as aceita como um modo de vida. Neste caso, tal pessoa pode usar a negação como mecanismo de enfrentamento. O entorpecimento de seus verdadeiros sentimentos e emoções torna-se uma forma de lidar com a situação. Aceitar que não há nada de errado em ser prostituta e suprimir quaisquer emoções negativas torna-se uma forma de lidar com a situação. Aqui está o mesmo autor acima e o que ele tinha a dizer:*A prostituição tem muitos efeitos psicológicos, que incluem TEPT, ansiedade, depressão, somatização e estigmatização. Os efeitos físicos inclucm o alto risco de doenças sexualmente transmissíveis, violência sexual e física e introdução de drogas.*[170]Esta é uma atividade emocionalmente perigosa, com consequências catastróficas. É bastante preocupante que os

---

[169]
https://edubirdie.com/examples/psychological-and-physical-effe cts-of-prostitution-on-the-prostitute/#:~:text=Prostitution%20has %20many%20psychological%20effects,e%20a%20introdução%2 0a%20drogas.

[170]
https://edubirdie.com/examples/psychological-and-physical-effe cts-of-prostitution-on-the-prostitute/#:~:text=Prostitution%20has %20many%20psychological%20effects,e%20a%20introdução%2 0a%20drogas.

efeitos e riscos associados à prostituição incluam; "somatização". Esta é minha primeira interação com este termo e é no mínimo assustador.

Este é um termo dado a uma condição médica que os médicos simplesmente não sabem o que é e o que a causou. Digamos que você esteja muito doente e os médicos não consigam identificar a origem da sua doença, então apenas pronunciam uma palavra: "somatização". Esta palavra pode ter vários significados e definições dependendo de com quem você está falando. É assim definido em um dicionário de psiquiatria:*A produção de sintomas médicos recorrentes e múltiplos sem causa orgânica discernível.*

Aqui está outra definição, provavelmente da comunidade psicológica:*A somatização é a expressão de fatores psicológicos ou emocionais que se manifestam como sintomas físicos (somáticos). Por exemplo, o estresse pode fazer com que algumas pessoas desenvolvam dores de cabeça, dores no peito, dores nas costas, náuseas ou fadiga. Os transtornos em que a somatização se manifesta variam de sintomas somáticos transtorno (anteriormente chamado de transtorno de somatização) a simulação. As pessoas com estes distúrbios concentram-se sempre nos seus problemas físicos, o que significa que muitas vezes procuram soluções físicas.*[171]

Então, a ideia de somatização poderia envolver pessoas que adoecem por trabalharem como prostitutas e levar ao diagnóstico médico? Ser injetado com esperma por um número múltiplo e desconhecido de pessoas sobre as quais

---

[171]
https://www.psychologytoday.com/us/blog/strictly-casual/201410/do-sex-workers-have-more-mental-health-problems

a prostituta nada sabe. A mistura de todos os tipos de DST, da AIDS à gonorréia, todas injetadas na mesma vagina e os homens que acabaram de sair carregam essa mesma infecção para suas esposas, maridos ou para o próximo encontro sexual. Portanto, fica bastante claro em muitos estudos que as prostitutas apresentam uma série de problemas emocionais decorrentes de sua profissão.

Eles trabalham e vivem em constante medo, ansiedade e solidão. Imagine ter relações sexuais com três homens por noite e isso dá cerca de noventa homens por mês. Eles podem não se lembrar ou nunca se lembrar dos nomes de nenhum deles. Eles estão completamente separados de qualquer um deles. Eles estão muito sozinhos e solitários, pois não estão emocionalmente ligados a ninguém. Eles fazem muito sexo, mas nenhum apego emocional. O medo, a solidão e a ansiedade logo evoluíram para depressão e ideação suicida. As questões emocionais não são tudo o que eles enfrentam diariamente; As DSTs são grandes problemas.

Prostituição e DSTs

As DST ou doenças sexualmente transmissíveis estão causando estragos na população em geral; então imagine o que está potencialmente acontecendo na comunidade da prostituição. As DSTs são doenças transmitidas através de relações sexuais, sejam elas heterossexuais ou homossexuais. A situação e a prevalência das DST na população em geral são bastante sombrias e isto pode ser motivo de preocupação na população da prostituição.

Aqui está a avaliação do Centro de Controle de Doenças (CDC): A análise *do CDC de 2021 fornece a imagem mais clara até o momento de quão comuns e caras são as infecções sexualmente transmissíveis (IST) nos Estados Unidos. As últimas estimativas do CDC indicam que 20% da população dos EUA - aproximadamente uma em cada cinco pessoas - teve uma IST num determinado dia de 2017, e as DST adquiridas neste ano custaram ao sistema de saúde americano quase 16 mil milhões de dólares só em custos médicos directos. A análise do CDC incluiu oito IST comuns, quatro das quais são tratadas e curadas se diagnosticadas precocemente: clamídia, gonorreia, sífilis e tricomoníase.*

Também estão incluídos na análise quatro vírus sexualmente transmissíveis: papilomavírus humano (HPV), vírus herpes simplex tipo 2 (HSV-2), vírus da imunodeficiência humana (HIV) e vírus da hepatite B HBV.[172]De acordo com o mesmo relatório do CDC, ocorrem cerca de 68 milhões de infecções anualmente e quase 46% de todas as novas IST no país ocorrem entre jovens (idades entre os 15 e os 24 anos). Esta é a situação das DST e DST na população em geral e as estatísticas sobre a população prostituta são um tanto escassas, mas é evidentemente claro qual é realmente a situação.

Pessoas casadas fazem sexo com uma prostituta, contraem uma DST, levam para casa e infectam o cônjuge. Nem precisa ser sexo com uma prostituta; poderia ser simplesmente fazer sexo com um colega de trabalho que já teve uma DST de alguma outra fonte. Lembre-se de que 68 milhões de americanos ou mais são atuais portadores de DST. Os números do CDC são modestos na minha opinião.

---

[172]

https://www.cdc.gov/nchhstp/newsroom/fact-sheets/std/STI-Inc idence-Prevalence-Cost-Factsheet.html#:-:text=CDC's%20latest% 20estimates%20indicate%20that,in%20direct %20médico%20custos%20sozinho.

Tenho de acreditar, sem quaisquer provas concretas, que a taxa de infecção por DST na população em geral é superior a 90%. Portanto, envolver-se em qualquer tipo de prostituição, heterossexual ou homossexual, é uma sentença de morte. É como partir em uma missão suicida porque você tem 90% de chance de ser infectado por algum tipo de DST. Sexo é importante, mas não tão importante a ponto de eu dar minha vida em troca dele.

É por isso que muitas vezes digo aos jovens (na sua maioria) que estudem bastante e obtenham uma educação elevada, para que não tenham de recorrer à venda do seu corpo dado por Deus para obter rendimentos ou a trocar os seus corpos para obter favores de qualquer homem. Isto também é verdade para os homens, mas principalmente para as meninas. Certa vez, eu disse a uma menina que há quatro maneiras de uma menina sair da pobreza: (1) herdar muito dinheiro dos pais (2) ganhar na loteria powerball (3) vender drogas ou cocaína para ganhar renda (4) estudar arduamente na escola e obter uma educação elevada, tornar-se advogado, médico ou farmacêutico, ou concorrer a um cargo público o tornar-se Presidente dos Estados Unidos da América.

A opção 1 é altamente improvável porque poucas meninas ou meninos têm pais ricos. A opção 2 também é altamente improvável porque pode ser mais fácil ser atingido por um raio do que ganhar na loteria Powerball. Opção 3, Vender drogas ou cocaína pode parecer trazer algum benefício de curto prazo, mas nada gratificante e duradouro e é mais provável que você acabe com uma overdose, morto ou em uma longa sentença de prisão do que desfrutar de qualquer coisa disso. O que você acha da opção 4? Seu corpo é muito precioso aos olhos de Deus e nunca deve ser usado para imoralidade sexual, incluindo prostituição.

A prostituição, a prostituição e as DST continuam a impactar as sociedades de formas que estão além da nossa compreensão. As pessoas estão bem cientes dos perigos associados a ter relações sexuais com uma prostituta, prostituta ou qualquer atividade sexual ilegal, mas mesmo assim são atraídas para a sua condenação. Seria de pensar que as pessoas iriam refletir sobre os milhões de pessoas que morreram de todos os tipos de DST, incluindo a SIDA, e isso seria suficiente para dissuadir as pessoas de tal comportamento.

As pessoas simplesmente não conseguem e não querem parar porque a força é irresistível. Esta força interior e poderosa que atrai a raça humana está aparentemente além de qualquer capacidade humana de ver o perigo e parar. Imagine um homem inserindo seu pênis na vagina de uma prostituta ou prostituta, sem nenhuma proteção. Isso é muito perigoso, pois é como enfiar a língua no vaso sanitário e lamber fezes. Nenhuma pessoa sensata deveria fazer tal coisa, e ainda assim milhões estão mergulhando na destruição em nome do prazer.

Você não tem ideia do que a outra pessoa carrega em seu corpo e que está pronto para ser compartilhado e transmitido para você. O desejo de fazer sexo substitui o desejo de pensar e salvar sua vida. O foco deste capítulo têm sido as prostitutas e prostitutas, mas é igualmente perigoso para um homem ou uma mulher se envolver em tais atividades sexuais com alguém que não seja seu cônjuge. .

Esta decisão pode ser apenas aquela que acaba com a sua vida, pois é provável que você contraia alguma forma de DST, incluindo, mas não se limitando, à AIDS. Não se esqueça que cerca de 90% dos adultos no país e no mundo têm algum tipo de DST e isso significa que você tem 90% de chance de contrair algum tipo de DST apenas por ter relações sexuais com alguém que não seja seu cônjuge. . Pense nisso antes de embarcar em sua próxima aventura sexual. Faça o teste de DSTs, você e seu cônjuge, e abstenha-se de relações sexuais entre você e qualquer pessoa que não seja seu cônjuge, para que você possa ficar livre de DSTs para sempre. Mas se você é uma prostituta ou prostituta, então minha oração por você é: "Que Deus lhe capacite a abandonar esse estilo de vida". Ajoelhe-se e implore a Deus pela capacidade e Ele estará pronto e disposto se você apenas pedir a Ele antes que seja tarde demais, porque muitos morreram cedo. Ele está pronto para perdoar e purificar você de toda injustiça e libertá-lo da penalidade, do poder e da presença do pecado.

Prostituição, violência e morte precoce

O risco de atrair alguma forma de DST como prostituta ou prostituta é de cerca de 99,9999%, mas este é apenas um dos muitos riscos associados à profissão de prostituição. Como muitas outras profissões, esta também é muito arriscada e absolutamente perigosa, para dizer o mínimo. Imagine o risco de convidar alguém sobre quem eles não sabem absolutamente nada com o propósito de se despir diante deles e fazer sexo para receber em troca.

Pode ser um estuprador, um serial killer, um molestador de crianças e assim por diante, mas ela não tem ideia de quem seja essa pessoa. Isso é algo assustador e perigoso. Meninas e mulheres são mortas e as suas famílias podem nunca saber o que lhes aconteceu e nunca mais ouvir falar delas. Esta é uma profissão cheia de violência e saturada de medo. Eles estão constantemente com medo e medo de quem possa prejudicá-los e tirar vantagem deles. Os homens muitas vezes tiram vantagem deles porque muitas vezes são indefesos e impotentes.

Alguns são espancados, forçados a agir contra a sua vontade e vontade, e isso faz-me enjoar o estômago. Aqui está parte de um artigo postado no Psychiatry Times sobre violência sexual: *As experiências de uma mulher que se prostituiu principalmente em clubes de strip, mas também em massagens, acompanhantes e prostituição de rua, são típicas (Farley et al, 2003). Na prostituição em clubes de strip, ela era sexualmenteassediado e agredido. Stripping exigia que ela acomodasse, sorrindo, o abuso verbal dos clientes. Os clientes agarraram e beliscaram suas pernas, braços, seios, nádegas e virilhas, às vezes resultando em hematomas e arranhões. Os clientes apertavam seus seios até que ela sentisse fortes dores e a humilhavam ejaculando em seu rosto. Clientes e cafetões a brutalizar fisicamente.*

Ela estava gravemente machucada por espancamentos e frequentemente tinha olhos roxos. Os cafetões puxavam seus cabelos como forma de controle e tortura. Ela foi repetidamente espancada na cabeça com os punhos fechados, às vezes resultando em inconsciência. Com essas surras, seu tímpano foi danificado e sua mandíbula foi deslocada e permaneceu assim muitos anos depois. Ela foi cortada com facas. Ela foi queimada com cigarros por clientes que fumavam enquanto a estuprava. Ela foi estuprada em grupo e também foi estuprada individualmente por pelo menos 20 homens em diferentes momentos de sua vida.

Esses estupros cometidos por Johns e cafetões às vezes resultam em hemorragia interna. No entanto, esta mulher descreveu a dor psicológica da prostituição como muito pior do que a violência física. Ela explicou que a prostituição "é prejudicial internamente. Você transforma em sua própria mente o que essas pessoas fazem e dizem com você" (Farley et al. 2003). Quase duas décadas antes, investigadores noruegueses notaram que as mulheres na prostituição eram tratadas como mercadorias nas quais os homens se masturbavam, causando imensos danos psicológicos à pessoa que agia como receptáculo (Hoigard e Finstad, 1986).[173]

O quadro pintado por este artigo me dá náuseas e parece algo que foi produzido em uma sala de cinema, mas isso é fato e não ficção. Este tipo de violência sexual está realmente acontecendo em toda a América e no mundo. Mulheres e raparigas, feitas à imagem de Deus, estão a ser sexualmente ridicularizadas e humilhadas por homens com uma mente degradada. Isto é pura escravidão sexual. Isso está além do crime e é simplesmente um comportamento animal desumano.

Uma pessoa feita à imagem de Deus é rebaixada, ridicularizada, humilhada por pessoas depravadas, degradadas,por destrutivo homens que buscam sua própria auto-satisfação e glorificação às custas de outro ser humano valorizado, digno de honra e adoração. Mas esta não é apenas uma linha de trabalho perigosa em termos da quantidade de violência diária, mas os trabalhadores do sexo pagam regularmente o preço final com as suas vidas.

É muito mais fácil uma menina ou mulher ser morta trabalhando como prostituta do que a população feminina

---

[173] https://www.psychiatrictimes.com/view/prostitution-sexual-violence

não prostituta e aqui está um resumo da Biblioteca Nacional de Medicina do NIH:*Estima-se que as mulheres envolvidas na prostituição de rua têm 60 a 100 vezes mais probabilidade de serem assassinadas do que as mulheres não prostitutas. Além disso, os homicídios de prostitutas são notoriamente difíceis de investigar e, como tal, muitos casos permanecem sem solução. Apesar destes grandes factores de risco, existe pouca literatura sobre homicídios de prostitutas e há falta de estatísticas básicas e de conhecimento sobre este grupo muito específico que poderia ajudar os principais investigadores. O objetivo do presente estudo é realizar um estudo exploratório para explorar as principais características deste grupo e como elas diferem de outros subgrupos de homicídios. Quarenta e seis casos de homicídios de prostitutas no Reino Unido são analisados e comparados com 59 casos de homicídio não sexual entre agressores masculinos e vítimas femininas e 17 casos de homicídio sexual entre agressores masculinos e vítimas femininas.*[174]

Pode ser seguro concluir que o negócio da prostituição segue, de alguma forma, o modelo de negócio do crime organizado porque, em alguns casos, podem estar interligados, o que significa que as redes do crime organizado são por vezes misturadas com a prostituição, tornando os homicídios de prostitutas mais difíceis de identificar. resolver. A vida e o potencial de muitos jovens são interrompidos muito cedo. Eles são mortos por alguma DST adquirida, overdose de drogas ou violência física.

Aqui está um vislumbre do estado de violência e morte associada à prostituição registrada pelo museu do crime:*Em 2005, Markoff conheceu McAllister enquanto eles*

---

[174]   https://pubmed.ncbi.nlm.nih.gov/18319375/

eram voluntários no hospital. Ambos eram estudantes da SUNY e logo se tornaram namorados na faculdade. Markoff se formou em apenas três anos com bacharelado em biologia e foi aceito na Faculdade de Medicina da Universidade de Boston. McAllister também planejava cursar medicina, mas não foi aceita pela escola que queria frequentar, o casal mudou-se para Boston e Megan suspendeu seus planos. Em 2008, Markoff e McAllister ficaram noivos e marcaram a data do casamento para agosto. 14, 2009. McAllister manteve-se ocupada com o planejamento do casamento, enquanto Markoff frequentava a faculdade de medicina e frequentava cassinos – acumulando dívidas de mais de US$130.000.

Em Abril de 2009, a polícia de Boston estava a investigar dois ataques separados contra mulheres que tinham anunciado serviços eróticos online e planejavam encontrar-se com o seu "cliente" num hotel de luxo. Em 10 de abril de 2009, Trisha Leffler, de 29 anos, uma acompanhante, foi amordaçada, amarrada e roubada à mão armada em um hotel Westin por um homem que respondeu a um anúncio que ela havia colocado no Craigslist. Quatro dias depois, Julissa Brisman foi encontrada assassinada na porta de seu quarto no hotel Marriott. Parecia que ela estava tentando lutar contra o agressor, quando foi baleada várias vezes.

 Ela colocou um anúncio no Craigslist oferecendo serviços de massagem erótica e marcou um encontro com um homem chamado "Andy" em seu quarto de hotel. A polícia acreditava que o mesmo agressor estava ligado à tentativa de roubo de Cynthia Melton, uma dançarina exótica que oferecia serviços de dança. Markoff havia agendado um encontro com ela em um hotel Holiday Inn em Rhode Island por meio de um telefone celular TracFone descartável. Os *três incidentes foram semelhantes no sentido de que o motivo parecia ser um roubo, os ataques eram contra mulheres que prestavam serviços sexuais, os encontros eram próximos e duas das mulheres tinham sido amarradas com cordas de plástico. Apesar de tudo isso, a noiva de Markoff permaneceu no escuro, acreditando que ele era "lindo por dentro e por fora".[175]*

Este pode não ser um caso único porque muitas pessoas do lado masculino que estão envolvidas com prostitutas também são casadas. Eles podem conseguir, por um tempo, viver múltiplas vidas, mas logo isso os alcançará. Uma prostituta não vai alugar um quarto de hotel no Marriott para fazer sexo com uma pessoa pobre. As prostitutas sofisticadas mantêm uma clientela masculina bem relacionada. São empresários, advogados, médicos e políticos. O desejo de sexo e de pagar por isso não é determinado pela situação económica de alguém. Este é o desejo e anseio do coração humano, independentemente da posição da pessoa na vida e este desejo por sexo alimenta a necessidade de abastecimento e jovens raparigas e mulheres são assassinadas no processo. Esta procura de sexo e a necessidade de o fornecer abriu uma série de outros crimes sexuais, incluindo o tráfico sexual.

Prostituição e tráfico sexual

O tráfico sexual é um assunto muito complexo e emocionalmente amplo que pode exigir muitos escritos para realmente chegar ao cerne da questão. Só podemos aguçar o seu apetite abordando as questões elementares do tráfico sexual. Isto também pode ser chamado de escravidão

---

[175]

https://www.crimescenecleanup.com/prostitution-death-statistics/

sexual porque milhões de meninas são atraídas para a prostituição através do tráfico sexual. Esta é uma economia subterrânea global que está a florescer sob o olhar atento das autoridades globais. Jovens desesperadas são atraídas para a prostituição sob o pretexto de uma vida próspera e melhor. É muito perigoso ficar desesperado em qualquer situação porque o desespero significa que as opções estão ficando sem opções. Quando alguém está desesperado, isso pode significar que não há boas opções disponíveis (então eles podem pensar e concluir). Pessoas desesperadas fazem coisas desesperadas.

Imagine uma jovem e bonita licenciada ou universitária num país do terceiro mundo, digamos, em África, na América do Sul ou na Ásia, que concluiu os seus estudos e não há oportunidades de emprego. Ela tentou durante anos se candidatar a um emprego, mas sem sucesso. Ela pode ser a primeira de dez filhos da sua família e dos seus pais, com recursos muito limitados, e fez tudo o que pôde para patrocinar o seu primeiro filho. Em algumas dessas culturas, espera-se que agora seja responsabilidade do primeiro filho assumir a responsabilidade de sustentar os seus pais e irmãos, pelo que estes estão sob muita pressão.

Ah, mas há um problema! Ela está disposta, mas não é capaz. Ela não tem emprego nem renda. Eles estão vivendo em completa pobreza. Eles moram numa casa com cerca de 20 pessoas, e a casa tem cerca de dois quartos, sem encanamento interno, sem eletricidade, e usando um banheiro externo. Isto é pobreza abjeta, para dizer o mínimo. Isto simplesmente não é desculpa para se tornar prostituta, mas esta é a situação em que muitas destas raparigas se encontram. Sua família pode até não ter comida diária suficiente para alimentar 20 pessoas. O nível de desespero está além dos limites.

Então, é neste contexto que ela de repente ouve falar de uma oportunidade de trabalhar, digamos, na Europa, em Dubai ou em algum outro país ocidental. Ela promete receber cerca de 1.500 euros por mês ou US$1.800 por mês em Dubai. Ela recebeu a promessa de moradia e alimentação gratuitas, mas há um problema! Talvez lhe tenham dito que trabalhará como "especialista em atendimento ao cliente" ou algo semelhante, mas ela pode nem saber o que isso realmente significa e pode ter medo de perguntar, por medo de perder a oportunidade. Não até que ela embarque no avião, pouse e seja levada para seu local de residência; então, em poucos dias, ela começa a entender, depois que ela recebe suas atribuições de trabalho. Irão confiscar o seu passaporte e ela não terá dinheiro para regressar ao seu país de origem, mesmo que quisesse.

Esta é uma imagem semelhante à da maioria das jovens em alguns destes países, mas há outras que permanecem nos seus países e que também escolhem a prostituição, independentemente do seu estatuto económico. Elas veem a mãe, a avó, a bisavó, as irmãs e as amigas se prostituindo, e era natural que fizessem isso porque todos ao seu redor são prostitutas. Agora, a situação na América do Norte e na Europa é um pouco diferente.

As raparigas que nascem nestes países vivem em circunstâncias económicas completamente diferentes e, no entanto, algumas ainda escolhem a prostituição. Este é um assunto extremamente complicado, com diversas razões situacionais pelas quais as meninas são atraídas para tal profissão. O nível de desespero não é tão abjecto como na maioria dos países em desenvolvimento, mas muitas raparigas ainda escolhem o caminho da prostituição. Mesmo nestes países ricos, ainda existem traficantes sexuais para atrair raparigas para a prostituição, enganando-as com a ideia de uma vida melhor.

Aqui estão algumas histórias da vida real de tráfico sexual e prostituição:*Na Califórnia, Sara tem dezoito anos e precisa deixar seu lar adotivo; ela recebe treinamento para ser garçonete trabalhando em navios de cruzeiro. Ela aceita, mas é vendida a traficantes sexuais por diante.*

Na Índia, a jovem adolescente Amba está em uma festa com as amigas quando um cara que ela rejeitou tenta dar em cima dela novamente. Ele é expulso. No caminho de volta para casa, ele joga ácido nela e em sua amiga. Sua amiga está com o rosto desfigurado e a mão de Amba com cicatrizes. Então ele força Amba a ser vendida como escrava sexual. Sara e Amba acabam juntas num bordel do Texas com Mali, da Nigéria, e são violadas repetidamente. O Mali diz-lhes para fazerem o que puderem para sobreviver e não revidar. Amba, desesperada, escuta, mas Sara resiste e é espancada e drogada.

Amba engravida e Simon (Sean Patrick Flanery), dono do bordel, descobre e a obriga a tomar comprimidos para fazer um aborto. Ela perde muito sangue e Mali implora a Simon para chamar um médico. Ele o faz, e Sara implora discretamente ao médico alguns comprimidos para dormir "para sua amiga". Ele cede. Sara conspira com Amba e Mali para escapar. Ela diz a eles que Simon está indo embora com o resto de seus homens durante a noite, e apenas Max, um dos guardas, sobrará. Sara diz que eles poderiam pegar um trem nas proximidades.

Mali concorda, mas Amba, ainda deprimida com o aborto, diz que não irá embora. Ela acha que sua família ficaria com muita vergonha dela quando descobrissem o que ela está fazendo. Sara coloca pílulas para dormir na bebida de

Max e, quando ele dorme, ela foge com Mali. Amba muda de ideia e vai com eles. Sara pega as chaves do portão da frente de Max, mas ele acorda e a sufoca. Mali bate nele e nocauteia, e as três meninas correm. Eles chegam à estação de trem, mas já é tarde demais; o trem já partiu. Mali tropeça e machuca o tornozelo. Enquanto isso, Simon descobre que eles escaparam e volta correndo.

Gameboy, outro guarda, vasculha a estação, que também é uma parada de caminhões, e ouve os gritos de dor de Mali. Mali diz a Amba e Sara para fugirem, e elas finalmente o fazem, relutantes em deixá-la. Mali é capturado e Sara e Amba fogem e se escondem em um caminhão. Eles foram levados até uma rodoviária, onde compraram duas passagens. Eles entram no ônibus e veem Simon, que os rastreou até lá e está revistando os ônibus. Eles se abaixam e se escondem e conseguem evitá-lo. Sara se reencontra com sua irmã mais nova e Amba liga para sua família, que fica muito feliz em saber dela. Simon e Diane são presos, junto com todos os demais envolvidos no tráfico. Quanto ao Mali, ela é mostrada com um grupo de prostitutas, segurando uma delas e chorando enquanto aquela que ela segurava é levada embora.[176]

Esta é a triste situação no mundo do tráfico sexual. Isto está acontecendo, às vezes em plena luz do dia e sob o olhar atento das autoridades. As meninas estão presas num círculo de cativeiro e violência e imploram por ajuda. A questão do tráfico sexual também é amplamente mal compreendida e muitos até questionam a sua existência. As meninas estão sendo atraídas em todo o mundo enquanto escrevo, sob o disfarce e a promessa de uma vida melhor. Mas o que é realmente o tráfico sexual?

---

[176] https://en.wikipedia.org/wiki/Trafficked

Abaixo está a imagem de um bordel no estado de Nevada, onde é praticada a prostituição legal.

Imagem de um bordel em Nevada, EUA[177]

O que é tráfico sexual?

Aqui estão algumas estatísticas importantes a serem ponderadas:*Em 2019, o Centro Nacional para Crianças Desaparecidas e Exploradas (NCMEC) estimou que 1 em cada 6 fugitivos em perigo denunciados a eles eram provavelmente vítimas de tráfico sexual.*

A Organização Internacional do Trabalho e a Fundação Walk Free, em parceria com a OIM, estimaram que há 4,8 milhões de pessoas presas na exploração sexual forçada em todo o mundo. Nos Estados Unidos, a Lei de Proteção às Vítimas de Tráfico de 2000 (TVPA), conforme alterada pela Lei de Justiça para Vítimas de Tráfico de 2015 (JVTA), define o tráfico sexual como "recrutar, abrigar, transportar, fornecer, obter, patrocinar ou solicitar de um indivíduo através de meios de força, fraude ou coerção para fins de sexo comercial". Contudo, não é necessário demonstrar força, fraude ou coação em casos de tráfico sexual envolvendo crianças menores de 18 anos. O termo "ato sexual comercial" é definido como "qualquer ato sexual pelo qual algo de valor é dado a ou recebido de qualquer pessoa" (22 U.S.C. 7102). O tráfico sexual pode ser distinguido de outras formas de sexo comercial através da aplicação do Modelo Acção + Meios + Propósito.

O tráfico de seres humanos ocorre quando um traficante realiza qualquer uma das ações enumeradas e depois emprega meios de força, fraude ou coerção com o objetivo de obrigar a vítima a praticar atos sexuais comerciais. No

---

177

https://www.businessinsider.com/legal-prostitution-in-nevada-photos-of-brothels-marc-mcandrews

mínimo, um elemento de cada coluna deve estar presente para estabelecer uma situação potencial de tráfico sexual. A presença de força, fraude ou coerção indica que a vítima não consentiu por sua livre vontade. Além disso, os menores de 18 anos que praticam sexo comercial são considerados vítimas de tráfico de seres humanos, independentemente do uso de força, fraude ou coerção.
178

Não há dúvida de que a prostituição e o tráfico sexual representam uma grave ameaça às vidas e ao futuro das nossas jovens. Muitos são sugados para isto com o engano e a expectativa de ter uma vida aparentemente melhor, e ainda assim as suas vidas são destruídas ou prematuramente interrompidas. As raparigas são forçadas, coagidas e defraudadas dos seus preciosos corpos, apenas para regressarem, se regressarem, com vidas destruídas. Mas o que está realmente na origem da prostituição e do tráfico sexual?

O que leva as pessoas à prostituição e ao tráfico sexual?

Estes são, sem dúvida, crimes muito graves e terríveis cometidos contra a humanidade, mas o que realmente leva as pessoas a tal nível de degradação? O que realmente leva homens e mulheres a forçar e coagir as jovens à prostituição e o que leva algumas meninas a escolher uma vida de prostituição? Este é um assunto bastante complicado, pois existem todos os tipos de ideias sobre a causa raiz disso. Alguns podem pensar e dizer que o ambiente em que as pessoas cresceram pode tê-las exposto

---

178
https://humantraffickinghotline.org/type-trafficking/sex-trafficking

a tais padrões de comportamento. Certamente há algum nível de verdade nisso, e o pensamento é que se a mãe de alguém é uma prostituta, então é provável que ela siga a prostituição como carreira e se o pai ou a mãe de alguém for um traficante sexual, então provavelmente seguirá esse caminho também. No entanto, outros argumentaram que a coerção e a pobreza estão na raiz da prostituição e aqui está um desses argumentos:

Estas feministas argumentam que, na maioria dos casos, a prostituição não é uma escolha consciente e calculada. Dizem que a maioria das mulheres que se prostituem o fazem porque foram forçadas ou coagidas por um cafetão ou pelo tráfico de seres humanos, ou, quando é uma decisão independente, é geralmente o resultado de extrema pobreza e falta de oportunidades, ou de graves problemas de saúde. problemas subjacentes, como dependência de drogas, traumas passados (como abuso sexual infantil) e outras circunstâncias infelizes.

Estas feministas salientam que as mulheres das classes socioeconómicas mais baixas – mulheres empobrecidas, mulheres com baixo nível de educação, mulheres das minorias raciais e étnicas mais desfavorecidas – estão sobrerrepresentadas na prostituição em todo o mundo; como afirma Catherine MacKinnon: "Se a prostituição é uma escolha livre, por que as mulheres com menos escolhas são as que mais frequentemente a praticam?" Uma grande percentagem de prostitutas entrevistadas num estudo com 475 pessoas envolvidas na prostituição relataram que estavam num período difícil das suas vidas e que a maioria queria abandonar a profissão. Mackinnon argumenta: "Na prostituição, as mulheres fazem sexo com homens com quem de outra forma nunca fariam sexo. O dinheiro atua, portanto, como uma forma de força, não

318

como uma medida de consentimento. Ele age como a força física no estupro."

Alguns estudiosos anti-prostituição sustentam que o verdadeiro consentimento na prostituição não é possível. Barbara Sullivan diz: "Na literatura acadêmica sobre prostituição, há muito poucos autores que argumentam que o consentimento válido para a prostituição é possível. A maioria sugere que o consentimento para a prostituição é impossível, ou pelo menos improvável." A maioria dos autores sugere que o consentimento para a prostituição é profundamente problemático, se não impossível. Para as feministas radicais, isto acontece porque a prostituição é sempre uma prática sexual coercitiva. Outros simplesmente sugerem que a coerção económica torna o consentimento sexual dos trabalhadores do sexo altamente problemático, se não impossível."

Finalmente, os abolicionistas acreditam que não se pode dizer que nenhuma pessoa consente verdadeiramente com a sua própria opressão e que nenhum povo deve ter o direito à opressão de outros. Nas palavras de Kathleen Barry, o consentimento não é uma boa barreira divisória quanto à existência de opressão, e o consentimento à violação é um fato da opressão. A opressão não pode ser efetivamente avaliada pelo grau de consentimento, uma vez que mesmo na escravidão, havia algum consentimento, se consentimento for definido como incapacidade de ver qualquer alternativa".[179]

[179]

https://en.wikipedia.org/wiki/Feminist_views_on_prostitution#:~:t
ext=Eles%20say%20that%20most%20women,addiction%2C%20
past%20trauma%20(tais%20as

Esta é uma abordagem bastante fascinante sobre as razões da prostituição, onde feministas e outros argumentam que a pobreza e a coerção são as principais razões pelas quais as mulheres recorrem à prostituição como último recurso. Eles argumentam veementemente que quando o dinheiro se torna um fator motivador para praticar sexo, então não há consentimento. Esta é uma maneira bastante intrigante de analisar o consentimento. O argumento é que quando o dinheiro ou algo de valor está presente no contexto das más condições económicas da prostituta, então estas são motivadas pelo dinheiro e ficam impotentes e sem a capacidade de consentir verdadeiramente.

A ideia de "consentimento" é concordar ou conceder permissão para que alguma ação ocorra. Ambas as partes consentidas devem estar de acordo, sem qualquer fraude, força ou coerção. Eles devem ter mais de 18 anos e não estar sob a influência de qualquer substância controlada, maconha, álcool, drogas ou qualquer substância que prejudique o pensamento e o julgamento. Existem cerca de 8,4 milhões de prostitutos masculinos no mundo e não tenho a certeza se também são coagidos à prostituição. Isto inclui todas as raças e cores e dificilmente se limita à coerção económica.

Há raparigas muito pobres em todo o mundo que dificilmente venderão os seus corpos para sexo e há mulheres com empregos regulares das 9 às 5 que também vendem os seus corpos para sexo. Não é de admirar que a prostituição seja chamada de "a profissão mais antiga do mundo". A questão fundamental aqui é assumir a responsabilidade por qualquer ação humana. Aquele que paga pela prostituta está sem dúvida permitindo a sua ação, mas dificilmente causa as suas ações. Quem fornece o sexo também tem culpa. Eles são igualmente culpados de um ato imoral deplorável.

Usar a coerção como defesa das ações da mulher é buscar isentá-la de qualquer culpabilidade. Nem um homem pode usar a coerção como defesa para a sua acção e decisão de entrar na prostituição. As condições económicas, como a pobreza e os factores socioeconómicos, podem actuar como causas imediatas, mas não como causas reais da prostituição. Se este fosse o caso, dificilmente alguém seria responsabilizado pelos seus actos. A ideia de coerção, se existir, poderia ser aplicável a raparigas em alguns países do terceiro mundo, mas porque é que qualquer rapariga na América alegava que a coerção e a pobreza são a causa para se tornar prostituta? Este é um país cheio de oportunidades se eles estiverem dispostos e forem capazes de vê-lo e aproveitá-lo.

Não há realmente nenhuma justificação para uma rapariga na América usar a pobreza e a coerção económica como razões para se envolver na prostituição. A Bíblia tem muito a dizer sobre a prostituição que vai te surpreender. Não é nenhuma surpresa que a prostituição seja considerada a profissão mais antiga e aqui está um pouco do que a Bíblia tem a dizer:

1. Deuteronômio 23:17 Nenhuma das filhas de Israel será uma prostituta de culto, e nenhum dos filhos de Israel será uma prostituta de culto.

3. Levítico 19:29 Não contamine sua filha fazendo dela uma prostituta, ou a terra ficará cheia de prostituição e maldade.

4. Levítico 21:9 Se a filha de um sacerdote se contaminar tornando-se prostituta, ela também contaminou a santidade de seu pai e deverá ser queimada até a morte.

5. Deuteronômio 23:17 Nenhum israelita, seja homem ou mulher, pode se tornar prostituta do templo.

Um com uma prostituta!

6. 1 Coríntios 6:15-16 Você não percebe que seus corpos são na verdade partes de Cristo? Deveria um homem tomar o seu corpo, que é parte de Cristo, e uni-lo a uma prostituta? Nunca! E você não percebe que se um homem se une a uma prostituta, ele se torna um só corpo com ela? Pois as Escrituras dizem: "Os dois estão unidos em um".

Imoralidade sexual

7. 1 Coríntios 6:18 Fugi da fornicação. Todo pecado que um homem comete é fora do corpo; mas quem comete fornicação peca contra o seu próprio corpo.

8. Gálatas 5:19 Agora as obras da carne são óbvias: imoralidade sexual, impureza, depravação.

9. 1 Tessalonicenses 4:3-4 É a vontade de Deus que você se mantenha longe do pecado sexual como uma marca de sua devoção a ele. Cada um de vocês deve saber que encontrar um marido ou esposa deve ser feito de maneira santa e honrosa.

Cuidado!

10. Provérbios 22:14 A boca de uma mulher adúltera é um poço profundo; um homem que está sob a ira do Senhor cai nela.

11. Provérbios 23:27-28 Pois a prostituta é como um poço fundo; a prostituta é como um poço estreito. Na verdade, ela fica à espreita como um ladrão e aumenta os infiéis entre os homens.

12. Provérbios 2:15-16 Cujos caminhos são tortuosos e que são tortuosos em seus caminhos. A sabedoria também

salvará você da mulher adúltera, da mulher rebelde com suas palavras sedutoras.

13. Provérbios 5:3-5 Pois os lábios da mulher adúltera gotejam mel, e suas palavras sedutoras são mais suaves que o azeite, mas no final ela é amarga como o absinto, afiada como uma espada de dois gumes. Seus pés descem até a morte; seus passos levam direto ao túmulo.

Deus não aceita dinheiro de prostituição.

14. Deuteronômio 23:18 Quando você estiver trazendo uma oferta para cumprir um voto, você não deve trazer à casa do Senhor seu Deus nenhuma oferta proveniente dos ganhos de uma prostituta, seja homem ou mulher, pois ambos são detestáveis para o Senhor teu Deus.

15. Provérbios 10:2 Riqueza contaminada não tem valor duradouro, mas uma vida correta pode salvar sua vida.

Deixarei que a Bíblia fale por si sobre estes assuntos de profunda importância para as nossas vidas individuais e para as nossas comunidades globais. É bastante claro que a prostituição ou a prostituição é uma conduta pecaminosa que procede de um coração pecaminoso. Deus disse: "Não contamine sua filha fazendo dela uma prostituta, ou a terra se encherá de prostituição e maldade", Levítico 19:29. A prostituição, o adultério, a fornicação, o homossexualismo e todas as outras formas de conduta sexualmente imoral fazem com que o país fique cheio de iniquidade.

Pecado é qualquer transgressão da lei de Deus e isso inclui todos os pecados, como mentir, roubar, fofocar e ciúme; tudo isso são pecados, mas há algo bem diferente com o pecado sexual. Quando mentimos ou não dizemos toda a verdade, mentimos para eles e isso os afeta. Quando roubamos de alguém, pegamos o que lhe pertence. Nós cobiçamos ou queremos o que outra pessoa tem, então todos esses tipos de pecados são externos a nós e aos nossos corpos e é por isso que o pecado sexual e a imoralidade sexual são diferentes, porque embora sejam igualmente um pecado, são colocados em uma categoria própria. , nisso, é um pecado contra nossos próprios corpos. Isto é muito profundo e extremamente importante para compreender a extensão e o impacto do pecado sexual. Não há nada igual!

Há algo sobre o pecado sexual que não podemos compreender completamente em nossas mentes débeis. A temeridade com que Deus lida com o pecado sexual parece um pouco diferente de como Ele lida com outros tipos de pecado quando ocorre uma infração, e Ele prescreveu o remédio para qualquer infração desse tipo. Aqui está o que Deus disse em um caso: "Se a filha dum sacerdote se contaminar, tornando-se prostituta, ela também contaminou a santidade de seu pai, e deverá ser queimada até a morte", Levítico 21:9. Se a filha de um padre se tornar prostituta, a morte será o único remédio para uma infração aparentemente tão pequena.

Deus leva o pecado sexual a sério e todo pecado sexual é contra o corpo da pessoa que comete imoralidade sexual. Aqui está o que Deus disse sobre isso: Todo pecado que um homem comete é fora do corpo; mas quem comete imoralidade sexual peca contra o seu próprio corpo, 1 Coríntios 6:18. Este texto coloca a imoralidade sexual numa classe própria. Todos os outros pecados estão fora do corpo, exceto a imoralidade sexual, que é um termo geral para qualquer atividade sexual que se desvie dos padrões estabelecidos por Deus. Gênesis 2:24 é o padrão e qualquer desvio seria classificado como imoralidade sexual. Então, como saímos dessa bagunça? Qual é a solução?

Solução para a imoralidade sexual

Embora o pecado sexual possa pertencer a uma classe própria, todos os pecados são essencialmente iguais. Todos eles acabam com as mesmas consequências. Todo pecado separa o homem de Deus e todo pecado resulta em morte, que é uma separação espiritual (morte espiritual) entre o homem e Deus. Toda desobediência ao que Deus disse é pecado. É tão simples. "O pecado é a transgressão da lei", 1 João 3:4. Deus tem um padrão de santidade e ninguém atende aos padrões estabelecidos por Deus. Realmente não importa se você é prostituta, cafetão ou presidente de um país. Há uma coisa que é comum a toda a humanidade.

Todos são pecadores e o pecado nos separa de Deus. O chão está nivelado na cruz. Não importa o que você fez e onde esteve. Não importa como você começa a corrida, mas como você termina. Deus é capaz de apagar completamente o seu passado e lhe dar um novo começo. Mas você precisa saber e acreditar em certas coisas sobre você. Você tem que saber e acreditar que você é um pecador. Esta é a verdade principal e fundamental. Você não é um pecador porque comete atos pecaminosos como a prostituição; você é um pecador porque nasceu pecador desde o ventre de sua mãe. A prostituição é apenas um pecado que você comete porque é um pecador.

Sem prostituição ou outros atos sexualmente imorais, você continuará sendo um pecador. Separe quem você é do que você faz. Pecamos porque somos pecadores. Não somos pecadores porque pecamos. A sociedade tenta elevar ou desprezar uma certa classe de pessoas como pecadoras ou justas com base no que fazem. Se alguém fosse um padre ou pastor em vez de ser uma prostituta ou um cafetão, então a sociedade provavelmente julgaria que o pastor e o padre provavelmente acabariam no céu, mas não é tão simples assim.

A prostituta mais famosa da Bíblia é uma mulher chamada "Rehab", e aqui está sua história: "Pela fé a prostituta Rehab não pereceu com aqueles que não creram quando ela recebeu os espiões em paz", Hebreus 11: 31. Esta meretriz ou prostituta apareceu na genealogia de Jesus em Mateus 1:5. Esta é uma história incrível da graça de Deus e da redenção. Deus não faz acepção de pessoas. Se acontecer de você ser uma prostituta ou prostituta, lembre-se de que há esperança. E se você não é uma prostituta, mas sim o presidente de um país, então há esperança para você também. Com a ajuda de Deus, você tem que conhecer, acreditar e reconhecer a sua verdadeira condição. Ninguém vai ao médico a menos que esteja doente e saiba que está doente.

O pecado é uma doença que separa a raça humana de Deus. Aqui está o que Deus disse sobre isso: "Mas as vossas iniquidades separam-vos do vosso Deus; os vossos pecados esconderam de vós o seu rosto, para que ele não vos ouça", Isaías 59:2. O pecado é o muro de separação entre o homem e Deus. Esta separação também é chamada de morte (Efésios 2:1), o que significa que o homem ou a humanidade está fisicamente vivo, mas espiritualmente morto e separado de Deus nesta vida e pode algum dia tornar-se eternamente separado de Deus se morrer sem esperança.

Aqui está o que Deus disse novamente: "Porque o salário do pecado é a morte, mas o dom gratuito de Deus é a vida eterna em Cristo Jesus, nosso Senhor", Romanos 6:23. trabalho realizado e da mesma maneira, a morte ou separação de Deus é o salário por pecar contra Deus. A segunda parte deste versículo fala sobre a vida eterna, que é contrastada com a parte anterior, que fala sobre a morte. Esta vida eterna é um presente de Deus para você. Esta é a solução para a questão do pecado. A remoção do pecado para que você possa ser levado à presença de Deus. O pecado é a barreira e o obstáculo.

O pecado mantém Deus fora da sua vida, mas o sangue derramado de Cristo reconcilia você de volta com Deus, pois sem derramamento de sangue não há perdão dos pecados, Hebreus 9:22. O passo principal aqui é admitir sua verdadeira condição. Deus diz que você é um pecador e a pergunta é: "Você concorda com a avaliação que Deus faz de você ou discorda de Deus? Você acha que Deus está errado ao chamá-lo de pecador? A maioria das pessoas realmente acredita que são boas pessoas, mas o que você acredita sobre si mesmo?" Todos pecaram e carecem da glória de Deus, Romanos 3:25. A palavra "todos" significa tudo incluído, significando que todos, inclusive você, pecaram, sem exceções. Estamos todos muito mal e não podemos sair. Tudo que você precisa fazer é concordar com Deus e aqui está o que Deus diz: "Porque, se você confessar com a sua boca que Jesus é Senhor e crer em seu coração que Deus o ressuscitou dentre os mortos, você será salvo. Pois com com o coração se crê e é justificado, e com a boca se confessa e é salvo." Romanos 10:9-10. A palavra grega que é traduzida aqui para o português como "confessar", tem a ideia de concordar com Deus ou estar na mesma opinião que Deus sobre o que Ele diz sobre qualquer assunto. Concordar com Deus que você é pecador e também concordar que Ele é Senhor, ou seja, que Ele é Deus, em forma carnal ou humana.

E também acreditando que Ele foi crucificado, sepultado e no terceiro dia ressuscitou triunfantemente da sepultura. Se você realmente acredita nisso, então você tem a vida eterna. Você passou da morte espiritual para a vida eterna e nunca mais será separado eternamente de seu criador. Mas para aqueles que rejeitam o convite de Deus e continuam num caminho autodestrutivo, então uma certa destruição os aguarda. Aqui está o que Deus disse através do escritor Hebreus: "Como escaparemos se negligenciarmos tão grande salvação?" Hebreus 2:3. Esta é uma pergunta retórica e com a resposta embutida na própria pergunta. Alguns podem optar por continuar no caminho de outros comportamentos destrutivos, como sexo indesejado.

Capítulo 10

O poder destrutivo do sexo indesejado

O sexo indesejado tem o poder de destruir a essência do ser de uma pessoa. O sexo é a atividade mais íntima entre um homem e uma mulher, e tal atividade só é prazerosa e prazerosa quando há consentimento mútuo. O sexo forçado ou indesejado invade e destrói a pessoa. É muito difícil de acreditar, mas o sexo indesejado e forçado está acontecendo todos os dias na sua casa ou na sua vizinhança. Esta não é uma ideia marginal; na verdade, está acontecendo todos os dias. O sexo indesejado acontece de várias formas, e muitas vezes você pode ouvir falar de sexo indesejado ou forçado devido à intoxicação nos campi universitários.

Alguns chegam às manchetes, mas outros não e, em ambos os casos, isso está acontecendo em toda a América e no mundo. Casos de estupro, incesto e muitas outras formas de sexo indesejado estão acontecendo dentro ou perto de você neste momento.

Sexo indesejado em casamentos

Aqui está uma análise sobre sexo indesejado:*Através da análise de 41 entrevistas com mulheres que vivenciaram alguma forma de sexo indesejado em um relacionamento conjugal ou de longo prazo, o autor identificou cinco tipos de aquiescência a esse tipo de sexo indesejado. Um tipo de aquiescência envolveu ocasiões em que as mulheres inicialmente não queriam sexo, mas começaram a apreciá-lo depois de alguns minutos. No segundo*tipo de aquiescência, as mulheres não desejavam nem gostavam do sexo, mas *considerava isso seu dever de esposa. O terceiro* tipo de aquiescência ocorreu quando as mulheres consentiram com o sexo apenas para evitar abusos verbais ou não-verbais do parceiro. O quarto tipo de aquiescência diferia do terceiro tipo porque as mulheres concordavam por medo de serem gravemente feridas fisicamente se não obedecessem; e o quinto tipo de aquiescência deveu-se ao fato de a mulher ter sido anteriormente abusada pelo parceiro por se recusar a fazer sexo. Após identificar esses tipos de aquiescência, o artigo discute as condições sob as quais as mulheres adotam um determinado tipo. Esta pesquisa amplia os tipos de coerção não física de Finkelhor e Yllo para compreender melhor os contextos em que as mulheres vivenciam sexo indesejado no casamento.

O autor argumenta que os processos e consequências de "ceder" ao sexo indesejado com uma pessoa íntima não têm recebido tanta atenção académica como outras formas de sexo forçado que têm sido tradicionalmente identificadas como violação.[180] Portanto, este artigo analisa o sexo indesejado no contexto de uma união conjugal. Isto pode, por vezes, fugir à compreensão tradicional do sexo indesejado ou forçado. Essa compreensão pode levantar mais perguntas do que respostas. Isso pode levantar algumas questões éticas e filosóficas. Coisas como o consentimento poderiam ser aplicáveis no contexto do casamento? E quanto à coerção, e isso também acontece no contexto do casamento? Um marido ou esposa poderia ser acusado de estupro? Estas são questões difíceis de pensar e ponderar!

Como você realmente sabe que seu cônjuge não quer sexo? Porque, na prática, dificilmente eles poderão

---

180

https://www.ojp.gov/ncjrs/virtual-library/abstracts/rape-acquiescence-ways-what-women-give-unwanted-sex-their-husbands

dizer verbalmente que não querem sexo naquele momento. Você pode sentir que eles não querem isso com base na química corporal e na linguagem, mas não em qualquer voz audível com certeza, como: "Não me toque, não quero sexo". Nada com esse tipo de clareza foi comunicado, mas espera-se que o outro cônjuge saiba e faça o que é esperado. Posso estar errado, mas, novamente, posso estar 100% correto! A maioria dos maridos normalmente não vai até a esposa, senta na cama ou no quarto e diz algo como: "Você quer fazer sexo agora?" e então apenas sente-se e espere por algum tipo de resposta, como "Sim" ou "Não".

Isto parece ser o que se espera, mas dificilmente é o que normalmente acontece. Há algum nível de espontaneidade nessas coisas que não é claro. As coisas simplesmente acontecem e ficam fora de controle. E se um dos parceiros estiver em brasa e precisar desesperadamente de relações sexuais, mas o outro for retraído e não tiver esse desejo? Ainda se espera que aquele que está em brasa exerça autocontrole sobre sua testosterona furiosa.

A própria ideia de sexo indesejado ou forçado no contexto conjugal é extremamente difícil e absolutamente impossível de policiar. Nem tenho certeza se algo assim existe em um bom casamento. O sexo é frequentemente usado como arma ou moeda de troca para acertar contas em outras áreas de desacordo. A questão do sexo indesejado, forçado, da coerção ou do estupro nunca deveria ser mencionada numa união conjugal harmoniosa. Mesmo o menor pensamento sobre tal ideia apenas revela que o casamento tem outros problemas maiores para resolver. Existem períodos genuínos no casamento em que um dos parceiros pode não estar com disposição para sexo e o outro parceiro deve ser capaz de compreender e suportar um ao outro por um tempo. Se você é um seguidor de Jesus Cristo, então o sexo não deve ser negado ao seu parceiro, exceto com consentimento mútuo por um tempo, até que ambos retornem à normalidade. Um dos parceiros pode estar doente, cansado e fisicamente exausto, e não estar pronto para suportar o rigor da atividade sexual intensa e o outro deve compreender e aceitar isso graciosamente. Não há necessidade de forçar ou coagir seu parceiro a atividades sexuais indesejadas. Você tem que suportar e compreender seu parceiro, esperando que não seja um período prolongado, como meses de recusa constante em fazer sexo.

Aqui está o que Deus disse através do apóstolo Paulo: "A esposa não tem poder sobre o seu próprio corpo, mas o marido tem, e da mesma forma o marido não tem poder sobre o seu próprio corpo, mas a esposa tem. exceto com consentimento por um tempo, para que vocês possam se dedicar ao jejum e à oração; e se juntem novamente, para que Satanás não os tente por causa de sua falta de domínio próprio", 1 Coríntios 7:4-5. A questão do sexo forçado ou indesejado nunca deveria ocorrer em casamentos ordenados por Deus, mas quem sabe, talvez esteja acontecendo! O sexo indesejado continua a colocar problemas fora do contexto conjugal normal, como casos de sexo indesejado devido a intoxicação.

Sexo indesejado devido a intoxicação

O sexo indesejado devido à intoxicação é muito provável, especialmente em campi de faculdades ou universidades em todo o mundo. É provável que algum comprimido para dormir seja colocado na bebida por um parceiro masculino, a fim de intoxicar e incapacitar a mulher com o propósito de assumir o controle de seu corpo, para que possam praticar sexo sem consentimento. É muito

332

assustador pensar que isso pode acontecer quando você manda sua filha para qualquer universidade ao redor do mundo para estudar e obter educação. A maioria dos homens jovens, que não conseguem obter o consentimento de uma senhora, recorrem a outros meios grosseiros e ilegais para obter sexo.

Isso é simplesmente estupro e é criminoso. Então, quão difundido é esse problema? É realmente uma preocupação séria? Os campi universitários às vezes são como uma zona de guerra, desde meninos ociosos assediando meninas nos corredores e salas de aula, até lançar insultos verbais e agarrá-las fisicamente. Às vezes, as meninas vivem com medo constante nos campi. Elas têm medo de sair da biblioteca tarde da noite para ir para os dormitórios, com medo de serem abusadas sexualmente por um estudante do sexo masculino. Supõe-se que um campus universitário seja um lugar de excitação, curiosidade e aventura, mas, para muitas estudantes do sexo feminino, é um lugar de pavor, medo, ansiedade e, às vezes, depressão. Constantemente com medo de avanços sexuais indesejados e quando a bebida é introduzida na mistura, outros crimes sexuais, como estupro, agressão e, por fim, assassinato, logo ocorrerão.

Estudantes universitários protestando contra a violência sexual[181]

As fotos acima contam tudo. As pessoas não se envolvem simplesmente em manifestações no campus até que isso se torne pessoal para elas. Ou eles próprios foram pessoalmente afetados ou alguém que eles conhecem foi afetado. Ir a festas no campus, seja em uma boate ou em uma festa de aniversário na casa de um amigo, às vezes é arriscado, porque é aí que um admirador sexual vai colocar em sua bebida algo que você deixou na mesa para ir ao banheiro.

Essa pode ser a mesma pessoa que o levará para casa no carro quando você estiver embriagado e desmaiado. Então eles estupram você como bem entendem. Este é um ato criminoso contra seres humanos feito à imagem de Deus. Aqui está um estudo sobre os efeitos da intoxicação e do sexo indesejado: O estudo descobriu que, para pessoas de todos os sexos, o sexo

---

181

https://www.apa.org/monitor/2022/04/news-campus-sexual-assault

indesejável e intoxicado estava associado a uma maior probabilidade de experimentar sexo forçado, ser diagnosticado com uma doença sexualmente transmissível ou usar drogas. Para as mulheres, foi associado a um risco aumentado de interrupção da gravidez e consumo excessivo de álcool. Para os homens, também foi associado ao tabagismo, aumento do sofrimento psicológico e problemas de saúde geral.

Dr. Carter disse que beber era uma grande parte da cultura australiana – com um em cada quatro homens e uma em cada 10 mulheres bebendo em níveis de risco – e muitos jovens usavam drogas em festas, festivais de música e clubes. No entanto, ela disse que a percepção de um ótimo sexo quando bêbado ou drogado não era realidade.

"Muitas vezes as pessoas pensam no álcool e outras drogas em termos de melhorar as nossas experiências com o sexo – aumentando a excitação, o desejo, a atração, a curiosidade, a coragem e o prazer", disse ela. "Mas o sexo consensual e bêbado é, na verdade, mais frequentemente classificado como indesejado e menos prazeroso em comparação com o sexo consensual e sóbrio, e também a maior parte das agressões sexuais é atribuída a estar muito bêbado ou drogado para consentir".[182]

Estar sob a influência de álcool ou de qualquer outra substância que prejudique as faculdades de tomada de decisão arruinou tanto a vida das vítimas de sexo indesejado como dos perpetradores. As meninas acabaram

---

[182]

https://www.smh.com.au/lifestyle/life-and-relationships/consent -and-wanting-are-not-the-same-research-reveals-extent-of-un wanted-sex-while-intoxicated- 20201121-p56gn2.html#:~:text=One%20in%20six%20women%20 and,associado%20com%20poor%20health%20resultados

sofrendo todos os tipos de traumas emocionais como resultado de sexo indesejado. Para alguns, são as gravidezes indesejadas que podem resultar no assassinato do nascituro através do aborto. Para outros, é uma vergonha e uma violação da sua dignidade humana. Outros ainda são abandonados com sentimentos de vazio, inutilidade e ideação suicida. Isto é violação pura e simples, mas nem todas as violações estão associadas à intoxicação alcoólica,

Sexo indesejado devido a estupro

O estupro é a coisa mais humilhante que pode acontecer a uma pessoa. Nega à pessoa a dignidade humana básica. Viola o seu corpo contra o seu consentimento e é muito prejudicial mental e psicologicamente. As pessoas ficam desamparadas e sem esperança. Por que um ser humano faria isso com outro? Estuprando outro! Isto é o que os animais fazem na natureza e, no entanto, os humanos são reduzidos a um nível de degradação tão baixo. Ninguém tem o direito de coagir, forçar, intimidar ou ameaçar outro ser humano a entregar seu corpo a você para seu prazer e gratificação sexual. O corpo deles não é seu e não deve ser abusado para seu prazer e gratificação sexual. O estupro é mais comum do que a maioria das pessoas parece imaginar.

Muitos estupros são cometidos por pessoas sóbrias e não influenciadas por nenhuma substância intoxicante. Eles estão acordados, alertas e sabem o que estão fazendo ou prestes a fazer. Eles querem sexo e determinaram que o conseguirão, com ou sem o consentimento da pessoa. O poder de fazer esse sexo os dominou de tal forma que eles são incapazes de qualquer pensamento racional e tomada de decisão. Eles são incapazes de considerar seriamente todas as ramificações das suas ações potenciais. O poder de fazer esse sexo superou o poder do autocontrole. Eles são incapazes de ver que estão destruindo outro ser humano, mas são responsáveis pelas suas ações.

A decisão de estuprar alguém não é apenas pecaminosa, mas pode alterar a vida da vítima e do estuprador. O estuprador deve pensar na vítima como alguém que estupra sua própria filha, irmã ou mãe. Como isso afetaria você se seu melhor amigo estuprasse sua filha, irmã ou mãe? Como isso vai ficar com você? Pense nisso por um segundo! Aqui está um retrato da situação global em matéria de violação: Além disso, as leis de muitos países contra a agressão sexual são insuficientes, inconsistentes ou não são aplicadas regularmente. Isto pode deixar a vítima convencida de que o envolvimento das autoridades não adiantará nada e, em alguns casos, poderá piorar as coisas em vez de melhorar.

Qualquer que seja a razão para o silêncio da vítima, o efeito é que a violação é grosseiramente subnotificada em muitos países. Estima-se que aproximadamente 35% das mulheres em todo o mundo sofreram assédio sexual durante a vida. No entanto, na maioria dos países com dados disponíveis sobre violação (incluindo os EUA), menos de 40% dessas mulheres procuram ajuda – e menos de 10% procuram assistência das autoridades policiais. Como resultado, a maioria dos estupradores escapa da punição. Nos EUA, por exemplo, estima-se que apenas 9% dos violadores são processados e apenas 3% passam algum tempo na prisão. 97% dos estupradores ficam em liberdade.[183]

Estas estatísticas revelam que aproximadamente 35% das mulheres em todo o mundo sofreram alguma

---

183

https://worldpopulationreview.com/country-rankings/rape-statist ics-by-country

forma de assédio sexual. Isso também depende do que é classificado como assédio sexual. É muito difícil encontrar qualquer mulher ou menina, em qualquer lugar do mundo, que não testemunhe ter sido assediada sexualmente em algum momento da sua vida. Se a definição de assédio não inclui a violação, então, no momento em que qualquer mulher ou rapariga sai de casa, é constantemente confrontada com assédio de forma consistente. A percentagem de pessoas assediadas é muito mais elevada, uma vez que a maioria das raparigas ou mulheres provavelmente não denunciaria a maioria dos casos de assédio. Aqui estão algumas estatísticas sobre estupro na América:

A cada 68 segundos, outro americano é agredido sexualmente.

1 em cada 6 mulheres americanas foi vítima de uma tentativa ou consumação de estupro em sua vida (14,8% concluída, 2,8% tentada)

Cerca de 3% dos homens americanos – ou 1 em 33 – sofreram uma tentativa ou consumação de estupro durante a vida.

De 2009 a 2013, as agências do Serviço de Protecção da Criança fundamentaram ou encontraram fortes evidências que indicavam que 63.000 crianças por ano eram vítimas de abuso sexual.

A maioria das crianças vítimas tem entre 12 e 17 anos. Das vítimas com menos de 18 anos: 34% das vítimas de agressão sexual e violação têm menos de 12 anos e 66% das vítimas de agressão sexual e violação têm entre 12 e 17 anos.[184]

---

[184]https://www.rainn.org/statistics/scope-problem#:~:text=Every% 2068%20seconds%20another%20American%20is%20sexually%2

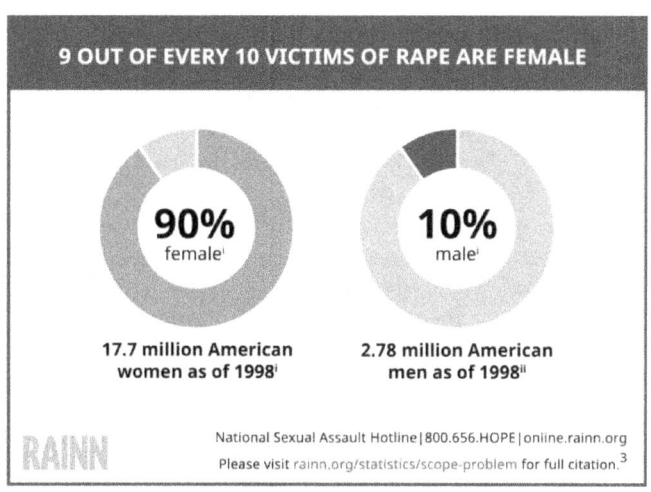

Estatísticas de estupro[185]

Como você pode perceber por essas estatísticas, a situação do sexo indesejado ou forçado por meio do estupro é bastante sombria. É realmente uma situação triste, mas alguns fatos pouco conhecidos surgiram dessas estatísticas. Os homens também denunciam casos de violação cometida por mulheres. Isto não é um facto amplamente conhecido porque pode até ser ridicularizado e considerado risível por muitos que podem desprezar a validade de tal possibilidade. Como é que isso acontece, que uma mulher estuprou um homem? Alguns diriam coisas como: como ela o força a ter

---

0assaulted.&text=1%20out%20of%20every%206,concluído%2C%20
202,8%25%20 tentado).&texto=Cerca
de%203%25%20de%20Americanos%20homens,completou%20e
stupro%20em%20%20 vida.
[185]https://www.rainn.org/statistics/scope-problem#:~:text=Every%
2068%20seconds%20another%20American%20is%20sexually%2
0assaulted.&text=1%20out%20of%20every%206,concluído%2C%20
202,8%25%20 tentado).&texto=Cerca
de%203%25%20de%20Americanos%20homens,completou%20e
stupro%20em%20%20 vida.

uma ereção? O que realmente está acontecendo? Como ela o força se ele se opõe? Estas são objeções muito interessantes para ponderar e pensar!

Estupro de homens por mulheres

Isto soa muito como um conto de fadas, mas está realmente acontecendo, que as mulheres tentam ou cometem estupros de homens. As mulheres estão estuprando homens em um ritmo inconcebível e aqui está a imagem de uma vítima de estupro abaixo.

Imagem de uma vítima de estupro[186]

Portanto, a violação de homens por mulheres é, na verdade, mais comum do que a sociedade imagina. A maioria dos homens pode até sentir vergonha de denunciar que foi estuprada por uma mulher. A imagem acima mostra claramente a vergonha e o desgosto que um homem pode

186

https://www.scientificamerican.com/article/sexual-victimization-by-women-is-more-common-than-previously-known/

sentir e experimentar depois de passar por uma tentativa ou consumação de estupro. Aqui está um relatório sobre estupro de homens:

Em 2014, publicamos umestudarsobre a vitimização sexual dos homens, concluindo que os homens eram muito mais propensos a serem vítimas de abuso sexual do que se pensava. Para entender quem estava cometendo o abuso, analisamos em seguida quatro pesquisas realizadas pelo Bureau of Justice Statistics (BJS) e pelos Centros de Controle e Prevenção de Doenças (CDC) para obter uma visão geral da frequência com que as mulheres cometiam vitimização sexual.

Os resultados foram surpreendentes. Por exemplo, o representante nacional do CDCdadosrevelou que, ao longo de um ano, homens e mulheres tinham a mesma probabilidade de experimentar sexo não consensual, e a maioria das vítimas do sexo masculino relataram perpetradores do sexo feminino. Ao longo da vida, 79 por cento dos homens que foram "obrigados a penetrar" outra pessoa (uma forma de violação, na opinião da maioria dos investigadores) relataram que mulheres

perpetradores. Da mesma forma, a maioria dos homens que sofreram coerção sexual e contactos sexuais indesejados tiveram como agressores mulheres.[187]

　　É uma tendência bastante perturbadora que a violação e todas as outras formas de agressão sexual não se limitem ao género, mas sejam um problema humano. É um problema do coração humano que está determinado a cometer o mal, aconteça o que acontecer. As mulheres também têm uma necessidade desesperada de prazer sexual e estão dispostas a fazer tudo o que estiver ao seu alcance para o conseguir, e a violar, se necessário. Eles querem e querem agora, com ou sem o consentimento do

187

https://www.scientificamerican.com/article/sexual-victimization-by-women-is-more-common-than-previously-known/

homem! Os casos de mulheres com vinte e poucos anos ou trinta e poucos anos têm frequentemente sido manchetes por violarem rapazes, com idades entre os 14 e os 17 anos.

Freqüentemente, são professores do ensino fundamental ou médio que coagem os meninos que são colocados sob seus cuidados e controle para instrução acadêmica. A razão pela qual estas mulheres procuram fazer isto é a mesma razão pela qual os homens que são professores no ensino básico ou secundário procuraram violar raparigas menores de idade colocadas sob os seus cuidados e controlo. Esses crimes sexuais acontecem diariamente em todo o mundo. Aqui está um caso de estupro envolvendo um treinador e uma estudante: Um ex-professor do ensino médio e treinador de atletismo de Oklahoma supostamente estuprou uma estudante adolescente em sua casa em 2019, dizem as autoridades.

Na sexta-feira, Brandon Neal, 34, de Bixby, que se demitiu da Broken Arrow High School, se entregou à polícia sob um mandado de prisão que o acusava de estupro em segundo grau e agressão sexual, mostram os registros do tribunal.

As autoridades alegam que Neal e o estudante não identificado começaram um relacionamento sexual de um mês em dezembro de 2019, depois que se viram na academia The Body Masters Fitness em Bixby, de acordo com a declaração de causa provável,KM RG relatórios.[188]

A quantidade de casos de estupro em escolas de ensino fundamental, médio e universitários é, no mínimo, alarmante. A sua filha ou filho tem uma probabilidade muito elevada de ser violado por alguém com autoridade sobre eles, como um treinador, professor ou administrador. Isso é mais provável no ensino fundamental e médio, onde os alunos são menores. Aqui está um caso de estupro de um adolescente de 16 anos por uma professora de 26 anos:

---

[188]

https://people.com/crime/okla-teacher-allegedly-raped-student-in-his-home-while-wife-and-daughter-were-out-of-town/

A professora Andee Lantz foi acusada de estuprar uma estudante de 16 anos. Fotos: Carnegie High School / Cadeia do Condado de Caddo)[189]

Foi assim que aconteceu:

Uma professora de 26 anos levou um rapaz de 16 anos para sua casa – e depois violou-o, diz a polícia. Andee Lantz fez sexo com sua suposta vítima em duas ou três ocasiões e também lhe enviou uma foto sua nua, afirma.

Lantz, ex-professor da Carnegie High School, no condado de Caddo, Oklahoma, foi acusado de estupro no início deste mês e compareceu ao tribunal na última quarta-feira. Ela teria sido confrontada com rumores de um relacionamento impróprio com o menino em meados de novembro.

---

[189]

https://metro.co.uk/2020/12/28/teacher-26-took-boy-16-to-her-house-and-violed-him-13817349/

Tanto Lantz quanto o jovem teriam inicialmente negado as acusações. Mas Lantz mais tarde começou a se abrir e admitiu que preparou o menino depois de andar de carro com ele depois de um jogo de boas-vindas, alega-se.

Diz-se que ela disse aos investigadores que o menino 'se inclinou e a beijou e tudo partiu daí'. Lantz trouxe a jovem de volta para sua casa, para o primeiro dos vários estupros que ela agora é acusada de infringir.[190]

Esses casos de estupro são, no mínimo, alucinantes. O poder de cometer tais ou quaisquer outros crimes ou pecados, aliás, supera qualquer capacidade de qualquer pessoa de pensamento racional e lógico. Trata-se de casos de crianças menores, cujas vidas são mudadas para sempre por pessoas colocadas nas suas vidas para fornecer orientação e instrução, e deixam cair a bola. As vidas destes perpetradores de violação também são alteradas e destruídas para sempre. Eles passarão anos na prisão depois de destruírem suas vidas, a de suas famílias e de seus filhos, sem pensar no custo para a sociedade, emocional, psicológico, financeiro e outros. Todos os anos que eles investiram na educação para se tornarem professores foram pelo ralo e desapareceram. O poder de fazer sexo assume qualquer aparência de lógica e pensamento racional. Este é o poder do sexo, a força irresistível.

Mas a ideia de violação é tão antiga quanto os homens na terra. O estupro não é uma ideia nova, pois ocorre desde que a humanidade existe na Terra. Aqui está um caso típico de estupro na Bíblia. A esposa de Potifar tentou seduzir e estuprar José. Potifar era uma pessoa política de alto escalão, cuja esposa tentou seduzir José, que foi vendido como escravo ao marido. Foi assim que tudo aconteceu:"⁷E aconteceu depois destas coisas que a esposa de seu senhor lançou um olhar saudoso para José e disse:

190

https://metro.co.uk/2020/12/28/professor-26-levou-o-menino-16-para-a-casa-dela-e-estuprou-ele-13817349/

"Deite-se comigo.8 Mas *ele recusou e disse à esposa de seu senhor: "Olha, meu senhor não sabe o que há comigo em casa e entregou tudo o que tem em minhas mãos.9 Não há ninguém maior nesta casa do que eu, e ele não me escondeu nada além de você, porque você é sua esposa. Como então posso cometer esta grande maldade e pecar contra Deus?"10 Assim, enquanto ela falava com José dia após dia, ele não lhe dava ouvidos, para se deitar com ela ou para estar com ela.11 Mas aconteceu por esta ocasião, quando José entrou em casa para fazer o seu trabalho, e nenhum dos homens da casa estava lá dentro,12 que ela o pegou pela roupa, dizendo: "Deita-te comigo". Mas ele deixou a roupa na mão dela, fugiu e correu para fora,* Gênesis 39:7-12.

O versículo 7 diz que a esposa de Potifar estava de olho em José, e ela claramente lhe pediu no versículo 7 para fazer sexo com ela e ele recusou categoricamente e categoricamente. Ela começou pedindo-lhe que cometesse adultério com ela e quando isso não funcionou, ela bolou o plano B. O jovem, José, provavelmente contou como seus irmãos tentaram matá-lo por ciúmes e quando isso não funcionou, eles venderam-o como escravo a comerciantes que iam para o Egito. Agora, pela graça de Deus, ele estava servindo na casa de um oficial egípcio de alta patente.

Agora, o diabo estava novamente agindo, passando pela mulher e tentando levá-la a cometer adultério. José reconheceu que se o pecado do adultério fosse cometido, seria um pecado contra Deus. José reconheceu como Deus o guardou e protegeu durante todo esse tempo e perguntou como ele poderia cometer uma ação tão perversa. Fazer sexo com a esposa do chefe será como partir em uma missão suicida. Não só foi um pecado contra Deus, mas também significaria uma sentença de morte para ele no tribunal humano. Então, quando ela não conseguiu acusá-lo de adultério, ela passou a estuprá-lo como a próxima opção. Ela não conseguiu obter consentimento e então começou a

345

forçar, coagir e estuprar. Este também é o poder do sexo, a força irresistível.

O texto no versículo 10 diz: "Ela falava com José dia após dia", provavelmente significando que ela o incomodava todos os dias sobre a mesma coisa. Este era um ambiente de trabalho hostil. Depois que seu marido saiu de casa, ela provavelmente seguiu Joseph o dia todo pedindo sexo e quando Joseph não cedeu, ela se cansou dos jogos que Joseph estava jogando e entrou em ação para realizar seus desejos, com ou sem consentimento. Como ela não conseguiu obter consentimento, ela passou a considerar o estupro como a única opção viável. Ela se certificou de que não havia ninguém na casa além dos dois e o agarrou quando ele saiu correndo, deixando a camisa na mão dela. Então ela se virou e o acusou de estupro, e mostrou a camisa dele na mão como prova ao marido quando ele voltou. Às vezes, os estupradores não começam como estupradores.

Podem inicialmente tentar obter consentimento e, quando isso falhar, podem passar à violação e, se isso falhar, podem chamar a polícia e a vítima pode tornar-se o violador e, se isso falhar, podem ocorrer outros crimes, incluindo homicídio. Um pervertido sexual não irá parar até que seu objetivo e meta sejam alcançados. Mas José fez uma coisa muito corajosa que a maioria dos homens na mesma situação não conseguiria fazer. Quando confrontado com a tentação sexual, José correu para salvar sua vida. Ele não ficou sentado para brincar com aquilo, mas correu. Ele saiu de lá com pressa. Então, quando você se deparar com uma tentação tão grande, corra! Corra, corra e corra, porque a tentação o comerá vivo. A maioria dos estupradores pode nunca parar até conseguir o que deseja, enquanto outros podem prosseguir para outras formas de sexo indesejado, incluindo o incesto.

Sexo indesejado por incesto

Todos os pecados e crimes sexuais são terríveis e repugnantes, mas o incesto é o mais baixo dos mais baixos. Como pode um ser humano descer a um nível de degradação tão baixo? Esse tipo de pecado está além dos limites. Isso está além do comportamento animal. Relacionamentos incestuosos acontecem desde que os humanos povoaram a Terra, mas o que realmente é incesto ou relacionamento sexual incestuoso?

Aqui estão algumas idéias sobre o incesto: Incesto é a atividade sexual humana entre membros da família ou parentes próximos. Isso normalmente inclui atividade sexual entre pessoas em consanguinidade (relações consanguíneas) e, às vezes, aquelas relacionadas por afinidade (casamento ou família adotiva), adoção ou linhagem. É estritamente proibido e considerado imoral na maioria das sociedades, e pode levar a um risco aumentado de doenças genéticas em crianças. Uma justificativa comum para proibir o incesto é evitar a endogamia, um conjunto de doenças genéticas sofridas pelos filhos de pais com características genéticas próximas. relação. Essas crianças correm maior risco de doenças congênitas, morte e deficiência física e de desenvolvimento, e esse risco é proporcional ao coeficiente de parentesco dos pais - uma medida de quão próximos os pais estão geneticamente relacionados.[191] Esta definição acima proíbe qualquer atividade sexual entre parentes próximos. É bastante interessante que algumas doenças genéticas estejam associadas a atividades sexuais com parentes próximos. Imagine a possibilidade de atividade sexual entre pais e filhos ou vice-versa.

Isto é uma perversão sexual que está além da minha compreensão, que um homem ou uma mulher tenha

---

[191]   https://en.wikipedia.org/wiki/Incest

relações sexuais com a criança que deu à luz. Os humanos foram reduzidos além do nível dos animais. Ou um irmão e uma irmã que nasceram da mesma mãe, tiveram relações sexuais e até se casaram. Os humanos têm agido assim desde que existem na Terra.

Aqui está o que está acontecendo em outras culturas: em algumas sociedades, como as do Antigo Egito, irmão-irmã, pai-filha, mãe-filho, primo-primo, tia-sobrinho, tio-sobrinha e outras combinações de relações dentro de uma a família real se casou como forma de perpetuar a linhagem real. Algumas sociedades têm opiniões diferentes sobre o que constitui incesto ilegal ou imoral. Por exemplo, em Samoa, o casamento entre um irmão e uma irmã mais velha era permitido, enquanto o casamento entre um irmão e uma irmã mais nova era declarado autêntico. No entanto, as relações sexuais com um parente de primeiro grau (ou seja, um pai, um irmão ou um filho) são quase universalmente proibidas.[192]

Tal como mencionado no verbete da Wikipédia, a ganância está impulsionando algumas dessas atividades incestuosas e casamentos. A ideia por trás de alguns deles é que se um homem ou mulher se casa com uma família rica ou real, então, após a morte, a linhagem real ou riqueza é transferida para fora da família real original. Essas famílias reais ou ricas concluíram que o incesto era a única solução plausível para o dilema. Nestes casos, as linhagens reais e o dinheiro são as forças motrizes por detrás da tomada de decisão, mas noutros casos, a pureza real conduz a decisão. Alguém da linhagem real não gostaria de se casar com alguém que não fosse da linhagem real. Em seu esforço para proteger a pureza real, casar com alguém fora da linhagem

---

[192]   https://en.wikipedia.org/wiki/Incest

real potencialmente poluiria a linhagem real. Significa que alguém pode potencialmente se tornar rei, rainha ou realeza que não fazia parte da linhagem real. Então eles instituíram o incesto para manter a perpetuidade da linhagem real. São casos em que o dinheiro, a riqueza e o poder são as forças motrizes do incesto. Aqui está uma imagem abaixo do rei egípcio se casando com sua meia-irmã:

Rei egípcio, Tutancâmon se casou com sua meia-irmã, Ankhesenamon[193]

Todos os desejos sexualmente desviantes sob o sol sempre existiram e foram perpetrados pela humanidade, o que fez com que alguns sectores da população concluíram que estas acções podem ter sido sancionadas por Deus; afinal está na bíblia né! Alguns podem levantar questões como: como o mundo foi povoado; se Adão só teve dois filhos, Caim e Abel, então de onde vieram suas esposas, especialmente a esposa de Caim, já que ele era o mais velho dos dois? E essas são objeções justas e lógicas!

---

[193]   https://en.wikipedia.org/wiki/Incest

Quem foi a esposa de Caim?

A identidade da esposa de Caim e como Deus povoou a terra através de Adão e Eva levantou todo tipo de questões e especulações. Alguns fizeram deste um caso clássico de incesto. De acordo com o registro bíblico, Adão e sua esposa Eva tiveram dois filhos, Caim e Abel, e mais tarde Sete. Nenhum outro filho ou irmã é mencionado, então como Caim procriou? Aparentemente, existem apenas duas soluções possíveis para este aparente dilema: ou Caim teve filhos com a sua mãe (altamente improvável), ou Adão e Eva deram à luz meninas que não estão listadas no registo bíblico. Alguns até sugeriram que Caim pode ter conhecido sua esposa na terra de Nod, para onde fugiu após matar seu irmão, Abel.

Outras fontes fora da Bíblia apresentam outras sugestões quanto à identidade da esposa de Caim. Uma dessas fontes é o "livro dos Jubileus". Este livro foi rejeitado como parte dos livros aceitos incluídos no cânon bíblico. Aqui estão alguns fatos sobre o "livro dos Jubileus:"*O livro dos jubileus, às vezes chamado de Gênesis Menor (Lipogênese), é uma antiga obra religiosa judaica de 50 capítulos (1341 versículos), considerada canônica pela Igreja Ortodoxa Etíope, bem como pelo Beta Israel (judeus etíopes), onde é conhecido como o livro das Divisões.*[194]

Este livro, que não foi aceito como parte do cânone bíblico, menciona e identificava uma senhora chamada "Awan" como irmã de Caim, a quem ele tomou como esposa e aqui está a citação:*Jubileu faz referência incestuosa a respeito do filho de Adão e Eva, Caim, e sua esposa, no capítulo iv (1–12) (Caim e Abel). Istomenciona que Caim*

---

[194]   https://en.wikipedia.org/wiki/Book_of_Jubilees

tomou sua irmã Awan para ser sua esposa e Enoque era seu filho.[195] A questão que imediatamente surge em minha mente é a da inerrância bíblica. A Bíblia não contém erros e pode ser confiável como a palavra infalível de Deus?

O livro dos Jubileus foi concluído em sua forma final por volta de 100 aC, de acordo com britannica.com[196] e assim isso tornaria a escrita do Pentateuco por Moisés e a entrega da Lei no Monte Sinai milhares de anos mais antiga que o livro dos Jubileus. Como eles descobriram a identidade da esposa de Caim? O registro bíblico não nos diz explicitamente. Como e onde os escritores daquele livro obtiveram aquele nome que Moisés não nos contou? A ideia de que Caim era casado com uma de suas irmãs é uma possibilidade provável porque, na maioria das vezes, Deus apenas mencionaria personagens na genealogia que fazem parte da narrativa bíblica que Deus está transmitindo no contexto imediato e, por extensão, para nós.

Adão e Eva poderiam ter tido outros filhos e filhas além de Caim e Abel, e o resto provavelmente não fazia parte da narrativa bíblica e foram deixados de fora, embora não necessariamente ignorados. Isto é o que foi dito sobre o que Jesus escreveu: "E Jesus realmente fez muitos outros sinais na presença dos seus discípulos, que não estão escritos neste livro: mas estes estão escritos para que creiais que Jesus é o Cristo, o Filho de Deus; e para que, crendo, tenhais vida em Seu nome", João 20:30-31. Jesus prosseguiu dizendo naquele mesmo texto que se tudo o que Ele fez fosse registrado, os livros do mundo não seriam capazes de contê-los. Portanto, é muito provável que Caim tenha se casado com sua irmã, embora a Bíblia não mencione que ele

---

[195] https://en.wikipedia.org/wiki/Book_of_Jubilees
[196] https://www.britannica.com/topic/Book-of-Jubilees

tinha irmãs. Na genealogia de Adão a Noé em Gênesis 5, nenhuma mulher é mencionada, mas isso não significa que não houvesse mulheres ou que não fossem importantes.

A linhagem familiar foi muitas vezes continuada através dos homens e mais importante foi que a linhagem foi muitas vezes continuada através do plano de redenção da humanidade de Deus. Deus incluiu 4 mulheres na genealogia de Mateus no capítulo 1 de Mateus. A genealogia em Gênesis 5:1 foi de Adão a Sete e contornou Caim. O plano de redenção de Deus foi através de Sete e Caim nem sequer foi mencionado. Abel já foi assassinado por Caim. E em Gênesis 5:28, mencionou que Lameque gerou um filho, e no versículo 29, identificou o filho de Lameque como Noé, mas no versículo 30, disse que Lameque gerou um filho e filhas. O ponto principal é que Deus apenas mencionará qualquer personagem que seja importante para a narrativa naquele contexto, e omitirá – e não ignorará – o que não for necessário.

Alguns concluiriam que Caim casou com a sua irmã, o que foi um casamento incestuoso, e isso poderia dar motivos para justificar casamentos incestuosos ou relações sexuais hoje, na sua opinião. Alguns argumentaram que se isso realmente aconteceu e está na Bíblia, então deve estar tudo bem, sério? Isto realmente aconteceu, mas hoje não dá base para relações sexuais incestuosas de qualquer tipo. Deus permitiu o incesto temporariamente, isso não significa que Ele o aprovou ou aprovou. Ele permitiu isso por um período limitado de tempo para cumprir suas prerrogativas divinas.

Ele deu uma ordem a Adão e Eva para se multiplicarem e encherem a terra de pessoas. Então, de que outra forma eles obedeceriam à ordem de Deus se fossem apenas dois deles na terra? De que outra forma seus filhos ajudariam nesse empreendimento, a menos que um irmão e uma irmã de sangue se casassem? Uma vez que a Terra foi povoada ao longo de milhares de anos, primos e sobrinhas muito distantes, separados por várias gerações, poderiam se casar e isso não seria considerado incestuoso porque a linhagem sanguínea se tornaria tão diluída que não haveria proximidade com a linhagem sanguínea original.

E não havia lei contra o incesto naquela época porque todos seriam potencialmente infratores da lei, já que a única pessoa disponível para ser sua esposa era parente direto de sangue de você. Realmente não fazia sentido aprovar leis sobre incesto, porque 100% das pessoas infringiriam a lei. A proibição contra o incesto não foi dada até Levítico 18:6-18, quando a terra estava bem povoada. O incesto não era pecado naquela época porque não havia lei contra ele. Isso não significava que estava tudo bem, mas apenas que Deus não usou isso contra o povo porque não havia lei. Aqui está o que Deus disse através do apóstolo Paulo: "Porque a lei traz ira, mas onde não há lei não há transgressão", Romanos 4:15.

Então, digamos que seu estado aprovou repentinamente uma nova lei contra excesso de velocidade acima de 80 quilômetros por hora em alguma rodovia que entrará em vigor em 1° de janeiro de 2023. Você se verá dirigindo a 70 quilômetros por hora na mesma rodovia em 10 de dezembro de 2022. Mesmo que sua ação seja ruim, você não é um infrator da lei porque não há lei contra isso quando você cometeu esse ato, e o mesmo aconteceu com o incesto cometido antes da instituição da lei em Levítico 18. Portanto, qualquer pessoa envolvida em incesto, e outra imoralidade sexual ou qualquer pecado nesse sentido é claramente um infrator da lei que precisa de arrependimento e sem o qual o sexo se torna uma paixão de amor irresistível e incontrolável.

Capítulo 11

O poder do amor e do sexo

O amor e o sexo são indiscutivelmente as forças mais poderosas do universo e os seus efeitos têm consequências de longo alcance. O amor é provavelmente a força mais poderosa do universo. As pessoas entram em todos os tipos de estados emocionais prejudiciais simplesmente porque se sentem mal amadas e indesejadas. As pessoas estão em busca desesperada de amor e de alguém, qualquer pessoa, que as ame e se preocupe com elas. O amor é um daqueles atributos de Deus que foram plantados no DNA humano. Milhões de pessoas em todo o mundo enfrentam todos os tipos de problemas emocionais simplesmente porque não se sentem amadas.

As pessoas estão com medo, estressadas, solitárias, ansiosas e deprimidas. O sexo e o amor atraem e unem as pessoas de tal forma que se tornam inseparáveis, e esse poder é finalmente evidenciado na união matrimonial entre um homem e uma mulher. Este poder do amor é invencível, mas tão potente que arrebata a alma e o espírito humanos. O poder é inexplicável e imparável. O amor é considerado uma das emoções humanas mais importantes e, ainda assim, a menos compreendida e a mais incompreendida.

O amor é um sentimento? O amor é biológico? O amor é cultural? O amor é como respirar ar ou beber água para um ser humano! Uma vida sem amor é catastrófica, para dizer o mínimo, e é prejudicial para a psique humana. Todos os tipos de canções e músicas foram compostas por amor. O amor é como comer e beber água, perecemos sem isso. Mas qual é realmente o mistério por trás do amor? As pessoas passam todo o tempo na terra em busca do amor e a maioria morre vazia sem encontrá-lo. O amor parece evasivo; parece que assim que você se aproxima, ele fica mais longe. O ser humano precisa amar e ser amado.

Todos os tipos de ideias foram apresentadas para definir o amor, mas o que é o amor? Aqui estão algumas idéias sobre o amor da comunidade psicológica: O amor é um conjunto de emoções e comportamentos caracterizados por intimidade, paixão e compromisso. Envolve cuidado, proximidade, proteção, atração, carinho e confiança. O amor pode variar em intensidade e mudar com o tempo. Está associado a uma série de emoções positivas, incluindo felicidade, excitação, satisfação com a vida e euforia, mas também pode resultar em emoções negativas, como ciúme e estresse.1

Quando se trata de amor, algumas pessoas diriam que é uma das mais importantes emoções *humanas*. No entanto, apesar de ser um dos comportamentos mais estudados, ainda é o menos compreendido. Por exemplo, os investigadores debatem se o amor é um fenômeno biológico ou cultural.

O amor é provavelmente influenciado pela biologia e pela cultura. Embora os hormônios e a biologia sejam importantes, a forma como expressamos e vivenciamos o amor também é influenciada por nossas concepções pessoais de amor.[197]

---

[197]   https://www.verywellmind.com/what-is-love-2795343

O que é o amor?

Como eu disse antes, o amor é provavelmente o assunto mais complexo do planeta e é por isso que você pode pedir a dez pessoas para definirem o amor é obter apenas dez respostas diferentes. Todo mundo quer amor, mas quase ninguém sabe o que é amor. A citação acima define o amor como "um conjunto de emoções e comportamentos caracterizados por intimidade, paixão e compromisso". Portanto, a visão aqui é que o amor é "um conjunto de emoções e comportamentos", e esta é a definição básica de amor e, como derivado disso, vem a intimidade, a paixão e o compromisso. Aqui está a definição de amor de um dicionário: substantivo, um afeto profundamente terno e apaixonado por outra pessoa. Um sentimento de apego pessoal caloroso ou afeto profundo, como por um pai, filho ou amigo, paixão ou desejo sexual.[198]

O amor é definido aqui como um "sentimento de caloroso apego pessoal ou profundo afeto". A principal conclusão desta definição é que o amor é um sentimento. A primeira definição diz que o amor é uma "emoção". A compreensão social do amor é que ele é emocional. O amor é entendido em termos emocionais. Esta definição identifica corretamente "afeição profunda, por um pai, filho, amigo e paixão ou desejo sexual", como amor. A agregação de uma categoria diversa de relacionamentos em uma categoria singular pouco ajudou em nossa compreensão inglesa do amor.

Outro aspecto é que o amor é amplamente entendido como um verbo estativo. Estes são verbos que descrevem um estado ou condição de ser, em vez de verbos dinâmicos que descrevem uma ação. Esta compreensão do

---

[198]   https://www.dictionary.com/browse/love

amor causou danos irreparáveis à grande maioria da população. É amplamente aceito, desde os leigos até os acadêmicos, que o amor é uma emoção e algum tipo de sentimento. É tudo uma questão de como me sinto e se isso me faz sentir bem. Quer o amor seja usado como substantivo ou verbo em inglês, seu significado costuma ser emocional e orientado para os sentimentos. Mas será que esse é realmente o caso? A ideia de que o amor é um sentimento ou emoção é, na verdade, estranha à Bíblia. O amor é mais frequentemente retratado em um sentido dinâmico, em vez de estativo.

O amor é uma ação, e antes de considerarmos que o amor é uma ação, vamos examinar os diferentes tipos de amor. A palavra amor, em inglês, é entendida no sentido geral e genérico e somente o contexto esclarece o que realmente estão falando. Há um ditado que diz que os gregos têm uma palavra para tudo e esse ditado é em grande parte verdadeiro, já que o amor não é exceção. Os gregos têm pelo menos quatro palavras diferentes que são traduzidas como amor para a nossa língua inglesa. Aqui estão os quatro tipos de amor:

Storge -Amor devido aos laços familiares

Esta palavra identifica o amor baseado em laços familiares, amor entre pais e filhos ou amor entre irmãos; esse vínculo flui naturalmente, sem amarras. Você nasceu na mesma família e sabe que eles são seus pais, irmãos, tio, tia, primo. Aqui está como a Wikipédia coloca:Armazenamento(esturjão,grego:afeição) é *gostar de alguém pelo gosto da familiaridade, de familiares ou de pessoas que se relacionam de maneira familiar e que, de outra forma, se uniriam por acaso. Um exemplo é o amor e afeição naturais dos pais pelos filhos. É descrito como o mais natural, emotivo e amplamente difundido dos amores: é natural porque está presente sem coerção, emotivo porque é o resultado do carinho devido à familiaridade, e mais amplamente difundido porque dá menos atenção a aquelas características consideradas "valiosas" e dignas de amor e, como resultado, é capaz de transcender a maioria dos fatores discriminatórios. Lewis descreve-o como um amor baseado na dependência que corre o risco de extinção se as necessidades deixarem de ser satisfeitas.*

O afeto, para Lewis, incluía tanto o amor-necessidade quanto o amor-presente. Ele o considerou responsável por 9/10 de toda felicidade humana sólida e duradoura.[8]

Porém, a força do afeto é também o que o torna vulnerável. O afeto parece estar "embutido" ou "pronto", diz Lewis, e como resultado, as pessoas passam a esperá-lo, independentemente do seu comportamento e das suas consequências naturais.[9] Tanto na sua forma de Necessidade como de Dádiva, a afeição está então sujeita a "estragar-se" e a ser corrompida por forças como o ciúme, a ambivalência e a sufocação.[199] Você nasceu nesse relacionamento amoroso e não há muito que possa fazer para alterar esse vínculo natural. Outro tipo de amor é a philia.

Philia - Amor entre amigos

Esse é o tipo de amor que existe entre amigos e pessoas sem vínculos sanguíneos ou sexuais. Esse tipo de amor surge do companheirismo. Às vezes, o vínculo entre amigos é mais forte do que o amor entre parentes consangüíneos. Muitas vezes você pode ouvir que um bom amigo é melhor do que um irmão ou irmã ruim. Realmente chamar alguém de amigo que não tem parentesco de sangue com você é profundo. Isso é mais do que um

---

[199]   https://en.wikipedia.org/wiki/The_Four_Loves

conhecido casual. Este é alguém que foi testado e confiável. Este é alguém confiável. É alguém que defende seus interesses na sua ausência. Um irmão ou irmã é um amor de sangue, mas um amigo é um amor por escolha. É por isso que um amigo pode estar ao seu lado nos bons e maus momentos, mas um irmão ou irmã de sangue pode abandoná-lo.

Aqui está uma citação sobre um amigo próximo:"Um homem que tem amigos deve mostrar-se amigável: e há um amigo que é mais próximo do que um irmão", Provérbios 18:24. A amizade é uma força muito poderosa e chamar alguém de amigo é poderoso. irmão pode acontecer nesta vida, mas o melhor amigo que se mantém mais próximo do que qualquer irmão é o próprio Jesus Cristo. Jesus Cristo é o melhor amigo. Um amigo que nunca o abandonará. Um amigo para sempre.

Aqui está outra citação:*Um amigo ama em todos os momentos, E um irmão nasce para a adversidade,* Provérbios 17:17. Este versículo fala sobre um tipo de amigo que ama em todos os momentos. Esse tipo de amizade nunca vai te decepcionar e ele está ao seu lado, nos momentos bons e ruins. Este é um amigo para quem você pode ligar às 2 da manhã e ele ficará feliz em ajudá-lo. Embora existam amigos assim andando pela terra, esse tipo de amizade só pode ser plenamente cumprida em Cristo Jesus. Até mesmo nosso amigo de infância de confiança pode voltar contra nós em algum momento. Talvez seu amigo fique com ciúmes por causa do seu sucesso.

Jesus é o único amigo verdadeiro que pode amar verdadeiramente em todos os momentos. A palavra-chave no texto é "todos", e somente Jesus tem a capacidade de cumprir este versículo. Nenhum amigo humano tem a capacidade e a capacidade de amar 100% do tempo. A próxima parte do versículo diz que "um irmão nasce para a adversidade", e o que isso realmente significa? Alguns pensam que este versículo significa que um irmão ficará com o irmão durante tempos difíceis e adversidades, mas duvido que seja esse o caso! Se isso fosse verdade, então contraria diretamente Provérbios 18:24, que diz que um amigo é mais chegado do que um irmão. Temos que considerar o gênero de literatura que está envolvido aqui! Estamos lidando com poesia hebraica e não com prosa. E na poesia, o segundo verso poético reafirma o primeiro verso poético com um foco mais nítido. Assim, um irmão, nascido para a diversidade, está na verdade reafirmando "um amigo ama em todos os momentos", com uma ênfase mais nítida.

Você não pode ler esta passagem como se estivesse lendo prosa, mas se o fizer, acabará com uma compreensão errônea da passagem. Os próprios irmãos de Jesus estavam contra Ele e a Bíblia está repleta de muitas dessas histórias e algumas de nossas próprias vidas também. Um irmão que nasce para a diversidade reafirma o vínculo entre amigos que amam em todos os momentos.
Um amigo que ama em todos os momentos nasce para a adversidade e nunca abandonará o amigo em momentos difíceis. Então é exatamente por isso que eles nascem para a adversidade. Ouça o que Jesus disse:"*Este é meu mandamento: que vocês amem uns aos outros, assim como eu os amei. Ninguém tem maior amor do que este: que alguém dá a sua vida pelos seus amigos.Vocês serão meus amigos se fizerem o que eu lhes ordeno. Não os chamo mais de escravos, pois o escravo não sabe o que seu senhor está fazendo; mas chamei vocês de amigos, porque todas as coisas que ouvi de meu Pai, eu dei a conhecer a vocês.você,John 15:12-12-15.*

É isso que significa que um irmão nasce para a adversidade, sofrendo pelos amigos. Tudo isso se cumpriu em Jesus Cristo, que é Amigo dos Amigos e Amigo de todos os Amigos. Ele é o amigo mais próximo do que um irmão. Ele é o amigo que O amor é em todos os momentos. Ele é o irmão que nasceu para a adversidade. Jesus compara aquele que O obedece como Seu amigo. Um amigo significa proximidade e um vínculo. Um verdadeiro amigo dificilmente faria algo para machucar você, mas um irmão ou irmã poderia fazer isso. Um verdadeiro amigo definitivamente é mais próximo do que um irmão. Esta seção trata do amor entre amigos, que é o amor philia. philia é um substantivo e fileo é a forma verbal. Mas neste versículo acima, onde diz: "Ninguém tem maior amor do que este, que alguém iria colocar sacrificando sua vida pelos amigos", João 15:13. A palavra grega usada neste texto para amor é "ágape", que não é o amor entre amigos. Este é o amor sacrificial e incondicional.

Este é um amor radical que o mundo não pode compreender. Esta é a perfeição do amor. Este é o ápice do amor. Não existe amor maior. As pessoas foram às montanhas mais altas do mundo em busca de amor e não conseguiram encontrar nenhum maior; alguns se aventuraram no oceano mais profundo abaixo, em busca de amor e não conseguiram encontrar nenhum maior, outros viajaram para todas as cidades do mundo, em busca de amor e não conseguiram encontrar nenhum maior, ainda outros ainda fizeram sexo com mais de 1000 parceiros, procurando desesperadamente por amor e não conseguiu encontrar nenhum maior. Salomão, o homem mais sábio que já existiu, tinha mais de 800 esposas e 300 concubinas, mas ainda estava procurando. Sua busca acabou! Não procure mais! Pare de procurar!

Ainda procurando por amor? Apaixone-se por Jesus! Ouvirei as pessoas dizerem: "Eu me apaixonei" e direi a mim mesmo: "O que elas realmente querem dizer?" mas acho que o que eles realmente querem dizer é "paixão" e alguém assumiu o controle de sua mente. Eles são incapazes de dormir, pensar e funcionar. Os pensamentos sobre a outra pessoa assumiram o controle de sua mente. Apaixone-se por Jesus Cristo e deixe que Ele seja o amor da sua vida, pois ninguém tem maior amor do que este, de que uma pessoa daria a sua vida pelos seus amigos. Mas sexo é usado como sinônimo de amor e isso nos leva ao próximo tipo de amor, eros.

Amor Eros-Erótico

Eros é a palavra grega para amor que é demonstrado através da paixão do sexo e desta palavra vem a nossa palavra em inglês, erótico. Então, através desta palavra, sexo tornou-se sinônimo de amor. Muitas vezes você pode ouvir frases como "Eu fiz amor com aquela pessoa" para significar que ela teve relações sexuais com essa pessoa. Aqui está uma definição de eros:

Dos quatro termos gregos que descrevem o amor na Bíblia, é provavelmente o mais familiar hoje. É fácil fazer a conexão entre eros e a nossa palavra moderna, "erótico". E certamente existem semelhanças entre esses dois termos – bem como algumas diferenças. Eros é o termo grego que descreve o amor romântico ou sexual. O termo retrata a ideia de paixão e intensidade de sentimento. A palavra foi originalmente associada à deusa Eros da mitologia grega. O significado de eros é ligeiramente diferente do nosso termo "erótico", porque frequentemente associamos "erótico" a ideias ou práticas que são perversas ou inadequadas. Esse não foi o caso de erros. Em vez disso, Eros descreve as expressões comuns e saudáveis do amor físico. Nas

Escrituras, eros principalmente **refere-se a** aquelas expressões de amor realizadas entre marido e mulher.[200]

Eros era na verdade atividade sexual no contexto de uma união conjugal ordenada por Deus, mas esse entendimento mudou para significar principalmente atividade sexual fora do contexto do casamento. Infelizmente, a ideia de eros ou erótico está sendo usada quase exclusivamente para se referir a atos ou atividades sexuais explícitas. Você pode ouvir falar de termos como danças eróticas e aqui está como uma entrada da Wikipedia o define:*Umdança eróticaé umdançaque proporciona entretenimento erótico e cujo objetivo é a estimulação deeróticoousexualpensamentos ouaçõesnos espectadores. A dança erótica é uma das várias categorias principais de dança baseadas em um propósito, como cerimonial,competitivo,desempenho dança social.*

A dançarina erótica de roupas muitas vezes é mínima e pode ser gradualmente diminuída ou totalmente eliminada. Em algumas áreas dos Estados Unidos onde a exposição de*mamilos*ou*genitália*é ilegal, uma dançarina pode usar*pastéis*e*fio dental*é para ficar dentro da lei.[201] Portanto, qualquer coisa eros ou erótica é agora entendida principalmente como significando excitação sexual, entretenimento e prazer. As pessoas anseiam por esse prazer e entretenimento e farão qualquer coisa para consegui-lo. Eros foi tão mal utilizado nos tempos bíblicos pela cultura pagã que a palavra grega eros nem sequer aparece em todo o Novo Testamento. A ideia de amor erótico é sem dúvida encontrada no Cântico de Salomão do Antigo Testamento. Eros não é inerentemente mau se o sexo

---

200

https://www.learnreligions.com/what-is-eros-love-700682
201   https://en.wikipedia.org/wiki/Erotic_dance

erótico for realizado no contexto de uma união conjugal ordenada por Deus. Qualquer

casado que se baseia no eros e na excitação sexual constante está fadada ao fracasso. Eros é importante, mas um casamento só pode ser sustentado através de outro tipo de amor, o ágape.

Ágape – Amor Incondicional

Este é o tipo definitivo de amor e é radical. Isso é amor sem compromisso e sem nada em troca. Esse tipo de amor se origina em Deus e não é encontrado nos humanos, a menos que seja infundido por Deus. Este é o amor sacrificial que se origina somente em Deus. Este é o amor unilateral e incondicional que somente Deus possui e concede aos pecadores indignos como Lhe agrada. Este tipo de amor é estranho ao DNA humano e só pode ser imputado por Deus. Todos os outros tipos de amor são experimentados naturalmente pelos humanos, exceto este. Os humanos são naturalmente desprovidos do amor Ágape, a menos que este seja imputado a eles. A própria ideia de amor incondicional não está disponível para os humanos. Nós, por natureza, demonstramos amor e carinho aos amigos e familiares como eles, na mesma medida, demonstram carinho por nós. Naturalmente só somos capazes de amar quem nos ama e isso é amor condicional.

Tudo isso é condicional. Assim, o amor ágape invade radicalmente a espécie humana segundo a vontade de Deus. Então, o que realmente é o amor ágape? Este é o tipo de amor que coloca o interesse dos outros à frente do seu; este é o tipo de amor que nos obriga a ter compaixão pelas pessoas que nos fizeram mal; este é o tipo de amor que Cristo concede a pecadores indignos, desobedientes e rebeldes como nós. O Filho de Deus foi à cruz para sacrificar sua vida por causa do ágape. Ele amou o mundo (eleito) e enviou Seu Filho para expiar seus pecados. Nós, a raça humana, temos tendência e capacidade de amar apenas aqueles que nos amam e isso seria grande ou filosófico, mas não boquiaberto.

E o tipo de amor que naturalmente exercemos uns pelos outros seria "fileo," amor entre amigos, ou "storge", amor entre membros da família. A origem do tipo de amor ágape vem de Deus e, como humanos, somos incapazes de dar esse tipo de amor porque não nascemos com ele. Aqui está o que Jesus disse:*Vocês ouviram o que foi dito: Amarás o teu próximo e odiarás o seu inimigo, mas eu vos digo: Amai os vossos inimigos, abençoai os que vos amaldiçoam, fazei o bem aos que vos odeiam, orai por aqueles que usam maldosamente você, e te perseguem,* Mateus 5:43-44. O Senhor passou de um amor natural, que é um amor pelo próximo, para um amor pelas pessoas que o tratam bem, como amigos e familiares, que se qualificaram como vizinhos. Estas são pessoas que retribuíram o amor.

Este é um ambiente muito amigável para expressar amor. A coisa mais fácil a fazer é expressar amor às pessoas que expressam amor por você. Jesus estava expressamente reafirmando o que foi dito no Antigo Testamento quando Ele disse: "vocês ouviram isso", e Ele passou a dar uma nova lei, já que Ele era o legislador final, quando Ele disse: "Mas eu digo: " "você deve amar seus inimigos." Ele essencialmente elevou a fasquia e promulgou uma nova lei que elevou a fasquia. Isso eleva o nível da possibilidade à impossibilidade. Não somos capazes de amar quem identificamos como inimigos. Este é um amor radical que nos deve ser imputado. Esta é realmente uma missão impossível. Somos ordenados a fazer algo que, em nosso estado natural, não temos o desejo e a capacidade de fazer.

Dificilmente temos o desejo e a capacidade de amar verdadeiramente o próximo, falar menos em amar os nossos inimigos? Somos ainda instruídos a abençoar aqueles que nos amaldiçoam, realmente? Isto não é possível em nosso estado natural. Fazer o bem a quem te odeia é incrível e interessante. Deus tem que imputar ao coração essas habilidades para que elas sejam realizadas. Então, qual é a fonte desse tipo de amor? De onde veio? Como nos dizem para fazer algo que simplesmente não temos capacidade para fazer?

Deus é amor

Esta é uma definição incrível de amor, simplesmente afirmando que Deus é amor. É simples assim. Aqui está o que o apóstolo João disse:[7 Amados], amemos uns aos outros, pois o amor vem de Deus, e quem ama nasceu de Deus e conhece a Deus.[8] Quem não ama não conhece a Deus, porque Deus é amor.9 Nisto o amor de Deus se manifestou entre nós, que Deus enviou seu único Filho ao mundo, para que pudéssemos viver por meio dele.10 Nisto está o amor, não em que tenhamos amado a Deus, mas em que ele nos amou e enviou seu Filho para ser a propiciação pelos nossos pecados.11 Amados, se Deus nos amou assim, nós também devemos amar uns aos outros.12 Ninguém jamais viu Deus; se amamos uns aos outros, Deus habita em nós e seu amor é aperfeiçoado em nós, 1 João 4:7-12.

Este versículo identifica a fonte do amor como vindo de Deus e a fonte deste ágape, tipo de amor sacrificial é de Deus e não o possuímos naturalmente e continua no final do versículo 7 para dizer que quem ama nasceu de Deus e conhece a Deus. A menos que alguém tenha sido justificado e regenerado, é incapaz de amar. Então a capacidade e habilidade de amar (amor ágape) é imputada aos eleitos no momento da justificação. Assim, com a justificação também surgem novas habilidades, incluindo o amor. O amor ágape é mais uma evidência de que realmente O conhecemos como amor, que também é fruto do Espírito.

Então diz no versículo 8 que uma vida sem amor é evidência de um coração não regenerado. Uma vida sem amor é evidência de não ser seguidor de Jesus Cristo. Se alguém tem dificuldade em amar seu inimigo, tem dificuldade em fazer o bem àqueles que odeiam profundamente, então pode ser porque ele não nasceu de novo, não nasceu do alto ou foi salvo. Este tipo de amor radical deve aparecer na sua vida se você afirma conhecer a Deus. E o versículo termina com um argumento filosófico: "porque Deus é amor".

Está simplesmente dizendo que, uma vez que Deus é amor, então, para amar, você deve estar conectado ou apegado à fonte do amor, que é Deus. Se alguém não estiver conectado a Deus, não poderá ter a capacidade e a capacidade de amar porque não está ligado à fonte e ao poder, que é o amor. Um dos atributos essenciais de Deus é o amor e Ele imputa esse atributo à humanidade como lhe agrada. Portanto, uma pessoa não regenerada não é capaz de obedecer à ordem de Deus de amar os seus inimigos, simplesmente porque o amor de Deus não está nela e, portanto, ela não tem essa capacidade de obedecer. Portanto, o ditado "Deus é amor" implica que o DNA de Deus é amor. A afirmação de que Deus é amor é composta de dois substantivos, Deus, amor e o verbo "é", que os separam. Se esta fosse uma equação matemática, então seria Deus igual a amor, ou Deus = amor. Deus e o amor seriam considerados lados iguais da equação. Amor não é usado aqui como um adjetivo descritivo ou que descreve algo sobre Deus. Mas a palavra é um substantivo afirmando e não descrevendo quem é Deus. Compreender o amor é um tanto evasivo para muitos; O amor é ativo e não passivo.

O amor é uma ação realizada em benefício de outra pessoa que não merece e é incapaz de compensar a ação realizada. O amor está sempre em busca de uma oportunidade de fazer o bem, sem buscar nada em troca. Aqui está o amor em ação:*Nisto se manifestou o amor de Deus entre nós: que Deus enviou seu Filho unigênito para que vivamos por meio dele*, 1 João 4:9. Isto é amor em ação e este versículo é como João 3:16, onde o amor de Deus o levou a dar Seu filho. E no versículo 10, no versículo acima, diz que a única razão pela qual amamos a Deus é porque Ele nos amou primeiro. Deus é a causa primeira e sem Ele nos amar, somos incapazes de amá-lo. E o amor cobre o pecado.

369

O amor cobre o pecado

Uma das maneiras mais fáceis de desarmar seu inimigo é amá-lo. Entendo que isso pode parecer contra-intuitivo, mas é a verdade. Não estou defendendo que alguém deva permitir uma conduta pecaminosa, mas algo milagroso acontece quando damos amor a alguém que espera ódio e vingança. Eles estão pasmos, para dizer o mínimo. Eu pessoalmente experimentei fazer o bem a alguém que me tratou de maneira muito cruel, e a reação deles foi inacreditável. Eles esperavam que eu retribuísse o mal com o mal, mas eu retribuí o mal com o bem, e o amor é o que obrigará qualquer um a retribuir o mal com o bem. Aqui está o que o apóstolo Pedro disse:*Acima de tudo, amem-se profundamente, porque o amor cobre uma multidão de pecados*, 1 Pedro 4:8. O amor de Deus é uma força desarmante que impede a morte do pecado.

Digamos que alguém o insulte e você o insulte em troca. Aí a pessoa fica brava e chega em sua casa e vandaliza seu carro que estava estacionado na sua garagem. Você também fica com raiva e diz a ele: "Já volto"; agora você está realmente aquecido, enquanto dirige de volta para sua casa, a dez minutos de distância, fazendo 90 milhas por hora em uma zona de 40 milhas por hora e é parado e multado pela polícia por dirigir sem acidentes. Agora você volta com sua arma carregada de 45 milímetros e a cabeça da pessoa explode. Acontece que você mora na Virgínia ou no Texas e é acusado e julgado por assassinato. O júri o considerou culpado e você é condenado à morte. Agora, você está preso, colocado no corredor da morte, aguardando execução. Você deixa 6 filhos e uma esposa para outra pessoa desfrutar de sua esposa; você deixa para trás pais e irmãos e uma série de outros membros da família. Agora, isso parece ficção, mas na verdade está acontecendo em toda a América e no mundo.

Agora, imagine o custo emocional e financeiro que esta decisão trouxe para esta pessoa e para os seus filhos inocentes, esposa e família. O custo emocional e financeiro não pode ser realmente quantificado. Você não pode colocar um preço no fato de as crianças crescerem sem o pai! Mas tudo isto poderia ter sido evitado se uma das partes na disputa demonstrasse amor em vez de retaliação. Você devolve o mal com o bem. Se eles insultarem você na sua cara, em troca, encontre algo gentil para fazer com eles, e o Espírito de Deus certamente revelará a você o que você deve fazer e isso os surpreenderá. Lembre-se de que você só poderá fazer isso se o amor de Deus estiver em seu coração. Você só pode dar o que tem e não pode fazer o bem se o bem não estiver em seu coração. Aqui está o que Paulo disse:[17] *Nunca retribua mal com mal a ninguém. Respeite o que é certo aos olhos de todas as pessoas.[18] Se possível, no que depender de você, esteja em paz com todas as pessoas.[1]*

Nunca se vingue, amado, mas deixe espaço para a ira de Deus, pois está escrito: "A VINGANÇA É MINHA, EU VAI RETRIBUIR", diz o Senhor.[20] "MAS SE O SEU INIMIGO ESTIVER COM FOME, ALIMENTE-O; SE ELE ESTIVER COM SEDE, DÊ-LHE DE BEBER; POIS FAZENDO ISSO VOCÊ AMONTOARÁ BRASAS SOBRE SUA CABEÇA."[21] Não se deixe vencer pelo mal, mas vença o mal com o bem, Romanos 12:17-21. Vivemos num mundo que é constantemente bombardeado pelo mal, mas a ordem aqui é vencer o mal com o bem. A palavra "amor" não está neste texto acima, mas o amor está em todo o texto. A principal motivação para fazer o bem é o amor, sem o qual não podemos fazer nenhum bem duradouro. O amor está na raiz de qualquer ato de bem incondicional já praticado por qualquer ser humano e esse amor é imputado e não o amor natural. E incluirei também o amor que o marido tem pela esposa.

O amor do marido pelo amor de sua esposa-Ágape

Muitas vezes você pode ouvir um marido falar sobre amar sua esposa, mas se você investigar mais para descobrir o que eles realmente querem dizer com amor, descobrirá que eles podem ter algo completamente diferente em mente. Mesmo nos casamentos, o amor é principalmente entendido como significando eros ou erótico. É definitivamente verdade que eros ou amor romântico é muito importante num casamento, mas um casamento precisa de mais do que eros para sustentá-lo. Eros é emocional e flutuante e dificilmente sustentará o casamento em tempos difíceis. Portanto, o amor (ágape) no casamento é muito desafiador, mas Deus ordena que o ágape faça parte do casamento. Mesmo para quem é regenerado, o verdadeiro amor ágape é um desafio constante.

Os maridos são ordenados a amar (ágape) suas esposas e isso não é erótico, mas incondicional e sacrificial. Quando a maioria dos homens ouve a palavra amor, eles imediatamente pensam em erótico e, portanto, esse tipo de amor ágape é estranho aos homens. Portanto, Deus está pedindo aos homens que façam algo que os homens não estão naturalmente equipados para fazer. Este é um tipo de amor radical, fora deste mundo. Não é de admirar que os casamentos às vezes tenham todos os tipos de problemas, porque os homens simplesmente ficam aquém deste tipo radical de amor. Aqui está o que o apóstolo Paulo disse sobre esse tipo de amor:*Maridos, amem suas esposas assim como Cristo amou a igreja e se entregou por ela,*

Efésios 5:25. Os maridos são aqui ordenados a amar (ágape) suas esposas.

Isto é imperativo e não opcional. Não é algo que deveria acontecer se os maridos tivessem vontade de amar; não é algo que os maridos devam fazer depois de ela ter preparado uma boa refeição; não é algo que ele deva fazer depois de uma boa noite juntos na cama e nos braços um do outro; não é algo que ele deveria fazer se ela estivesse agindo corretamente e fazendo todas as coisas certas. Esse amor deve continuar inabalável mesmo quando ela se recusa a lhe dar sexo; esse amor deve continuar livre mesmo quando ela se recusa a cozinhar para você; esse amor deve continuar sem impedimentos, mesmo quando ela o insulta na cara e insulta os sogros. Você pode estar me chamando de louco neste momento e me xingando de todos os tipos.

Você pode estar me dizendo neste momento: "Ei cara, você não sabe a minha situação e essa mulher é muito louca", e pode até estar me dizendo: "Ei cara, você não sabe o que você está falando", e eu meio que entendi! Eu meio que entendi de onde você vem! Você acabou de me defender e esse é o ponto principal. Simplesmente não temos a habilidade e a capacidade de amar o que não podemos amar. Somos ordenados a fazer algo que está fora da nossa capacidade de obedecer. É por isso que é mais fácil ir à lua do que amar o que não é amável. Após a ordem de amar sua esposa, a próxima parte do versículo diz: "Assim como Cristo ama a igreja". Uau! Você está brincando comigo? Esta é uma tarefa muito difícil! O padrão do amor do marido pela esposa é medido pelo amor de Cristo pela Sua igreja.

Portanto, não é surpresa que quase todos os homens deixem de cumprir o padrão estabelecido por

Cristo. O amor é demonstrado pela ação. A prova de que Cristo amou Sua noiva, a igreja, foi que Ele se entregou por ela, de modo que os maridos também deveriam se entregar por suas esposas (talvez não literalmente, mas pelo menos figurativamente). Muitas vezes você pode ouvir um homem dizer à sua esposa: "Ei, querida, eu te amo". Agora, o que isso realmente significa? Isso é amor, sexo e casamento em ação. Este é o poder do amor e do sexo. A força irresistível. O sexo é parte integrante da expressão do amor, mas o amor verdadeiro transcende o sexo. Portanto, não fiquemos ansiosos, cansados e sem esperança quando nos descobrirmos incapazes de amar como deveríamos, pois Cristo é a nossa esperança e Ele encherá o nosso copo quando secarmos.

Capítulo 12

O poder da esperança

Então, há esperança para a humanidade no meio de um mundo que está mergulhado em desejos sexuais incontroláveis e outros tipos de pecados? A imoralidade sexual está a devastar o mundo, danificando vidas e deixando um rasto de sangue no seu caminho. Sexo e pensamentos sexuais tomaram conta das mentes das pessoas. As coisas parecem bastante sombrias, pensando nos milhões de bebés que foram assassinados através do aborto. Milhões de pessoas morreram após contrair todos os tipos de DST.

Os casamentos foram destruídos através de actos de adultério e o número de crianças inocentes impactadas sem que tenham culpa. As ideias pervertidas sobre sexo e seus efeitos posteriores. Os efeitos da pornografia e dos desejos sexuais incontroláveis e seus efeitos posteriores nas famílias e comunidades. O afastamento total e completo do plano e desejo de Deus pelo sexo e seus efeitos posteriores.

O sexo não é um jogo e o corpo humano não deve ser usado principalmente para o prazer. O prazer é um subproduto do sexo e não o seu propósito fundamental. Infelizmente, o prazer é a força motriz da maioria das decisões e impulsos sexuais. O sexo está quebrado e precisa ser restaurado. O sexo tornou-se uma mercadoria e rapazes, raparigas, homens e mulheres vendem os seus corpos em troca de rendimentos. Este não é o plano de Deus para o sexo, mas milhões estão neste caminho. O vício sexual está tomando o mundo como uma tempestade e então qual é a solução possível? Deveríamos simplesmente jogar a toalha?

Milhões de pessoas desejam sinceramente libertar-se de qualquer tipo de vício, seja ele sexual ou outro. Eles precisam desesperadamente sair do poder do desespero e do vício. Eles estão perdidos e simplesmente não sabem como e por onde começar. Eles estão desesperados e o vício os dominou. Qualquer tipo de vício coloca alguém em cativeiro e sob o controle de tudo em que essa pessoa está viciada. Seu vício os leva a um estado de desespero total.

Até mesmo a capacidade de reconhecer que você está com problemas é um bom ponto de partida. Isso significa que você odeia sua situação e deseja uma mudança. Isto é verdade para o vício é igualmente verdadeiro para qualquer pessoa que viva em qualquer tipo de pecado. Admitir que você está com problemas e precisa de ajuda e esperança é a melhor coisa que pode acontecer. Este é o início da esperança e do processo de cura. A esperança é o veículo que o mantém em movimento quando você não tem vontade de ir por mais um dia. Quando não há esperança, é como um carro que fica sem gasolina na beira da estrada.

Aqui estão algumas experiências com desesperança publicadas em PsychologyToday.com: Meu primeiro novembro como escritor profissional não foi fácil. Meu único cliente não pagou a conta, eu estava recebendo mais rejeições do que atribuições, minha artrite estava piorando e meu gato ficou doente com contas de veterinário no valor de US$1.200. Eu não sabia como faria o pagamento da casa e meu estômago estava embrulhado. eu parei dormindo. Mas nunca deixei de ter esperança. Eu acreditava que poderia fazer esse negócio de escrita funcionar e comecei a trabalhar para que isso acontecesse.[202] A desesperança é enfrentada e vivenciada todos os dias por pessoas em todos os tipos de situações.

Crises financeiras, crises de saúde, crises emocionais e a lista é um tanto interminável que pode desencadear desesperança. Praticamente qualquer pessoa que esteja tendo ideação suicida, tentativa ou suicídio consumado, não é necessariamente porque deseja morrer, mas principalmente porque perdeu a esperança de viver. Eles conseguiram se convencer de que ninguém se importa com eles, que não têm valor e que ninguém sentirá realmente falta deles quando partirem. Isso pode não ser verdade, mas eles lutaram contra essas crenças e se convenceram de que eram verdadeiras.

Segundo psicólogos, a esperança nos ajuda a lutar por mais um dia e a não desistir. Aqui estão alguns de seus comentários:Pesquisa indica que a esperança pode nos ajudar a controlar o estresse e a ansiedade e lidar com as adversidades. Contribui para o nosso bem-estar felicidade e motiva ações positivas. Pessoas esperançosas acreditam que podem influenciar suas metas, que os seus esforços podem ter um impacto positivo. Eles também são mais propensos a fazer escolhas saudáveis para comer melhor, praticar exercícios ou fazer outras coisas que os ajudarão a alcançar o que desejam.

Depois, outras emoções positivas, como coragem e confiança(auto-eficácia) e a felicidade também emergem. Elas se tornam nossa estratégia de enfrentamento; essas emoções são cruciais para nos ajudar a sobreviver.

202

https://www.psychologytoday.com/us/blog/imperfect-spirituality/201902/why-hope-matters

Permitem-nos ter uma visão mais ampla da vida e tornar-nos mais criativos na nossa abordagem e resolução de problemas, e manter a nossaotimismo.

A esperança não é delirante. Não é negação. Não ignore os desafios reais, os detalhes do diagnóstico ou a diminuição do dinheiro na conta corrente. Não é um pensamento woo-woo.[203] Este é o tipo de esperança que depende de nós para sairmos de qualquer situação em que nos encontremos. Este é um tipo subjetivo de esperança. Pode haver momentos em nossas vidas em que esse tipo de esperança simplesmente nos falte. Portanto, a esperança não pode funcionar sozinha, mas em conjunto com a sua irmã, a fé. A esperança não é um conceito independente, mas trabalha de mãos dadas com a fé e eles são como irmãos gêmeos. Se você vir um, verá o outro na esquina.

Conexão Esperança e Fé

A esperança sem fé está morta. A esperança está intrinsecamente ligada e entrelaçada com a fé. A esperança trata de eventos futuros que ainda não ocorreram e a fé deve ser incorporada à esperança para que a esperança se materialize. Aqui está como o escritor do livro de Hebreus define a fé:*Agora a fé é a certeza das coisas esperada pois, uma prova de coisas não vistas,*Hebreus 11:1. Na verdade, isso é mergulhar no sobrenatural e algumas pessoas podem inicialmente ter dificuldade em compreender esse conceito. Se você realmente acredita em algo sobre Deus, é como se já tivesse acontecido. A fé atualiza a esperança e a torna real e tangível.

203

https://www.psychologytoday.com/us/blog/imperfect-spirituality/201902/why-hope-matters

A fé torna a esperança tangível. Se você realmente tem fé, então isso já aconteceu e isso é esperança. Você não espera pelo que já vê, mas a fé torna a esperança real. Aqui está o que é dito novamente pelo escritor de Hebreus:*Mas sem fé é impossível agradá-Lo, pois quem se aproxima de Deus deve crer que Ele existe e que Ele é um recompensador daqueles que O buscam diligentemente*, Hebreus 11:6. Quando você acredita em um evento futuro porque Deus o disse, isso é uma esperança real e tangível. Já aconteceu só porque Deus disse. É por isso que a esperança no contexto da ligação esperança-fé é extremamente importante. Esta é a esperança objetiva em oposição à esperança subjetiva. Este não é um tipo de esperança ilusória. Só há um problema! Este tipo especial de esperança só está disponível para aqueles que fazem parte da família de Deus.

O mundo está passando por muita desesperança, mas somente aqueles que estão na família de Deus estão experimentando a verdadeira paz. Então você pode fazer uma pergunta simples: "Como posso experimentar a verdadeira paz, alegria e esperança?" Essa é uma pergunta muito sóbria e interessante! Como nos tornamos parte da família de Deus se originalmente e naturalmente não fazíamos parte de Sua família? Digamos que você entre em contato com Jeff Bezos, o proprietário e fundador da Amazon e a pessoa mais rica do mundo, e diga a ele que deseja fazer parte da família dele e ele pode pensar que você pode ser mentalmente instável. Ele não deu à luz você é como você pode estar pedindo para fazer parte da família dele? Existem apenas duas maneiras de você se tornar parte da família de Jeff Bezos. (1) Ele teve relações sexuais com uma mulher (ou com sua esposa) e dessa união sexual você nasceu ou (2) você foi adotado pela família dele.

Não importa se você era filho natural ou filho adotivo, você tem direitos iguais para herdar todos os seus bens da mesma forma que o filho natural. A adoção traz você ao mesmo status de criança nascida natural. Jeff Bezos tem um patrimônio líquido de cerca de 105 bilhões de dólares e quero dizer bilhões com (B). Você tem a chance de herdar uma parte disso se ele tomar soberanamente a decisão de elegê-lo e adotá-lo como um de seus filhos. Esta decisão é inteiramente dele e você não pode suborná-lo, coagi-lo ou influenciá-lo a tomar sua decisão de adoção.

O objetivo da adoção é principalmente trazer esperança a uma vida. Para dar esperança onde há desesperança. Para dar sentido e propósito a uma vida. Por que alguém embarcaria em um avião e viajaria para um país estrangeiro para adotar um bebê de um ano? A esperança deveria ser a força motriz por trás de tal decisão. O bebê adotado não tem controle nem voz na decisão. A decisão foi tomada pelo adoptante de escolher ou eleger esta criança entre milhões de milhões de crianças desesperadas no mundo. Deus quer adotar você entre bilhões de pecadores, desesperados e pervertidos sexuais no mundo. O processo de adoção de Deus começa com Ele elegendo ou escolhendo você para adoção e você não tem controle no processo, pois é passivo no processo.

Deus o elege para adoção em sua família

Para que ocorra a adoção na família de Deus, a eleição tem que acontecer primeiro. Há um debate contínuo sobre a eleição do homem por Deus e a liberdade de "vontade" do homem de se juntar à família de Deus ou rejeitar se juntar à família de Deus em nossos próprios termos. Imagine um bebê de um ano tendo que tomar a decisão de permitir ser adotado ou rejeitar totalmente a adoção. A pessoa que faz a adoção tem todo o poder e quem está sendo adotado não tem nenhum poder no processo de eleição e adoção. Este é um exemplo de retrato de eleição e salvação.

Mas quem são realmente os eleitos? Os eleitos são aqueles que Deus escolheu a dedo desde a eternidade passada e Ele também lhes concedeu a fé para crer Nele para a salvação. Estes são também aqueles a quem Ele trará à glória. Aqui está o que Deus disse sobre aqueles que Ele escolheu:"Assim como ele nos escolheu nele antes da fundação do mundo, para que fôssemos santos e irrepreensíveis diante dele em amor", Efésios 1:4. A eleição é total e completamente um ato de Deus sem qualquer participação e envolvimento humano. O texto diz que Deus nos escolheu e elegeu (os eleitos) Nele (ou seja, em Cristo). O local da nossa eleição foi em Cristo. Os eleitos foram colocados em Cristo. Os eleitos foram tirados do mundo e colocados em Cristo. Agora somos informados de onde isso acontece, o local e isso é em Cristo, mas quando tudo aconteceu? Quando os eleitos foram colocados em Cristo? Aconteceu quando eles se juntaram a uma igreja local? Aconteceu quando foram batizados? Isso aconteceu em algum evento da igreja depois que alguém pregou e fez um apelo?

Esta é uma questão bastante interessante e intrigante! O texto acima nos dá uma pista! Diz que os eleitos foram colocados em Cristo "antes da fundação do mundo". Uau! Isso é incrível! Se você é um dos eleitos de Deus, então saiba que Deus o elegeu e separou para Ele e o colocou em Cristo antes da criação de todas as coisas. E porque é uma obra de Deus, então você nunca poderá perder a sua salvação. Cristo irá levá-lo para o céu, e você estará com Ele para sempre, garantido, e esta é uma esperança genuína, não um pensamento positivo.

Ninguém sabe quem são os eleitos, mas somos ordenados a pregar Cristo a todas as nações porque a fé vem pelo ouvir e o ouvir pela palavra de Deus, Romanos 10:17. Então, qual é o propósito de Deus ao eleger alguns? A remoção do pecado é o propósito principal da eleição. Deus está reunindo pessoas de todas as nações, tribos e línguas para estarem com Ele no céu para sempre, e aqueles a quem Ele elege devem ser santos e irrepreensíveis. Pessoas pecadoras não podem habitar no céu. Ninguém entra no céu em seu estado pecaminoso. Ninguém se aventura na presença de Deus a menos que seja santo. Daí o ditado: Bem-aventurados os puros de coração porque verão a Deus, Mateus 5:8. A santidade é um pré-requisito para ver e entrar na presença de Deus e somente aqueles cujos pecados foram expiados verão a Deus.

Aquele que está sendo adotado é passivo no processo de adoção. A eleição de Deus para ser adotado em Sua família é provavelmente o ensino mais humilhante de toda a Bíblia. A eleição tira qualquer pingo de orgulho humano por ter conquistado o direito de fazer parte da família de Deus. Aqui estão algumas coisas que Deus diz sobre eleição: "Vocês não me escolheram, mas eu os escolhi e vos designei para que vocês fossem e dessem fruto e que o seu fruto permanecesse, para que o que vocês pedirem ao Pai em meu nome Ele lhes dê", João 15: 16. Este é provavelmente o texto mais claro sobre eleição em todas as Escrituras. Este tipo de texto resolve todo o debate para aqueles que realmente buscam esta verdade. Vamos encarar! Quão claro isso pode ficar?

Esse tipo de texto direto! "Você não me escolheu, mas eu escolhi você", e você pode pensar que um texto tão claro como este resolverá todos os debates entre o livre arbítrio do homem e o plano eleitoral de Deus, mas não moveu alguns céticos nem um centímetro. A eleição não é apenas uma doutrina para algum debate teológico em alguma sala de aula de seminário, mas está no centro da esperança. Não há esperança sem eleição. Deus não abandona Suas criaturas rebeldes, mas na verdade elegeu algumas para estarem com Ele por toda a eternidade. Espero que não haja qualquer confusão quanto ao significado da palavra "escolher", mencionada no texto acima, porque poderia ter sido igualmente traduzida como "eleito", e esta escolha ou eleição é inteiramente um ato de Deus, sem qualquer contribuição ou consideração humana. Deus nunca consultou a humanidade para saber como ela se sentia e se gostaria de ser escolhida. Deus não fez uma enquete para ver quem gostaria de ser escolhido.

Sem esta ação tomada por Deus, a humanidade teria permanecido num estado de desesperança perpétua. Então, por que Deus escolheu você para adoção? Deus está procurando pessoas com quem estar? Ele está sozinho e precisa de companhia? Certamente não e que nunca seja! Então, o que está acontecendo? Este versículo só falou sobre eleição mas sobre outra coisa. Aqui está o que foi dito: "Eu te escolhi e te designei", e a ideia de nomear tem a ver com "estabelecer, colocar, colocar, estabelecer, ordenar".[204]Então Deus não apenas escolheu você, mas também o estabeleceu e ordenou, ou seja, separando você de todos os outros. Tornando você especial para Ele.

Lembre-se de que os eleitos são a noiva de Cristo e devem estar devidamente adornados para o noivo. A doutrina da eleição é muito consistente com vários outros

---

[204]   https://biblehub.com/thayers/5087.htm

ensinamentos bíblicos, como o noivo sempre elege ou escolhe a sua noiva. E o noivo diferencia a noiva de todas as outras. Então é praticamente normal que depois que o noivo escolhe a noiva, ele a separe e a prepare para a cerimônia de casamento, mas no intervalo a noiva tem que ser produtiva em trazer outras pessoas para a festa de casamento.

Portanto, o propósito de Deus eleger e ordenar os eleitos é estabelecido na próxima parte do versículo, que diz: "Você iria e daria fruto, e o seu fruto permaneceria". Portanto, não apenas a eleição e a ordenação são atos completos de Deus, mas há um propósito por trás da eleição. Deus tem um plano e um propósito para sua vida. Ele te elegeu com o propósito de ir e dar frutos. Ele não o elegeu para sentar, mas para ir. Deus não elege assistentes, mas frequentadores. Se você foi verdadeiramente eleito, então deveria haver fome e sede de justiça em seu espírito e coração, Mateus 5:6. Você está com fome e sede das coisas de Deus? Uma pessoa esperançosa tem fome e sede das coisas de Deus. Do que você está com fome e sede? Os eleitos são frequentadores e não sentados, e aqui está o que Deus disse sobre os eleitos: "Ide por todo o mundo e pregai o evangelho a toda a criação", Marcos 16:15. Esta é uma ação intencional, com um propósito. Deus disse aos eleitos para onde ir! "em todo o mundo" e o que fazer enquanto avançam; "pregar o evangelho." Os eleitos darão frutos pelo menos de duas maneiras: (1) indo por todo o mundo e pregando o evangelho (2) tendo fome e sede de justiça. Aqueles a quem Deus elege são sempre frequentadores e nunca sentados. A vida dos eleitos está saturada de dar frutos e de fazer a vontade de Deus.

Essa é a sua razão de ser. Aqui está outro texto sobre os eleitos como frequentadores e não como assentados: "Ide, portanto, e fazei discípulos de todas as nações;

ensinando-os a observar tudo o que eu vos ordenei. E eis que estarei convosco todos os dias, até o fim dos tempos", Mateus 28:19,20. Os eleitos de Deus devem ser frutíferos e este texto não é diferente. À medida que os eleitos realizam suas vidas diárias, eles devem incorporar duas coisas em sua missão frutífera: (1) fazer discípulos de todas as nações e (2) ensiná-los a guardar os mandamentos de Deus, e o resultado da eleição será que Deus nunca abandonará os eleitos.

Este não é um trabalho ou dever de algum pastor ou teólogo, mas o propósito e missão de cada eleito de Deus. Os eleitos estão sempre voltados para o futuro e nunca para trás. Eles não são verdadeiramente cidadãos de nenhuma nação terrena porque são estrangeiros e estrangeiros, pois a sua cidadania está no céu, Filipenses 3:20-21. Eles não buscam o conforto e a consolação de qualquer cidade terrena, mas aguardam ansiosamente a cidade não construída por mãos e cujo construtor e construtor é Deus, Hebreus 11:10. Os eleitos nunca estão sozinhos, pois são consolados nesta vida enquanto aguardam ansiosamente a vida vindoura. Esta é a esperança dos eleitos e esta é a sua esperança.

Os eleitos nunca estão sozinhos

Um dos problemas encontrados por quem vive uma vida fora da vontade de Deus é a solidão. Este é um grande problema na vida de milhões de pessoas. A maioria vive vidas vazias de significado e propósito. A solidão afeta mais pessoas do que todos os tipos de câncer juntos. Todas as outras questões emocionais como medo, estresse, ansiedade, depressão e ideação suicida estão ligadas à solidão. Mas os eleitos estão isentos da quantidade e do nível de solidão que o resto da humanidade enfrenta. Aqui

385

está uma palavra de esperança e conforto de Deus para os eleitos: E eis que estou convosco sempre, até ao fim dos tempos, Mateus 28:20B. Deus promete estar sempre com Seus eleitos. Nunca há um momento em que Deus não esteja com Seus eleitos e esta é uma promessa reconfortante. Ele prometeu nunca deixá-los nem abandoná-lo, Hebreus 13:5-6. Família e amigos podem e irão abandoná-lo, mas Deus prometeu nunca deixar nem abandonar Seus eleitos. E o amor de Deus pelos Seus eleitos é interminável, e nada é capaz de separar os eleitos de Deus. Os eleitos estão seguros e protegidos nas mãos de Deus.

Nada pode separar os eleitos de Deus

O relacionamento entre os eleitos e Deus está eternamente assegurado. Eles não podem cair da graça ou perder a salvação. Nem mesmo a morte é capaz de separar os eleitos de Deus. Aqui está o que Deus disse:[33 Quem] intentará acusação contra os eleitos de Deus? É Deus Isso justifica.

[34 Quem] é ele que condena? É Cristo que morreu, sim, que ressuscitou, que está à direita de Deus, que também intercede por nós.

[35 Quem] nos separará do amor de Cristo? será a tribulação, ou a angústia, ou a perseguição, ou a fome, ou a nudez, ou o perigo, ou a espada?

[36 Como] está escrito: Por tua causa somos mortos o dia inteiro; somos considerados ovelhas para o matadouro.

[37 Não], em todas estas coisas somos mais que vencedores por meio daquele que nos amou, Romanos 8:33-37. Medite no versículo 35 que confirma que o amor de Deus pelos Seus eleitos é seguro e protegido e nunca pode ser quebrado.

Os eleitos estão seguros nas mãos de Deus

Muitas vezes você pode ouvir ensinamentos de que pode perder a salvação, a menos que trabalhe duro para mantê-la. Tais ensinamentos são estranhos à Bíblia. Se Deus o elegeu para a salvação, então isso nunca poderá ser perdido, mas se de alguma forma você aceitou a Cristo por sua própria vontade, então você pode realmente pensar que está salvo novamente, talvez você esteja, só Deus sabe. Aqui está o que Deus disse sobre a certeza da salvação e a segurança dos eleitos: "[28 Eu] lhes dou a vida eterna e eles nunca perecerão; ninguém os arrebatará da minha mão.29 Meu Pai, que os deu a mim, é maior do que todos[a]; ninguém pode arrebatá-los da mão de meu Pai.30 Eu e o Pai somos um", João 10:28-30. Esta é a esperança dos eleitos e a sua salvação está segura e protegida nas mãos de Deus. Eles foram justificados e declarados inocentes por Cristo e o veredicto não pode ser desfeito. O sangue já foi sacrificado e a obra de expiação está completa. Não há necessidade de o sangue ser sacrificado novamente. Está ficando mais claro com tantas evidências que o amor de Cristo está focado em Seus eleitos, pois são eles aqueles a quem Ele justificou.

Cristo justifica os eleitos

A justificação é outro ato de Deus no processo eleitoral que leva o pecador a uma posição correta diante de Deus. Esta é uma ação criteriosa necessária que Deus toma para declarar o pecador inocente, justo, justo. Este único ato de Deus traz o pecador à comunhão e comunhão com Deus. Ele toma o ato de justificação para declarar uma pessoa culpada como inocente porque seu pecado foi propiciado por Cristo. É como ser acusado de um crime de homicídio em alguma jurisdição e todas as provas apresentadas no tribunal apontam para a sua culpa. Aqui estão os presidentes deste tribunal: Deus, o Pai, está sentado como juiz presidente deste caso, Satanás, que também é chamado de deus deste mundo (2 Coríntios 4:4), também está no tribunal e agindo como promotor estadual, procurador estadual, e seu trabalho é apresentar provas contra os eleitos de que eles merecem a morte.

Eles merecem a pena de morte e merecem ser condenados e enforcados. É por isso que Satanás ou o Diabo também é chamado de acusador dos irmãos (Apocalipse 12:10). Ele representa o sistema governamental do mundo e antes que alguém seja salvo, ele está e opera sob o domínio de Satanás. Dificilmente alguém pensaria que está realmente sob o domínio do Diabo, mas esse é realmente o caso. Todos os seres humanos só podem estar em um de dois locais. Ou eles estão "em Cristo", o que significa que estão salvos, ou estão no mundo e no domínio de Satanás, que por acaso é o deus deste mundo. Não existem locais neutros de existência. Não há cercadores. Se você não é a favor de Deus, então, por padrão, você está contra Ele (Mateus 12:30). Dificilmente alguém admitiria abertamente que está contra Deus, mas também pode não admitir com entusiasmo que é a favor de Deus e isso os faz ser contra Deus.

Se alguém não tiver certeza de sua localização, provavelmente estará sob o domínio de Satanás. Certifique-se de sua localização. Não estou falando da sua localização GPS, mas da sua localização com Cristo. Você está com Cristo ou com Satanás? Então, de volta ao tribunal onde Satanás e a sua equipa de advogados estão a defender o caso e a apresentar acusações e acusações contra os eleitos, dizendo que cometeram crimes dignos de morte. Para que a posição ou localização de alguém mude, ela deve ser justificada. Eles devem ser removidos do domínio de

Satanás e transferidos para o domínio de Cristo. Aqui está o que Deus disse: "Porque Ele nos resgatou do domínio das trevas e nos transferiu para o Reino do Seu Filho amado", Colossenses 1:13. Os eleitos são resgatados do domínio das Trevas ou de Satanás e transportados ou transferidos para a de Cristo através do ato de justificação.

Esta é uma mudança incrível e instantânea de localização e posição. Antes de os eleitos serem transferidos, eles estavam sob o domínio de Satanás e eram na verdade hostis e inimigos de Deus e das coisas de Deus. Eles não tinham interesse ou desejo pelas coisas de Deus. Aqui está como Deus descreve todos os que estão sob o domínio de Satanás, incluindo os eleitos, antes de serem resgatados por Deus e removidos do controle do Diabo: "Porque a mentalidade fixada na carne é hostil a Deus; pois não não se sujeita à lei de Deus, pois nem sequer é capaz de fazê-lo", Romanos 8:7. Então, algo milagroso aconteceu de repente! Houve uma transformação radical na mente e no coração dos eleitos.

Depois, voltamos ao tribunal onde Satanás e sua equipe de advogados estão apresentando os argumentos finais diante de Deus contra os eleitos. Mas naquele tribunal onde o próprio Deus era o juiz presidente, havia alguém no tribunal atuando como advogado de defesa. Jesus Cristo estava na caixa apenas para a defesa e atuando como advogado para a defesa dos eleitos. Enquanto estava na caixa do estado, estava o promotor-chefe, Satanás e uma série de advogados defendendo o caso do governo. Após um longo processo, as evidências apresentadas, depoimentos de testemunhas oculares, apresentação de vídeo e apresentação de áudio. Um júri de 12 pessoas também se sentou para avaliar as evidências apresentadas e julgar.

Então Deus chamou o presidente do júri para saber se eles chegaram a um veredicto, e ele respondeu: "sim, meritíssimo", e Deus disse: "Agora você pode ler o veredicto para o tribunal", e "ele disse, culpado da acusação Excelência", e então Deus convocou os funcionários da prisão para levar os prisioneiros para condenação e sentença de morte em separação eterna de Deus. Mas antes que os funcionários da prisão os levassem embora, o advogado de defesa (Jesus, o Cristo) deu um passo à frente e disse: "Meritíssimo, só tenho uma moção para o tribunal considerar", e Deus disse: "

Você tem a palavra", e Ele fez esta moção ao tribunal: "Eu assumirei a pena deles e sofrerei em seu lugar, morrerei por eles". Então Deus perguntou ao promotor, Satanás, dizendo: "Há alguma objeção? Satanás ficou em silêncio! Então Deus respondeu: "Moção concedida." Então Deus bateu o martelo no banco e disse: "O tribunal está encerrado! Daí o dito: "Porque aquele que não conheceu pecado fez pecado por nós, para que nele nos tornássemos justiça de Deus", 2 Coríntios;21.

O resultado disso é que os eleitos não são mais inimigos de Deus e aqui está o que Deus disse: "Portanto, visto que fomos justificados pela fé, temos paz com Deus por meio de nosso Senhor Jesus Cristo", Romanos 5:1. Este versículo fala sobre quatro partes da justificação; (1) o ato de justificação; (2) os meios de justificação (3) o resultado da justificação; (4) o veículo da justificação. Vamos começar com o ato de justificação: esta é total e completamente uma ação divina tomada para declarar o pecador inocente, justo, limpo e livre do pecado. A palavra "been" em inglês, que está logo antes da justificação, indica que o verbo "justificar" está na voz passiva, significando que um terceiro está realizando o ato de justificação. E quando esse terceiro não é mencionado no contexto imediato, isso é considerado uma passiva divina. Os teólogos chamam isso de passiva divina. Sempre que há um verbo na voz passiva e nenhum sujeito no contexto imediato, agindo sobre esse verbo, o próprio Deus é considerado o sujeito.

Este é um argumento da linguística e da gramática de que Deus é o sujeito da justificação. Aqui está uma questão levantada por Paulo a respeito da Justificação: "Quem intentará acusação contra os eleitos de Deus, é Deus quem justifica", Romanos 8:33. Este argumento da "analogia da fé" deixa claramente claro que somente Deus pode justificar. A ideia de "analogia da fé" é usada para interpretar escritura com escritura. O texto diz que os eleitos são justificados "pela fé", e a palavra "pela" significa o meio ou método de justificação. "Por", liga ou é a ponte entre a justificação e a fé. A crença leva à justificação, que leva à justiça.

Fé ou crença é o começo da esperança. O ingrediente mais importante da esperança é a fé. Aqui está o que é dito de Abraão a respeito da fé: O que diz a Escritura? "Abraão creu em Deus, e isso lhe foi creditado como justiça", Romanos 4:3. Isso pode parecer um pouco confuso! Como funcionam a fé e a eleição? Esta também é uma questão muito interessante! O texto acima diz que "Abraão acreditou ou teve fé em Deus", e o resultado foi que a justiça foi creditada na conta de Abraão. Esta fé ou crença é o meio de justificação. Aqui está o que é dito sobre crença: *[9]Que se com a tua boca confessares ao Senhor Jesus, e em teu coração creres que Deus o ressuscitou dentre os mortos, serás salvo.*

[10] Pois com o coração se crê para a justiça; e com a boca se faz confissão para a salvação. Romanos 10:9-10. Justificação é sinônimo de ser salvo. Esta fé não é uma fé subjetiva em você mesmo, mas uma fé objetiva em seu

391

criador. A ideia de confissão significa ver as coisas da perspectiva de Deus e não da nossa. Significa estar de acordo com Deus sobre tudo o que Ele disse sobre qualquer assunto. Confessar o Senhor Jesus significa crer em Sua divindade. Deve haver uma fé sincera ou acreditar no fundo do seu coração que Jesus Cristo é Deus em carne. Sem tal crença não há salvação nem esperança para você ou para a humanidade. Jesus Cristo não é apenas um bom professor, profeta, fazedor de milagres, mas é muito mais do que isso.

O mundo foi criado por e através dele. Sem Ele nada do que foi feito se fez e Nele habita toda a plenitude de Deus. Ele é 100% Deus e 100% homem ao mesmo tempo. Ele não tem começo de dias nem fim de vida. Ele julgará toda a humanidade em Sua breve vinda. Isto é o que o Apóstolo Paulo quis dizer com "confessa com a tua boca o Senhor Jesus", e há um segundo fato sobre Jesus Cristo que devemos estar de acordo para sermos salvos: "crerá em seu coração", e a localização disso a crença está em seu coração. Não acredite em sua cabeça, mas em seu coração. O coração é o centro do pensamento e da decisão. Este é o centro do homem, o coração.

Essa crença leva a uma transformação. Então, em quais fatos devemos acreditar? "Que Deus o ressuscitou dentre os mortos." Ninguém será salvo sem acreditar que Deus ressuscitou Jesus Cristo dentre os mortos. Isto é central para a justificação. Este é o SINE QUA NON da justificação. Portanto, é preciso acreditar em dois fatos sobre Jesus Cristo para ser salvo: (1) Jesus Cristo é Deus encarnado e (2) Deus ressuscitou Jesus Cristo dentre os mortos. O resultado de acreditar nestes dois fatos é mencionado no final de Romanos 10:9 acima: "Sereis salvos". Observe que o texto não diz: "Podeis ser salvos", mas proclamava enfaticamente: "sereis salvos". Uau!

Esta é a verdadeira esperança para a humanidade. Toda a fé cristã depende destas duas doutrinas. A doutrina da ressurreição é tão central para a mensagem do evangelho que Paulo dedica 1 Coríntios 15 inteiro, explicando-a. A nossa fé depende disso e a nossa esperança também depende disso. Esta é a mensagem central de esperança na Bíblia. Infelizmente, muitas pessoas que dizem ser cristãs aprenderam um conceito de cristianismo que é estranho à Bíblia. A maioria diz que tem fé em Jesus somente para esta vida. Eles acreditam em Jesus para sustentá-los somente nesta vida.

Eles acreditam em Jesus para ter boa saúde, dinheiro no banco, alguém para suprir suas necessidades materiais somente nesta vida. Aqui está o que Paulo disse sobre esse tipo de esperança: "**Se só nesta vida temos esperança em Cristo, somos os mais miseráveis de todos os homens**", 1 Coríntios 15:19. Paulo está defendendo que, se nossa esperança está somente nesta vida, então nós, entre os homens, somos os mais miseráveis. não animais que apenas vivem, comem e morrem amanhã. Temos uma alma eterna que viverá com Deus ou estará ausente de Deus. Então o resultado da justificação é a paz com Deus. A paz com Deus é um bem escasso e as pessoas estão em busca de paz em todos os lugares errados. As pessoas estão em pedaços porque não há paz. Não há paz para omalvado!

O mundo está cheio de turbulência, cheio de conflitos e as pessoas precisam desesperadamente de paz. As pessoas não procuram mais dinheiro, mas precisam desesperadamente de paz. Então, como eles podem encontrar esse tipo de paz? Não há paz no fentanil! Não há paz nos opióides! Não há paz na maconha! Não há paz nas ervas daninhas! Não há paz na maconha! Não há paz em mais sexo! Não há paz nas drogas! Não há paz no álcool! Não há paz na obsessão material! Não há paz em sua casa! Não há paz com sua esposa! Não há paz com seus filhos! Não há paz com seus irmãos! Não há paz com seu chefe no seu trabalho! O mundo está em chamas! Não há paz entre a Rússia e a Ucrânia! Não há paz entre Israel e a Palestina! Não há paz entre Democratas e Republicanos no Congresso ou neste país! Como Rodney King disse uma vez: "Podemos todos nos dar bem!"Então, onde encontrar a paz?

Aqui está o que Deus disse sobre a paz: "Não há paz para os ímpios", diz o Senhor, Isaías 48:22. Deus disse que há paz disponível, então Ele a qualifica, "mas não para os ímpios". Alguém pode dizer algo como "mas quem são os ímpios?" porque "eu não sou uma pessoa má". Os padrões são estabelecidos por Deus e somente Ele determina quem são os ímpios? Aqui está outra coisa que Deus disse sobre os ímpios: Desde o nascimento, os ímpios se desviam; desde o ventre eles são rebeldes, espalhando mentiras, Isaías 58:3. O resultado final é que todos nascemos em um estado de maldade desde o útero e de todos nós que nascemos malvados, Deus escolheu para redimir alguns. Não há paz para quem não está em Cristo Jesus porque quem está em Cristo é uma nova criação, 2 Coríntios 5:17.

Mesmo todos os acordos de paz no mundo nunca trarão uma paz duradoura. Pensemos no histórico acordo de paz, denominado "acordo de Camp David", assinado em 17 de Setembro de 1978 e facilitado pelo presidente americano Jimmy Carter e assinado pelo presidente egípcio Anwar Sadat e pelo primeiro-ministro israelita Menachen Begin. O objectivo declarado deste acordo era inaugurar uma paz duradoura no Médio Oriente. Foi aclamado como o último farol de esperança para o Médio Oriente. E já estamos quarenta e cinco anos depois e não há nenhuma aparência de paz. Não haverá paz na terra entre os homens ou a humanidade até e a menos que haja paz com o Príncipe da Paz. Não pode haver verdadeira paz horizontal até que haja verdadeira paz vertical. Aqui está uma mensagem do Príncipe da Paz: "Tenho-vos dito estas coisas para que em Mim tenhais paz; neste mundo tereis angústias; mas tende bom ânimo, eu venci o mundo", João 16 :33.

O Príncipe da Paz é o único que pode dizer "aquiete-se", e as ondas do oceano ficam quietas. Ele também tem o poder de acalmar as tempestades da sua vida. Ele pode dizer "fique quieto" e as tempestades da sua vida se tornarão calmas e pacíficas. Ele pode trazer calma ao caos em sua vida. Ele pode acalmar suas tempestades conjugais, suas tempestades financeiras, suas tempestades relacionais, suas tempestades mentais e a lista é interminável. Ele pode trazer propósito e significado à sua vida. Ele pode tirar a paz dos pedaços da sua vida. Mas como essa paz chega até nós? Qual é o veículo através do qual obtemos essa paz?

A última parte da Justificação, no final de Romanos 5:1, diz que "temos paz com Deus por meio de nosso Senhor Jesus Cristo", e a palavra-chave na última parte do versículo é "através", descrevendo o veículo através de qual a nossa paz é apropriada. Os meios através dos quais obtemos essa paz. Não há outro nome debaixo do céu através do qual o homem possa ser salvo, Atos 412. Ele é o nome acima de todos os nomes. Não há redenção através de Buda ou Mohamed ou de qualquer outro profeta ou mediador. Pois há apenas um mediador entre Deus e o homem, o Homem, Cristo Jesus, 1 Timóteo 2:5. Não há muitas maneiras de chegar a Deus, mas uma. Isso é muito exclusivo e não inclusivo. Ele mesmo disse: "Eu sou o caminho, a verdade e a vida, porque ninguém vem ao Pai senão por mim", João 14:6. Aqui, novamente, encontramos a palavra mágica "através de mim". Ele também é chamado de "a porta", João 10:9, "a porta", João 10:7. O ponto principal é que Ele é o único caminho para Deus e não um entre muitos caminhos. Então, aqueles a quem Ele justifica, Ele também adota em Sua família como seus filhos queridos.

Adoção dos Eleitos por Deus

A adoção é um daqueles ensinamentos muito humilhantes da Bíblia que torna aqueles que são adotados humildes e desamparados. Os humanos gostariam de se tornar orgulhosos, por terem a liberdade de escolher e acreditar em Cristo para a salvação. O livre arbítrio do homem é inconciliável com as doutrinas da eleição e da adoção. A humanidade, no seu estado natural, carece da capacidade e/ou vontade de exercer o livre arbítrio na escolha de um Deus Santo. A humanidade está morta em seus delitos e pecados e essa morte se estende a todo o ser do homem, incluindo a sua vontade. Os defensores da liberdade de vontade também afirmam ter o apoio da Bíblia para a sua posição. Aqui está um desses versículos que é frequentemente usado em apoio ao livre arbítrio do homem na escolha de Deus para a salvação:"Porque Deus amou o mundo de tal maneira que deu o seu Filho unigênito, para que todo aquele que nele crê não pereça, mas tenha vida eterna", João 3:16.

Este versículo diz simplesmente que Deus, "desta maneira", amou o mundo. A palavra "mundo", neste versículo, foi entendida como significando "universal", "global", e se este for realmente o caso, então ninguém deveria ser enviado para o inferno. Se "mundo", neste contexto, significa "universal", então Cristo morreu na cruz e expiou o pecado de cada pessoa que já nasceu, incluindo Idi Amin de Uganda, Adolf Hitler da Alemanha, Saddam Hussein do Iraque, Mussolini da Itália, Bin Laden da Arábia Saudita e muitos mais. Essas pessoas eram más, mas ninguém no mundo é melhor do que elas em termos da visão de Deus sobre o pecado. Se a palavra "mundo" significa universal em João 3:16, então ninguém estará no inferno. Nenhum estudante sério da Bíblia acreditaria que ninguém estaria no inferno, mas esse seria realmente o caso se Cristo morresse por todo o mundo. Isto é o que se chama de "universalismo", se ninguém estiver no inferno. A palavra "mundo" tem um uso e significado limitado e universal.

Você pode ouvir uma frase como "o mundo do esporte" (uso limitado) e isso claramente não se refere a todas as pessoas do mundo, mas apenas àqueles que se preocupam com esportes. Mas quando dizemos que todas as pessoas no mundo precisam respirar ar para estarem vivas, então isso é universal e ninguém está isento (uso universal). Outro ponto de confusão neste versículo é a palavra "qualquer um", e isso tem sido amplamente entendido como significando a capacidade de escolher. Este versículo tem sido amplamente utilizado para apoiar o livre arbítrio do homem em escolher Deus para a salvação, mas será realmente esse o caso? Vejamos a palavra "qualquer um" e como ela foi entendida; esta palavra foi traduzida da palavra grega "pas", que é traduzida como "todos, cada um, cada, qualquer, todo, todos, todas as coisas, tudo".[205]Esta palavra grega, "pas", não poderia ser traduzida como "qualquer um", e este único erro de tradução provavelmente da versão King James da Bíblia desencaixou milhões, senão bilhões de pessoas.

Esta tradução da palavra grega "pas", como "todo aquele", provavelmente, apareceu pela primeira vez na

205

https://www.biblestudytools.com/lexicons/greek/nas/pas.html

tradução de 1611 da versão King James da Bíblia e apareceu em cerca de 99 por cento das traduções da Bíblia desde 1611. Outras traduções simplesmente seguiram a versão King James em vez de fazer sua própria tradução diretamente do texto grego original. Aqui está uma tradução da Bíblia Tyndale traduzida em 1526-1530: "Porque Deus ama o mundo de tal maneira que dar seu único filho que ninguém experimenta nele deve perecer: mas deveria ter eterno vida, João 3:16.[206]Este é o inglês de 1526 e por isso não se preocupe com a grafia das palavras. Esta é a tradução de William Tyndale em 1526, diretamente do texto grego. Curiosamente, Tyndale usa a palavra "nenhum", enquanto a versão King James usa a palavra "qualquer um", e isso é bastante fascinante e interessante.

Embora a palavra grega "pas" nunca seja traduzida como "nenhum", os tradutores Tyndale escolheram corretamente uma palavra que se ajusta ao significado e ao contexto da passagem. "Ninguém que nele crê perecerá" e "Todos ou todos que nele crêem nunca perecerão" significam exatamente a mesma coisa. Esta é a única e correta maneira de traduzir este texto do grego para o inglês. A palavra "qualquer um" parece introduzir habilidade no significado do texto. Todos os que crêem terão a vida eterna, mas o texto não implica de forma alguma que todos os que crêem tenham a capacidade de fazê-lo. A palavra "qualquer um" causou danos irreparáveis ao significado deste amado texto, João 3:16, e este é o versículo mais citado em toda a Bíblia, mesmo entre os incrédulos e também o versículo mais mal compreendido.

206

http://oldebible.com/tyndale-bible/john-3.asp#:-:text=John%203%3A16%20For%20God,através de%20him%20might%20be%20saved.

Tyndale acertou e o Rei Jaime errou. Este versículo deveria ser melhor entendido assim: "Porque Deus amou assim ou desta maneira os eleitos, dando o seu Filho unigênito, para que ninguém que nele creia pereça, mas tenha a vida eterna". Esta é a minha tradução do texto. O amor de Deus é para os eleitos (mundo limitado) e não para o mundo (mundo universal). Os eleitos são adotados na família de Deus e nem todos estão sendo adotados. Aqui está outro versículo que também é amplamente usado para apoiar o livre arbítrio do homem para escolher Deus e a expiação universal:**O Senhor não é lento em Sua promessa, como alguns consideram a lentidão, mas é paciente com vocês, não querendo que ninguém pereça, mas que todos cheguem ao arrependimento, 2 Pedro 3:9.**

Este versículo e outros semelhantes foram usados como prova do universalismo, significando "todos os homens ou a humanidade serão salvos", e é isso que este versículo está realmente ensinando? chegar ao arrependimento, parece apoiar a idéia de que cabe ao homem escolher Deus para a salvação; mas será que esse é realmente o caso? Quem é realmente o "qualquer" e o "todos"? Quem é Deus que não deseja que eles perecessem, mas chegassem ao arrependimento? No contexto deste versículo 2 Pedro 3:9, Pedro estava escrevendo para responder àqueles que tinham pensamentos sobre a segunda vinda de Cristo. Os que duvidaram estavam dizendo que nada mudou desde a criação do mundo e não há nenhuma razão para acreditar que Cristo está voltando. Pedro escreveu e disse que a visão de Deus do tempo não é como o homem vê o tempo. Se Cristo tivesse voltado, digamos, há dois mil anos, então milhões de eleitores que ainda não nascidos teriam perecido. Então, até que todos os eleitos ouçam o evangelho e venham à fé, então chegará o fim.

Portanto, quando o texto diz: "não querendo que ninguém pereça", deve estar falando dos eleitos que ainda nascerão e virão à fé. Ainda existem não nascidos agora e hoje que são eleitos e, neste sentido, Deus não deseja que nenhum deles pereça, mas que todos os eleitos, não todos do mundo (todos universais) em oposição a (todos limitados, os eleitos).) deve chegar ao arrependimento. Até que o último eleito ouça o evangelho e chegue à fé, então chegará o fim. Aqui está o que Mateus disse sobre o fim: "E este evangelho do reino será pregado em todo o mundo, em testemunho a todas as nações; e então virá o fim". Mateus 24:14. Cristo não pode retornar até que todos (todos universais) tenham ouvido a mensagem do evangelho como uma testemunha contra eles, então eles são indesculpáveis e todos (todos limitados), os eleitos vieram à fé, então o fim virá.

Portanto, a eleição não pode ser separada da adoção, pois ambas deixam o pecador à mercê e à graça de Deus, incapaz de fazer qualquer escolha em direção a um Deus Santo. A adoção é um ato sóbrio de Deus que humilha o pecador. Ninguém que eu conheço jamais trabalhou para ser adotado. Aquele que é adotado não tem escolha a fazer no processo e cabe inteiramente a quem adota. Aquele que está sendo adotado é passivo no processo de adoção e assim são os eleitos passivos em sua salvação. Deus, através de Cristo, fez todo o trabalho. Eis como fomos adotados na família de Deus: "E nos predestinou para filhos de adoção por Jesus Cristo, para si mesmo, segundo o beneplácito de sua vontade", Efésios 1:5. O versículo anterior diz que fomos escolhidos e colocados em Cristo desde a fundação do mundo e depois disso os eleitos foram predestinados.

Eleição e predestinação são como irmãos gêmeos idênticos, porque se você vir um aparecer, saiba que o outro está chegando. A eleição é baseada na predestinação, mas o que realmente significa predestinar? A palavra grega, "prórizo", de onde vem nossa palavra em inglês, "predestinação", significa simplesmente "predeterminar, decidir de antemão, preordenar, nomear de antemão".[207] Entendo que este não é um assunto popular entre a humanidade, mas a palavra significa que Deus predeterminou quem Ele elegerá para adotar em Sua família. Deus é Deus e Ele nos fez e criou e não fomos nós que O fizemos ou criamos.

Quem somos nós para questionar Suas ações e motivos? Como pode o'coisa feita perguntar ao seu criador? Pode a coisa criada questionar seu criador, dizendo: "Por que você me fez assim?" Ele predetermina de antemão aqueles que acreditarão e colocarão sua fé Nele, e estes são aqueles que Ele adota em Sua família. Todos esses atos de Deus são realmente humilhantes, para dizer o mínimo! Pense na eleição, na predestinação e agora na adoção. Agora, uma coisa é ser adotado por uma família humana, mas é um jogo diferente ser adotado pelo criador de toda a terra. Isso é tão impressionante que Deus ajudaria qualquer um! A ideia de Deus nos adotar implicaria que éramos órfãos de pai (espiritualmente) e sem esperança. Dificilmente alguém adotaria uma criança que tem pais e os pais querem seu filho. Normalmente, os filhos adotados são órfãos ou abandonados e rejeitados pelos pais. Deus certamente não nos adotaria se tivéssemos pai ou mãe, não é mesmo?

Estamos órfãos e precisamos desesperadamente de adoção. Essa palavra que é traduzida neste texto como adoção é bastante fascinante! A palavra grega é "huiothesian", que significa literalmente "adoção divina como filhos", e esta é uma frase carregada que explica esta palavra

---

[207] https://biblehub.com/thayers/4309.htm

grega. Isto é diferente de qualquer forma de adoção humana já realizada. Talvez você esteja sem um pai terreno hoje, ou você nunca conheceu seu pai terreno ou eles o abandonaram quando criança; Deus está pronto para adotá-lo em Sua família. Ele quer ser seu papai ou papai. Ouça o que Ele disse: "Pai dos órfãos, defensor das viúvas, é Deus na sua santa habitação", Salmos 68:5. Deus não nos deixará órfãos, correndo pelas ruas, sem teto, com frio e nus. Seu amor pelos eleitos é infinito e não tem fim. Aqui estão alguns versículos para ponderar no que diz respeito aos órfãos e à falta de pai:

Religião pura e imaculada à vista de*nosso*Deus e Pai é isto: visitar os órfãos e as viúvas em suas dificuldades manter-se imaculado[a]pelo mundo, Tiago 1:27.

Ele executa justiça para o órfão e a viúva e mostra Seu amor pelo estrangeiro dando-lhe comida e roupas, Deuteronômio 10:18.

Não os deixarei órfãos; Eu vou até você, João 14:18.

Aprenda a fazer o bem;
Busque justiça,
Repreenda o opressor,
Obtenha justiça para o órfão,
Pleiteie pelo caso da viúva, Isaías 1:17.

Então medite e reflita sobre esses versículos, sabendo que somos todos (universalmente) órfãos espirituais. Sem o Pai celestial, somos órfãos sem pai. Você pode ter um pai terreno muito bom, mas sem o Pai celestial, não temos esperança. Nossa adoção por nosso Pai celestial é nossa única esperança. Você não pode buscar sua própria adoção, mas pode começar a orar agora mesmo, se for do agrado do Pai celestial adotá-lo em Sua família. No final de

Efésios 1:5, diz "adoção de filhos por Jesus Cristo, para si mesmo, segundo o beneplácito de sua vontade". Jesus Cristo é aquele que adota os eleitos para si mesmo, segundo a boa vontade de Deus. A ideia de "boa vontade" significa que Deus tem liberdade para escolher quem Ele decide adotar e ninguém ousa ter a audácia de questioná-Lo e Seu motivo. Sou órfão espiritual e fui humildemente adotado por Deus através de Cristo e não sei você! Você gostaria de ser adotado agora?

Os eleitos são herdeiros da salvação

Agora, aqueles que lhe agrada adotar também recebem uma herança para possuir. Quando alguém está prestes a morrer, muito antes de morrer, na maioria das vezes pode designar um herdeiro para herdar seus bens terrenos e materiais. O herdeiro é qualquer pessoa escolhida a dedo para receber a herança. O herdeiro é geralmente um membro da família ou amigo de confiança, mas não precisa ser assim. A palavra-chave aqui é "eleição". A pessoa viva designa seu herdeiro enquanto estiver viva e o herdeiro pode nunca saber que é o herdeiro.

O conceito de herança é de vital importância para a doutrina da salvação, mas é amplamente ignorado. Estou impressionado com o quanto a Bíblia fala sobre herdeiros e heranças e, ainda assim, milhões de pessoas simplesmente não entendem. Este ensinamento humilde está espalhado por toda a Bíblia, mas milhões de pessoas estão completas e totalmente cegas para a verdade do evangelho. A ideia de que você pode realizar alguma ação ou trabalho para ganhar um lugar no céu é o ensinamento mais amplamente ensinado e, ainda assim, esse ensino é estranho à Bíblia. Você já viu um herdeiro que trabalha para ganhar sua herança? Se você encontrar um, por favor me avise.

É por isso que se chama herança, porque você não a ganha nem a merece. Quando você trabalha, você ganha salário, mas quando você herda, você não faz absolutamente nada. Acredite ou não, as pessoas brigam e matam umas às outras por causa da herança. Se uma pessoa muito rica morrer e deixar, digamos, dez filhos para lhe suceder, e designar um deles para herdar os seus bens, haverá uma guerra pela herança e ainda assim apenas a pessoa com os bens escolhe o seu herdeiro e os restantes não têm parte na herança. Sim, as pessoas realmente acham facas, armas ou vão a tribunal e matam por herança. O herdeiro é designado ou eleito pela pessoa que possui os bens e uma herança nunca deve ser tomada pela força ou coerção.

Infelizmente, milhões de pessoas acreditam que merecem uma herança e farão qualquer coisa para obtê-la. Mas o que é realmente uma herança no que se refere à salvação? Quando falamos em herdar a salvação, alguns concluíram que isso significa ter a salvação transmitida dos pais para os filhos e aqui está uma dessas opiniões:Não. A salvação não é herdada de forma alguma. Se pudesse ser herdada, a morte de Jesus seria em vão. Efésios 2:8 é claro: "Pois pela graça vocês foram salvos por meio da fé. E isso não é culpa sua; é um dom de Deus..."A salvação é a obra de Deus do começo ao fim. Não podemos herdar a salvação de nossos pais ou de pessoas piedosas que possamos conhecer. pode salvar a si mesmo ou a outra pessoa. Somente Cristo traz salvação às pessoas perdidas.

Em 1 Coríntios 4:14 Paulo refere-se aos crentes coríntios como seus "filhos" porque ele investiu muito tempo neles como pai/pastor espiritual para eles. No entanto, para forçar a analogia, ele não os deu à luz. Pastores, líderes de comunidades bíblicas, líderes de pequenos grupos e discipuladores individuais funcionam, em grande parte, como pais espirituais substitutos para os mais jovens na fé. Não demos à luz nenhuma das crianças que ensinamos, mas recebemos grande responsabilidade em ensiná-las.[208]

Então, alguém levantou uma objeção muito interessante, que a salvação não é herdada em termos de ser transmitida de uma pessoa terrena para outra e eles estão muito corretos a esse respeito, mas perderam completamente o sentido do que a Bíblia quer dizer com herdar a salvação. Você nunca será salvo só porque seu pai era pastor, então ele morreu e você herdou a salvação deles. Nunca, em um milhão de anos, existe qualquer possibilidade remota de tal ocorrência. A salvação nunca é transferível de um ser humano para outro; esse não é o conceito de herança ensinado na Bíblia. Herança, no contexto deste escrito, é: "a participação que um indivíduo terá naquela bem-aventurança eterna".[209]

Até a salvação na Bíblia é claramente considerada uma herança, não do homem, mas de Deus, e aqui está um exemplo:Não são todos espíritos ministradores, enviados para fornecer serviço por causa daqueles que herdarão a salvação? Hebreus 1:14. Este versículo fala de anjos que estão a ministrar espíritos àqueles que herdarão a salvação. Portanto, a salvação é claramente uma dádiva de Deus e não uma obra que podemos realizar para conquistá-la. Aqui está outro versículo sobre herdar o reino de Deus: "Então dirá o Rei aos que estiverem à sua direita: Vinde, benditos de meu Pai, possuí por herança o reino que vos está preparado desde a fundação do mundo", Mateus 25 : 34. Efésios 1:4 diz

208
https://enoughfortoday.org/2011/06/16/is-salvation-inherited/
209   https://biblehub.com/thayers/2817.htm

que você foi eleito por Deus desde a fundação do mundo e este versículo diz que o reino também é uma herança que foi preparada para você desde a fundação do mundo.

O Reino é usado nesta passagem como sinônimo de salvação. Você também pode ver que o conceito bíblico de herança é sinônimo de eleição. Todas essas são ações realizadas por Deus desde a fundação do mundo. As ações e iniciativas de Deus tornam os eleitos herdeiros da salvação e aqui está o que Deus diz:"para que, sendo justificados por Sua graça, sejamos feitos herdeiros[a]de acordo como esperança da vida eterna", Tito 3:7. Portanto, de acordo com este versículo, os eleitos são justificados ou tornados justos por Deus. O texto também diz que "seríamos feitos herdeiros", e ser feitos herdeiros significa que há uma herança reservada para o herdeiro e essa herança é "a esperança da vida eterna." Portanto, a esperança é uma força muito poderosa na vida dos eleitos que nos mantém ancorados em um mundo que está cheio de problemas e caos. Mas esta esperança transcende esta vida e além.

Esperança além desta vida e do túmulo

Voltemos mais uma vez à analogia da herança humana terrena: então, digamos que você herdou os rendimentos do seguro de vida – terras, casas e dinheiro de seus pais que faleceram e, com o tempo, você vendeu a casa, o terreno e os rendimentos do seguro de vida. , gastei o dinheiro e secou completamente. Você esgotou sua herança, mas não o mesmo com a herança que Deus lhe concede. Esta herança não pode ser esgotada e é eterna e eterna por natureza. Você não gostaria de uma herança que não desaparecesse? A verdadeira esperança tem que transcender a sepultura e qualquer esperança que termine na sepultura não é esperança alguma. A verdadeira herança tem que transcender esta vida e qualquer herança que termine nesta vida não é herança alguma.

Aqui está o que Pedro disse sobre uma herança incorruptível:*de acordo com a presciência de Deus, o Pai, pela obra santificadora do Espírito,[g] obedecer a Jesus Cristo e ser aspergido com Seu sangue: Que graça e paz sejam multiplicadas para você.*

Bendito seja o Deus e Pai de nosso Senhor Jesus Cristo, que, de acordo com Sua grande misericórdia, nos fez nascer de novo para uma esperança viva por meio da ressurreição de Jesus Cristo dentre os mortos, para obter uma herança que é imperecível, imaculada e não desaparecerá, reservado no céu para você, 1 Pedro 1:2-4.

Esses conjuntos de versículos começam dizendo que Deus nos fez nascer de novo. Este é outro texto que exclui qualquer esforço humano em nossa salvação. Isto também se relaciona perfeitamente com a eleição, pois Deus fez todo o trabalho para nos salvar. Nascemos de novo para uma esperança viva, não para uma esperança morta. Uma esperança viva e vibrante e essa esperança é obtida através da ressurreição de Jesus Cristo. Esta é a esperança além desta vida. A ressurreição dos mortos é central para a nossa fé e esperança, sem a qual não há salvação. Toda a fé cristã depende da doutrina da ressurreição. Não haverá Cristianismo sem a ressurreição de Jesus Cristo.

O apóstolo Paulo apresentou este argumento vigoroso: qual era o objetivo do seu trabalho se os mortos não ressuscitassem? Ele lutou contra uma fera, com que propósito se os mortos não ressuscitam? Ele naufragou durante uma viagem missionária a Roma. Qual seria o propósito se os mortos não ressuscitassem? Ele entrou e saiu da prisão com que propósito se os mortos não ressuscitam? Ele foi espancado e deixado como morto por causa do evangelho, e por que ele fez tudo isso se os mortos não ressuscitam? Aqui está o que Paulo concluiu: *Se por motivos humanos lutei com feras em Éfeso, de que me adianta isso? Se os mortos não ressuscitam, deixaremos de comer e beber, pois amanhã morreremos,* 1 Coríntios 15:32. Paulo está basicamente dizendo que, se os mortos não ressuscitam, então vamos parar com este ministério da igreja e fazer outra coisa com o nosso tempo. Vamos apenas fazer uma boa e velha festa porque só temos uma vida para viver. Vamos apenas comer e beber porque amanhã morreremos. Na prática, se os mortos não ressuscitam, então Cristo não ressuscitou, e se Cristo não ressuscitou, então cremos em vão e morreremos com os nossos pecados. Novamente, aqui está Paulo: *[14] E se Cristo não ressuscitou, então a nossa pregação é vã, e a vossa fé também é vã.*

[15] Sim, e somos considerados falsas testemunhas de Deus; porque testificamos de Deus que ele ressuscitou a Cristo: a quem ele não ressuscitou, se é que os mortos não ressuscitam.

[16] Porque, se os mortos não ressuscitam, então Cristo não ressuscitou:

[17] E se Cristo não ressuscitou, a vossa fé é vã; vocês ainda estão em seus pecados.

[18] Então também aqueles que dormiram em Cristo pereceram.

[19] Se tivermos esperança em Cristo apenas nesta vida, seremos os mais miseráveis de todos os homens., 1 Coríntios 15:14-19.

Nossa fé e esperança dependem unicamente do fato de que os mortos realmente ressuscitam. A vida não terá sentido e propósito se a nossa esperança se limitar apenas a esta vida. É por isso que quase todo mundo que comete ou está pensando em cometer suicídio também tem uma crença errada sobre a ressurreição. Leia mais sobre isso em meu outro livro, intitulado: "Fending off Suicidal Thoughts", disponível na Amazon e em outras livrarias. Se alguém acredita que a vida termina no túmulo, então essa é uma receita para a desesperança. Há uma esperança ainda mais duradoura quando alguém acredita que existe vida além do túmulo e que a vida está em Cristo Jesus. Acreditar que a alma humana é temporal é parte do problema. A alma humana não é temporal, mas eterna.

A alma não deixa de existir no momento da morte física, mas continua na eternidade, seja no céu ou no inferno. Esta é a única esperança para a humanidade e esta é a única esperança para você. Agora, de volta à citação de 1 Pedro acima, que diz: "*para obter uma herança que é imperecível, imaculada e que não desaparecerá, reservada no céu para você* ",1 Pedro 2:4. Este versículo faz claramente um contraste entre uma herança terrena e uma herança celestial. A herança terrena é perecível, a celestial é imperecível; a herança terrena está contaminada e a celestial é imaculada; a herança terrena desaparece e a celestial não desaparece; e ambos têm localizações diferentes; a herança terrena está localizada na terra e você não a levará consigo quando morrer, mas a herança celestial está localizada no céu e será sua por toda a eternidade. Qual você escolherá?

Este é o poder da esperança e foi testado e experimentado. Esse tipo de esperança irá sustentá-lo quando você sentir vontade de desistir da vida. Esse tipo de esperança irá sustentá-lo quando você sentir vontade de desistir e desistir da vida. Esta esperança irá sustentá-lo quando você tiver vergonha de sua vida sexual. Essa esperança irá sustentá-lo quando você tiver baixa autoestima. Esse tipo de esperança irá sustentá-lo quando você estiver lidando com qualquer tipo de vício. Esta esperança irá libertá-lo da penalidade, do poder e da presença do pecado. Esta esperança irá ajudá-lo a desfrutar do sexo conforme pretendido pelo criador. Esta esperança não irá falhar com você. Esse tipo de esperança irá sustentá-lo quando você se sentir com medo, solitário, sozinho, estressado, ansioso, deprimido e até mesmo totalmente suicida.

Aqui estão algumas garantias de esperança que Deus está lhe dando hoje: "Pois eu conheço os planos que tenho para vocês", Declara o Senhor, Planos de fazê-los prosperar e não de prejudicá-los, Planos de dar-lhes uma esperança e um futuro, " Jeremias 29:11. Não importa onde você esteve ou o que você fez, Deus tem um plano e um propósito para sua vida. Deus é capaz e está disposto a fazer novas todas as coisas. Ele é capaz e está disposto a dar um um novo começo. Cristo é nossa única esperança. Cristo em você, a esperança da glória. Se Cristo está em você, então você estará destinado ao céu quando morrer fisicamente e isso é uma esperança e uma boa notícia. Aproveite o sexo agora ao máximo, pois você está obtendo prontos para participar da cerimônia de casamento celestial. Enquanto isso, estejam prontos para o noivo que em breve retornará a qualquer momento para que Sua noiva consuma o casamento.

Conclusão

O sexo é de longe a coisa mais divertida e prazerosa do planeta, com potencial para se tornar autodestrutivo. O sexo é estimulante, animador, emocionante e cheio de excitação. O sexo é cheio de paixão, mas também deve ser contido para o bem dos envolvidos e da sociedade como um todo. Por que os humanos são incapazes de domar ou controlar seus desejos sexuais? Esta é uma pergunta preocupante! O amor é frequentemente usado e entendido como sinônimo de sexo. Muitas vezes você pode ouvir coisas como "Estou fazendo amor" significando "Estou fazendo sexo", mas são a mesma coisa? Estas são questões para pensar e ponderar! E de onde realmente veio o sexo? Qual é a origem do sexo?

A origem do sexo é uma função da criação do homem. Sem os humanos no planeta, o sexo, ou seja, a relação sexual, não seria possível. A humanidade não apareceu de repente na terra como alguns querem que acreditemos, mas há um designer inteligente por trás da origem e criação da humanidade e, portanto, da origem do sexo. Há prazer no sexo, mas esse não é o seu objetivo principal. O sexo foi feito para o homem e não o homem para o sexo. O propósito subjacente da vida do homem não é o sexo, mas ele tem dominado a existência do homem.

Os principais propósitos do sexo por parte de seu criador são: procriação, companheirismo e, por último, prazer. No entanto, acredita-se amplamente que o prazer seja o objetivo principal do sexo. Como resultado, surgiram todos os tipos de comportamentos sexualmente desviantes. O nível de confusão sobre o significado do sexo, do amor e do casamento é incompreensível e, como resultado, todos os tipos de DSTs entraram na população humana. Cada um tem a sua própria ideia sobre o significado do sexo, do amor e do casamento. Tudo está em debate; o significado do amor está em debate, o significado do sexo está em debate e o significado do casamento também está em debate. E, como resultado, as DSTs estão em alta.

Todas as formas imagináveis de DST entraram na população humana e os efeitos e consequências totais são desconhecidos, mas milhões de pessoas estão mortas e continuam a morrer. Concluímos que a bestialidade é a fonte da maioria, senão de todas as DST na população humana. Este é um comportamento sexualmente desviante muito grave que trouxe todo tipo de doença imaginável para a população humana. Ter relações sexuais com um animal é um pecado contra Deus, moralmente depravado e ilegal na maioria das jurisdições. O ser humano se torna uma só carne com um animal. Todos os tipos de DST, desde a SIDA à gonorreia, estão todos ligados à bestialidade.

E para piorar a situação, muitos cancros na população humana são resultado de DST. As pessoas pensam e respiram sexo e isso é principalmente o que passa pela cabeça das pessoas. E assim os casamentos têm todos os tipos de problemas por causa de comportamentos sexualmente desviantes. Os casamentos também refletem a união entre Cristo e a igreja e como Cristo voltará em breve algum dia para levar para casa a Sua noiva, a igreja. O significado do casamento também é constantemente redefinido e debatido, e concluímos que apenas o criador da humanidade tem autoridade inquestionável para definir o casamento. A humanidade não se criou e carece de qualquer autoridade moral para fazer tal definição. A redefinição do casamento levou as pessoas a todos os tipos de comportamentos sexualmente desviantes e viciantes.

O vício sexual deixou muita destruição em seu caminho. Esta é uma das partes mais destrutivas do sexo. A indústria do sexo é uma das maiores do planeta, se não a maior, e a procura por mais sexo está a impulsionar o crescimento. Vidas estão sendo arruinadas e interrompidas por causa dos vícios sexuais. Estes aumentaram a probabilidade do sexo como mercadoria. O sexo tem sido usado como mercadoria para gerar renda. O corpo humano foi desvalorizado e vendido para fins comerciais. O corpo foi criado e projetado para trazer glória a Deus e não para a imoralidade sexual. O vício sexual também levou a outros comportamentos sexualmente desviantes, como estupro, incesto e muito mais.

A situação parece bastante sombria. Existe realmente alguma esperança para a humanidade? O sexo saturou toda a cultura a um ponto em que tudo gira em torno de sexo. E milhões de pessoas estão a perder a vida ou a pagar um preço muito elevado por decisões sexuais erradas. Existe alguma esperança? A boa notícia é que há esperança disponível. Todo ato sexual que se desvia do plano de Deus é pecado. Deus expôs cuidadosamente Seu plano para o sexo em Seu livro, a Bíblia, e qualquer desvio disso é chamado de transgressão da lei. Pecado é a violação da lei ou a transgressão da lei.

A única solução é o homem reconhecer e admitir que é pecador e que transgrediu ou quebrou a lei de Deus. E com a ajuda de Deus, eles podem voltar-se do pecado para Deus. O casamento tem de ser entre um homem e uma mulher numa relação conjugal heterossexual, monogâmica e ordenada por Deus. O pecado sexual não é uma piada e não deve ser brincado. Isso vai queimar você e suas roupas. Quando confrontado com a tentação sexual, fuja e corra para salvar sua vida. O pecado sexual irá comê-lo vivo. O

413

sexo é realmente muito prazeroso e prazeroso, mas só pode ser verdadeiramente desfrutado no contexto de uma união conjugal heterossexual, monogâmica, ordenada por Deus. Aproveite o passeio, divirta-se e aproveite ao máximo a relação sexual.

Apêndice A

Conselhos aos pais de alunos do ensino fundamental e médio

1) Fale sobre sexo com seus filhos

Desde que seja apropriado para a idade, converse com seus filhos sobre sexo. No que diz respeito às DST, é muito apropriado envolver crianças de ambos os sexos, mas as raparigas necessitam de atenção especial. Eles podem engravidar e isso pode atrapalhar todo o seu futuro. Eles podem tentar um aborto que pode acabar com suas vidas. Os meninos podem acabar com alguma DST mortal, como a AIDS. Se você não falar com eles, outra pessoa o fará e você não gostará do resultado. Eles têm seus amigos, professores e a internet. Seja proativo sobre isso!

2) Liderar pelo exemplo

Por mais importante que seja falar, as crianças provavelmente seguirão o que você faz e não o que você diz. Deixe seu estilo de vida falar mais. Se seus filhos observarem você tendo múltiplos parceiros sexuais, você perderá qualquer credibilidade para conversar com eles sobre sexo. Se seus filhos observarem você usar drogas, é provável que eles usem drogas. Não faça o que você não quer que seus filhos façam. É tão simples!

3) Converse com seus filhos sobre vaporização, drogas, maconha, cigarros e álcool

As crianças do ensino fundamental e médio estão se desenvolvendo em um ritmo muito rápido e, como tal, também lidam com emoções que mudam rapidamente. A maioria das crianças do ensino fundamental e médio não tem nenhum senso de propósito e direção. Eles ficam confusos sobre muitas coisas, inclusive como lidar com as mudanças de emoções, como medo, ansiedade, depressão e ideação suicida que estão disparando durante esta fase de suas vidas. Esteja lá para fornecer orientação e direção. Entendo que a maioria das escolas têm orientadores na equipe, mas os pais devem ser os principais orientadores. Escrevi dois outros livros intitulados: "Fending off Suicidal Thoughts" e "Handling Changing Emotions", disponíveis na Amazon e onde quer que os livros sejam vendidos. Esses são bons recursos para algumas dessas questões.

4) Ore por seus filhos

Supondo que você seja um seguidor de Jesus Cristo, exorto-o a orar diariamente por seus filhos. Criar e criar filhos adolescentes é o evento mais humilhante e desafiador na vida de um pai. Se você quase não mora em sua vida, espere até que seus filhos se tornem adolescentes e veja o que acontece. Você será levado ao limite e, às vezes, se perguntava coisas como: "Onde foi que eu errei?" Aqui está como Jó lidou com a oração por seus filhos:*Quando os dias de festa completaram seu ciclo, Jó enviava uma mensagem a eles e os consagrava, levantando-se de manhã cedo e oferecendo holocaustos de acordo com o número de todos eles; pois Jó disse: "Talvez meus filhos pecaram e amaldiçoaram a Deus em seus corações". Jó fez isso continuamente,*

Jó 1:5. Este texto diz que Jó fazia isso continuamente, o que significa que nós também deveríamos orar continuamente por nossos filhos. Jó levantava-se cedo todas as manhãs

416

para interceder por seus filhos, caso eles tivessem ido a lugares ou feito coisas que não agradassem a Deus. Jó disse que talvez seus filhos e filhas tenham pecado e amaldiçoado a Deus em seus corações e por isso ele intercede continuamente em favor deles. Agora, não deixe de se ajoelhar diariamente e regularmente para orar por seus filhos.

5) Converse com seus filhos sobre gravidez e aborto

Explique o aborto como resultado de relações sexuais. Sexo não é por prazer e não é um jogo. Se você tiver relações sexuais, há probabilidade de engravidar. Se você engravidar, então você tem uma pessoa vivendo dentro de você, e não um tecido sem vida, mas uma pessoa real, com batimentos cardíacos e DNA. A gravidez na adolescência deixa seu filho com diversas consequências: 1) econômicas; 2)sociológico; 3)teológico;4)acadêmico.

Primeiro, as consequências económicas do sexo e da gravidez: Fale com o seu filho, homem ou mulher, sobre o impacto económico do sexo e da gravidez; faça perguntas como: quem vai criar o filho? Quem cuidará da criança enquanto você termina a escola? Você pode ter que se mudar e pagar pelo seu apartamento, mas não tem habilidades para conseguir um emprego, então quem pagará pelo seu apartamento? Como você se sustentará financeiramente? Não seja um facilitador e normalize suas más decisões. Deixe-os assumir a responsabilidade pelas suas ações e isso pode ser melhor para eles a longo prazo.

Se você vai ter um filho, pode perguntar algo como: Como você se sentiria se algum cara engravidasse sua irmã? Você está pronto para se tornar pai? Você está pronto e capaz de cuidar de sua esposa e filhos? Em segundo lugar, o impacto sociológico; Trazer uma criança ao mundo é uma grande responsabilidade. Se criarmos crianças na pobreza, existe uma grande probabilidade de a pobreza geracional se perpetuar. Em terceiro lugar; teológico; sexo fora do casamento é fornicação e é um pecado contra Deus que precisa ser resolvido. Por último, académico: abandonar a escola ou a faculdade pode deixar o seu filho numa pobreza perpétua. Todo o sexo realmente vale a pena? Espere alguns anos e desfrute de um sexo saudável e duradouro. Não há necessidade de ter pressa! Todo o sexo que eles precisarão está esperando por eles, se eles estiverem prontos para esperar!

6) Envolva-se e conheça os amigos do seu filho

Faça tudo o que puder para saber com quem seu filho anda. O tipo de amigos que eles fazem pode determinar onde eles terminarão na vida. Às vezes, os amigos podem ter mais influência sobre seu filho do que você e, por isso, faz muito sentido saber quem eles são. Eles ficam conversando ao telefone até as 3 da manhã, todos os dias, então é melhor conhecê-los. Se todos os amigos do seu filho fumam maconha ou maconha e seu filho sai com eles 24 horas por dia, 7 dias por semana, então eles provavelmente também deverão fazer o que fazem. Aqui está uma citação:[33] Não se deixe enganar: "Más companhias corrompem o bom caráter".[a][34] Volte a si como deveria e pare de pecar; pois há alguns que ignoram a Deus - digo isso para sua vergonha, 1 Coríntios 15:33-34. Seu filho pode lhe dizer algo assim: "Meus amigos não me influenciam", sério? Quem eles estão enganando?

É muito improvável que seu filho saia constantemente com as pessoas e não faça o que elas fazem. A única razão pela qual uma criança faz de outra criança sua amiga é porque ela acredita em quem ela é e no que faz. Então pais, envolvem-se e conhecem os amigos do seu filho. Você pode ter ouvido o ditado: "mostre-me seus amigos e eu direi quem você é". Aqui está como Salomão diz:*Quem anda com os sábios torna-se sábio, mas o companheiro dos tolos sofrerá danos*, Provérbios 13:20. Avise seus filhos para escolherem os amigos com sabedoria, pois o futuro deles pode muito bem depender disso.

7) Invista na sua vida espiritual

Compre uma Bíblia para seu filho e incentive-o a lê-la diariamente. É claro que eles só estarão inclinados a seguir o seu conselho se a Bíblia for uma prioridade na sua vida. O estado mental de uma criança é um dos maiores determinantes para o seu sucesso acadêmico e na vida em geral. Muitas vezes você pode ouvi-los dizer coisas como: "Não sei meu propósito", "Estou deprimido", "Estou perdido", "Estou confuso". Esses tipos de declarações vêm de crianças do ensino fundamental e médio, às vezes da faculdade e além. Eles estão lidando com baixa autoestima e baixa autoestima e uma série de problemas emocionais. Eles podem dormir no quarto por dias e nunca falar com os pais, apenas sair para comer e dormir.

8) Dê aos seus filhos apenas o que é necessário:

Deus só nos dá o que é necessário para sustentar a vida e não o que queremos. Porque nunca estaremos satisfeitos com nossos desejos. Os desejos nos destruirão. Uma criança que recebe tudo o que deseja dificilmente terá sucesso na vida. Mostre a uma criança como pescar e nem sempre dê-lhe um peixe para comer. Ajude-os a ter sucesso, mas não seja um facilitador. Lembre-se de que eles foram emprestados por Deus a você e seu trabalho é prepará-los para serem liberados no mundo. Já vi inúmeros casos em que os pais fazem tudo por uma criança de vinte e tantos anos e trinta e poucos anos. Isso não é amor, mas destruição. Eles nunca andaram até rastejarem. Pare de pegá-los! Às vezes, se você deixá-los cair, eles se levantarão!

9) Ouça seus filhos!

Ouça suas preocupações e o que eles pensam. Construa a confiança deles para que possam compartilhar suas mágoas e realizações com você. Você pode nem sempre concordar com eles, mas ouça-os.

10) Seja o treinador da vida do seu filho!

Permita que eles falem com você sobre qualquer coisa! Converse com as meninas sobre o que dizer ou como responder quando os meninos as abordam para fazer sexo. Lembre-se de que este é um território totalmente novo para eles. Pense em uma garota sendo abordada por um garoto pela primeira vez. Ela nunca foi treinada sobre como responder a tais avanços. Ela é simplesmente jogada lá fora para descobrir as coisas por si mesma. É como jogar um lobo no meio de leões! Será comido vivo! Lembre-se de que a maioria dos meninos só tem uma coisa em mente! Sexo! E eles destruirão qualquer garota que sucumbir aos seus avanços. Fale sobre possuir e operar um carro, tirar carteira de motorista, abrir uma conta bancária. Muitos pais nem sabem como verificar o nível de óleo do carro e por isso seus filhos estão em apuros. Por último, direcionem os seus corações para Jesus, deixem-nos destacar-se nos estudos, preservem o sexo para o casamento e desfrutem de uma vida plena.

Conselhos para alunos do ensino fundamental e médio sobre sexo e vida

1) Filhos, obedeçam seus pais em todas as coisas legais

Os pais são as primeiras figuras de autoridade em sua vida. Caso você não saiba, você foi criado para estar sob autoridade. Quanto mais cedo você souber e acreditar nisso, mais fácil será sua vida. Eu sei que você pode acreditar que agora está no ensino médio e é livre para fazer o que quiser. Não exatamente! Você estará sob autoridade durante toda a sua vida e seus pais são os primeiros de uma série de tais figuras de autoridade. Se você não obedecer aos seus pais, você não obedecerá aos seus professores. Você não obedecerá à polícia na rodovia; você pode obedecer passivamente ao seu chefe em seu primeiro emprego apenas porque deseja seu cheque. Você pode não obedecer ao governo e acabar morto ou preso em breve. Tudo começa com a obediência aos seus pais. Também entendo que você não pode obedecer verdadeiramente aos seus pais até que tenha recebido um coração transformado e regenerado. O pecado está impedindo você de obedecer. Por favor, peça a Deus que lhe dê um novo coração e novas habilidades para que você possa realmente obedecer a Deus, a seus pais, a seus professores e a todas as outras figuras de autoridade que surgirem em seu caminho. Aproveite a vida ao máximo.

Aqui está o que Deus disse:*Filhos, obedeçam a seus pais no Senhor, pois isto é certo: "Honra a teu pai e a tua mãe", "(este é o primeiro mandamento com promessa; para que tudo te corra bem e vivas muito tempo na terra",* Efésios 6:1-3.*Filhos, obedeçam em tudo a seus pais, pois isso agrada ao Senhor,* Colossenses 3:20. Se você está desobedecendo aos seus pais, é porque você está, antes de mais nada, desobedecendo a Deus. A menos que você esteja em boa situação com Deus, você não poderá estar em boa posição com mais ninguém, e nem tudo irá bem com você, e faça o que fizer, você não prosperará.

2) Nunca responda ou discuta com seus pais

Responder e discutir com seus pais é um negócio muito arriscado. Fale com eles em um tom de voz calmo, não argumentativo. Em Efésios 6:1-3,*você foi ordenado a honrar seus pais*. A palavra "honra" carrega a ideia de reverência e medo de seus pais. Eles não são seus amigos e você trocará palavras com eles. Eles são sua mãe e seu pai. Dê-lhes a reverência e a honra que lhes são devidas. Obedecer aos seus pais é tão importante para Deus que a desobediência é punível com pena de morte.

Aqui está o que Deus disse sobre isso: Se um homem tem um filho teimoso e rebelde que não obedece à voz de seu pai ou à voz de sua mãe, e, embora eles o disciplinam, ele não os ouvirá, então seu pai e sua mãe o pegará e o levará aos anciãos da sua cidade, à porta do lugar onde ele mora, e eles dirão aos anciãos da sua cidade: Este nosso filho é teimoso e rebelde; ele não obedecerá à nossa voz; ele é um glutão e um bêbado." Então todos os homens da cidade o apedrejaram até morrer. Assim expurgar o mal do teu meio, e todo o Israel ouvirá e temerá, Deuteronômio 21:18-21. A pena de morte foi instituída por Deus como remédio para a desobediência aos pais. A desobediência é pecado e se espalha como câncer. A pessoa desobediente deve ser morta para que o pecado não se espalhe e instale medo nos demais para não andarem em desobediência.

3) Não pense que você sabe mais que seus pais

Você pode se tornar médico, advogado, mas seus pais nunca terminaram o 12° ano. Ou você tem 15 anos e está no ensino médio, seus pais têm três vezes a sua idade e você acha que sabe mais do que eles. Isso também é pecado e orgulho. Pare com isso antes que isso destrua você.

4) Respeite seus professores

Discutir com seu professor na aula pode fazer você parecer legal na frente de seus amigos, mas não na frente de Deus e de seus pais. Na verdade, é uma vergonha para seus pais e para Deus desrespeitar seus professores. Lembre-se de que algum dia você poderá voltar àquele professor para escrever sua recomendação de admissão na faculdade e ele se lembrará e nunca mentirá sobre seu caráter.

5) Abster-se de sexo antes do casamento

Eu entendo que isso vai contra a cultura. Você não precisa seguir a cultura. Você não precisa seguir o que todo mundo está fazendo. Você pode ficar sozinho e estar certo. Sim, você pode ser ridicularizado por não ter namorado ou namorada, mas siga a Deus e não à multidão. Em Daniel 6:10-24, Daniel era um adolescente israelita que foi capturado e levado para a Babilônia; ele ficou sozinho obedecendo a Deus e desobedecendo ao Rei. Você sempre vencerá obedecendo a Deus mesmo quando estiver sozinho. Seu corpo não é para a imoralidade sexual, mas para ser desfrutado numa união conjugal saudável.

6) Evite flertar

Evite quaisquer ações que possam levar ao sexo. Tenha cuidado ao falar com pessoas do sexo oposto, porque tudo é considerado sexo. Não diga algo por mensagem de texto ou e-mail que você não possa dizer pessoalmente. Evite roupas que deixem o sexo oposto desconfortável ou atraído por você para fazer sexo. Vista-se para cobrir seu corpo e não para expô-lo e atrair o sexo oposto para o sexo.

Evite flertar com os olhos, olhares, lábios, passeios, danças, dedos, seios, traseiros, postagens no Facebook, postagens no Tiktok e quaisquer postagens nas redes sociais. É muito provável que os rapazes e os homens não tenham autocontrole, por isso as raparigas e as mulheres ajudam-nos vestindo-se, não para os atrair, mas para os ajudar a permanecerem sexualmente sóbrios. Algumas mulheres e raparigas também lutam com o autocontrolo, por isso os rapazes e os homens ajudam-nas, não as seduzindo com palavras lisonjeiras vazias que as destruirão.

7) Conheça seu gênero e sexo

Os alunos do ensino médio vivem um período de grande confusão e incerteza. Você pode estar questionando quem você é como pessoa. Não fique confuso sobre sua identidade. Você não criou a si mesmo e não tem capacidade e autoridade para determinar sua identidade. Sua identidade foi definida no nascimento. É como um carro fabricado pela Mercedes Benz e de repente decide que quer se chamar Ford. Você pode decidir ser chamado de Ford, mas isso nunca fará de você um Ford.

O fabricante define e determina a identidade e ela é inalterável e imutável. Da mesma forma, Deus criou a humanidade e gravou a sua identidade. Isso é muito simples: se você está no ensino fundamental ou médio e se despe no banheiro e olha entre as coxas, se encontrar algo saindo, então você é um homem, mas se não encontrar nada saindo além de um buraco de onde você urina, então você é mulher.

É simples assim e não pode ser alterado até a morte e nem mesmo uma mudança de sexo alterará os seus órgãos internos que são intrinsecamente moldados pelo criador. Seus órgãos internos que determinam seu sexo não podem ser alterados por meio de cirurgia. É muito importante que você esteja seguro de sua identidade, caso contrário, isso pode levar a um estado emocional instável, dificuldades de auto-estima e outros problemas emocionais.

Aqui está o que Deus disse sobre você: Eu te darei graças, pois fui feito de maneira terrível e maravilhosa; Maravilhosas são as tuas obras, e a minha alma sabe disso muito bem, Salmos 139:14. Deus diz que você foi feito de maneira assombrosa e maravilhosa. Uau, deixe isso penetrar em sua alma! Você realmente acredita nisso? Deus fez à Sua imagem e semelhança. Você é precioso aos Seus olhos e não deixe ninguém lhe dizer o contrário. Você tem a escolha de acreditar em Deus ou em Satanás, que é o deus deste mundo.

8) Conheça o seu propósito

Conhecer o seu propósito é a coisa mais importante da sua vida. Saiba por que você está na terra e para onde irá a partir daqui quando tudo acabar.

9) Persiga seu propósito

Faça com que a missão de sua vida seja perseguir seu propósito enquanto você tem tempo.

10) Conheça o seu Criador

Você pode pensar que é jovem e tem muito tempo em mãos! Pessoas morrem com um e outras morrem com cem. Aprenda a contar seus dias. Aqui está o que Deus disse:*Lembre-se do seu criador nos dias de sua juventude, antes que cheguem os dias difíceis e se aproximem os anos em que você dirá: "Não encontro prazer neles,"* Eclesiastes 12:1. Outro texto diz:*Como um jovem pode manter sua vida pura? Vivendo de acordo com a sua palavra,*Salmos 119:9.*Coloque Deus em primeiro lugar e veja o que Ele fará com sua vida*, paráfrase de Mateus 6:33. Coloque Deus em primeiro lugar e aproveite a vida ao máximo.

apêndice C

Aconselhamento pré-marital

Além do seu relacionamento com Jesus Cristo, o casamento é a segunda decisão mais importante que você tomará. Como você viverá o resto de sua vida dependerá muito da pessoa que você selecionar ou escolher como seu parceiro para toda a vida. Sua vida na Terra pode ser muito miserável se você escolher o parceiro errado. Imagine que você vive sessenta anos e passa vinte anos com a pessoa errada! Isso é um terço da sua vida desperdiçada! Infelizmente, mais de cinquenta por cento de todos os casamentos terminam em divórcio.

O aconselhamento pré-marital ajuda ambos os parceiros em potencial a conversar com terceiros, como: um pastor, um terapeuta matrimonial ou alguém com capacidade semelhante para fornecer orientação e discernimento. Este aconselhamento pode ajudar a descobrir coisas que deixam vocês dois surpresos. Esse aconselhamento pode até revelar que as diferenças entre os potenciais casais são demasiado grandes para serem reconciliadas. Este é o momento da verdade para determinar se esta é uma combinação feita no céu ou no inferno. O casamento pode ser cancelado após tal aconselhamento. Várias áreas de orientação são investigadas durante essas sessões de aconselhamento. Os tópicos discutidos abaixo servem apenas como guia e nunca devem ser tomados como uma lista exaustiva de itens, pois cada caso é único e diferente:

1)Motivo para casar

A razão para se casar com essa pessoa é como a fundação de uma casa ou de um edifício. Tudo depende disso para o casamento dar certo. Um parceiro pode ser genuíno e o outro pode ter motivos ocultos e não revelados. Se você não tem certeza do motivo pelo qual vai se casar com essa pessoa, desista imediatamente. É como um edifício que não está assentado sobre uma fundação segura e que pode em breve desabar com o vento, um tornado ou um furacão. Da mesma forma, um casamento estabelecido por razões ocultas ou desconhecidas logo desmoronou.

As pessoas se casam por todos os tipos de motivos: Aqui estão alguns dos motivos pelos quais as pessoas podem se casar; segurança econômica, proteção, sustento, sexo, obtenção de documentos de imigração, amor (erótico), e as razões são infinitas. Isso é muito difícil porque talvez você nunca saiba o que está no coração do seu parceiro em potencial. Eles podem esconder o verdadeiro motivo do casamento e fazer você pensar apenas na parte amorosa (erótica). O casamento é muito maior que o amor (erótico). Olhe de frente para o seu parceiro em potencial e pergunte-lhe claramente: "Por que você quer se casar comigo?" E ouça as pistas na resposta deles, se achar que são genuínas! Este não é um jogo, pois é a sua vida! Você não pode se dar ao luxo de cometer um erro!

2)Nunca faça sexo com seu parceiro em potencial antes de tomar a decisão de se casar

Fazer sexo com seu potencial parceiro de casamento prejudica seu julgamento e sua capacidade de tomar decisões. Uma vez que você está emocionalmente ligado a essa pessoa, você fica cego e incapaz de ver qualquer coisa errada com ela. Você começa a pensar com a vagina ou com o pênis, em vez de usar o cérebro ou o coração. Evite qualquer relação sexual para poder pensar claramente sobre a outra pessoa. Qualquer sexo neste momento também é fornicação e um pecado contra Deus.

Tome decisões com base em fatos e não em emoções. Uma pessoa não é um carro que precisa ser testado antes de tomar uma decisão de compra. Famílias e amigos podem ver coisas sobre seu parceiro em potencial e avisá-lo, mas você não consegue ver o que eles estão vendo porque você está dentro de casa e eles estão do lado de fora. Você está por dentro e muito envolvido emocionalmente para ver quaisquer falhas potenciais na outra pessoa. Fique do lado de fora e à distância para poder ver claramente antes de entrar. Evite anos de arrependimentos futuros. Isso não é um jogo. Evite a imoralidade sexual.

3)Sistema de crenças compatível O seu sistema de crenças é compatível com o do seu cônjuge em potencial? Um sistema de crenças unificado estabelecerá as bases para o bom funcionamento do casamento. Como você cria filhos com um sistema de crenças dividido? Como você serve e adora seu criador se não acredita na mesma coisa sobre ele? Um casamento saudável dependerá de um sistema de crenças unificado. Você não pode ser casado com alguém e acordar em um domingo para ir adorar Jesus Cristo e seu cônjuge acordar em uma sexta-feira e ir à mesquita para adorar a Alá, ou se você for batista e for testemunha de Jeová.

Deve haver uma unidade de crença para que um casamento que funcione bem aconteça. Na maioria das vezes, você pode ter casos em que alguém afirma seguir

Jesus Cristo e encontrar alguém que não o faz. Agora eles estão emocionalmente colados um ao outro e confusos sobre o que fazer. Agora, aquele que afirma seguir Jesus Cristo pode dizer algo assim: "Bem, eu sei que eles não são cristãos, mas vou evangelizar para eles e talvez Deus os salve". Realmente! Desastre em formação!*Como podem dois caminhar juntos se não estiverem de acordo?* Amós 3:3.

Não há garantia de que o sistema de crenças do seu parceiro mudará no futuro. Esteja avisado! Você não pode mudar as crenças de ninguém; somente Deus, por Sua misericórdia, pode fazer isso. Portanto, não presuma porque você não tem ideia do que Deus fará. Ter sistemas de crenças divididos é como ter dois capitães num navio! Se um diz que o navio deve ir para o norte e o outro conclui que o navio deve seguir para o sul, então o navio fica preso e afunda no meio do oceano Atlântico, assim como o seu casamento com crenças divididas.

4) Dinheiro no casamento

O dinheiro é uma das principais razões pelas quais muitos casamentos terminam em divórcio. Os problemas financeiros podem surgir de vários ângulos. Descubra se seu cônjuge em potencial é poupador ou gastador. Isso pode ser uma fonte de conflito no casamento. Um gosta de gastar dinheiro de maneira tola e o outro gosta de pensar no futuro e economizar para os dias chuvosos. O seu cônjuge concorda com uma conta bancária conjunta ou prefere ter uma conta bancária própria? Questões financeiras revelarão muitas coisas sobre o casamento.

Pergunte ao seu cônjuge em potencial se ele gostaria de discutir com você as principais decisões sobre gastos. O seu cônjuge concordará em pagar todas as contas da casa caso um de vocês fique incapacitado ou desempregado?

Você discutirá sobre quem está pagando qual conta? Você realizará investimentos ocultos não discutidos ou conhecidos pelo seu cônjuge, aqui ou em qualquer lugar do mundo? O resultado final é que questões financeiras são questões de confiança.

Você não pode simplesmente se casar com alguém em quem não confia. Você diz que é casado, mas vive vidas completamente separadas. Se você não pode nem mesmo confiar que seu cônjuge em potencial usará seu cartão ATM, então você não deve se casar com essa pessoa. Estes são sinais de problemas maiores que estão por vir. Você planeja esconder quaisquer questões financeiras de seu cônjuge em potencial? Se o fizer, você simplesmente não confia neles e não deveria se casar com eles. Você não pode planejar se casar e também viver vidas separadas. Isso não é compatível com um casamento real. Discuta as expectativas de dinheiro! Quem é responsável pelo que! Quem paga qual conta e quando? Não faça suposições, mas faça perguntas e exija respostas diretas. Qualquer sinal de evasão ou de não resposta direta às perguntas é um sinal de alerta.

5)Casamento e Renda

A renda não deveria ser um fator determinante para se casar com alguém, a menos que a segurança de renda fosse o motivo para se casar. A renda é sem dúvida importante. Se um casamento se baseia principalmente na renda, então pode não durar porque o dinheiro nunca será suficiente. No entanto, esteja aberto para discutir sua renda e renda potencial. Faça perguntas como: Quanto dinheiro você ganha? Pergunte sobre seus hábitos de consumo. Pergunte sobre as obrigações pendentes do seu cônjuge em potencial! Conheça seus hábitos de endividamento porque as dívidas deles passam a ser suas.

Agora, por mais louco que possa parecer, conheça o histórico de condução do seu cônjuge em potencial no DMV, no histórico de crédito (pontuação) e no histórico criminal. Eu sei que alguns podem dizer que isso está indo longe demais e você pode estar certo, mas estamos falando de alguém com quem você planeja passar o resto da sua vida. Você precisa conhecê-los bem. O histórico de crédito de alguém é uma espécie de indicação de seu caráter e confiança. Alguém com bom crédito também significa que pode confiar dinheiro e muitas outras coisas.

Nenhum banco jamais lhe emprestará dinheiro para comprar uma casa ou um carro sem primeiro verificar seu crédito e seus antecedentes. Os bancos não conhecem você e com certeza também não confiam em você. O seu cônjuge em potencial não é mais importante do que uma casa ou um carro? Uma pessoa é mais importante do que um carro ou uma casa. Os bancos devem saber algo que nós não sabemos. O FBI nunca contratará ninguém como agente sem fazer uma verificação de antecedentes, histórico de crédito, histórico de condução e até mesmo entrevistar todos os seus familiares, amigos e colegas de trabalho do ensino médio e todos os seus vizinhos em qualquer endereço que eles já tenham usado. Em países onde não existe sistema de crédito, investigue os antecedentes do seu potencial cônjuge enviando pessoas para investigar o seu passado. Como saber se vai se casar com um serial killer ou estuprador? É por isso que você não começa tendo relações sexuais.

6) Planejamento familiar

Faça a seguinte pergunta ao seu parceiro em potencial: "Você quer ter filhos?" Saiba disso com antecedência! As pessoas presumem que quando as pessoas se casam em casamentos heterossexuais, um dos principais objetivos é ter filhos. Você pode se surpreender ao saber que seu parceiro em potencial responde à sua pergunta sobre ter filhos dizendo: "Não, não quero ter filhos!" Não adianta casar se há divergências sobre a questão da procriação. Essas questões são descobertas durante o aconselhamento pré-marital para evitar decepções e constrangimentos posteriores.

7) Fé e Crença

Se você é um seguidor de Jesus Cristo e está fundamentado em sua fé e crença, então é muito importante que você se case apenas com alguém que compartilhe sua fé e crença. Seria muito diferente se você não fosse um seguidor de Jesus Cristo. Você não pode ser um seguidor de Jesus Cristo e se casar com um não-seguidor pensando que o ajudará a convertê-lo à sua fé. É por isso que o sexo antes do casamento irá atrapalhar seu julgamento sobre esses assuntos e você acabará pagando um preço alto anos depois. Ouça o que Deus diz sobre se casar com incrédulos:Não se coloque em jugo desigual com os incrédulos. Pois que sociedade tem a justiça com iniquidade? E que comunhão tem a luz com as trevas? 2 Coríntios 6:14. Pensando que você pode converter um incrédulo através do casamento é uma ilusão.

8)Teste de sangue

Pergunte ao seu possível cônjuge se ele deseja fazer um exame de sangue, especialmente se você estiver em idade fértil e pretende ter filhos. Teste o sangue para o gene da célula falciforme. Isto pode complicar a geração de filhos. Isso pode afetar sua decisão de se casar ou não. Teste também para DSTs e isso pode salvar sua vida. Você não vai querer se casar com alguém que testou positivo para

433

HIV/AIDS ou alguma outra DST mortal, não é? Se o seu parceiro em potencial se recusar a fazer um exame de sangue, talvez seja sensato cancelar o casamento. É por isso que o sexo antes do casamento é perigoso e irresponsável. Sua vida vale mais que sexo, não acha?

9) Compartilhe interesses comuns

Tente descobrir que interesse comum você tem com seu cônjuge em potencial? O que vocês potencialmente gostariam de fazer juntos diariamente? Você gosta de orar juntos de forma consistente? Vocês gostam de estudos bíblicos regulares juntos? Vocês gostam de cantar juntos? Vocês gostam de dançar juntos? Vocês gostam de viajar juntos? Que interesses comuns você compartilha? Espero que o seu interesse seja a sua salvação comum e daí flua a oração e o estudo bíblico juntos. Você já deve ter ouvido o ditado: "Uma família que reza unida permanece unida".

10) Lidando com sogros

Lidar com os sogros é uma área de conflito potencial. Seu cônjuge em potencial gosta de reuniões familiares ou é solitário? Se você ama as pessoas e ama profundamente sua família, mas seu cônjuge em potencial não se importa com a família, então saiba no que você está se metendo. Imagine que seu cônjuge em potencial não quer que sua mãe, seu pai, sua família e seus amigos liguem ou visitem você! Isso é um inferno! Nunca seja rude com seus sogros se pretende ter um casamento feliz. Seja hospitaleiro com seus sogros se pretende ter um casamento feliz. Nunca insulte seus sogros, especialmente mãe, pai, irmão e cunhada. Isso pode potencialmente acabar com o seu casamento. Esses são os avós dos seus próprios filhos que você está insultando. Pense sobre isso!

11)Resolução de Conflitos

Discuta com antecedência como você lidará e resolverá os conflitos. Você precisará da intervenção de terceiros ou será capaz de lidar com isso sozinho? Estabeleça como regra nunca ir para a cama com raiva. Pode ser mais fácil seguir isso se ambos forem seguidores de Jesus Cristo. Resolva disputas no mesmo dia. Amanhã é um novo dia. Aqui está o que Paulo disse:*Fique com raiva, mas não peque; não deixe o sol se pôr sobre sua raiva*, Efésios 4:26. Decida com antecedência quem será chamado para resolver conflitos quando e se não for possível chegar a uma resolução.

12) Infidelidade no casamento

Esta é provavelmente a principal causa de divórcio em qualquer lugar do mundo. Discuta a fidelidade um com o outro. Discuta com antecedência se seu cônjuge em potencial pretende ser fiel a você. Olhe-os nos olhos e pergunte: "Você será fiel a mim e ao seu Deus? Preciso saber disso agora."

13) Escolha de carreira e nível educacional

Discuta a escolha da carreira e o nível educacional com seu cônjuge em potencial para ter certeza de que você se sente confortável. Seu cônjuge em potencial pode ter uma boa renda como piloto de avião, mas nunca está em casa. Você está pronto e disposto a conviver com isso? Ou pode ser uma enfermeira do pronto-socorro que sempre trabalha durante a noite. Como você se sentiria em relação a isso? Seu cônjuge é médico, advogado ou farmacêutico e você tem diploma de ensino médio. Haverá conflito por causa da diferença de nível de escolaridade?Não espere que seu cônjuge seja educado no seu nível depois de se casar. Isso pode ser uma fonte potencial de conflito.

Outras questões pré-matrimoniais a serem consideradas e ponderadas

14) Como você se sentiria sendo traído pela infidelidade?

15) Quão importante é a sua crença em Deus?

16) Quão importante é a Bíblia para você?

17) Quais são as suas ideias sobre quem deve fazer as tarefas domésticas?

18) Quais são as suas ideias sobre quem deve pagar o aluguel, a hipoteca, os serviços públicos, etc.?

19) Ir a boates e festas é importante para você?

20) Você ficará satisfeito em fazer sexo apenas com seu cônjuge ou pode tentar com outros também?

21) Quais são suas ideias sobre quem deve limpar, cozinhar, lavar louça, tirar o lixo e lavar roupa?

22) Como você se sente em ter uma conta bancária conjunta ou separada?

23) Você confia no seu potencial parceiro?

24) Você ama seu parceiro em potencial incondicionalmente?

25) Você já pegou seu parceiro em potencial mentindo sobre coisas simples?

26) Como você se sentiria se seu parceiro em potencial não compartilhasse sua fé?

27 Como você se sentiria se não frequentasse a mesma Igreja ou religião?

28) Você está pronto para cortar todos os contatos, incluindo laços sexuais com relacionamentos anteriores?

29) Você se sente confortável em listar seu cônjuge como beneficiário de sua apólice de seguro de vida?

30) Como você se sente ao beber qualquer bebida intoxicante se seu cônjuge não bebe?

31) Como você se sente em relação a fumar cigarro, maconha, maconha ou qualquer outra coisa se seu cônjuge não fumar?

32) Como você se sente ao tomar alguma substância controlada?

33) Como você planeja lidar com conflitos?

34) Quais são algumas coisas que te irritam?

35) Como você lidaria com seu cônjuge se ele fosse perfeccionista e você não?

36) Você gosta de planejar e fazer tudo na hora certa?

37) Você gosta de procrastinar?

38) Você é muito organizado e arrumado?

39) Você é muito desorganizado?

40) Você ronca enquanto dorme? (Parece loucura, mas pode ser um ponto de irritação para alguns)

41) Você prefere escola pública ou privada para seus filhos?

42) Qual a sua ideia sobre disciplinar as crianças?

43) Seu cônjuge é confiável?

44) Você pode contar com eles quando realmente precisar?

45) Eles conseguem colocar as suas necessidades acima das deles?

Coloque Jesus Cristo no centro e aproveite o passeio.
Aproveite a vida ao máximo com Jesus!

Apêndice D

Aconselhamento conjugal

Agora você tomou a decisão e está casado e se as coisas estão indo bem para o seu casamento, louvamos a Deus, mas para muitos outros as coisas podem não estar indo tão bem. O que deu errado e para onde vamos a partir daqui? Não há muito a dizer se o seu casamento está indo muito bem, sem grandes problemas, mas muitos casamentos estão com problemas e eu realmente quero dizer problemas profundos.

Imagens do site de aconselhamento.[210]

210

https://anchorlighttherapy.com/33-premarital-counseling-questions-from-a-couples-therapist/

Os casais não vão falar com terceiros, a menos que estejam com sérios problemas. Eles devem ter esgotado todos os recursos disponíveis antes de tomar a decisão de falar com terceiros. Para ser honesto e franco, a situação dos casamentos não é boa. Existem alguns bons casamentos, mas no geral as coisas parecem bastante sombrias. E então, se o seu casamento estiver em apuros, nunca pense por um momento que você está sozinho, porque isso está mais longe da verdade. Aqui estão algumas estatísticas sobre a situação dos casamentos:*O casamento e o divórcio são experiências comuns para os adultos, embora ambos possam ser desafiadores. Cerca de 90% das pessoas nas culturas ocidentais casaram-se aos 50 anos.Estados Unidos, cerca de 50% dos casais se divorciaram, o sexto maior taxa de divórcio no mundo. Os casamentos subsequentes têm uma taxa de divórcio ainda mais elevada: 60% dos segundos casamentos terminam em divórcio e 73% de todos os terceiros casamentos terminam em divórcio.*[211]

Este é o estado dos casamentos na América e se você é casado hoje, há 50% de chance de que seu casamento acabe em divórcio. E essa chance é ainda maior para o segundo e terceiro casamentos. Aqui estão mais algumas estatísticas sobre casamentos:*A idade média dos casais que se divorciam pela primeira vez é de 30 anos. Os casais têm maior ou menor probabilidade de se divorciarem com base em vários fatores. Casais casados entre 20 e 25 anos têm 60% de probabilidade de se divorciar. Aqueles que esperam até ter mais de 25 anos para se casar têm 24% menos probabilidade de se*

---

[211]

https://worldpopulationreview.com/state-rankings/divorce-rate-by-state

divorciar. Aqueles com fortes crenças religiosas têm 14%
menos probabilidade de se divorciar. Quanto maior o nível
de escolaridade de alguém, menor é o risco de divórcio. De
acordo com uma pesquisa do US Census Bureau, os três
principais motivos para divórcios são: incompatibilidade
(43%), infidelidade (28%) e questões financeiras (22%).%)[212].

Curiosamente, esta pesquisa secular fornece
evidências que sustentam o assunto deste livro. A
pesquisa descobriu que "aqueles com fortes crenças
religiosas têm 14% menos probabilidade de se
divorciar". Este estudo secular é apenas válido e
defende a tese deste livro. Eles usaram
cuidadosamente a frase "fortes crenças religiosas" para
separar aqueles que têm menos probabilidade de se
divorciar. Este grupo se diferencia dos demais. A taxa
de divórcio nas igrejas não é muito diferente da da
população em geral porque a maioria dos membros da
igreja não tem quaisquer convicções fundamentais
sobre as suas crenças.

Outra pesquisa descobriu que apenas cerca de
2% das pessoas que dizem que nasceram de novo
estão comprometidas com um estudo bíblico e oração
diários consistentes. A maioria são apenas
frequentadores da igreja e não seguidores de Jesus
Cristo. Somente aqueles com fortes convicções
doutrinárias dificilmente considerariam o divórcio. E
ninguém ganharia qualquer convicção doutrinária sem
passar muito tempo lendo a Bíblia e em constante

---

[212]

https://worldpopulationreview.com/state-rankings/divorce-rate-by-state

oração. E para a maioria, a igreja é um local de encontro social nas manhãs de domingo, por isso não é nenhuma surpresa quanto ao estado dos casamentos hoje. Imagine o que acontece na maioria dos casamentos! Dois seres humanos pecadores, egoístas e egoístas são fundidos e coabitam juntos. Será um milagre se durarem mais de três anos juntos. Cada pessoa está lá para seu próprio interesse e ganho. É como tentar misturar óleo e água. Mesmo aqueles que conseguem persistir sem qualquer fé forte podem ter outras razões para persistir. É também por isso que alguns sem uma crença forte podem persistir até que o último filho complete 18 anos e vá para a faculdade, e então todos desmoronaram. Eles ficaram juntos tanto tempo por causa dos filhos e, quando terminam, o casamento desmorona; não é verdade para todos, mas para a maioria. Então, quais são algumas das razões pelas quais os casamentos enfrentam dificuldades?

1) Falta de crenças fortes e convicções doutrinárias

As pessoas podem ter muito conhecimento, mas muito pouca convicção doutrinária.

2) Infidelidade

A infidelidade é frequentemente listada como a principal razão para a maioria dos problemas conjugais, mas por trás de tudo isso está uma crença errada sobre sexo e casamento. Falta o espírito de Deus e a convicção doutrinária.

3)Dinheiro

O dinheiro também é listado como provavelmente a segunda fonte de problemas conjugais. O amor ao dinheiro e a ganância estão na raiz. Discutir constantemente por causa de dinheiro certamente colocará o casamento de joelhos. Se não houver amor ao dinheiro e ganância, isso dificilmente será um problema. Este amor ao dinheiro é sem dúvida citado como a raiz de todos os tipos de males. É impossível amar o dinheiro e a Deus. Você deve desistir de um para que seu casamento prospere.

Quando os casais consideram o aconselhamento matrimonial, isso significa que eles são incapazes de resolver as diferenças por conta própria. Eles podem nem estar conversando um com o outro. Eles podem estar dormindo em quartos separados na mesma casa e já fazem isso há alguns anos. Um deles pode ter saído de casa e vivido noutro local. Pode ter havido repetidos apelos à polícia para intervir. Pode haver hostilidade física entre si. A casa tornou-se um ambiente hostil e as crianças ficam presas no meio.

Podem ter sido ditas coisas um ao outro que simplesmente não podem ser retiradas. Insultos foram lançados uns aos outros e tudo parece sem esperança. Pode não ter havido relações sexuais entre eles durante algum tempo, às vezes alguns anos. Não há nem desejo disso. É aqui que os parceiros ficam vulneráveis à infidelidade, ao adultério. Pode até haver uma ordem de restrição em vigor para manter os parceiros separados e evitar mais violência. O conselheiro matrimonial deve determinar o estado do casamento. Existe alguma esperança? As diferenças são conciliáveis? Dependendo do contexto e da situação, o conselheiro pode falar com cada parceiro separadamente e depois falar com eles em conjunto.

Durante essas sessões separadas, muitas vezes você pode ouvir cada parte acusando a outra de ser a causadora de todos os problemas. O conselheiro pode desempenhar mais um papel de ouvinte do que de fixador. É claro que o comportamento prejudicial não deve ser ignorado. Um objetivo é fazer com que eles conversem entre si, apontar onde cada um errou, deixar que cada um aceite a responsabilidade por suas ações e apontar-lhes uma nova direção. Admitir o que está errado é a chave para mudar qualquer comportamento para melhor. O perdão dos erros da outra parte também é uma ferramenta muito poderosa para seguir em frente. Se uma parte se recusar a perdoar a outra parte, não haverá reconciliação. Você não pode se apegar aos erros do seu parceiro e também querer permanecer no casamento. Eles são mutuamente exclusivos! Se eles admitirem ações erradas, perdoe-os e você ainda poderá encontrar um lugar em seu coração para perdoar, mesmo que eles se recusem a admitir ações erradas. Aqui estão algumas perguntas investigativas que podem ser feitas!

4) Vocês querem ficar juntos?

5) Você ama (ágape) sua outra metade?

6) O que você mais gosta neles?

7) Você confia neles?

8) Você pode dar outra chance ao casamento?

9) Você está saindo com mais alguém? Você espera isso?

10) Como você chegou aqui?

11) O que você espera do seu parceiro?

12) Onde você vê seu casamento daqui a alguns anos?

13) Que mudanças você espera do seu cônjuge?

14) Você aceitará o perdão deles?

15) Você tem dificuldade em deixar transparecer o mal que eles fizeram?

16) Você está muito zangado e amargo?

17) Você está pronto para aceitar o perdão de Deus para você?

18) Você está pronto para estender o mesmo perdão ao seu parceiro?

Ao final da sessão individual, o casal é trazido para uma sessão conjunta. Esta pode ser a primeira vez que eles se sentam juntos em mais de um ano, talvez dois anos. Então pode ser um pouco tenso. Eles estão sentados um ao lado do outro e olhando nos olhos. Neste ponto, ambos deram indicações de que querem resolver as coisas e salvar o casamento. Portanto, neste ponto, o conselheiro pode pedir-lhes que olhem um para o outro e se revezem dizendo: "Eu te perdoei", e esperem por uma resposta audível da outra parte ao aceitar a sua oferta de perdão.

Uma vez oferecido e aceite o perdão por ambos, espera-se que a reconciliação tenha sido alcançada. O conselheiro pode pedir ao casal que se levante e se abrace. O conselheiro pode encorajar o casal a fazer parte de uma igreja que acredita na Bíblia e a se envolver em estudos bíblicos e orações regulares para que possam crescer juntos em sua fé. E se a reconciliação não for alcançada, o divórcio será provavelmente a única opção viável.

Apêndice E

Aconselhamento sobre divórcio

Agora que você tentou de tudo para salvar seu casamento e não funcionou ou o abuso foi tão grave que você estava completamente exausto e simplesmente não aguentava mais, e você ou ambos não conseguiram reconciliar suas diferenças, então o divórcio é a única opção que resta. Esta é uma experiência bastante dolorosa a ser evitada, se possível. O divórcio destrói famílias, incluindo crianças, e as vidas são por vezes alteradas de forma irreparável.

Ou talvez um de vocês já tenha contactado um advogado de divórcio, mas ainda não assinou o acordo de retenção enquanto está a avaliar as suas opções. A casa que vocês dois compraram anos atrás está prestes a ser vendida ou executada e todas as suas contas bancárias conjuntas foram essencialmente encerradas. As crianças agora foram levadas para morar com a avó materna enquanto as coisas são resolvidas. Existem todos os tipos de emoções passando por suas mentes.

Há sentimentos de rejeição, abandono, medo, ansiedade, inutilidade, baixa auto-estima, depressão e ideação suicida total sendo bombardeados através de suas mentes em um ritmo rápido. O resultado é que um ou ambos sofrem de pressão alta, dor no peito e problemas cardíacos repentinos devido aos níveis elevados de emoções que mudam rapidamente. Este é o mundo real e esta é a situação diária de milhões de pessoas em todo o mundo. Raramente há vencedores e perdedores na maioria dos casos de divórcio, exceto para os advogados envolvidos, arrecadando milhões de dólares.

Portanto, passar por um divórcio, especialmente em casos em que você nunca imaginou que isso aconteceria, dói muito. Talvez você tenha pensado que estava em um casamento muito bom e investido muito no casamento e, de repente, pegou seu cônjuge em ato de infidelidade. Seu mundo inteiro está virado de cabeça para baixo. Então a vida basicamente chegou ao fim, ao que parece. Portanto, passar por esse tipo de divórcio é como receber a notícia da morte repentina de um ente querido, porque o divórcio é na verdade morte. Como você deve saber pela leitura de meus outros livros, a morte é a separação de duas entidades.

Quando alguém morre fisicamente, significa simplesmente que a alma ou espírito se separou do corpo. Quando as pessoas morrem espiritualmente, isso significa simplesmente que estão separadas de Deus, embora ainda estejam fisicamente vivas. Quando alguém morre eternamente, isso significa simplesmente que está separado de Deus eternamente ou por toda a eternidade. Portanto, o divórcio é a morte ou morte súbita, pois é a separação de duas pessoas. E assim, se o amor estiver realmente envolvido, então uma ou ambas as partes experimentarão os quatro estágios do luto: (1) Negação: assim que a notícia for divulgada, de que seu cônjuge foi pego em um caso, sua primeira reação é negação e total descrença.

448

Sua próxima reação é (2) Negociação: Você pode estar negociando com Deus que, se isso não for verdade, você terá um desempenho melhor em seu casamento. (3) Desespero: Agora todos os fatos e evidências foram revelados e é indiscutível que seu cônjuge, a quem você ama profundamente, caiu nos braços de outra pessoa. Por último, (4) Aceitação e Recuperação: Você está lentamente aceitando a realidade e tentando juntar os cacos para seguir em frente e ver se o casamento pode ser salvo ou não.

Na raiz da maioria, senão de todos os casos de divórcio, está o alicerce sobre o qual o casamento estava firmado. Mesmo uma casa ou um edifício com uma fundação defeituosa pode levar anos para finalmente desmoronar quando testado durante as tempestades. O mesmo ocorre com um casamento construído sobre uma base instável. Pode parecer que está parado por um tempo, mas eventualmente desmoronou. Um casamento deve ser construído na rocha e qualquer casamento que seja construído na areia não pode criar raízes porque está construído na areia e quando as tempestades da vida vieram sobre ele, ele desmoronou porque está na areia.

Você já construiu uma casa tendo areia como base? O que acontece quando as tempestades chegam até ele na areia? Ela desmoronou e grande será a sua queda! Um casamento que não é construído sobre Cristo é como uma casa construída sobre alicerces arenosos. Não é estável e está sempre mudando com o vento ou a tempestade. Muito pouco confiável e não confiável.

Tenho certeza de que você não quer passar suas férias em uma casa construída sobre alicerces arenosos perto de uma praia propensa a furacões, não é? O mesmo acontece com um casamento construído sobre uma base arenosa. Aqui está o que Jesus disse sobre dois tipos de fundamentos:²⁴ *"Portanto, todo aquele que ouve estas Minhas palavras e[a]age sobre eles, será como um homem sábio que construiu sua casa sobre a rocha.25 E a chuva caiu e o[b]vieram as inundações e os ventos sopraram e bateram contra aquela casa; e ainda não caiu, pois havia sido fundada na rocha.²⁶E todo aquele que ouve estas minhas palavras e não[c]agir de acordo com eles, será como um homem insensato que construiu sua casa na areia.27 E a chuva caiu e o[d]vieram as inundações e os ventos sopraram e bateram contra aquela casa; e caiu – e seu colapso foi grande."* Mateus 7:24-27.

Cristo é o alicerce sobre o qual você deve construir seu casamento. E Ele não é apenas o alicerce sobre o qual repousa todo o edifício, mas também é a principal pedra angular do edifício. Aqui está uma definição de pedra angular principal ou principal:*Uma pedra angular principal ou principal é colocada acima de duas paredes para mantê-las unidas e evitar que o edifício desmorona.*.[213] Abaixo está a imagem de uma pedra principal ou angular que mantém o edifício unido.

Curiosamente, Jesus Cristo é identificado como a principal pedra angular sobre a qual a igreja está construída. Se você está em Cristo, então seu casamento está construído sobre a pedra angular. Aqui está o que é dito de Cristo como a pedra angular:[19] *Agora, portanto, vocês não são mais estrangeiros nem estrangeiros, mas concidadãos dos santos e membros da família de Deus,[20] tendo sido edificado sobre o fundamento dos apóstolos e profetas, sendo o próprio Jesus Cristo a principal pedra angular,[21] em quem todo o edifício, sendo ajustado, cresce em templo santo no Senhor,[22] em quem vocês também estão sendo edificados juntamente para uma morada de Deus no Espírito,* Efésios 2:19-22.

213

https://www.google.com/search?q=what+is+a+chief+cornerstone+ in+architecture&oq=what+is+a+chief+corner&aqs=chrome.2.0i512j 69i57j0i512j0i10i22i30j0i22i30j0i15i22i30j0i22i30l4.18273j0j4&sour ceid= cromo&ie=UTF-8 #imgrc=m1HZhhh4g9HYfM

Imagem de um chefe ou pedra angular principal em um edifício

Portanto, se você construir seu casamento sobre qualquer outro alicerce, ele será insustentável ou, se não estiver apoiado na pedra angular, logo estará em ruínas.

Então, o que Deus pensa sobre o divórcio?

Qualquer divórcio fere o coração de Deus, mas especialmente o de um casamento ordenado por Deus. Você pode ter me ouvido usar o termo "casamento ordenado por Deus" com muita frequência, mas será que existe realmente um casamento ordenado por Deus? Essa é uma pergunta justa! Alguns argumentaram que todo casamento é ordenado por Deus, mas será esse realmente o caso? Ouça esta declaração profunda:*[5]e disse, 'POR ESTA RAZÃO O HOMEM DEIXARÁ O SEU PAI E A SUA MÃE E SE UNIRÁ À SUA MULHER, EOS DOIS SE TORNARÃO UMA SÓ CARNE'?[6] Portanto, já não são dois, mas uma só carne. Portanto, o que Deus uniu ninguém o separe." Mateus 19:5-6.* Portanto, neste texto, Jesus fez uma exposição de Gênesis 2:24 e expôs que os dois se tornarão uma só carne e porque são uma só carne, não podem ser separados. Este é um mistério para a mente humana. Agora, se eles estão verdadeiramente unidos, então não serão mais dois, mas um. Eles têm um propósito unificado de servir a Deus. Seus planos individuais pereceram porque não são mais dois. Então Deus fez esta declaração muito profunda: "o que Deus uniu, o homem não separe". Isto é muito profundo no contexto do divórcio. Mas e a cláusula de exceção?

Cláusula de Exceção de Casamento

Jesus teve uma interação com o fariseu a respeito do divórcio e aqui está o que alguns fariseus perguntaram a Jesus:*Alguns fariseus vieram[b]Jesus, testando-o e[c]perguntando: "É lícito ao homem fazer[d]divorciar-se da esposa por qualquer motivo?,* Mateus 19:3. Muito se tem falado da cláusula de exceção como fundamento para o divórcio, mas muito também tem sido ignorado. Há a questão que foi levantada pelo fariseu e é muito importante notar isso. O propósito da pergunta era testá-Lo (Jesus) e não buscar a verdade.

A intenção deles nunca foi buscar a verdade, mas sim fazer Jesus tropeçar para que Ele fosse preso e morto. Eles não estavam procurando saber nada sobre o divórcio, mas apenas testá-Lo. Eles poderiam ter feito a seguinte pergunta se fossem sinceros: "É lícito para alguém divorciar-se do cônjuge por qualquer motivo?"

Em vez disso, eles fizeram a pergunta usando "homem", o que implica que apenas os homens podem pedir o divórcio por qualquer motivo. E aceitar a pergunta ao pé da letra e a subsequente resposta de Jesus significaria que uma mulher não pode divorciar-se por imoralidade sexual, mas um homem pode.

Os fariseus provavelmente estavam lendo o que Moisés disse sobre o divórcio e aqui está:"*Quando um homem toma uma esposa e se casa com ela, e acontece que, se ela não encontra nenhum favor aos olhos dele porque ele encontrou alguma indecência nela, que ele escreve para ela uma certidão de divórcio, a coloca na mão dela e[a]manda-a embora de sua casa*, Deuteronômio 24:1. Então Moisés estava dizendo que um homem poderia se divorciar de sua esposa porque encontrou nela alguma indecência. Portanto, a intenção do fariseu era tentar Jesus. A palavra grega traduzida em Mateus 19:3 como teste é "Peirazo", e esta palavra também poderia ser traduzida como tentar, *testar, solicitar ao pecado, o tentador*[214] Esta mesma palavra grega poderia ser traduzida para o inglês como teste.

Esta palavra deveria ser traduzida em Mateus 19:3 como "tentação", não como teste. A versão King James é uma das poucas traduções que acertaram. Um teste tem a melhor das intenções de revelar seu caráter, mas uma tentação tem como objetivo fazer com que aquele que está sendo tentado peque ou tropece. Portanto, a intenção dos fariseus era fazer Jesus tropeçar quando lhe perguntaram: "*É lícito ao homem divorciar-se da sua mulher por qualquer motivo?*"Se Jesus tivesse dito não, os fariseus teriam usado isso para acusá-lo de não seguir a lei de Moisés. Isso teria sido evidência suficiente para incitar a população contra Jesus, uma vez que

---

[214]   https://biblehub.com/thayers/3985.htm

a população reverenciava Moisés. Mas Jesus, conhecendo os seus pensamentos, não lhes deu a resposta que esperavam, mas em vez disso usou a pergunta para explicar a permanência do casamento. Jesus expôs sobre a permanência do casamento citando Gênesis 1:27 e 2:24 em Mateus 19:4-6.

Então os fariseus responderam com uma refutação, fazendo esta pergunta: *Eles lhe disseram: "Por que, então, Moisés ordenou que dê* A ELA UMA CERTIDÃO DE DIVÓRCIO E MANDE-A EMBORA?" Mateus 19:7. Esta é uma pergunta justa! Você diz que não há divórcio, mas Moisés permitiu o divórcio! Eles estão basicamente fazendo a pergunta: Ele está contradizendo Moisés? e Ele responderá dizendo: de jeito nenhum! Aqui está o que Ele disse: Ele lhes disse: *"Por causa da dureza do seu coração, Moisés permitiu que você*[e]*divorcie-se de suas esposas; mas desde o início não foi assim,*Mateus 19:8. Moisés permitiu o divórcio para acomodar o povo, mas não era o plano e o desejo de Deus. Assim como os israelitas queriam um rei como todas as outras nações e Deus lhes deu Saul, mas isso não significa que Deus aprovou, mas por causa da dureza de seus corações, Deus lhes deu Saul e assim é com o divórcio.

O divórcio foi permitido por causa do pecado. Jesus estava falando para um público misto: os fariseus e Seus discípulos! Ambos ouviram a mesma mensagem, mas chegaram a conclusões diferentes. Os fariseus ouviram que você pode se divorciar por imoralidade sexual e Seus discípulos ouviram que você não pode se divorciar com base na resposta deles e aqui está:*Os discípulos lhe disseram: "Se o relacionamento do homem com sua mulher é assim, é melhor não se casar".*Mateus 19:10. Seus discípulos entendiam claramente que o casamento era permanente, mas os fariseus não. Isso era o que eles (fariseus) queriam ouvir e foi isso que conseguiram. Eles obtiveram a resposta que queriam e permaneceram em seus pecados. Esta exceção só apareceu como resposta à pergunta dos fariseus. Paulo escreveu uma longa tese sobre o casamento em 1 Coríntios 7 e nem uma vez mencionou a imoralidade sexual como uma exceção ao divórcio e por que isso acontece? Nenhum outro autor do Novo Testamento menciona qualquer exceção ao divórcio. A cláusula de exceção só foi introduzida como uma resposta de Jesus aos fariseus, cujo objetivo era tentar e prender Jesus. Ele respondeu mantendo-os na cegueira.

O casamento em uma união ordenada por Deus é unido por Deus. Para que o casamento seja unido por Deus, deve haver evidência de que os dois são de fato uma só carne. O próprio Deus deve estar presente em ambas as vidas. O espírito de Deus deve estar ativo e presente em ambas as vidas, sem o qual Deus não os uniu. Pense nisso filosoficamente! Como um ser com menor poder pode desfazer o que um ser com muito maior poder aderiu? Como o homem pode separar o que Deus uniu?

Se isso fosse possível, então o homem estaria no comando, e não Deus. Como você rasga uma carne? Até mesmo a evidência secular apoia esta tese! Esta taxa de divórcio entre casais com uma fé devota é muito baixa e quase impossível. Mas se isso acontecer, isso partirá do coração de Deus. Deus odeia o divórcio, Malaquias 2:16. O divórcio é um assunto muito complexo e cada contexto pode ser diferente e que Deus lhe conceda sabedoria ao buscar Sua orientação. Esta seção não é capaz de examinar todas as nuances possíveis em matéria de divórcio. Algumas questões a serem consideradas e ponderadas quando você estiver pensando em se divorciar:

1) Se seu cônjuge quiser resolver as coisas, você está disposto a reconsiderar?

2) O motivo do divórcio é adultério?

3) Você tem dúvidas se seu cônjuge realmente se preocupa com você?

4) Seu cônjuge se dá bem com o seu lado da família?

5) Você está disposto e pronto para admitir quaisquer erros cometidos pelo seu cônjuge?

6) Você pode citar pelo menos uma ou mais coisas que você fez e que seu cônjuge não gostou?

7) Você admite prontamente que está errado sobre alguma coisa?

8) Você tem dificuldade em admitir que está errado sobre alguma coisa?

9) Você assume prontamente a responsabilidade por suas ações?

10) Você acha muito difícil pedir desculpas ao seu cônjuge?

11) Você aceita prontamente o perdão do seu cônjuge?

12) Você costuma interromper seu cônjuge quando ele está conversando?

13) Você é um bom ouvinte?

14) Você costuma interromper antes que seu cônjuge termine de falar?

15) Que atividades vocês fazem juntos?

16) Seu cônjuge costuma lhe dizer para onde vai e quando voltará?

17) Seu cônjuge valoriza e respeita sua opinião na tomada de decisões?

18) Seu cônjuge despreza sua opinião na tomada de decisões?

19) Existe consulta mútua na tomada de decisões familiares?

20) Como você lida com divergências na tomada de decisões?

21) Você ridiculariza seu cônjuge na frente de outras pessoas, inclusive de familiares próximos?

22) Você discute o desempenho sexual do seu cônjuge com alguém fora do seu quarto?

23) Seu cônjuge é parte de você?

24) Você coloca o seu interesse acima do do seu cônjuge?

25) Você acha difícil perdoar alguém que o magoou com palavras ou ações?

26) Você está disposto a perdoar seu cônjuge mesmo que esteja prosseguindo com o divórcio?

27) Você aceitará o perdão do seu cônjuge?

28) Você está pronto e disposto a aceitar o perdão de Deus?

29) Você está disposto a se comprometer a orar diariamente com seu cônjuge?

30) Você está disposto a se comprometer com um estudo bíblico semanal com seu cônjuge?

31) Você está pronto para pedir a Jesus Cristo que assuma o controle do seu coração?

32) Você se compromete a fazer parte de uma igreja que acredita na Bíblia e crescerá em sua fé?

Se Deus mudou seu coração, então aproveite o passeio em sua nova fé. Minha oração é que vocês continuem casados e se fortaleçam juntos. Mas talvez você já tenha pedido o divórcio e finalmente se divorciado ou você e seu cônjuge mudaram de ideia ou estão pensando em se casar com outra pessoa, mas estão um pouco confusos.

Aconselhamento re-conjugal

Então agora você pode estar divorciado e pensando em se casar novamente, mas pode estar um pouco cético e confuso. Casar novamente é um lugar muito emocionante, especialmente para uma nova pessoa sobre a qual você sabe pouco ou nada. Todas as velhas emoções estão percorrendo seu coração e você quer ter certeza de que está fazendo a coisa certa. Você certamente deveria ter todos os motivos para se preocupar porque a história não está a seu favor. O segundo e o terceiro casamentos fracassam a uma taxa muito mais elevada. Cerca de 60% dos casamentos fracassam e mais de 70% dos casamentos fracassam.

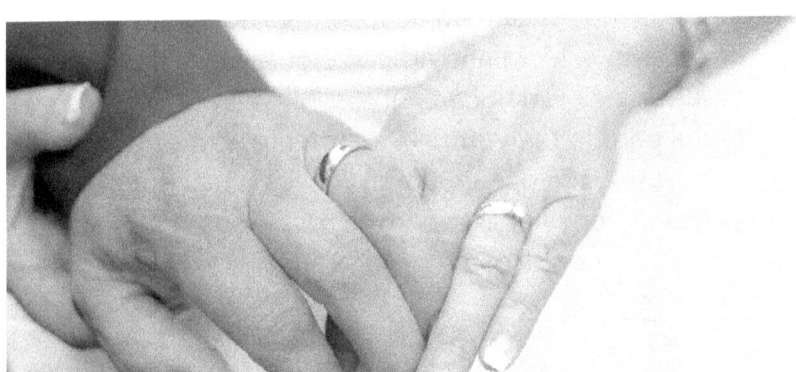

Você pode estar cheio de medo, culpa, vergonha e ansiedade do casamento anterior e dizer a si mesmo: vale a pena? Passar por um divórcio já é bastante traumático, mas mergulhar em outro casamento pode ser ainda mais traumático. Há vergonha social em ser divorciado e casar novamente pode até agravar o problema.

Pode não ser uma ideia sábia precipitar-se para um novo casamento depois de terminar outro. Pode fazer sentido reservar algum tempo para refletir sobre si mesmo e se conhecer um pouco mais profundamente. Faça perguntas como o que está levando você a se apressar em outro casamento e, às vezes, até mesmo a se apressar em namorar. Você está realmente seguro em sua própria pele? Você se sente incompleto sem outro ser humano do sexo oposto em sua vida? A verdade simples é que nenhum ser humano pode torná-lo adequado ou completo. Esse anseio pode ser uma indicação de alguns problemas emocionais e espirituais muito mais profundos. Nossa completude e adequação estão somente em Cristo e nenhum ser humano tem a capacidade de nos tornar completos e adequados. Você pode nunca alcançar a verdadeira plenitude e felicidade se estiver buscando isso de outra pessoa com uma natureza pecaminosa como a sua. Sentir completo sozinho e Deus trará alguém para sua vida no momento apropriado.

Portanto, alguns podem questionar se o novo casamento após o divórcio é mesmo uma possibilidade! Dependendo da sua opinião sobre o casamento, o divórcio e o novo casamento serão afetados. Se alguém tem opiniões muito fortes de que o casamento é permanente, então também pode desaprovar o divórcio e o novo casamento. Acredito que a Bíblia ensina que não há divórcio em um casamento heterossexual monogâmico ordenado por Deus. Agora, se não houver divórcio, não haverá necessidade de novo casamento, porque ninguém se divorciou. Isto pode não se aplicar a você se você não estiver em um casamento ordenado por Deus, o que é o caso da maioria das pessoas.

Ninguém pode obedecer à lei de Deus a menos que o espírito de Deus viva dentro dele. Seu relacionamento com Jesus e suas crenças sobre o casamento e o divórcio certamente afetarão sua opinião sobre o novo casamento.

Depois de se separarem de um casamento muito difícil e abusivo, muitos podem correr rapidamente para outro relacionamento ou casamento depois de não terem sido completamente curados do primeiro. Empilhando feridas de mágoa sobre feridas de mágoa. Alguns simplesmente se sentem vazios, sozinhos e solitários. Apressar-se em outro relacionamento para curar essas feridas emocionais pode ser catastrófico, afinal. Então pesquise as mortes de sua alma para realmente saber o que está por trás de sua decisão de se casar novamente tão rapidamente?

Para alguns, é uma luta contra a solidão! Veja, estar sozinho é estar sozinho, são completamente diferentes! Estar sozinho significa não ter companhia física com outro ser humano. Um cachorro ganhou o título de "melhor amigo do homem", mas você ainda fica sozinho quando está com ele na cama ou em qualquer lugar. Mas estar sozinho é uma indicação da condição espiritual do seu coração. Se você está se sentindo vazio e sem propósito, isso pode ser uma indicação da condição emocional e espiritual do seu coração.

Portanto, entrar em outro casamento pode remediar temporariamente o seu problema de solidão, mas dificilmente fornecerá qualquer solução duradoura para o problema mais profundo e importante da solidão. (Consulte meu outro livro intitulado "Fending off Suicidal Thoughts" sobre a diferença entre solidão e solidão). Se você está realmente se sentindo vazio e solitário, peça a Deus para ajudá-lo e Ele estará pronto. Mas sobre a questão do novo casamento, o que a Bíblia diz sobre isso?

Novo casamento na Bíblia

A Bíblia tem muito a dizer sobre o novo casamento. Aqui está como Paulo começou este capítulo:1 Agora, *com relação às coisas sobre as quais você escreveu, é bom para o homem[a]não tocar em uma mulher,* [2 Mas] por causa das imoralidades sexuais, cada homem terá a sua própria esposa, e cada mulher terá o seu próprio marido 1 Coríntios 7:1-2. Paulo começou este capítulo admoestando seus leitores a se absterem de todo contato sexual e depois prossegue dizendo que por causa da imoralidade sexual, casem-se.

Paulo prossegue argumentando no capítulo que o casamento é bom, mas o estado de solteiro com contentamento é melhor para que a pessoa possa dar total devoção a Deus sem distração. Aqui está a advertência de Paulo sobre casamento e divórcio:[10 Mas] *aos casados eu dou instruções, não eu, mas o Senhor, para que a esposa não deixe o marido 11(mas se ela partir, deverá permanecer solteira, ou então reconciliar-se com o marido), e que o marido não deve[b]divorciar-se de sua esposa,*1 Coríntios 7:10-11.

Isto é Paulo expondo o que Jesus disse em Mateus 19 e 5, que não há exceção para o divórcio, caso contrário Paulo teria dito isso. Aqui está a advertência final de Paulo sobre a questão do novo casamento:[39]*A esposa está ligada enquanto o marido viver; mas se o marido dela[Em]morrer, ela estará livre para se casar com quem quiser, somente no Senhor.40 Mas na*

463

minha opinião ela é⁽ˣ⁾*mais feliz se ela permanecer como está; e penso que também tenho o Espírito de Deus*, 1 Coríntios 7:39-40.

Paulo apresenta aqui o argumento final de que não há espaço para o divórcio se um dos cônjuges estiver vivo. Mas só a morte libertará qualquer um dos cônjuges do casamento. Em caso de novo casamento, eles só poderão casar "no Senhor", ou seja, casar com outro seguidor de Cristo. Ninguém, nem mesmo Paulo, esperaria que estes mandamentos se aplicassem aos não-cristãos. Uma vez que ambos são seguidores de Cristo, vocês estão sujeitos a esses mandamentos.

Se você está enfrentando uma decisão de novo casamento e é cristão, primeiro ore para que Deus abra seus olhos e seu coração para Suas verdades. Estas são decisões extremamente difíceis que necessitam de longos períodos de oração e jejum. Você precisará de muita sabedoria para estar em paz com sua decisão. Aqui estão algumas questões a serem ponderadas se você estiver pensando em se casar novamente:

1) A reconciliação com o seu ex-cônjuge é uma possibilidade?

2) Como você se sente por estar sozinho? Ser casado te torna completo?

3) O que atraiu você no seu ex-cônjuge?

4) O que está atraindo você para um novo cônjuge em potencial?

5) Que lições você aprendeu com seu divórcio?

6) Como você cresceu durante o processo de divórcio?

7) Quão importante é a fé e a crença para você?

8) Quão importante é a fé e a crença do seu cônjuge em potencial?

9) Está tudo bem se o seu cônjuge em potencial acredita de forma diferente da sua sobre Jesus Cristo?

10) Que erros você planeja não cometer se se casar novamente?

11) Como você planeja abraçar os filhos do seu potencial cônjuge?

12) O que você fará se os filhos do seu cônjuge em potencial não o respeitarem como pai?

13) Como você lidará com a desobediência de crianças que não são biologicamente suas?

14) Como você lidará com a vinda do ex-cônjuge do seu cônjuge para ver os filhos?

15)Como você irá unir seus filhos e os filhos de seu cônjuge, se houver?

16) Como o caráter do seu novo cônjuge seria diferente do do seu ex-cônjuge? 17) Você estava realmente conectado espiritualmente com o seu ex-cônjuge?

18) Você estará conectado espiritualmente com seu cônjuge atual?

19) Como você estará conectado espiritualmente com seu novo cônjuge?

20) Você tem alguma coisa inegociável no caráter de um novo cônjuge?

21) Qual é a base da sua união conjugal?

22) Quanto tempo você namoraria alguém antes de pensar em casamento?

23) Você precisa fazer sexo com eles antes de pensar em casamento?

24) Você pode namorar alguém sem fazer sexo?

25) Se vocês dois possuíam casas de casamento anteriores, vocês venderiam a sua ou a manteriam?

26) Você será totalmente dedicado a Deus e ao seu cônjuge?

27) Você manterá contas bancárias separadas?

28) Que interesses comuns você tem com seu cônjuge em potencial?

29) O que você não gosta no seu cônjuge em potencial?

30) Vocês têm uma fé e salvação comuns?

Resolva a questão da sua fé e salvação antes de se aventurar em tal aventura. Divirta-se e aproveite o passeio! Faça de Cristo o Senhor da sua vida e aproveite a vida ao máximo.

Sobre o autor

Waltere Asili Koti é autor de vários livros, incluindo "Rechaçando pensamentos suicidas", "Você foi eleito", "Compreendendo e superando seus problemas emocionais", "Compreendendo e superando suas emoções" e, recentemente, "O poder do sexo ."

Waltere obteve seu mestrado em teologia (MDiv) em teologia pelo Capital Bible Seminary em Lanham Maryland e estava concluindo seu doutorado em teologia (ThD) pelo Faith Theological Seminary em Baltimore Maryland. Ele também completou vários anos de educação pastoral clínica e treinamento prático em vários hospitais, incluindo o VA Medical Center em Hampton VA, o Washington Adventist Hospital em Takoma Park MD e o Washington County Hospital em Hagerstown MD. Ele é *capelão* clínico certificado pelo conselho e um conselheiro pastoral certificado pelo conselho. Ele trabalhou como capelão clínico no Hospital Adventista de Washington em Takoma Park, MD.

Ele aconselhou milhares de pessoas que lidam com todos os tipos de questões espirituais e emocionais, como solidão, solidão, medo, ansiedade, depressão, vícios sexuais, vícios em geral, problemas conjugais e até ideação suicida.

Ele mora na área de Baltimore com sua esposa e família.

Solicitação de avaliações

Estamos muito gratos por você ter adquirido um exemplar deste livro e ter trabalhado incansavelmente para lê-lo. Esperamos e oramos para que você tenha obtido informações valiosas e transformadoras de vida. Se este livro tocou e impactou sua vida de alguma forma, então agradecemos, se você tiver a gentileza de informar outras pessoas, deixando uma resenha para nós na Amazon, Barnes & Nobles, Goodreads, Google.

Se você estivesse procurando um lugar para comer e encontrasse dois restaurantes, um com zero avaliações e outro com cinquenta e cinco estrelas, onde você iria comer? Sua avaliação é muito importante para nós.

Muito obrigado por reservar um tempo para deixar um comentário.

Coloque seu telefoneCâmera sobre este código qr e seja levado ao nossoBarnes e página nobre

www.ingramcontent.com/pod-product-compliance
Lightning Source LLC
Chambersburg PA
CBHW061131120626
46546CB00005B/1736